V&R

Veröffentlichungen
der Niedersächsischen Archivverwaltung

Band 59

Vandenhoeck & Ruprecht

# Quellen zur Bevölkerungsgeschichte in der Frühen Neuzeit

im Niedersächsischen Hauptstaatsarchiv
in Hannover

Neu bearbeitet von
Günter Köster (†), Ortrud Marose und Dieter Poestges

Vandenhoeck & Ruprecht

Bibliografische Information Der Deutschen Bibliothek
Die Deutsche Bibliothek verzeichnet diese Publikation in der
Deutschen Nationalbibliografie; detaillierte bibliografische Daten sind
im Internet über <http://dnb.ddb.de> abrufbar.

ISBN 3-525-35544-0

© 2005, Vandenhoeck & Ruprecht, Göttingen / www.v-r.de
Alle Rechte vorbehalten. Das Werk und seine Teile sind urheberrechtlich geschützt.
Jede Verwertung in anderen als den gesetzlich zugelassenen Fällen bedarf der vorherigen
schriftlichen Einwilligung des Verlages. Hinweis zu § 52a UrhG: Weder das Werk noch
seine Teile dürfen ohne vorherige schriftliche Einwilligung des Verlages öffentlich zugänglich
gemacht werden. Dies gilt auch bei einer entsprechenden Nutzung für Lehr- und
Unterrichtszwecke. Printed in Germany.
Satz: Satzspiegel, Nörten-Hardenberg
Druck und Bindung: Hubert & Co., Göttingen

Gedruckt auf alterungsbeständigem Papier.

# Inhaltsverzeichnis

Vorbemerkung . . . . . . . . . . . . . . IX
Abgekürzt zitierte Literatur . . . . . . . XI

Gericht Adelebsen . . . . . . . . . . . . . 1
Amt Aerzen . . . . . . . . . . . . . . . . . 2
Amt Ahlden . . . . . . . . . . . . . . . . . 4
Amt Altbruchhausen . . . . . . . . . . 5
Gericht Altengleichen . . . . . . . . . . 8
Amt Auburg . . . . . . . . . . . . . . . . 9
Gericht Banteln . . . . . . . . . . . . . 10
Amt Barenburg . . . . . . . . . . . . . 11
Kloster Barsinghausen . . . . . . . . 13
Stift Bassum . . . . . . . . . . . . . . . 15
Amtsvogtei Beedenbostel . . . . . . 16
Gericht Bemerode . . . . . . . . . . . 18
Gericht Bennigsen und Arnum . . . . . 20
Amtsvogtei Bergen . . . . . . . . . . . 21
Amt Bilderlahe . . . . . . . . . . . . . 23
Amtsvogtei Bissendorf . . . . . . . . 25
Amt Bleckede . . . . . . . . . . . . . . 26
Amt Blumenau . . . . . . . . . . . . . 28
Amt Bodenteich . . . . . . . . . . . . 31
Stadt Bodenwerder . . . . . . . . . . 33
Amt Bokeloh . . . . . . . . . . . . . . 34
Gericht Boldecker Land . . . . . . . 35
Amt Bovenden . . . . . . . . . . . . . 37
Amt Brackenberg . . . . . . . . . . . 39
Gericht Bredenbeck . . . . . . . . . . 40
Gericht Brome . . . . . . . . . . . . . 41
Amt Brunstein . . . . . . . . . . . . . 43
Amt Bütlingen . . . . . . . . . . . . . 45
Amt Burgdorf . . . . . . . . . . . . . . 46
Amtsvogtei Burgwedel . . . . . . . . 47
Kloster Bursfelde . . . . . . . . . . . 49
Amt Calenberg . . . . . . . . . . . . . 50

Burgvogtei Celle . . . . . . . . . . . . 55
Stadt Celle . . . . . . . . . . . . . . . . 56
Amt Coppenbrügge . . . . . . . . . . 57
Amt Dannenberg . . . . . . . . . . . 58
Stadt Dannenberg . . . . . . . . . . . 60
Gericht Dehnsen . . . . . . . . . . . . 61
Kloster Derneburg . . . . . . . . . . 62
Amt Diepenau . . . . . . . . . . . . . 63
Amt Diepholz . . . . . . . . . . . . . . 65
Stadt Dransfeld . . . . . . . . . . . . . 67
Amt Duderstadt . . . . . . . . . . . . 68
Amt Ebstorf . . . . . . . . . . . . . . . 70
Amt Ehrenburg . . . . . . . . . . . . . 72
Amtsvogtei Eicklingen . . . . . . . . 75
Stadt Einbeck . . . . . . . . . . . . . . 77
Amt Elbingerode . . . . . . . . . . . . 78
Amt Erichsburg . . . . . . . . . . . . 79
Kloster Escherde . . . . . . . . . . . . 81
Amtsvogtei Essel . . . . . . . . . . . . 82
Amt Fallersleben . . . . . . . . . . . . 83
Amtsvogtei Fallingbostel . . . . . . 85
Kloster Fredelsloh . . . . . . . . . . . 87
Amt Freudenberg . . . . . . . . . . . 88
Amt Friedland . . . . . . . . . . . . . 89
Gericht Garte . . . . . . . . . . . . . . 91
Gericht Gartow . . . . . . . . . . . . . 92
Amt Garze . . . . . . . . . . . . . . . . 93
Gericht Geismar . . . . . . . . . . . . 94
Amt Gieboldehausen . . . . . . . . . 95
Amt Gifhorn . . . . . . . . . . . . . . 96
Stadt Göttingen . . . . . . . . . . . . 100
Stift Grauhof . . . . . . . . . . . . . . 101
Amt Grohnde . . . . . . . . . . . . . 102
Amt Gronau . . . . . . . . . . . . . . 104
Gericht Hämelschenburg . . . . . . 107
Stadt Hameln . . . . . . . . . . . . . 108

| | | | |
|---|---|---|---|
| Stadt Hannover | 109 | Amt Lüchow | 189 |
| Amt Harburg | 111 | Stadt Lüchow | 191 |
| Stadt Harburg | 114 | Amt Lüne | 192 |
| Amt Hardegsen | 115 | Stadt Lüneburg | 194 |
| Gericht Hardenberg | 117 | Amt Marienburg | 195 |
| Amt Harpstedt | 118 | Kloster Mariengarten | 197 |
| Amt Harste | 121 | Kloster Marienrode | 198 |
| (Ober-) Harz | 124 | Kloster Mariensee | 200 |
| Gericht Hastenbeck | 126 | Kloster Marienstein | 202 |
| Amtsvogtei Hermannsburg | 127 | Kloster Marienwerder | 203 |
| Amt Herzberg | 128 | Amt Medingen | 204 |
| Domkapitel Hildesheim | 131 | Amt Meinersen | 206 |
| Dompropstei Hildesheim | 132 | Amt Moisburg | 208 |
| Stifte und Klöster in der Stadt Hildesheim | 135 | Amt Moringen | 209 |
| | | Amt Münden | 211 |
| Kloster Hilwartshausen | 138 | Amt Neubruchhausen | 214 |
| Amt Hitzacker | 139 | Amt Neuengleichen | 216 |
| Stadt Hitzacker | 141 | Amt Neuhaus/Elbe | 217 |
| Amt Hoya | 142 | Gericht Neuhof | 218 |
| Amt Hunnesrück | 147 | Amt Neustadt a. Rbge. | 219 |
| Stift Ilfeld | 149 | Amt Neustadt (Grafschaft Hohnstein) | 224 |
| Amtsvogtei Ilten | 150 | Amt Niedeck | 225 |
| Gericht Imbsen | 152 | Amt Nienburg | 226 |
| Gericht Imbshausen | 153 | Stadt Nienburg | 230 |
| Kloster Isenhagen | 154 | Amt Nienover | 231 |
| Gericht Jühnde | 155 | Stadt Northeim | 233 |
| Amt Katlenburg | 156 | Stift St. Blasius Northeim | 234 |
| Amt Klötze | 158 | Gericht Ohr | 235 |
| Amt Knesebeck | 159 | Amt Ohsen | 236 |
| Amt Koldingen | 161 | Amt Oldenstadt | 238 |
| Amt Lachem | 165 | Gericht Oldershausen | 239 |
| Kloster Lamspringe | 167 | Amt Osterode | 240 |
| Amt Langenhagen | 168 | Amt Peine | 242 |
| Amt Lauenau | 171 | Amt Polle | 247 |
| Herzogtum Lauenburg | 172 | Amt Poppenburg | 249 |
| Amt Lauenförde | 173 | Grafschaft Pyrmont | 252 |
| Amt Lauenstein | 174 | Amt Radolfshausen | 253 |
| Gericht Leineberg | 177 | Amt Rehburg | 254 |
| Amt Lemförde | 178 | Amt Reinhausen | 256 |
| Amt Liebenau | 180 | Amt Rethem/Aller | 258 |
| Amt Liebenburg | 182 | Amt Ricklingen | 260 |
| Gericht Limmer | 185 | Kloster Ringelheim | 262 |
| Amt Lindau | 186 | Gericht Rössing | 263 |
| Stift Loccum | 187 | Amt Rotenkirchen | 264 |

Inhaltsverzeichnis                                                                 VII

Gericht Rüdigershagen . . . . . . . . 266
Amt Ruthe . . . . . . . . . . . . . 267
Amt Salzderhelden . . . . . . . . . 270
Amt Scharnebeck . . . . . . . . . . 272
Amt Scharzfels . . . . . . . . . . . 273
Amt Schladen . . . . . . . . . . . . 275
Amt Schnackenburg . . . . . . . . 277
Amtsvogtei Schneverdingen . . . . . . 278
Gericht Schwöbber . . . . . . . . . . 279
Amt Siedenburg . . . . . . . . . . . 280
Amtsvogtei Soltau . . . . . . . . . . 283
Amt Spiegelberg . . . . . . . . . . . 285
Amt Springe . . . . . . . . . . . . 287
Amt Steinbrück . . . . . . . . . . . 290
Amt Steuerwald . . . . . . . . . . . 293
Amt Steyerberg . . . . . . . . . . . 297
Amt Stolzenau . . . . . . . . . . . 299
Amt Syke . . . . . . . . . . . . . 302
Amt Uchte . . . . . . . . . . . . . 306
Stadt Uelzen . . . . . . . . . . . . 307
Gericht Üssinghausen . . . . . . . . 308
Amt Uslar . . . . . . . . . . . . . 309
Amt Vienenburg . . . . . . . . . . 311

Gericht Waake . . . . . . . . . . . . 313
Gericht Wahlingen . . . . . . . . . . 314
Amt Walsrode . . . . . . . . . . . . 315
Stadt Walsrode . . . . . . . . . . . 316
Amt Warpke . . . . . . . . . . . . . 317
Gericht Wathlingen . . . . . . . . . 318
Kloster Weende . . . . . . . . . . . 319
Kloster Wennigsen . . . . . . . . . . 320
Amt Westen und Thedinghausen . . . 322
Amt Westerhof . . . . . . . . . . . 326
Amt Wiedelah . . . . . . . . . . . . 328
Amt Wilhelmsburg . . . . . . . . . . 330
Amtsvogtei Winsen/Aller . . . . . . . 331
Amt Winsen/Luhe . . . . . . . . . . 332
Amt Winzenburg . . . . . . . . . . . 335
Amt Wittenburg . . . . . . . . . . . 340
Amt Wölpe . . . . . . . . . . . . . 341
Amt Wohldenberg . . . . . . . . . . 344
Kloster Wülfinghausen . . . . . . . . 347
Stift Wunstorf . . . . . . . . . . . . 348
Amt Wustrow . . . . . . . . . . . . 349

Index . . . . . . . . . . . . . . . . 351

## Vorbemerkung

Die im Jahre 1975 unter dem Titel „Quellen zur ländlichen Sozialgeschichte im Niedersächsischen Hauptstaatsarchiv Hannover" erschienene Neubearbeitung der 1936 veröffentlichten „Quellen zur bäuerlichen Sippen- und Hofgeschichtsforschung" hat sich in den seitdem vergangenen Jahrzehnten als nützliches Hilfsmittel insbesondere für die frühneuzeitliche Heimat- und Familienforschung erwiesen. Die Bearbeiter waren sich allerdings auch dessen bewusst gewesen, dass ihre Publikation nur provisorischen Charakter haben konnte, und sie selbst hatten bereits eine Neuerscheinung für den Zeitpunkt angekündigt, zu dem die schon begonnene „Umstellung der Signaturen" vollzogen sein würde. Nun ist dieser Vorgang zwar noch nicht völlig abgeschlossen*, aber gute Gründe sprechen für eine neue Auflage bereits zum gegenwärtigen Zeitpunkt.

So haben die damaligen Bearbeiter aus Verzeichnungsrückständen resultierende Lücken in Kauf nehmen müssen, die mittlerweile geschlossen werden konnten. Darüber hinaus wurden seinerzeit einige Regionen wie z. B. der Harz, das Stift Ilfeld und das Amt Westen und Thedinghausen nicht berücksichtigt, während bei der vorliegenden Neubearbeitung Vollständigkeit angestrebt wurde. Nicht zuletzt ist auch eine Vielzahl von Quellenpublikationen hinzugekommen, die den Benutzern die Arbeit erleichtern können**.

Über die genannten Korrekturen und Ergänzungen hinaus hat es gegenüber der letzten Auflage nur wenige Änderungen gegeben. Zu erwähnen ist vor allem, dass bei Literaturhinweisen jetzt ggf. die Signatur der Dienstbücherei des Hauptstaatsarchivs Hannover hinzugefügt worden ist. Das für die vorige Auflage erstmals gewählte Gliederungsschema einer durchgehenden alphabetischen Anordnung der – Ende des 18. Jahrhunderts bestehenden – Ämter, Gerichte, Klöster etc. wurde beibehalten. Als Grundlage für die Verwaltungseinteilung der damals welfischen Gebiete diente wie in der vorigen Auflage Christoph Barthold Scharfs „Statistisch-topographische Sammlungen zur genaueren Kentnis aller das Churfürstenthum Braunschweig-Lüneburg ausmachenden Provinzen" von 1791. Für Hildesheim wurden die entsprechenden Informationen den Archivbeständen Hild. Br. entnommen, die übrigen nach 1791 an Hannover gekommenen Gebiete werden unter den Namen für die Territorien um 1800 (z. B. Grafschaft Pyrmont) oder unter ihrer Bezeichnung in den Statistischen Übersichten für Hannover (z. B. Amt Gieboldehausen) aufgeführt.

Beibehalten wurde, wie schon der Titel aussagt, auch der zeitliche Rahmen. Es sind in der Regel nur Archivalien aus der Zeit bis ca. 1800 aufgeführt, insbesondere im Fall des Schriftguts der freiwilligen Gerichtsbarkeit ist diese Grenze gelegentlich überschritten worden. Übernommen wurden auch die Hinweise nicht nur auf die Verwaltungsgliederung um 1800, sondern

---

\*   Stand 31.3.2004. Zu beachten ist, dass bei Redaktionsschluss die Neuverzeichnung des Bestandes Foto 1 noch nicht völlig abgeschlossen war. Wenn nach der Angabe Foto 1 keine laufende Nr. folgt, kann die genaue Signatur nur anhand des Findbuchs ermittelt werden.
\*\* Wenn Quellen auch im Druck oder als Mikrofiches vorliegen, sind die Originale grundsätzlich für die Benutzung gesperrt.

auch auf die verwaltungsmäßige Zugehörigkeit im Jahre 1971, da eine Ersetzung dieser Angabe durch die heutige Zugehörigkeit nach Auffassung der Bearbeiter für die Benutzer des Werkes keinen Vorteil gebracht hätte. Sodann wurde auch darauf verzichtet, systematisch zu überprüfen, ob die in der letzten Auflage angegebenen Signaturen fremder Archive noch korrekt sind, da dies einen nicht vertretbaren Aufwand erfordert hätte und die aktuelle Signatur bei dem jeweiligen Archiv problemlos zu erfahren ist.

Quellen zur Bevölkerungsgeschichte in der frühen Neuzeit liegen hauptsächlich für den Sprengel des Hauptstaatsarchivs Hannover bis 1978, d. h. den Bereich der Regierungsbezirke Hannover (ohne Schaumburg), Hildesheim und Lüneburg vor; dazu kommen Gebiete in angrenzenden Teilen Niedersachsens und in benachbarten (heutigen) Bundesländern. Das Schriftgut in der jetzigen Außenstelle des Hauptstaatsarchivs beim Landesbergamt in Clausthal-Zellerfeld konnte noch nicht einbezogen werden.

Sofern ein Ort nicht im Index aufgeführt ist, kann dies bedeuten, dass er um 1800 noch nicht existierte wie Ehlershausen (heute Ortsteil von Burgdorf) oder dass sich die einschlägigen Quellen ausschließlich an anderer Stelle befinden wie z. B. im Fall von Goslar, Bad Sachsa und fast allen Orten im Landkreis Holzminden. Für viele der aufgeführten Orte sind Quellen zur Bevölkerungsgeschichte nicht nur im Hauptstaatsarchiv, sondern auch in anderen Archiven vorhanden. Soweit die Signaturen solcher Archivalien bekannt sind, werden sie angegeben. Pauschale Hinweise auf fremde Archive finden sich in Fällen, in denen damit zu rechnen ist, dass weitere einschlägige Quellen dort aufbewahrt werden. Verzichtet wird allerdings generell auf diese Hinweise, sofern es sich bei den fremden Archiven um die eigenen Archive von Städten handelt, da bei ihnen immer ergänzendes Schriftgut vermutet werden darf. Der Vollständigkeit halber sei noch hinzugefügt, dass sich die wichtigsten frühneuzeitlichen Quellen zur Familiengeschichte, die Kirchenbücher, bei kirchlichen Stellen befinden.

Angemerkt sei schließlich noch, dass eine Auswahl von Quellen zur Bevölkerungsgeschichte auch subjektiven Charakter trägt und daher die Entscheidung für oder gegen eine Aufnahme in das vorliegende Werk in Grenzfällen sicher nicht unumstritten sein wird. Auch ist es natürlich bei der Fülle der in Frage kommenden Archivalien nicht auszuschließen, dass Quellen aus Versehen nicht erfasst worden sind, wofür an dieser Stelle um Verständnis gebeten wird.

## Abgekürzt zitierte Literatur

| | |
|---|---|
| Bardehle | Peter Bardehle, Die Kopfsteuerbeschreibung des Hochstifts Hildesheim von 1664 – ergänzt durch die Landschatzbeschreibung von 1665, 1976. |
| Bosse | Theo Bosse, Die Register und Kataster der Ämter Gifhorn, Fallersleben und Isenhagen ab 1563/64, 1988. |
| Burchard | Max Burchard, Die Bevölkerung des Fürstentums Calenberg-Göttingen gegen Ende des 16. Jahrhunderts. Die Calenbergische Musterungsrolle von 1585 und andere einschlägige Quellen, 1935. |
| Grieser I | Rudolf Grieser, Das Schatzregister der Großvogtei Celle von 1438 und andere Quellen zur Bevölkerungsgeschichte der Kreise Celle, Fallingbostel, Soltau und Burgdorf zwischen 1428 und 1442, 1934; Nachdruck 1962. |
| Grieser II | Rudolf Grieser, Schatz- und Zinsverzeichnisse des 15. Jahrhunderts aus dem Fürstentum Lüneburg. Quellen zur Bevölkerungsgeschichte der Kreise Harburg, Dannenberg, Gifhorn und Uelzen 1450–1497, 1942; Nachdruck 1962. |
| Mundhenke | Max Burchard und Herbert Mundhenke, Die Kopfsteuerbeschreibung der Fürstentümer Calenberg-Göttingen und Grubenhagen von 1689, T. 1–13, 1940–1972. Auf den Ergänzungsband (Teil 12) ist nicht besonders verwiesen. |
| Reinstorf | Ernst Reinstorf, Einwohnerverzeichnis des Fürstentums Lüneburg aus den Jahren 1563–1564 = Zeitschrift der Zentralstelle für Niedersächsische Familiengeschichte IX, 1927. (aus: Celle Br. 61 Nr. 22). |
| Ritter | Jürgen Ritter, Trauregister aus den Kirchenbüchern des Calenberger Landes Bd. 2: 1701–1750 (1313), 1990. |
| Schubert | Franz Schubert, Trauregister aus den Kirchenbüchern in Südniedersachsen, 1990–2000.<br>Bd. 1: bis 1700 (1310)<br>Bd. 2: bis 1750 (1311)<br>Bd. 3: 1751–1800 (1316)<br>Desgl. Calenberger Land:<br>Bd. 1: bis 1700 (1312) |

## Gericht Adelebsen

*Flecken:* Adelebsen.
*Dörfer:* Barterode, Eberhausen, Erbsen, Fehrlingsen, Güntersen, Lödingsen, Wibbecke.
Fürstentum Göttingen; 1971: Landkreis Northeim.
Das Archiv des adeligen Patrimonialgerichts ist im Besitz des Grafen Wolff Metternich, Schloss Adelebsen.

### Registerförmige Quellen

| 1585 | Huldigungsverzeichnis und Musterungsrolle | Cal. Br. 22 Nr. 728, siehe Burchard, S. 82–84 |
|---|---|---|
| 1616, 1617 | Landsteuereinnahmeregister | Dep. 7 C Nr. 444 |
| 1643–1809 | Landsteuereinnahmeregister | Dep. 7 C Nrn. 445–609 |
| 1664 | Kopfsteuerbeschreibung (mit Frauennamen) | Foto 1 |
| 1671 | Mannschaftsrolle (Huldigung) | Cal. Br. 22 Nr. 788 Bd. II |
| 1675 | Kopfsteuerbeschreibung | Cal. Br. 19 Nr. 1032 |
| 1678 | Kopfsteuerbeschreibung | Cal. Br. 19 Nr. 1041 |
| 1680 | Mannschaftsrolle (Huldigung) | Cal. Br. 22 Nr. 796 Bd. II |
| 1686, 1689 | Kopfsteuerbeschreibung | siehe Mundhenke[1], Teil 8, S. 126–150 |
| 1687 | Rauchschatzbeschreibung | Cal. Br. 19 Nr. 1103 Bd. I |
| 1688 | Rauchschatzbeschreibung | Cal. Br. 19 Nr. 1115 Bd. I |
| 1707 | Taxtbeschreibung und Scheffelschatz | Dep. 7 C Nr. 692 |
| 1725 | Taxtbeschreibung und Scheffelschatz | Dep. 7 C Nr. 702 |
| 1748–1824 | Zählung der Volksmenge | Hann. 74 Uslar Nr. 381 |
| 1755 | Namensverzeichnis der dienstbaren Mannschaft | Foto 1 Nrn. 424–425 |
| 1766 | Personenbeschreibung | Dep. 7 C Nr. 731 |

### Schriftgut der freiwilligen Gerichtsbarkeit

| 1740–1870 | Hypothekenbücher | Hann. 72 Uslar Nrn. 141–156 |
|---|---|---|

---

1 Im Folgenden wird auf Quellenangaben bei Kopfsteuerbeschreibungen verzichtet, sofern diese Angaben in der Edition von Mundhenke zu finden sind. Vorlagen für die Edition waren die Archivalien mit den Signaturen Cal. Br. 19 Nrn. 1017–1083 (Fürstentum Calenberg-Göttingen) und Cal. Br. 20 Nrn. 113–118 (Fürstentum Grubenhagen).

## Amt Aerzen

*Flecken:* Aerzen.
*Dörfer:* Amelgatzen, Bruch, Dehrenberg[2], Deitlevsen, Duensen, Gellersen, Grießem, Groß Berkel, Hilkenbreden, Klein Berkel, Königsförde, Laatzen, Multhöpen, Oberndehmke, Reher, Reine, Reinerbeck, Selxen, Waalsen, Welsede[3].
Im Amtsbezirk liegt das adlige Gericht Schwöbber.
Fürstentum Calenberg, Hamelsches Quartier; 1971: Landkreis Hameln-Pyrmont.

### Registerförmige Quellen

| | | |
|---|---|---|
| 1562 | Schaf- und Scheffelschatzregister | Cal. Br. 19 Nr. 474 |
| 1585 | Huldigungsverzeichnis und Musterungsrolle | Cal. Br. 22 Nr. 728, siehe Burchard, S. 148–154 |
| 1592 | Geldregister | Hild. Br. 1 Nr. 871 |
| [1593] | Erbregister | Foto 1 Nrn. 396–397 |
| um 1610 | Ausschuss-Musterrolle | Foto 1 Nr. 447 |
| 1617–1811 | Landsteuer | Dep. 7 C Nrn. 205–207<br>Dep. 7 C Nrn. 209–242<br>Dep. 7 C Nrn. 245–280<br>Dep. 7 C Nrn. 282–352<br>Dep. 7 C Nrn. 429–443<br>(Nrn. 225–228 enthalten außerdem Rittersteuer) |
| 1619 | Landbeschreibung | Dep. 7 C Nr. 744 |
| 17. Jh. | Register der Tripelhilfe (Landbeschreibung) | Dep. 7 C Nr. 746 |
| 1631 | Verzeichnis der am 5.9.1631 in Groß Berkel, abgebrannten Untertanen | Hild. Br. 1 Nr. 873 |
| 1632, 1633 | Geldregister | Hild. Br. 1 Nr. 871 |
| 1648 | Verzeichnis der Köter | Hann. 88 A Nr. 111 |
| 1648–1676 | Geldregister | Hann. 74 Hameln Nrn. 798–819 |
| 1649 | Mannschaftsrolle (Huldigung) | Cal. Br. 22 Nr. 773 |
| vor 1650 | Hausbuch | Hann. 74 Hameln Nr. 6 |
| 1662–1674 | Schafschatzbeschreibungen | Cal. Br. 19 Nr. 761 |

2 Walter Albrecht, Dehrenberg, Höfe und Familien seit 400 Jahren, 1986 (T Dehrenberg 1).
3 Besitzlage der Höfe siehe Ms. E.E. Nr. 026.

| | | |
|---|---|---|
| 1664 | Kopfsteuerbeschreibung (mit Namen der Ehefrauen und der Kinder) | Foto 1 |
| 1664 | Personenbeschreibung | Hann. 74 Hameln Nr. 7 |
| 1672 | Kontributionsbeschreibung | Cal. Br. 19 Nr. 866 |
| 1667, 1672, 1698, 1730 | Kontributionsbeschreibungen | Hann. 74 Hameln Nr. 696 (siehe auch Nr. 700) |
| 1671 | Mannschaftsrolle | Cal. Br. 22 Nr. 788 Bd. I |
| 1675 | Kopfsteuerbeschreibung | Cal. Br. 19 Nr. 1030 |
| 1678 | Kopfsteuerbeschreibung | Cal. Br. 19 Nr. 1039 Bd. I |
| 1680 | Mannschaftsrolle (Huldigung) | Cal. Br. 22 Nr. 795 Bd. I |
| 1686, 1689 | Kopfsteuerbeschreibung | siehe Mundhenke[4], Teil 6, S. 1–48 |
| 1687, 1688 | Rauchschatzbeschreibungen | Cal. Br. 19 Nr. 1103 Bd. I<br>Cal. Br. 19 Nr. 1115 Bd. I |
| 1689, 1723, 1736 | Dorftaxtbeschreibungen | Hann. 74 Hameln Nr. 704 |
| 1690–1707, 1740, 1759, 1785–1800 | Schafschatzbeschreibungen | Hann. 74 Hameln Nr. 706 |
| 1705<br>1723–1727 | Taxtbeschreibung | Dep. 7 C Nr. 662<br>Dep. 7 C Nr. 666 |
| 1712 | Beschreibung der onerum publicorum (Kopien) | Hann. 74 Hameln Nr. 5 Bd. II |
| 1715, 1716 | Extrakt aus dem Hamelschen Schatzregister betr. den Zins- und Zehnt-Scheffelschatz | Hann. 74 Hameln Nr. 711 |
| 1755 | Namensverzeichnis der dienstbaren Mannschaft | Foto 1 Nr. 426 |
| 1756, 1760 | Vergleich des Zustandes der pflichtigen Untertanen vor dem Kriege 1756 und im Jahre 1760 | Hann. 74 Hameln Nr. 21 |
| 1757 | Personen- und Vermögenssteuerbeschreibung | Dep. 7 C Nr. 723 |
| 1780 | Amtsbeschreibung | Hann. 74 Hameln Nr. 27 |
| 1780 | Beschreibung der Ländereien und Wiesen von Groß Berkel, Waalsen und Laatzen | Hann. 74 Hameln Nr. 720 |
| 1793 | Verzeichnis der Gutsherrengefälle | Hann. 74 Hameln Nr. 711 |

4 vgl. Anmerkung 1

# Amt Ahlden

*Flecken:* Ahlden, Hudemühlen.
*Dörfer:* Bierde, Bosse, Büchten, Eickeloh, Eilte, Frankenfeld, Gilten, Grethem, Hademstorf, Hellberg, Hörem, Riethagen.
Fürstentum Lüneburg: Cellisches Quartier; 1971: Landkreis Fallingbostel.

## Registerförmige Quellen

| 1533, 1534 | Viehschatzregister | Dep. 37 S Nr. 88 |
|---|---|---|
| 1564 | Viehschatzregister | Foto 1 Nr. 311 |
| 1615 | Musterrolle | Foto 1 Nr. 436, siehe Bosse, S. 51–53 |
| 1624 | Musterrolle (nicht nach Orten unterteilt) | Celle Br. 46 Nr. 213 Bd. II, Bl. 54 |
| 1628 | Kontributionsregister | Celle Br. 10 Nr. 120 Bd. II |
| 1628 | Einwohnerverzeichnis | Foto 1 Nr. 451 |
| 1629 | Zehntregister | Foto 1 Nr. 324 |
| 1649 | Huldigungsverzeichnis | Celle Br. 45 Nr. 92 |
| 1667 | Lagerbuch | Foto 1 |
| 1743–1747 | Kontributionskataster | Hann. 74 Ahlden Nr. 604 |
| 1745 | Häuslings- und Hirtenverzeichnis | Hann. 74 Ahlden Nr. 16 |
| 1746, 1747 | Einwohnerverzeichnisse | Hann. 74 Ahlden Nr. 16 |
| 1755 | Namensverzeichnis der dienstbaren Mannschaft | Foto 1 Nr. 426 |
| 1756–1760 | Einwohnerverzeichnisse | Hann. 74 Ahlden Nr. 21 |
| 1763 | Verzeichnis der ausgehobenen Mannschaft | Hann. 74 Ahlden Nr. 21 |

## Schriftgut der freiwilligen Gerichtsbarkeit

| 1714–1856 | Ehestiftungen | Hann. 72 Ahlden Nrn. 148–166 |
|---|---|---|
| 1720–1775 | Geburtsbriefe | Hann. 72 Ahlden Nr. 463 |

## Amt Altbruchhausen

1777 mit dem Amt Neubruchhausen vereinigt.
*Flecken:* Neubruchhausen.
Kirchspiel Sudwalde[5] mit Affinghausen, Bensen, Mallinghausen, Menninghausen.
Kirchspiel Vilsen mit den Flecken Altbruchhausen, Moor, Vilsen und das Vorwerk Heiligenberg mit den dazugehörigen Dörfern.
Im Bruchstrich: Berxen, Ochtmannien, Süstedt, Uenzen.
Im Heidstrich: Engeln, Hohenmoor Homfeld, Oerdinghausen, Scholen, Weseloh.
Grafschaft Hoya, 3. Quartier in der Niedergrafschaft; 1971: Landkreise Grafschaft Diepholz, Grafschaft Hoya.

### Registerförmige Quellen

| | | |
|---|---|---|
| 1530 | Der Herrschaft Leute | Hoyer Urkundenbuch, 1. Abt., Heft V, Rolle 6 |
| 1575, 1600 | Zinsregister | Hann. 74 Bruchhausen Nr. 291 |
| 1594–1620 | Abgabenregister | Celle Br. 72 Nr. 388 |
| 1602–1630 | Verzeichnisse von Zinsschweinen | Hann. 74 Bruchhausen Nr. 291 |
| 1608 | Verzeichnis aller Leute im Amt | Hann. 74 Bruchhausen Nr. 26 |
| 1616–1618, 1630, 1631, 1652–1654 | Schatzregister | Dep. 106 Nrn. 2680–2682, 2684, 2685<br>Dep. 106 Nrn. 2730–2731<br>Dep. 106 Nrn. 2701–2703 |
| 1652–1824 | Weinkaufs-, Erbteils-, Freilassungs- und Verlassungsregister | Hann. 74 Bruchhausen Nrn. 331–333 |
| 1683, 1684 | Schatzregister | Dep. 106 Nr. 2729 |
| 1684–1688, 1692–1698 | Schatzregister | Dep. 106 Nrn. 2060–2063, 2068–2073 |
| 1653 | Untertanenverzeichnis (Huldigung) | Celle Br. 45 Nr. 96 |
| 1658 | Mannschaft des Amts | Hann. 74 Bruchhausen Nr. 26 |
| um 1660 | Landbeschreibung | Hann. 74 Bruchhausen Nr. 12 |
| 1665 | Untertanenverzeichnis | Hann. 74 Bruchhausen Nr. 26 |
| 1667 | Landbeschreibung | Hann. 74 Bruchhausen Nr. 12 |

---

5 Hans Ehlich, Einwohner- und Höfelisten aus dem Kirchspiel Sudwalde – Wappen der Gemeinde Sudwalde, o. J. (T Sudwalde 1).

| | | |
|---|---|---|
| 1673 | Erbregister der Bauerschaft Berxen | Hann. 74 Bruchhausen Nr. 12 |
| 1675–1677, 1713–1721 | Hühner- und Eierregister | Hann. 74 Bruchhausen Nr. 296 |
| 1678 | Beschreibung der Ländereien und Schulden | Hann. 74 Bruchhausen Nr. 12 |
| 1678–1683 | Verzeichnis der Bauernhöfe und Reihestellen, deren Abgaben und Dienste | Hann. 74 Bruchhausen Nr. 1047 |
| 1683, 1684 | Viehschatzregister | Dep. 106 Nr. 2729 |
| 1685 | Viehschatzregister | Dep. 106 Nr. 2060 |
| 1688–1712 | Bier- und Branntweinakzise, Schatzrechnung | Dep. 106 Nrn. 2064–2087 |
| 1693 | Die Regulierung der Nahrung im Flecken Bruchhausen | Dep. 106 Nr. 703 |
| 1695 | Kontributionskataster der nahrungtreibenden Hauswirte | Dep. 106 Nr. 703 |
| um 1700 | Index zur Genealogie | Hann. 74 Bruchhausen Nr. 1046 |
| 1702–1730 | Bier-, Wein- und Branntweinakzise | Dep. 106 Nrn. 2190–2218 |
| 1704 | Akzisebrüche | Dep. 106 Nr. 2192 |
| 1704–1717 | Untersuchung und Bestrafung der Akzise- und Tabaksimpostbrüche im Amt | Dep. 106 Nr. 2886 |
| 1707–1709, 1714, 1715 | Malz- und Schrotakzise | Dep. 106 Nr. 2773 Dep. 106 Nr. 2756 |
| 1710–1712, 1713–1735, 1769, 1770 | Bier-, Wein- und Branntweinakzise | Dep. 106 Nr. 2785 Dep. 106 Nrn. 2102–2122 Dep. 106 Nr. 2158 Bd. III |
| 1711 | Akziserechnung | Dep. 106 Nr. 2199 |
| 1714–1798 | Scheffelschatz | Dep. 106 Nrn. 2102–2186 |
| 1715–1806 | Akzisepachtkontrakte | Dep. 106 Nr. 2864 |
| 1727–1729 | Tabaksstrafgelder | Dep. 106 Nr. 2390 |
| 1733–1737 | Tabaksimpostregister | Dep. 106 Nrn. 2394–2397 |
| 1746, 1747 | Kornregister | Dep. 106 Nr. 2135 Bd. III |
| 2. Hälfte 18. Jh. | Einwohnerliste | Dep. 106 Nr. 609 |
| 1750, 1751, 1760 | Dienstregister vom Vorwerk Heiligenberg | Hann. 74 Bruchhausen Nr. 312 |
| 1752–1775 | Gebäudebeschreibungen der Flecken Altbruchhausen und Moor | Dep. 106 Nr. 1195 Bde. I, II |

Amt Altbruchhausen

| | | |
|---|---|---|
| 1753–1775 | Gebäudebeschreibungen (Flecken Vilsen) | Dep. 106 Nr. 1195 |
| 1756–1777 | Gebäudebeschreibungen, Brandkataster | Dep. 106 Nr. 1195 Bd. IV |
| 1760 | Liste der aus der Brandkasse Ausgetretenen | Dep. 106 Nr. 1195 Bd. II |
| 1760–1793 | Tabaksgeldregister | Dep. 106 Nrn. 2420/2–2453/2 |
| 1764, 1768 | Verzeichnisse der kontributionsfreien Grunstücke | Dep. 106 Nr. 618 |
| 1765 | Kontributionskataster (wenige Namen) | Dep. 106 Nr. 609 |
| 1775, 1776 | Einwohnerverzeichnisse (Flecken Altbruchhausen) | Dep. 106 Nr. 1195 Bd. IV |
| 1787 ff. | Brandkataster | Dep. 106 Nr. 1273 |
| 1794–1799 | Tabaksimpostregister der Flecken Altbruchhausen, Moor, Neubruchhausen, Vilsen, des Bruchstrichs mit den Dörfern Brexen, Ochtmannien, Süstedt Uenzen, des Heidstrichs mit den Dörfern Engeln, Hohenmoor, Homfeld, Oerdinghausen, Scholen, Weseloh, Vorwerk, Heiligenberg und dem Kirchspiel Sudwalde | Dep. 106 Nr. 2454/2 Dep. 106 Nr. 2455/2 Dep. 106 Nr. 2456/2 Dep. 106 Nr. 2457/2 Dep. 106 Nr. 2458/2 Dep. 106 Nr. 2459/2 |
| 1814, 1815 | | Dep. 106 Nr. 2940 Bde. II, V |

### Schriftgut der freiwilligen Gerichtsbarkeit

| | | |
|---|---|---|
| 1408–1888 | Kontrakte und Obligationen | Hann. 72 Bruchhausen Nrn. 108–210 |
| 1603–1858 | Ehestiftungen und Verträge | Hann. 72 Bruchhausen Nrn. 60–107 |

## Gericht Altengleichen

Ober- und Untergut Appenrode (Gerichtsort), Benniehausen[6], Bremke[7], Gut Elbickerode, Gut und Dorf Gelliehausen[8], Gut Sennickerode, Gut Vogelsang, Wöllmarshausen[9].
(Siehe auch Amt Niedeck und Gericht Waake).
Fürstentum Göttingen; 1971: Landkreis Göttingen.

### Registerförmige Quellen

| | | |
|---|---|---|
| 1585 | Huldigungsverzeichnis und Musterungsrolle | Cal. Br. 22 Nr. 728, siehe Burchard, S. 34–36 |
| 1616, 1617 | Landsteuereinnahmeregister (keine Namen) | Dep. 7 C Nr. 444 |
| 1643–1809 | Landsteuereinnahmeregister | Dep. 7 C Nrn. 445–609 |
| 1664 | Kopfsteuerbeschreibung | Foto 1 |
| 1671 | Mannschaftsrolle (Huldigung) | Cal. Br. 22 Nr. 788 Bd. II |
| 1675 | Kopfsteuerbeschreibung | Cal. Br. 19 Nr. 1032 |
| 1678 | Kopfsteuerbeschreibung | Cal Br. 19 Nr. 1041 |
| 1680 | Mannschaftsrolle (Huldigung) | Cal. Br. 22 Nr. 796 Bd. II |
| 1686, 1689 | Kopfsteuerbeschreibung | siehe Mundhenke[10], Teil 8, S. 151–159 |
| 1688 | Personalregister der Untertanen für das sog. Quartalopfer, außer den im Gericht wohnenden hessischen Untertanen | Cal. Br. 2 Nr. 894 |
| 1728 | Taxtbeschreibung und Scheffelschatz | Dep. 7 C Nr. 710 |
| 1744 | Lager-, Stück- und Steuerbuch (enthält außer o. g. Dörfern auch Wittmarshof und Eichenkrug) | Hann. 74 Reinhausen Nr. 581 |
| 1755 | Namensverzeichnis der dienstbaren Mannschaft | Foto 1 Nr. 427 |
| 1766 | Personenbeschreibung | Dep. 7 C Nr. 731 |
| 1800–1830 | Generallisten der Militärpflichtigen | Hann. 74 Reinhausen Nr. 1199 |

6 Teile dieser sog. Mengedörfer unterstanden gleichzeitig dem hessischen Amt Neuengleichen.
7 vgl. Anmerkung 6
8 vgl. Anmerkung 6
9 vgl. Anmerkung 6
10 vgl. Anmerkung 1

## Amt Auburg

Landgut Auburg mit Flecken Wagenfeld und zugehörigen Dörfern Bockel, Förlingen, Haßlingen und Neustadt.
Grafschaft Diepholz, 1585–1806 hessisch; 1971: Landkreis Grafschaft Diepholz.

### Registerförmige Quellen

| 1565–1567, 1572–1576 | Amtsrechnungen | Hann. 74 Diepholz Nr. 169 |
| --- | --- | --- |
| 1580–1585 | Schatz- und Rinderregister, Einnahme- und Ausgaberegister | Cal. Br. 1 Nr. 1355 Bd. II |
| um 1580/1590 | Salbuch (Abschrift) | Foto 1 Nr. 385 |
| 1591 | Verzeichnis zu leistender Wagen- und Leibdienste zu Wagenfeld | Celle Br. 72 a Nr. 186 |
| 1650 | Huldigungsregister | Hann. 74 Diepholz Nr. 88 |
| 1654–1700 | Kontributionslisten | Hann. 27 Hann. C Nr. 1728 Bd. II, Bl. 896 ff. |
| Um 1600 | Erbregister | Hann. 74 Diepholz Nr. 3162 |
| 1718–1723 | Bruchregister, Register über Weinkauf, Erbfälle und Freikauf (außer Wagenfeld) | Hann. 74 Diepholz Nr. 3175 |
| 1746 | Beitragspflichtige zum Kirchenbau | Hann. 74 Diepholz Nr. 737 |
| 1786 | Brandkataster | Hann. 74 Diepholz Nr. 3084 |

## Gericht Banteln

Banteln.
Fürstentum Calenberg, Hamelsches Quartier; 1971: Landkreis Alfeld.

### Registerförmige Quellen

| 1585 | Huldigungsverzeichnis und Musterungsrolle | Cal. Br. 22 Nr. 728, siehe Burchard, S. 319 |
|---|---|---|
| um 1610 | Beschreibung der Untertanen (Ausschussmusterrolle) | Foto 1 Nr. 447 |
| 1636 | Gerichtsuntertanen (Huldigung) | Cal. Br. 22 Nr. 764 |
| 1650–1811 | Landsteuer | Dep. 7 C Nrn. 205–207<br>Dep. 7 C Nrn. 209–242<br>Dep. 7 C Nrn. 245–280<br>Dep. 7 C Nrn. 282–352<br>(Nrn. 225–228 enthalten außerdem Rittersteuer) |
| 1662–1674 | Schafschatzbeschreibungen | Cal. Br. 19 Nr. 761 |
| 1664 | Kopfsteuerbeschreibung | Foto 1 |
| 1671 | Gerichtsuntertanen (Huldigung) | Cal. Br. 22 Nr. 788 Bd. II |
| 1675 | Kopfsteuerbeschreibung | Cal. Br. 19 Nr. 1032 |
| 1678 | Kopfsteuerbeschreibung | Cal. Br. 19 Nr. 1041 |
| 1680 | Gerichtsuntertanen (Huldigung) | Cal. Br. 22 Nr. 795 Bd. I |
| 1686, 1689 | Kopfsteuerbeschreibung | siehe Mundhenke[11], Teil 5, S. 197–202 |
| 1687, 1688 | Rauchschatzbeschreibungen | Cal. Br. 19 Nr. 1103 Bd. I<br>Cal. Br. 19 Nr. 1115 Bd. I |
| 1745 | Mannschaftsverzeichnis | Hann. 76 a Nr. 13 |
| 1755 | Namensverzeichnis der dienstbaren Mannschaft | Foto 1 Nr. 426 |
| 1766 | Personenbeschreibung | Dep. 7 C Nr. 731 |

### Schriftgut der freiwilligen Gerichtsbarkeit

| 1724–1852 | Kontrakte und Protokolle | Hann. 72 Elze Nrn. 272–311 |
|---|---|---|

11 vgl. Anmerkung 1

## Amt Barenburg

*Flecken:* Barenburg.
Grafschaft Hoya, 2. Quartier in der Obergrafschaft; 1971: Landkreis Grafschaft Diepholz.
(Siehe auch Amt Ehrenburg).

### Registerförmige Quellen

| | | |
|---|---|---|
| 2. Hälfte 16. Jh. | Erbregister (keine Namen) | Foto 1 Nr. 412 |
| 1583 | Amtsbeschreibung | Celle Br. 72 Nr. 512 |
| 1615, 1651 | Liste der Eingesessenen | Hann. 74 Sulingen Nr. 27 |
| 1667 | Mannschaftsrolle (Huldigung) | Celle Br. 45 Nr. 96 |
| 1667 | Amtsbeschreibung (keine Namen) | Foto 1 Nr. 444 |
| 1673–1681 | Geldrechnung | Cal. Br. 17 Nr. 154 |
| 1677 | Geldregister | Hann. 74 Sulingen Nr. 24 |
| 1694 | Lagerbuch | Foto 1 Nr. 413 |
| 1709, 1710 1717, 1718 | Akziseregister | Dep. 106 Nr. 2097 Dep. 106 Nrn. 2105–2119 |
| 1713–1735 1774–1776 | Bier- und Branntweinakzise | Dep. 106 Nrn. 2102–2122 Dep. 106 Nrn. 2162–2164 |
| 1716–1809 | Akzisepachtkontrakte | Dep. 106 Nr. 2863 |
| 1730–1820 | Weinkaufs- und Leibeigentumsregister | Hann. 74 Sulingen Nr. 567 |
| 2. Hälfte 18. Jh. | Verzeichnis der zehntfreien Grundstücke | Dep. 106 Nr. 617 |
| 1753–1787 | Brandkataster | Dep. 106 Nr. 1189 Dep. 106 Nr. 1190 |
| 1753, 1755, 1756, 1758, 1771 | Brandkataster | Dep. 106 Nr. 1194 |
| o. J. | Gebäudebeschreibung | |
| 1757, 1758 | Personenbeschreibung | Dep. 106 Nr. 3236 |
| 1760–1793 | Tabaksimpostregister | Dep. 106 Nrn. 2420/2–2454/2 |
| 1763–1765 | Einwohnerlisten | Dep. 106 Nr. 617 |
| 1774–1776 | Akziseregister | Dep. 106 Nrn. 2355–2357 |

| 1787 | Brandkataster | Dep. 106 Nr. 1271 |
| 1794–1799 | Tabaksgeldregister | Dep. 106 Nrn. 2454/2–2459/2 |
| 1814 | | Dep. 106 Nr. 2940 Bd. II |

## Kloster Barsinghausen

Fürstentum Calenberg, Hannoversches Quartier; 1971: Landkreis Hannover.

### Registerförmige Quellen

| 1550–1557, 1584–1585, 1589–1829 | Geldregister (mit Lücken) | Hann. 75 Nrn. 1923–2107 |
|---|---|---|
| 1583 | Zinsbuch und jährliches Einkommen des Stifts | Cal. Br. 7 Nr. 131 |
| 1585 | Huldigungsverzeichnis und Musterungsrolle | Cal. Br. 22 Nr. 728, siehe Burchard, S. 257, 258 |
| 1591 | Erb- und Zinsregister | Cal. Br. 7 Nr. 131 |
| 1599 | Personen- und Landbeschreibung | Dep. 7 C Nr. 742 |
| 1615 | Hausbuch | Cal. Br. 7 Nr. 131 |
| um 1615 | Beschreibung der Güter des Klosters | Cal. Br. 7 Nr. 131 |
| um 1615 | Verzeichnis der Meier, Halbspänner und Höflinge der Dorfschaften Stemmen, Langreder, Kirchdorf und Egestorf | Cal. Br. 7 Nr. 131 |
| 1617–1626, 1627–1629, 1636–1637 | Schatzregister | Dep. 7 C Nrn. 18–22, 25<br>Dep. 7 C Nr. 12<br>Dep. 7 C Nr. 15<br>(Nr. 19 mit Reichsdefensivhilfstaxt 1620, Tripelhilfe und Lizent 1621) |
| 1617–1621, 1617–1650, 1622–1626, 1638–1643, 1643–1809, 1650–1811 | Landsteuer<br><br>(1640 mit Fräuleinsteuer)<br>(1645 mit Fräuleinsteuer) | Dep. 7 C Nrn. 7–10<br>Dep. 7 C Nrn. 429–443<br>Dep. 7 C Nrn. 23, 24, 26<br>Dep. 7 C Nr. 16<br>Dep. 7 C Nrn. 27–204<br>Dep. 7 C Nrn. 205–207<br>Dep. 7 C Nrn. 209–242<br>Dep. 7 C Nrn. 245–280<br>Dep. 7 C Nrn. 282–352<br>(Nrn. 225–228 enthalten außerdem Rittersteuer) |
| 1625, 1626 | Schafschatzregister | Dep. 7 C Nr. 11 |
| 1639–1641 | Kornregisterauszug | Cal. Br. 7 Nr. 170 |

| | | |
|---|---|---|
| um 1645 | Beschreibung des Stifts und Klosters | Cal. Br. 7 Nr. 131 |
| 1647–1651, 1668, 1707–1716, 1720, 1721 | Fleischzehntregister | Hann. 94 Nr. 3277 Hann. 94 Nr. 3504 |
| 1661–1674 | Schafschatzbeschreibungen | Cal. Br. 19 Nrn. 761, 762 |
| 1664 | Kopfsteuerbeschreibung | Foto 1 |
| 1670, 1671 | Monatliche Kontribution der Barsinghäuser Klosterleute zu Altenhof | Cal. Br. 7 Nr. 266 |
| 1670, 1676, 1697–1700 | Dienstregister | Hann. 94 Nr. 3054 |
| 1675 | Kopfsteuerbeschreibung | Cal. Br. 19 Nr. 1028 |
| 1675 | Schaf- und Scheffelschatz | Dep. 7 C Nr. 735 |
| 1678 | Kopfsteuerbeschreibung | Cal. Br. 19 Nr. 1038 |
| 1680 | Klosteruntertanen (Huldigung) | Cal. Br. 22 Nr. 795 Bd. II |
| 1686, 1689 | Kopfsteuerbeschreibung | siehe Mundhenke[12], Teil 1, S. 252–258 |
| 1752–1812 | Brandkataster | Hann. 330 Nr. 880 |
| 1766 | Personenbeschreibung | Dep. 7 C Nr. 731 |

[12] vgl. Anmerkung 1

## Stift Bassum

### Registerförmige Quellen

| 1579, 1583 | Kornrechnungen (1579) und Verzeichnis der Meier und Zehnten (1583) | Celle Br. 72 Nr. 450 |
| --- | --- | --- |
| 1586–1813 | Einkünfteregister (1586 ff.) und Michaelisschatz (1630) | Hann. 74 Freudenberg Nr. 2104 |

## Amtsvogtei Beedenbostel

Ahnsbeck, Alvern, Bargfeld, Beedenbostel, Bunkenburg, Dalle, Eldingen, Endeholz, Eschede, Gockenholz, Habighorst, Heese, Helmerkamp, Höfer, Hohne, Hohnhorst, Jarnsen, Kragen, Lachendorf, Lohe, Luttern, Marwede, Metzingen, Ohe, Pollhöfen, Rebberlah, Scharnhorst, Spechtshorn, Starkshorn, Ummern, Weyhausen, Wohlenrode.
Fürstentum Lüneburg, Gifhornsches Quartier; 1971: Landkreis Celle.

### Registerförmige Quellen

| 1438 | Schatzregister | Celle Br. 61 Nr. 857, siehe Grieser I, S. 8–38 |
|---|---|---|
| 1511 | Schatzregister | Foto 1 Nr. 302 |
| 1553 | Musterrolle | Celle Br. 46 Nr. 211 II, Bl. 14 f. und Bl. 34 ff. |
| 1589 | Viehschatzregister | Foto 1 Nr. 314 |
| 1605, 1606 | Musterrolle | Foto 1 Nr. 435 |
| 1628 | Kontributionsregister | Celle Br. 10 Nr. 120 Bd. II[13] |
| 1634 | Untertanenverzeichnis | Hann. 74 Celle Nr. 45 |
| 1659, 1665 | Kontributionskataster | Foto 1 Nrn. 379–380 |
| 1661, 1665 | Mannschaftsbeschreibung | Hann. 74 Celle Nr. 45 |
| 1663–1682 | Musterungsrollen | Hann. 74 Celle Nr. 258 |
| 1663, 1665, 1688–1784 | Hausbuch, Erbregister | Foto 1 Nr. 384 |
| 1670 | Kontributionsverzeichnis | Hann. 74 Meinersen Nr. 627 |
| 1675–1702 | Untertanenverzeichnisse | Hann. 74 Celle Nr. 45 |
| 1678 | Wiesenverzeichnis | Foto 1 Nrn. 379–380 |
| 1733 | Kontributionskataster | Foto 1 |
| 1747 | Land- und Wiesenverzeichnis | Foto 1 Nrn. 379–380 |
| 1752–1775 | Brandversicherungskataster | Hann. 74 Celle Nr. 1232 |
| 1755 | Namensverzeichnis der dienstbaren Mannschaft | Foto 1 Nr. 426 |
| 1770 | Tabellarische Beschreibung | Foto 1 Nrn. 360–361 |

13 Adolf Meyer, Aus Kontributionsverzeichnissen des 30jährigen Krieges, in: Celler Chronik 5, 1992, S. 233 ff. (Zs 145).

## Schriftgut der freiwilligen Gerichtsbarkeit

| 1638–1866 | Amtshandlungen, Kontrakte, Ehestiftungen, Protokolle, Hypotheken, Vormundschaften | Hann. 72 Celle Nrn. 459–539 |

## Gericht Bemerode

Bemerode.
Fürstentum Calenberg, Hannoversches Quartier; 1971: Landkreis Hannover.

### Registerförmige Quellen

| | | |
|---|---|---|
| 1617–1621, 1638–1643, 1643–1809 | Landsteuer (1640 mit Fräuleinsteuer) (1645 mit Fräuleinsteuer) | Dep. 7 C Nrn. 7–10 Dep. 7 C Nr. 16 Dep. 7 C Nrn. 27–204 |
| 1625, 1626 | Schafschatzregister | Dep. 7 C Nr. 11 |
| 1627–1629, 1636, 1637 | Schatzregister | Dep. 7 C Nr. 12 Dep. 7 C Nr. 15 |
| 1661–1674 | Schafschatzbeschreibungen | Cal. Br. 19 Nrn. 761, 762 |
| 1664 | Kopfsteuerbeschreibung | Foto 1 |
| 1671 | Gerichtsuntertanen (Huldigung) | Cal. Br. 22 Nr. 788 Bd. II |
| 1675 | Kopfsteuerbeschreibung | Cal. Br. 19 Nr. 1032 |
| 1675 | Schaf- und Scheffelschatz | Dep. 7 C Nr. 735 |
| 1676 | Protokollbuch | Hann. 74 Hannover Nr. 6 |
| 1678 | Kopfsteuerbeschreibung | Cal. Br. 19 Nr. 1041 |
| 1680 | Gerichtsuntertanen (Huldigung) | Cal. Br. 22 Nr. 795 Bd. II |
| 1686 | Taxtbeschreibung | Dep. 7 C Nr. 626 |
| 1686–1688 | Beschreibung des Quartalopfers zu Weihnachten | Cal. Br. 19 Nr. 1091 |
| 1686, 1689 | Kopfsteuerbeschreibung | siehe Mundhenke[14], Teil 1, S. 249–251 |
| 1687, 1688 | Rauchschatzbeschreibungen | Cal. Br. 19 Nr. 1103 Bd. I Cal. Br. 19 Nr. 1115 Bd. I |
| 1750–1812 | Brandkataster | Hann. 330 Nr. 1879 |
| 2. Hälfte 17. Jh. | Beschreibung der Gerichtsleute | Dep. 7 C Nr. 622 |
| 1755 | Namensverzeichnis der dienstbaren Mannschaft | Foto 1 Nr. 426 |
| 1766 | Personenbeschreibung | Dep. 7 C Nr. 731 |

14 vgl. Anmerkung 1

## Schriftgut der freiwilligen Gerichtsbarkeit

| 1648–1879 | Kontrakte, Obligationen, Ehestiftungen | Hann. 72 Hannover Nrn. 322–492 |
| 1721–1754 | Ehestiftungen | Hann. 72 Hannover Nr. 852 |

## Gericht Bennigsen und Arnum

Bennigsen, Arnum.
Fürstentum Calenberg, Hannoversches Quartier; 1971: Bennigsen, Landkreis Springe, Arnum, Landkreis Hannover.
(Siehe auch Amt Calenberg).

### Schriftgut der freiwilligen Gerichtsbarkeit

| 1736–1834 | Kontrakte, Obligationen, Ehestiftungen | Hann. 72 Calenberg Nrn. 202/3–202/10 |
|---|---|---|
| 1737–1807 | Ehestiftungen | Hann. 72 Calenberg Nrn. 203, 204 |

## Amtsvogtei Bergen

*Vogtei Bergen:* Bauerschaften Becklingen; Belsen mit Hörsten; Bergen; Bleckmar; Dageförde; Diesten mit Huxahl; Dohnsen mit Siddernhausen; Hagen; Hohne; Nindorf mit Widdernhausen; Offen mit Bollersen und Katensen; Wardböhmen mit Hoope.
*Vogtei Sülze:* Sülze, Eversen.
*Vogtei Wietzendorf:* Bauerschaften Marbostel, Meinholz, Reddingen mit Halmern und Reiningen, Suroide, Wietzendorf.
Fürstentum Lüneburg, Lüneburgisches Quartier; 1971: Landkreise Celle und Soltau.

*Literatur:* Friedrich Barenscheer, Bauerngeschlechter aus dem Amt Bergen von 1606–1682, in: Sachsenspiegel, Beilage der Cellischen Zeitung vom 3.5.1958.

### Registerförmige Quellen

| 1438 | Schatzregister | Celle Br. 61 Nr. 857, siehe Grieser I, S. 8–38 |
|---|---|---|
| 1511 | Schatzregister | Foto 1 Nr. 302 |
| 1553 | Musterrolle (ohne Ortsangabe) | Celle Br. 46 Nr. 211 Bd. II, Bl. 22 f. u. Bl. 46 f. |
| 1563 | Höfeverzeichnis | Foto 1 Nr. 450 |
| 1587 | Hauptregister | Celle Br. 61 Nr. 66 |
| 1589 | Viehschatzregister | Foto 1 Nr. 314 |
| 1605, 1606 | Musterrolle | Foto 1 Nr. 435 |
| 1624–1635 | Schatzrestantenverzeichnisse | Celle Br. 61 a Nr. 515 |
| 1627 | Schatzbeschreibung | Celle Br. 61 a Nr. 515 |
| 1628 | Einwohnerverzeichnis | Foto 1 Nr. 451 |
| 1640–1648 | Schatzrestantenverzeichnisse | Celle 61 a Nrn. 522 und 546 |
| 1688 | Kontributionskataster | Foto 1 Nr. 438 |
| 1724–1750, 1812–1841 | Weinkaufsverzeichnisse | Hann. 74 Bergen Nr. 775 |
| 1730–1806 | Häuslings- und Hirtenkontributionsverzeichnisse | Hann. 74 Bergen Nr. 235 Bde. I–IV |
| 1739–1806, 1763–1806 | Kontributionskataster der nahrungtreibenden Hauswirte | Hann. 74 Bergen Nr. 237 Hann. 74 Bergen Nr. 243 |
| 1755 | Namensverzeichnis der dienstbaren Mannschaft | Foto 1 Nr. 427 |

| 1770 | Einwohnerverzeichnis | Hann. 74 Bergen Nr. 6 |
| 1770 | Tabellarische Beschreibung | Foto 1 Nrn. 362–363 |
| 1776 | Kontributionskataster | Hann. 74 Bergen Nr. 247 |
| 1793 | Brandversicherungskataster | Hann. 74 Bergen Nr. 705 |
| 1794 | Revidiertes Kontributionskataster | Hann. 74 Bergen Nr. 250 |

## Schriftgut der freiwilligen Gerichtsbarkeit

| 1638–1879 | Testamente | Hann. 72 Bergen Nrn. 19–30 |
| 1651–1853 | Ehestiftungen | Hann. 72 Bergen Nrn. 1–18 |
| 1739–1888 | Kontrakte | Hann. 72 Bergen Nrn. 31–78 |

## Amt Bilderlahe

Bilderlahe (Amtshaushalt), Dahlum (seit 1887 Königsdahlum), Groß Rhüden, Klein Ilde, Mechtshausen, Wohlenhausen – Das dem Kloster Lamspringe gehörige Dorf Wohlenhausen erscheint auch in den Winzenburger Registern.
Fürstbistum Hildesheim; 1971: Landkreis Hildesheim-Marienburg.

### Registerförmige Quellen

| | | |
|---|---|---|
| 1524 | Erbregister | Foto 1 Nr. 446 |
| 1567 | Erbregister | St. A. Wolfenbüttel 19 Alt Nr. 26 |
| 1569–1573 | Kirchenbücher von Bilderlahe u. Mechtshausen | Foto 3, P 1/120 |
| 1577 | Schuldenverzeichnis der Einwohner | Cal. Br. 10 Nr. 424 |
| 1581 | Erbregister | Foto 1 Nr. 393 |
| 1592 | Scheffelschatzregister | Hild. Br. 1 Nr. 7601 |
| 1613 | Huldigungsverzeichnis | Cal. Br. 22 Nr. 748 |
| 1621 | Landschatzbeschreibung | Hild. Br. 1 Nr. 7569 |
| 1644 | Land- und Kontributionsbeschreibung | Hild. Br. 1 Nr. 8740 |
| 1645 | Kontributionsbeschreibung | Hild. Br. 1 Nrn. 8649 und 8718 |
| 1645 | Landbeschreibung | Hild. Br. 1 Nr. 8747 |
| 1648 | Landbeschreibung | Hild. Br. 1 Nr. 8719 |
| 1648 | Kopfsteuerlisten | Hild. Br. 1 Nr. 8308 |
| 1650–1654 | Schatzregister | Hild. Br. 12 Nrn. 800–803 |
| 1654–1656 | Schatzregister | Hild. Br. 1 Nrn. 7785, 7786 |
| 1657, 1658 | Schatzregister | Hild. Br. 1 Nr. 7787 |
| 1658, 1659 | Schatzregister | Hild. Br. 12 Nr. 617 |
| 1660, 1661 | Schatzregister | Hild. Br. 1 Nr. 7788 |
| 1662 | Vermessung der zum Amtshause Bilderlahe und Vorwerk Hevern gehörigen Länderei | Hild. Br. 1 Nr. 8720 |
| 1662–1665 | Schatzregister | Hild. Br. 12 Nr. 618 |
| 1664 | Kopfsteuerbeschreibung | Hild. Br. 1 Nr. 8295 Bd. II, siehe Bardehle, S. 7–16 |
| 1665 | Gesindesteuerbeschreibung | Hild. Br. 1 Nr. 8445 Bd. I |

| 1667 | Landschatzbeschreibung von Wohlenhausen | Hann. 77 a Nr. 4. Lücken lassen sich weitgehend ergänzen mit Hilfe von zwei weiteren Reihen, 1689–1799: Hild. Br. 2 J Nrn. 768–812 sowie 1685, 1699–1801: Hild. Br. 1 Nrn. 7791–7813 |
|---|---|---|
| 1674 | Kopfsteuer der (Kontributions-)Freien und des Gesindes | Hild. Br. 1 Nr. 8307 |
| 1685 | Kopfsteuer der (Kontributions-)Freien und des Gesindes | Hild. Br. 1 Nr. 7791; Hild. Br. 12 Nr. 948 a |
| 1701 | Seelenregister | Foto 1 |
| 1757, 1758 | Amtsbeschreibung: Tabellen der Dorfschaften | Hild. Br. 1 Nr. 8724 |
| 1765 | Kopfsteuerbeschreibung | Hild. Br. 1 Nr. 8443 |
| 1769 | Land- und Wiesenbeschreibung | Hild. Br. 1 Nr. 8837 Hild. Br. 2 J Nr. 344 |
| 1773 | Kopfsteuerlisten (sog. Fixum) | Hild. Br. 1 Nr. 8333 |
| 1798–1800 | Beschreibung und Bonitierung der kontributionsfreien Länderei | Hild. Br. 12 Nrn. 1078–1080 |
| (–1802) | Nachrichten und Verzeichnisse über das Spann- und Handdienstwesen im Amte Bilderlahe | Hann. 74 Alfeld Nr. 495 |

## Schriftgut der freiwilligen Gerichtsbarkeit

| 1596–1851 | Kontrakte | Hann. 72 Alfeld Nrn. 27–53 |
|---|---|---|
| 1634–1854 | Kontrakte | Hann. 72 Bockenem Nrn. 25–46 |
| 1656–1852 | Ehestiftungen | Hann. 72 Bockenem Nrn. 1–24 |
| 1740–1852 | Testamente | Hann. 72 Bockenem Nr. 53 |
| 1758–1851 | Ehestiftungen | Hann. 72 Alfeld Nrn. 1–26 |

## Amtsvogtei Bissendorf

Abbensen, Bennemühlen, Berkhof, Bestenbostel, Bissendorf, Brelingen, Dudenbostel, Elze, Gailhof, Hellendorf, Ibsingen, Ickhorst, Meitze, Mellendorf, Negenborn, Oegenbostel, Ohlenbostel, Plumhof, Resse, Rodenbostel, Schadehop, Scherenbostel, Sprockhof, Wennebostel, Wiechendorf.
Fürstentum Lüneburg, Cellisches Quartier; 1971: Landkreis Burgdorf.

### Registerförmige Quellen

| 1438 | Schatzregister | Celle Br. 61 Nr. 857, siehe Grieser I, S. 8–38 |
|---|---|---|
| 1511 | Schatzregister | Foto 1 Nr. 302 |
| 1553 | Musterrolle | Celle Br. 46 Nr. 211 Bd. II, Bl. 20 ff.[15] |
| 1589 | Viehschatzregister | Foto 1 Nr. 321 |
| 1605, 1606 | Musterrolle | Foto 1 Nr. 435 |
| 1624 | Musterrolle | Celle Br. 46 Nr. 213 Bd. II, Bl. 69[16] |
| 1656–1860 | Weinkaufverzeichnis in Auswahl | Hann. 74 Burgwedel Nrn. 1586–1589 |
| 1664 | Erbregister | Hann. 74 Burgdorf II Nr. 3981 |
| 1678–1760 | Kontributionskataster | Hann. 74 Burgwedel Nr. 1247 |
| 1679 | Schatzrestanten | Celle Br. 61 a Nr. 915 |
| 1755 | Namensverzeichnis der dienstbaren Mannschaft | Foto 1 Nrn. 424–425 |
| 1770 | Tabellarische Beschreibung | Foto 1 Nrn. 464–465 |
| 1777 | Hühnergeld, Haus-, Wiesen-, Garten- und Rottlandzins | Hann. 74 Burgwedel Nr. 1592 |
| 1793 | Kontributionsregister | Hann. 74 Burgwedel Nr. 1248 |

### Schriftgut der freiwilligen Gerichtsbarkeit

| 1621–1858 | Ehestiftungen, Kontrakte und Bescheide | Hann. 72 Burgwedel Nrn. 340–348 |
|---|---|---|
| 1668–1852 | Testamente | Hann. 72 Burgwedel Nrn. 448–656 |

15 Nicht nach Orten geordnet.
16 Nicht nach Orten geordnet.

## Amt Bleckede

*Flecken:* Bleckede, Dahlenburg.
*Hausvogtei:* Garge, Köhlingen, Krusendorf, Niendorf, Stiepelse, Sumte, Viehle, Vorbleckede, Wendisch Bleckede, Wendischthun.
*Marschvogtei:* Brackede[17], Garlstorf, Radegast[18], Wendewisch[19].
*Barskamper Vogtei:* Barskamp, Bruchdorf, Göddingen, Harmstorf, Katemin, Köstorf, Reeßeln, Tosterglope, Walmsburg.
*Wiebecker Vogtei oder Vogtei Dahlenburg:* Ahndorf, Bargmoor, Boitze, Buendorf, Dahlem, Dübbekold, Dumstorf, Eichdorf, Eimstorf, Ellringen (Ellern), Kovahl, Leestahl, Lemgrabe, Moislingen, Mücklingen, Nahrendorf, Neestahl, Neetzendorf, Nieperfitz, Nüdlitz, Oldendorf, Pommoisel, Quickborn, Ricklingen, Seedorf, Sommerbeck, Süschendorf, Tangsehl, Ventschau, Vindorf.
Fürstentum Lüneburg, Lüchowsches Quartier; 1971: Landkreis Lüneburg.

*Literatur:* Heinrich Borstelmann, Beiträge zur Hof- und Familiengeschichte des alten Amtes Bleckede, 1940 (Ua 40).

### Registerförmige Quellen

| | | |
|---|---|---|
| 1289–1814 | Extrakte aus dem Amtsbuch | Hann. 74 Bleckede W Reg. II Loc. 4 Nr. 1 vol. I–III |
| 1553 | Musterrolle (Dahlenburg) | Celle Br. 46 Nr. 211 Bd. II, Bl. 30 |
| 1553 | Musterrolle (Bleckede) | Celle Br. 46 Nr. 211 Bd. II, Bl. 30 |
| 1564 | Viehschatzregister (schwer lesbar) | Foto 1 Nr. 304 |
| 1568 | Amtsregister | Celle Br. 61 Nr. 86 |
| 1605, 1606 | Musterrolle | Foto 1 Nr. 435 |
| 1606–1683 | Musterungsrollen | Hann. 74 Bleckede W Militaria I Loc. 1 Nr. 1 vol. I |
| 1620 | Ausschussregister | Celle Br. 46 Nr. 213 Bd. I, Bl. 194 |
| 1628 | Kontributionsregister | Celle Br. 10 Nr. 120 Bd. I |
| 1649 | Huldigungsverzeichnis | Celle Br. 45 Nr. 92 |
| vor 1650 | Verschiedene Verzeichnisse | Hann. 74 Bleckede W Reg. I Loc. 3 Nr. 1 |

17 Ernst Reinstorf, Elbmarschkultur zwischen Bleckede und Winsen an der Luhe in ihrer erd- und menschengeschichtlichen Entwicklung, dargestellt von E. Reinstorf, einem Kinde dieser Marsch, 1929 (Sb 87).
18 vgl. Anmerkung 17
19 vgl. Anmerkung 17

| 1654 | Musterrolle | Dep. 37 S Nr. 256 |
|---|---|---|
| 1666 | Huldigungsverzeichnis | Foto 1 Nr. 434 |
| ca. 1670 | Lagerbuch (keine Namen)[20] | Veröffentlicht in: Heimatscholle Nrn. 13, 14, 1934 (Beilage zur Bleckeder Zeitung) |
| 1680–1783 | Kontributionskataster | Hann. 74 Bleckede W Prov. I Loc. 27 Nrn. 1–3 vol. I |
| 1698 | Einwohnerverzeichnis | Hann. 74 Bleckede W Reg. I Loc. 7 Nr. 1 a |
| 1755 | Namensverzeichnis der dienstbaren Mannschaft | Foto 1 Nr. 427 |
| 1763 | Soldatenverzeichnis | Hann. 74 Bleckede W Militaria I Loc. 11 Nr. 5 |

## Schriftgut der freiwilligen Gerichtsbarkeit

### Amt Bleckede

| 1600–1851 | Ehestiftungen, Kontrakte und Schuldverschreibungen des Gerichts Lüdersburg | Hann. 72 Bleckede Nrn. 186–205 |
|---|---|---|
| 1616–1673 | Ehestiftungen | Hann. 74 Bleckede W Reg. I Loc 4 Nr. 6 a sowie Ms. I Nr. 09 (maschinenschriftl. Auszüge) |
| 1633–1888 | Ehestiftungen, Abfindungen, Altenteile, Kontrakte, Obligationen und Vormundschaften | Hann. 72 Bleckede Nrn. 39–169 |
| 1803–1810 | Ehestiftungen und Kontrakte des Gerichts Süschendorf | Hann. 72 Bleckede Nr. 215 |

### Stadt Bleckede

| 1626–1862 | Ehestiftungen, Kontrakte, Obligationen, Hypotheken, Ablobungen, Altenteile | Hann. 72 Bleckede Nrn. 18–34 |
|---|---|---|

---

20 Original nicht zu ermitteln.

## Amt Blumenau

*Stadt:* Wunstorf (Siehe auch Amt Neustadt).
*Ahlemer Vogtei:* Ahlem, Davenstedt, Döteberg, Harenberg, Letter, Limmer, Velber.
*Kolenfelder Vogtei:* Cronsbostel, Kolenfeld.
*Groß Munzelner Vogtei:* Barrigsen, Groß Munzel, Holtensen, Kirchwehren, Lathweren, Ostermunzel, Stemmen[21].
*Luther Vogtei:* Luthe.
*Seelzer Vogtei:* Almhorst, Dedensen, Gümmer, Lohnde, Seelze.
Fürstentum Calenberg, Hannoversches Quartier; 1971: Stadt Hannover, Landkreise Hannover, Neustadt a. Rbge.

*Literatur:* Heinz Georg Röhrbein, Eheverträge und Höfesachen im vormaligen Amt Blumenau 1621–1758, 1981 (Sc 72).

### Registerförmige Quellen

| 1554–1859 | Zins an das Kloster Marienwerder | Hann. 75 Nrn. 2480–2656 |
|---|---|---|
| 1558 | Holzgeld an das Amt Blumenau | Cal. Br. 2 Nr. 120 |
| 1572 | Kriegsschäden durch Herzog Heinrich von Braunschweig-Wolfenbüttel | Cal. Br. 16 Nr. 1206 Bd. II |
| 1583 | 6-jährige Landsteuer | Cal. Br. 19 Nr. 517 |
| 1585 | Huldigungsverzeichnis und Musterungsrolle | Cal. Br. 22 Nr. 728, siehe Burchard, S. 172–183 |
| 1595 | Land- und Reichssteuer | Hann. 74 Linden Nr. 240 |
| 1599, 1602, 1603 | Musterungsregister | Cal. Br. Nr. 1168[22] |
| 1600 | Lagerbuch | Hann. 74 Linden Nr. 24[23] |
| um 1610 | Ausschuss-Musterrolle | Foto 1 Nrn. 431–433 |
| um 1610 | Fähnlein der Ortschaften Letter, Ahlem, Limmer, Davenstedt und Harenberg (Ausschuss-Musterrolle); Beschreibung der Untertanen (Musterrolle) der Dörfer (Eber-)Holtensen, Limmer, Dedensen | Foto 1 Nr. 447 |

---

21 Ab 1649/1650 Amt Blumenau, davor Amt Calenberg.
22 Friedrich Biermann, Musterungsrolle des Amtes Blumenau von 1602 (1599) in: Quellen zur Genealogie, 1. Bd., Niedersachsen, 1965, S. 213–224 (Dc 54/1).
23 Heinrich Lathwesen, Das Lagerbuch des Amtes Blumenau von 1600. Ergänzt aus dem Lagerbuch von 1655, 1978 (Ud Blu).

| | | |
|---|---|---|
| 1617–1621,<br>1638–1643,<br>1643–1809 | Landsteuer<br>(1640 mit Fräuleinsteuer)<br>(1645 mit Fräuleinsteuer) | Dep. 7 C Nrn. 7–10<br>Dep. 7 C Nr. 16<br>Dep. 7 C Nrn. 27–204 |
| 1619,<br>1678,<br>1685, 1686,<br>1694,<br>1699–1711,<br>1721 | Taxtbeschreibung | Dep. 7 C Nr. 614<br>Dep. 7 C Nr. 624<br>Dep. 7 C Nr. 626<br><br>Dep. 7 C Nr. 629<br>Dep. 7 C Nr. 643 |
| 1625, 1626 | Schafschatzregister | Dep. 7 C Nr. 11 |
| 1627–1629,<br>1636, 1637 | Schatzregister | Dep. 7 C Nr. 12<br>Dep. 7 C Nr. 15 |
| 1633 | Kriegsschäden durch einheimische plündernde Soldaten | Cal. Br. 16 Nr. 1247 |
| 1633 | Verzeichnis der jungen Mannschaft | Cal. Br. 2 Nr. 65 |
| 1640 | Kriegsschäden durch schwedische Einquartierung: 1641 Musterung zum Ausschuss | Hann. 74 Linden Nr. 3 |
| 1649 | Adlige Höfe in der Stadt Wunstorf (Huldigung) | Cal. Br. 22 Nr. 773 |
| 1655 | Lagerbuch | Hann. 74 Linden Nr. 25[24] |
| 1659 | Dienstbeschreibung | Hann. 74 Linden Nr. 332 |
| 1661–1674 | Schafschatzbeschreibungen | Cal. Br. 19 Nrn. 761, 762 Bde. I–III |
| 1664 | Kopfsteuerbeschreibung | Foto 1 |
| 1667 | Kontributionsbeschreibung der Stadt Wunstorf | Cal. Br. 2 Nr. 81 |
| 1670 | Kontribution der Vogteien Ahlem (später Limmer), Stemmen (später Groß Munzel) Kolenfeld und Luthe | Hann. 74 Neustadt Nr. 5051 |
| 1671 | Bürgerschaft der Stadt Wunstorf (Huldigung) | Cal. Br. 22 Nr. 788 Bd. I |
| 1671 | Mannschaftsrolle (Huldigung) | Cal. Br. 22 Nr. 788 Bd. I |
| 1675 | Kopfsteuerbeschreibung | Cal. Br. 19 Nr. 1031 Bd. II |
| 1675 | Schaf- und Scheffelschatz | Dep. 7 C Nr. 735 |
| 1677–1730 | Verzeichnisse von Weinkaufgeldern | Hann. 74 Neustadt Nr. 2713 |
| 1678 | Kopfsteuerbeschreibung | Cal. Br. 19 Nr. 1040 Bd. I |
| 1681 | Bürgerschaft der Stadt Wunstorf (Huldigung) | Cal. Br. 22 Nr. 795 Bd. I |

24 vgl. Anmerkung 23

| | | |
|---|---|---|
| 1681 | Mannschaftsrolle (Huldigung) | Cal. Br. 22 Nr. 795 Bd. I |
| 1686, 1689 | Kopfsteuerbeschreibung | siehe Mundhenke[25], Teil 4, S. 1–72 |
| 1687, 1688 | Rauchschatzbeschreibungen | Cal. Br. 19 Nr. 1103/1 Bd. I<br>Cal. Br. 19 Nr. 1115 Bd. I |
| 1688 | Rauchschatzbeschreibung | Dep. 7 C Nr. 622 |
| 1700, 1701 | Weinkauf an das Amt Blumenau wegen Amtsländerei | Hann. 74 Linden Nr. 338 |
| 1703 | Dorftaxtbeschreibung | Dep. 7 C Nr. 629 |
| 1721 | Dorftaxtbeschreibung | Dep. 7 C Nr. 643 |
| um 1703–1793 | Verzeichnisse der Rauch- u. Zinshühner und Eier | Hann. 74 Neustadt Nr. 2693 |
| 1738, 1739 | Hand- und Spanndiensttabellen | Hann. 88 A Nr. 475 |
| 1750–1772 | Brandkataster | Hann. 330 Nr. 879 |
| 1755 | Namensverzeichnis der dienstbaren Mannschaft | Foto 1 Nr. 426 |
| 1772 | Dienstbeschreibung | Hann. 74 Linden Nr. 332 |
| 1775–1805 | Dienstgelder und Burgvesten | Hann. 76 c Bb Nr. 100 |
| 1792 | Nachrichten, Dorfbeschreibungen | Hann. 74 Linden Nrn. 26–53 |
| 1792 | Dorfbeschreibung Gümmer | Hann. 74 Linden Nr. 31 |
| 1792 | Höfe in Düendorf, Dünau, Luthe, Wunstorf u. a. | Hann. 74 Neustadt Nr. 356 |
| 1810 | Verzeichnis der Hauswirte | Hann. 74 Linden Nr. 133 |
| 1833–1864 | Brandkassenregister | Hann. 330 Nrn. 24, 34, 50, 68 |

### Schriftgut der freiwilligen Gerichtsbarkeit

| | | |
|---|---|---|
| 1765–1848 | Obligationen | Hann. 72 Neustadt<br>Acc. 145/94 Nr. 1 |

---

[25] vgl. Anmerkung 1

# Amt Bodenteich

*Hausvogtei: Flecken:* Bodenteich.

*Dörfer:* Abbendorf, Bomke, Flinten, Häcklingen, Heuerstorf, Kakau, Kattien, Kuckstorf, Langenbrügge, Lüder, Overstedt, Reinstorf, Röhrsen, Schafwedel, Schostorf, Soltendieck, Thielitz.

*Vogtei Suderburg:* Bahnsen[26], Bargfeld, Barnsen, Böddenstedt[27], Bohlsen, Brambostel, Dreilingen, Eimke, Gerdau, Graulingen[28], Hamerstorf[29], Hansen, Hösseringen[30], Holthusen bei Gerdau, Holxen[31] Klein Stüstedt, Klintmühle, Niehus (Neuhaus), Oldendorf bei Suderburg[32], Räber[33], Suderburg[34], Veerßen (mit Oldenstadt kombiniert), Wichtenbeck.

*Vogtei Jarlitz:* Bankewitz, Boecke, Borg, Bruchwedel, Dallahn, Gansau, Göddenstedt, Groß Malchau, Hagen, Hanstedt, Hohenzethen, Jarlitz, Klein Malchau, Molbath, Nateln, Niendorf bei Rosche, Nievelitz, Polau (mit Rosche kombiniert), Prielip, Probien, Rätzlingen, Rassau, Rohrstorf, Rosche, Schlagte, Schlankau, Schlieckau, Schwemlitz, Stöcken, Stoetze, Stütensen, Süttorf, Testorf, Teyendorf, Törwe, Wappeus, Wellendorf, Zieritz.

*Veest Stadensen:* Groß Bollensen, Borne, Hamborg, Holdenstedt (Adelsgericht)[35], Kallenbrock, Klein Bollensen, Nettelkamp mit Filiale Wrestedt[36], Niendorf am Wasser, Nienwohlde, Stadensen, Wieren.

*Veest Halligdorf:* Esterholz, Groß Liedern, Halligdorf, Hambrock, Klein Liedern, Lehmke, Mehre, Stederdorf mit Filiale Kirchweyhe, Störtenbüttel, Westerweyhe.

*Veest Molzen:* Dörmte, Höver, Masendorf, Molzen, Oetzen, Oetzendorf, Pieperhöfen, Riestedt, Ripdorf, Tatern, Weste, Woltersburg.

*Veest Könau:* Batensen, Bockholt, Dalldorf, Emern, Grabau, Groß Ellenberg, Groß Pretzier, Güstau, Kahlstorf, Klein Ellenberg, Klein Pretzier, Kölau, Könau, Kroetze, Növenthien, Ostedt, Suhlendorf.

*Veest Spithal oder Winterweyhe:* Gledeberg, Göhrde, Loitze, Lütenthien, Meußließen, Molden, Oldendorf bei Schnega, Proitze, Satkau, Schnega, Solkau, Spithal, Varbitz, Winterweyhe.

Siehe auch Amt Oldenstadt.

Fürstentum Lüneburg, Lüchowsches Quartier; 1971: Landkreise Uelzen und Lüchow-Dannenberg.

---

26 Rolf Hillmer, Geschichte der Gemeinde Suderburg, 1986 (T Suderburg 4); Ders. und Hans Siebert, Die Besitzerfolgen in älterer Zeit auf den Höfen im Kirchspiel Suderburg, 1987 (T Suderburg 5).
27 vgl. Anmerkung 26
28 vgl. Anmerkung 26
29 vgl. Anmerkung 26
30 vgl. Anmerkung 26
31 vgl. Anmerkung 26
32 vgl. Anmerkung 26
33 vgl. Anmerkung 26
34 vgl. Anmerkung 26
35 Ehestiftungen 1763–1801, in: Fremde Archive Nr. 60 (Archiv der Familie von der Wense, Holdenstedt).
36 Hofbesitzerfolge in: „Der Heidewanderer" 65, Nr. 20.

## Registerförmige Quellen

| 1482, 1483 | Zinseinnahmeregister | Celle Br. 61 Nr. 117, siehe Grieser II, S. 87–91 |
|---|---|---|
| 1483 | Vogteiregister | Celle Br. 61 Nr. 117 |
| 1567 | Türkenschatzregister | Celle Br. 6 Nr. 26 I |
| 1569 | Amtsregister | Celle Br. 61 Nr. 135[37] |
| 1605, 1606 | Musterrolle | Foto 1 Nr. 435 |
| 1628 | Kontributionsregister | Foto 1 Nr. 430 |
| 1649 | Huldigungsverzeichnis | Celle Br. 45 Nr. 92, Hann. 74 Oldenstadt Nr. 4 |
| 1656 | Kontributionsregister | Celle Br. 61 Nr. 695 |
| 1666 | Dienstregister (Erbregister) | Foto 1 Nr. 434 |
| 1666 | Lagerbücher | Hann. 74 Oldenstadt Nr. 1371 |
| nach 1666 | Huldigungsverzeichnis | Celle Br. 61 Nr. 156 |
| nach 1733 | Lagerbücher | Hann. 74 Oldenstadt Nrn. 1373, 1374 |
| 1735 | Namensverzeichnis der dienstbaren Mannschaft | Foto 1 Nr. 427 |
| 1740 | Kontributionskataster | Hann. 74 Oldenstadt Nr. 669 |

## Schriftgut der freiwilligen Gerichtsbarkeit

| 1667–1863 | Ehestiftungen, Kontrakte | Hann. 72 Uelzen Nrn. 249–280 |
|---|---|---|
| 1749 | Ehestiftungen, Kontrakte | Hann. 72 Uelzen Nrn. 38a–146b |

---

37 Gedruckt in: Heimatkalender für Stadt und Kreis Uelzen 1974, S. 133–135 (nur Namen).

## Stadt Bodenwerder

Fürstentum Calenberg, Hamelsches Quartier; 1971: Landkreis Holzminden.

### Registerförmige Quellen

| 1562 | Schafschatzregister | Cal. Br. 19 Nr. 474 |
|---|---|---|
| 1585 | Huldigungsverzeichnis und Musterungsrolle | Cal. Br. 22 Nr. 728, siehe Burchard, S. 103–106 |
| 1617–1650, 1650–1811 | Landsteuer | Dep. 7 C Nrn. 429–443<br>Dep. 7 C Nrn. 205–207<br>Dep. 7 C Nrn. 209–242<br>Dep. 7 C Nrn. 245–280<br>Dep. 7 C Nrn. 282–352<br>(Nrn. 225–228 enthalten außerdem Rittersteuer) |
| 1640 | Beschreibung des Kornvorrats | Cal. Br. 2 Nr. 70 |
| 1664 | Kopfsteuerbeschreibung | Cal. Br. 19 Nr. 1022 |
| 1671 | Bürgerschaft (Huldigung) | Cal. Br. 22 Nr. 788 Bd. I |
| 1672 | Kontributionsbeschreibung | Cal. Br. 19 Nr. 866 |
| 1680 | Bürgerschaft (Huldigung) | Cal. Br. 22 Nr. 795 Bd. I |
| 1686, 1689 | Kopfsteuerbeschreibung | siehe Mundhenke[38], Teil 6, S. 159–172 |
| 1687, 1688 | Rauchschatzbeschreibungen | Cal. Br. 19 Nr. 1003/1 Bd. I<br>Cal. Br. 19 Nr. 1115 Bd. I |
| 1697–1698 | Taxtbeschreibung | Dep. 7 C Nrn. 677, 678 |
| 17. Jh. | Register der Tripelhilfe (Landbeschreibung) | Dep. 7 C Nr. 746 |
| 1745 | Mannschaftsverzeichnis | Hann. 76 a Nr. 13 |
| 1766 | Personenbeschreibung | Dep. 7 C Nr. 728 |
| 1785–1802 | Kirchenbuchzweitschriften | StA Wolfenbüttel 2 Kb vorl. Nr. 2 |

---

38 vgl. Anmerkung 1

## Amt Bokeloh

Bokeloh, Idensen, Klein Heidorn, Mesmerode.
Bis 1647/48 schaumburgisch.
Weitere Quellen im Staatsarchiv Bückeburg.
Fürstentum Calenberg, Lauenausches Quartier; 1971: Landkreis Neustadt a. Rbge.

### Registerförmige Quellen

| | | |
|---|---|---|
| um 1605 | Besaatregister des Amtes Mesmerode | StA Bückeburg, L 1 Nr. 9281[39] |
| 1645 | Mannschaftsrolle (Huldigung) | Foto 1 Nrn. 20–23 |
| 1649 | Mannschaftsrolle (Huldigung) | Cal. Br. 22 Nr. 773 |
| 1653–1672 | Land- und Viehschatzregister | Hann. 76 c D Nrn. 369–383 |
| 1660–1666 | Lagerbuch | Foto 1 Nr. 420 |
| 1664 | Kopfsteuerbeschreibung | Foto 1 |
| 1666, 1677 | Kontributionsbeschreibungen mit Nachträgen von 1755 | Hann. 74 Neustadt Nr. 5048 |
| 1671 | Mannschaftsrolle (Huldigung) | Cal. Br. 22 Nr. 788 Bd. II |
| 1681 | Mannschaftsrolle (Huldigung) | Cal. Br. 22 Nr. 795/I |
| 1686, 1689 | Kopfsteuerbeschreibung | siehe Mundhenke[40], Teil 4, S. 73–85 Cal. Br. 19 Nr. 1073 |
| 1686–1690 | Register über erhobene Konsumtions-Akzise | Cal. Br. 19 Nrn. 923–925 Cal. Br. 19 Nr. 968 Bde. I, II |
| 1687 | Rauchschatzbeschreibung | Cal. Br. 19 Nr. 1103/1 Bd. I |
| 1692–1700 | Burgvestregister | Hann. 74 Neustadt Nr. 2638 |
| 1697 | Zehntbeschreibungen | Hann. 74 Neustadt Nr. 2746 |
| 1755 | Namensverzeichnis der dienstbaren Mannschaft | Foto 1 Nr. 426 |
| 1766 | Personenbeschreibung | Dep. 7 C Nr. 730 |
| 1798 | Verzeichnis der jährlich aus dem Flecken Wiedensahl an das Amt Bokeloh zu entrichtenden Dienstgelder | Hann. 88 A Nr. 723 |

39 Heinrich Lathwesen, Das Amt Bokeloh mit seinen Dörfern Bokeloh, Idensen, Mesmerode, 1981, S. 252–265 (Sc 71).
40 vgl. Anmerkung 1

## Gericht Boldecker Land oder Wolfsburg

Barwedel, Bokensdorf, Grußendorf, Jembke, Osloß, Tappenbeck, Weyhausen.
Fürstentum Lüneburg, Gifhornsches Quartier; 1971: Landkreis Gifhorn.

### Registerförmige Quellen

| | | |
|---|---|---|
| 1566 | Türkensteuerregister | Hann. 74 Gifhorn Nr. 430, siehe Bosse, S. 26 |
| 1566, 1567 | Türkensteuer der Schatzfreien des Boldecker Landes | Hann. 74 Gifhorn Nr. 430, siehe Bosse, S. 28–31 |
| 1612, 1625, 1630 | Schatzsachen des Boldecker Landes (Reichssteuer und Viehschatzregister) | Hann. 74 Gifhorn Nr. 431, siehe Bosse, S. 31–35 |
| 1634 | Kontributionskataster | Hann. 74 Gifhorn Nr. 291, siehe Bosse, S. 64 |
| um 1640 | Höfebeschreibung | Hann. 74 Gifhorn Nr. 2719, siehe Bosse, S. 81 |
| 1661–1668 | Kirchen- und Schulintradenverzeichnis | Hann. 74 Fallersleben Nr. 2130 |
| 1675 | Höfe- und Mannschaftsbeschreibung | Hann. 74 Gifhorn Nr. 2719, siehe Bosse, S. 110–111 |
| 1677 | Kopfsteuerbeschreibung | Hann. 74 Gifhorn Nr. 429, siehe Bosse, S. 214–215 |
| 1677–1683 | Kopfsteuerbeschreibung | Hann. 74 Gifhorn Nr. 429 |
| 1678, 1687 | Höfe- und Kontributionsbeschreibung | Hann. 74 Gifhorn Nr. 294 (oder 293), s. Bosse, S. 147–149, S. 192–193, S. 210 |
| 1700, 1747 | Kontributionskataster | Hann. 74 Gifhorn Nr. 297, siehe Bosse, S. 237–240, S. 302–305 |
| 1718–1862 | Kirchbücher (von Barwedel, Bokensdorf, Grußendorf und Jembke) | StA Wolfenbüttel 1 Kb 683–686 |
| 1721 | Einwohnerverzeichnis | Hann. 74 Fallersleben Nr. 28 |
| 1738, 1750 | Einwohnerverzeichnisse | Hann. 74 Fallersleben Nr. 32 |
| 1755 | Namensverzeichnis des dienstbaren Mannschaft des Gerichts Wolfsburg (Boldecker Land, Bromer Land, auch Sandkamp) | Foto 1 Nr. 426 |
| 1766 | Feuerstellenverzeichnis des Boldecker Landes (mit Angabe der Besitzer von 1700) | Hann. 74 Fallersleben Nr. 37 und Hann. 74 Gifhorn Nr. 2720, siehe Bosse, S. 302–305 |

| 1791 | Mannzahlrolle | Hann. 74 Gifhorn Nr. 257, siehe Bosse, S. 302–305 |

## Amt Bovenden

Angerstein, Bovenden (Burgsitz), Eddigehausen[41], Holzerode, Oberbillingshausen, Reyershausen, Spanbeck.
Weitere Quellen im Plesse-Archiv in Bovenden und im Staatsarchiv Marburg.
Fürstentum Göttingen; 1571–1806 hessisch (Herrschaft Plesse); 1971: Landkreis Göttingen.
*Literatur:* Schubert.

### Registerförmige Quellen

| | | |
|---|---|---|
| 1444–1560 | Alte Register der Herrschaft Plesse verschiedener Art. (nur mit äußerster Sorgfalt zu benutzen!) | Cal. Br. 33 Nr. 240 |
| 1499 | Dienstgeldregister des Fleckens Bovenden | Cal. Or. 81 a Nr. 673[42] |
| 1571 | Erbregister (Salbuch) der Herrschaft Plesse, Abschrift | Foto 1 Nr. 470 |
| 1588 | Amtsbeschreibung der Herrschaft Plesse | Cal. Br. 33 Nr. 111 |
| 16./18. Jh. | Plessische Lehnssachen (ganz Südhannover umfassend) | Cal. Br. 33 Nrn. 761–1059 |
| 1696, 1726 | Populationslisten der Herrschaft Plesse | Hann. 74 Göttingen Nr. 702 |
| 18. Jh. | Verzeichnisse sämtlicher Erblehngüter in der Herrschaft Plesse | Hann. 74 Göttingen Nr. 1440 |
| 1745 | Lagerbuch von Angerstein | Hann. 74 Göttingen Nr. 799 |
| 1745 | Lagerbuch von Holzerode und Spanbeck | Hann. 74 Göttingen Nr. 800 |
| 1746–1809 | Ab- u. Zuschreiben der Kontributions-Protokolle im Heberegister der Ortschaften des Amtes | Hann. 74 Göttingen Nrn. 836–848 |
| 1796–1810 | Rauch- und Zehnthühner der Herrschaft Plesse | Hann. 74 Göttingen Nr. 1078 |

### Schriftgut der freiwilligen Gerichtsbarkeit

| | | |
|---|---|---|
| 1599–1859 | Zivilprozessregister (Repertorium) | Hann. 72 Göttingen Nrn. 247–248 |

---

41 Karteikarten mit Angaben aus Geburts- und Todesregistern vom Standesamt Eddigehausen (1874–1938) in: Nds. 466 Nr. 175.
42 Gedruckt bei Karl-Heinz Bernotat, Die Geschichte des Fleckens Bovenden, 1952 (T Bovenden 2).

| | | |
|---|---|---|
| 1601–1840 | Nicht abgeforderte Verträge und Bescheinigungen | Hann. 72 Göttingen Nrn. 401–410 |
| 1639–1731, 1799 | Protokollbücher (ohne Register): Obligationen, Ehestiftungen, Kontrakte, Bescheide | Hann. 72 Göttingen Nrn. 252–259 |
| 1662–1800 | Vollmachten, Verzichtleistungen, Quittungen, Vergleiche, Attestate, Syndikate | Hann. 72 Göttingen Nr. 411 |
| 1700–1760 | Testamente | Hann. 72 Göttingen Nr. 451 |
| 1701–1864 | Hypothekenbücher nach Ortschaften | Hann. 72 Göttingen Nrn. 425–450 |
| 1712–1859 | Testamente, Erbteilungen, Obligationen, Kaufkontrakte des Fleckens Bovenden | Hann. 72 Göttingen Nrn. 288–332 |
| 1743–1859 | Ehestiftungen | Hann. 72 Göttingen Nrn. 262/1–287 |
| 1769–1801 | Testamente | Hann. 72 Göttingen Nr. 452 |
| 1774–1859 | Kontrakte, Testamente, Obligationen | Hann. 72 Göttingen Nrn. 323–400 |

## Amt Brackenberg

Atzenhausen, Lippoldshausen, Meensen, Mollenfelde (meistens nur eine Hälfte veranschlagt, da andere Hälfte zum hessischen Gericht Berlepsch gehörig).
Fürstentum Göttingen; 1971: Landkreise Göttingen, Münden. (Siehe auch Amt Friedland, mit dem das Amt Brackenberg zeitweise verbunden war.)

### Registerförmige Quellen

| 1583 | Amts- und Salbuch | Foto 1 Nr. 439 siehe Burchard, S. 69 |
|---|---|---|
| 1611, 1614 | Musterungsrolle | Foto 1 Nr. 448 |
| 1613 | Musterungsrolle | Foto 1 Nrn. 431–433 |
| 1616, 1617 | Landsteuereinnahmeregister | Dep. 7 C Nr. 444 |
| 1632 | Mannschaftsrolle | Cal. Br. 2 Nr. 65 |
| 1643–1809 | Landsteuereinnahmeregister | Dep. 7 C Nrn. 445–609 |
| 1664 | Kopfsteuerbeschreibung | Foto 1 |
| 1671 | Mannschaftsrolle (Huldigung) | Cal. Br. 22 Nr. 788 Bd. II |
| 1675 | Kopfsteuerbeschreibung | Cal. Br. 19 Nr. 1029 Bd. I |
| 1678 | Kopfsteuerbeschreibung | Cal. Br. 19 Nr. 1039 Bd. I |
| 1680 | Mannschaftsrolle (Huldigung) | Cal. Br. 22 Nr. 796 Bd. I |
| 1686, 1689 | Kopfsteuerbeschreibung | siehe Mundhenke[43], Teil 8, S. 1–9 |
| 1687 | Rauchschatzbeschreibung | Cal. Br. 19 Nr. 1103/1 Bd. I |
| 1688 | Rauchschatzbeschreibung | Cal. Br. 19 Nr. 1115 Bd. I |
| o. J. (17. Jh.) | Taxtbeschreibung und Scheffelschatz | Dep. 7 C Nr. 681 |
| 1724 | Taxtbeschreibung und Scheffelschatz | Dep. 7 C Nr. 698 |
| 1744 | Lager-, Stück- u. Steuerbuch über den hess. Anteil des vormal. Kompromissdorfes Mollenfelde | Hann. 74 Reinhausen Nr. 580 |
| 1755 | Namensverzeichnis der dienstbaren Mannschaft | Foto 1 Nr. 426 |
| 1761–1763 | Zustand der Amtsuntertanen und deren Versorgung | Cal. Br. 2 Nr. 918 |
| 1766–1824 | Feuerstellen- und Bevölkerungstabelle | Hann. 74 Reinhausen Nr. 538 |

43 vgl. Anmerkung 1

## Gericht Bredenbeck

Bredenbeck.
Fürstentum Calenberg, Hannoversches Quartier; 1971: Landkreis Hannover.

*Literatur:* Dieter Wilhelm Weber-Oldecop, Ortssippenbuch Bredenbeck/Deister, Evestorf, Holtensen (1684–1874), 1977 (01309).

### Registerförmige Quellen

| | | |
|---|---|---|
| 1617–1626 | Schatzregister | Dep. 7 C Nrn. 18–22, 25 (Nr. 19 mit Reichsdefensivhilftax 1620, Tripelhilfe und Lizent 1621) |
| 1622–1626, 1649–1809, 1650–1811 | Landsteuer (1645 mit Fräuleinsteuer) | Dep. 7 C Nrn. 23, 24, 26 Dep. 7 C Nrn. 28–204 Dep. 7 C Nrn. 205–207 Dep. 7 C Nrn. 209–242 Dep. 7 C Nrn. 245–280 Dep. 7 C Nrn. 282–352 (Nrn. 225–228 enthalten außerdem Rittersteuer) |
| 1662–1674 | Schafschatzbeschreibungen | Cal. Br. 19 Nrn. 761, 762 |
| 1671 | Gerichtsuntertanen (Huldigung) | Cal. Br. 22 Nr. 788 Bd. II |
| 1675 | Schaf- und Scheffelschatz | Dep. 7 C Nr. 735 |
| 1686, 1689 | Kopfsteuerbeschreibung | siehe Mundhenke[44], Teil 1, S. 240–244 |
| 1687 | Rauchschatzbeschreibung | Cal. Br. 19 Nr. 1103/1 Bd. II |
| 1750–1812 | Brandkataster | Hann. 330 Nrn. 1, 879 |
| 1755 | Namensverzeichnis der dienstbaren Mannschaft | Foto 1 Nrn. 424–425 |
| 1766 | Personenbeschreibung | Dep. 7 C Nr. 731 |
| 2. Hälfte 17. Jh. | Beschreibung der Gerichtsleute | Dep. 7 C Nr. 622 |

[44] vgl. Anmerkung 1

## Gericht Brome

*Flecken:* Brome.
*Dörfer:* Altendorf, Benitz, Croya, Ehra, Lessien, Voitze, Wiswedel, Zicherie.
Fürstentum Lüneburg, Lüchowsches Quartier; 1971: Landkreis Gifhorn.
*Literatur:* Horst A. Kausche, Bromer Gerichtsprotokollbuch, 1997 (2313).

### Registerförmige Quellen

| Um 1550 | Hofstellenverzeichnis | Celle Br. 62 Nrn. 3 und 22 |
|---|---|---|
| 1596, 1602 | Untertanenverzeichnis | Hann. 27 Lüneburg B Nr. 837 d, siehe Kausche, S. 184 und 286 |
| 1628 | Einwohnerverzeichnis | Foto 1 |
| 1643 | Einwohnerverzeichnis | Hann. 74 Isenhagen Nr. 589 |
| 1649 | Einwohnerverzeichnis | Celle Br. 45 Nr. 92 Bd. II |
| 1661 | Einwohnerverzeichnis | Celle Br. 61 Nr. 563 |
| 1666 | Huldigungsverzeichnis | Foto 1 Nr. 434 |
| 1688 | Abgaberegister für neue Glocke in Brome | Hann. 74 Isenhagen Nr. 589 |
| 1694 | Schulkinderverzeichnis von Altendorf und Brome | Hann. 74 Isenhagen Nr. 590, siehe Kausche, S. 408 |
| 1718 | Untertanenverzeichnis | Hann. 74 Isenhagen Nr. 951 |
| 1718–1852 | Kirchenbücher von Lessin | StA Wolfenbüttel 1 Kb 683–686 |
| 1721 | Untertanen- und Feuerstellenverzeichnis | Hann. 74 Isenhagen Nr. 962 Hann. 74 Fallersleben Nr. 28 |
| 1755 | Namensverzeichnis des dienstbaren Mannschaft des Gerichts Wolfsburg (Boldecker Land, Bromer Land) | Foto 1 Nr. 426 |
| 1788 | Kontributionsregister | Hann. 74 Isenhagen Nr. 342 |

### Schriftgut der freiwilligen Gerichtsbarkeit

| 1580–1619 | Gerichtshandelsbuch | Hann. 72 Isenhagen Nr. 47 |
|---|---|---|
| 1609–1707 | Konzepte von Ehestiftungen | Hann. 72 Isenhagen Nr. 49 |

| 1691–1693, 1696–1698 | Gerichtshandelsbuch | Hann. 72 Isenhagen Nr. 48, siehe Kausche, S. 9–154 |

## Amt Brunstein

*Gerichtsort:* Domäne Brunstein.
*Dörfer:* Denkershausen, Edesheim, Elvershausen, Hohnstedt, (Langen-)Holtensen, Vogelbeck.
*Kloster:* Wiebrechtshausen mit den Außenhöfen Mandelbeck und Wickershausen.
Fürstentum Göttingen; 1971: Landkreis Northeim.

### Registerförmige Quellen

| | | |
|---|---|---|
| 1585 | Huldigungsverzeichnis und Musterungsrolle | Cal. Br. 22 Nr. 728, siehe Burchard, S. 6–16 |
| 1586 | Verzeichnis der Hagel- und Gewitterschäden der Ackerleute | Cal. Br. 2 Nr. 240 |
| 1609–1739 | Beschreibung der Untertanen des Gerichts Brunstein, der darin befindlichen Rottländerei und der Meier- und Kothöfe | Hann. 74 Northeim Nr. 749 |
| 1611 | Musterungsrolle | Foto 1 Nr. 448 |
| 1613 | Musterungsrolle | Foto 1 Nrn. 431–433 |
| 1614 | Musterungsrolle | Foto 1 Nr. 449 |
| 1617–1650 | Landsteuereinnahmeregister | Dep. 7 C Nrn. 429–443 |
| 1619 | Land- und Taxtbeschreibung | Dep. 7 C Nr. 743 |
| 1643–1809 | Landsteuereinnahmeregister | Dep. 7 C Nrn. 445–609 |
| 1655–1663 | Erbregister oder Hausbuch | Foto 1 Nr. 418 |
| 1664 | Kopfsteuerbeschreibung | Foto 1 |
| 1675 | Kopfsteuerbeschreibung | Cal. Br. 19 Nr. 1029 Bd. I |
| 1678 | Kopfsteuerbeschreibung | Cal. Br. 19 Nr. 1039 Bd. III |
| 1680 | Mannschaftsrolle (Huldigung) | Cal. Br. 22 Nr. 796 Bd. III |
| 1686, 1689 | Kopfsteuerbeschreibung | siehe Mundhenke[45], Teil 7, S. 1–22 |
| 1687 | Rauchschatzbeschreibung | Cal. Br. 19 Nr. 1103/1 Bd. II |
| 1688 | Rauchschatzbeschreibung | Cal. Br. 19 Nr. 1115 Bd. I |
| 1703–1719 | Taxtbeschreibung und Scheffelschatz | Dep. 7 C Nr. 686 |
| 1755 | Namensverzeichnis der dienstbaren Mannschaft | Foto 1 Nr. 426 |
| 1766 | Personenbeschreibung | Dep. 7 C Nr. 732 |

---

45 vgl. Anmerkung 1

## Schriftgut der freiwilligen Gerichtsbarkeit

| 1733–1865 | Hypothekenbücher (nach Ortschaften) | Hann. 72 Northeim Nrn. 160–172 |

## Amt Bütlingen

Barum, Brietlingen, Bütlingen, Lüdershausen (alle bei Sankt Dionys eingepfarrt).
Fürstentum Lüneburg, Lüneburgisches Quartier; 1971: Landkreis Lüneburg.

*Literatur:* Ernst Reinstorf, Geschichte der Dörfer Bütlingen, Barum, Brietlingen, Horburg, Lüdershausen und St. Dionys, 1951 (T Bütlingen 1);
Ders., Elbmarschkultur zwischen Bleckede und Winsen an der Luhe, 1929 (Sb 87).

### Registerförmige Quellen

| | | |
|---|---|---|
| 1450 | Schatzregister | Stadtarchiv Lüneburg AB 74 a 1, siehe Grieser II, S. 8–66 |
| 1628 | Kontributionsregister | Celle Br. 10 Nr. 120 Bd. II |
| 1628 | Einwohnerverzeichnis | Foto 1 Nr. 451 |
| 1629–1632 | Geld- und Kornregister | Celle Br. 61 a Nr. 1623 Bde. I–III |
| 1664, 1706 | Hausbuch | Hann. 74 Lüneburg Nr. 7 (Wasserschaden) |
| 1755 | Namensverzeichnis der dienstbaren Mannschaft | Foto 1 Nr. 426 |
| 1794 | Einwohnerverzeichnis | Hann. 88 F Nr. 1444 |

### Schriftgut der freiwilligen Gerichtsbarkeit

| | | |
|---|---|---|
| 1593–1852 | Amtskontraktenbuch | Original im 2. Weltkrieg verbrannt, Auszüge und Namensregister (Zettel) in: Ms. E.E. 035 |

## Amt Burgdorf

Stadt Burgdorf.
*Dörfer:* Ahrbeck, Aligse, Altwarmbüchen[46], Basselthof, Beinhorn, Dachtmissen, Groß Horst, Heeßel, Hülptingsen, Immensen, Kirchhorst[47], Kolshorn, Obershagen, Otze, Ramlingen, Röddensen, Schillerslage, Sorgensen, (Klein) Steinwedel, Stelle[48], Weferlingsen.
Fürstentum Lüneburg, Gifhornsches Quartier; 1971: Landkreis Burgdorf.

### Registerförmige Quellen

| 1553 | Musterrolle (ohne Ortsunterscheidung) | Celle Br. 46 Nr. 211 Bd. II, Bl. 23, 51 f. |
|---|---|---|
| 1564 | Viehschatzregister | Foto 1 Nr. 303 |
| um 1599 | Holzungsregister des Ötzerbruchs | Hann. 74 Burgdorf I Nr. 32 |
| 1605, 1606 | Musterrolle | Foto 1 Nr. 435 |
| 1618 | Einwohnerverzeichnis | Foto 1 Nr. 445 |
| 1627 | Kontributionsverzeichnis der Stadt Burgdorf | Foto 1 Nr. 430 |
| 1628 | Einwohnerverzeichnis | Foto 1 Nr. 451 |
| 1628 | Kontributionsregister | Celle Br. 10 Nr. 120 Bde. II, III |
| 1666 | Lagerbuch | Hann. 74 Burgdorf II Nr. 3982 |
| 1670–1687 | Kontributions- und Restantenverzeichnisse der Stadt Burgdorf, darin Einwohnerverzeichnis von 1687 | Celle Br. 61 Nr. 181 |
| 18. Jh. | Lagerbuch von Immensen | Hann. 74 Burgdorf I Nr. 181 |
| 1755 | Namensverzeichnis der dienstbaren Mannschaft | Foto 1 Nr. 426 |
| ca. 1766 | Einwohnerverzeichnisse der adligen Dörfer | Hann. 74 Burgdorf I Nr. 60 |

### Schriftgut der freiwilligen Gerichtsbarkeit

| 1584–1791 | Protokolle des Hagengerichts Obershagen (Obershagen, Schillerslage, Hänigsen) | Hann. 74 Burgdorf I Nr. 34 |
|---|---|---|
| 1614–1770 | Freiengerichtsprotokolle | Hann. 74 Burgdorf I Nr. 33 |

46 1814 zur Amtsvogtei Burgwedel.
47 vgl. Anmerkung 46
48 vgl. Anmerkung 46

## Amtsvogtei Burgwedel

Engensen, Fuhrberg, Großburgwedel, Isernhagen, Kleinburgwedel, Neuwarmbüchen, Oldhorst, Thönse, Wettmar.
Fürstentum Lüneburg, Cellisches Quartier; 1971: Landkreis Burgdorf.
*Literatur:* Peter Bardehle, Das Erbregister der Vogtei Burgwedel, 1986 (Ud Bur).

### Registerförmige Quellen

| 1511 | Schatzregister | Foto 1 Nr. 302 |
|---|---|---|
| 1553 | Musterrolle (ohne Ortsunterscheidung) | Celle Br. 46 Nr. 211 Bd. II, Bl. 12, 25 f., 41 f. |
| nach 1586 | Amtsbuch | Hann. 74 Burgwedel Nr. 1 |
| 1589 | Viehschatzregister | Foto 1 Nr. 316 |
| 1615 | Musterrolle | Foto 1 Nr. 436, siehe Bosse, S. 51–53 |
| 1628 | Einwohnerverzeichnis | Foto 1 Nr. 451 |
| 1628 | Kontributionsregister | Foto 1 Nr. 430 |
| 1649–1666 | Hühner- und Gänseregister | Hann. 74 Burgwedel Nr. 2066 |
| 1651–1722 | Einwohnerverzeichnisse | Hann. 74 Burgwedel Nr. 3 |
| 1669 | Lagerbuch | Foto 1 Nrn. 399–400 |
| 1699–1770 | Ernteberichte | Hann. 74 Burgwedel Nr. 6 |
| 1703 | Häuslings- und Hirtenverzeichnis | Celle Br. 47 Nr. 45 |
| 1740–1750 | Kontributionsregister | Hann. 74 Burgwedel Nr. 1241 |
| 1757 | Einwohnerverzeichnis | Hann. 74 Burgwedel Nr. 6 |
| 1760–1770 | Kontributionsregister | Hann. 74 Burgwedel Nr. 1242 |
| 1770 | Tabellarische Beschreibung | Foto 1 Nr. 366 |
| 1783 | Revidiertes Kontributionskataster | Hann. 74 Burgwedel Nrn. 1244, 1245 |
| 1790–1810 | Kontributionsregister | Hann. 74 Burgwedel Nr. 1243 |
| 1803 | Verzeichnis der dienstfähigen Mannschaft | Hann. 74 Burgwedel Nr. 1426 |

## Schriftgut der freiwilligen Gerichtsbarkeit

| | | |
|---|---|---|
| 1600–1829 | Ehestiftungen | Hann. 72 Burgwedel Nrn. 108–176 |
| 1600–1839 | Kauf-, Miet-, Tauschkontrakte | Hann. 72 Burgwedel Nrn. 177–194 |
| 1630–1809 | Ehestiftungen, Kontrakte des Adelsgerichts Horst | Hann. 72 Burgwedel Nrn. 684–686 |
| 1650–1800 | Testamente, Erbschaften | Hann. 72 Burgwedel Nrn. 322–328 |
| 1751–1848 | Ehestiftungen, Kontrakte des Patrimonialgerichts Altwarmbüchen | Hann. 72 Burgwedel Nrn. 670–672 |
| 1767–1810 | Ehestiftungen, Kontrakte des Adelsgerichts Elze | Hann. 72 Burgwedel Nr. 683 |

## Kloster Bursfelde

Kloster Bursfelde mit Außenhof Lipprechterode in der Herrschaft Lohra. Fürstentum Göttingen; 1971: Landkreis Münden bzw. Lipprechterode im Landkreis Nordhausen.

### Registerförmige Quellen

| 1616, 1617 | Landsteuereinnahmeregister | Dep. 7 C Nr. 444 |
|---|---|---|
| 1643–1809 | Landsteuereinnahmeregister | Dep. 7 C Nrn. 445–609 |
| 1664 | Kopfsteuerbeschreibung | Foto 1 |
| 1671 | Mannschaftsrolle (Huldigung) | Cal. Br. 22 Nr. 788 Bd. II |
| 1675 | Kopfsteuerbeschreibung | Cal. Br. 19 Nr. 1028 |
| 1678 | Kopfsteuerbeschreibung | Cal. Br. 19 Nr. 1038 |
| 1680 | Mannschaftsrolle (Huldigung) | Cal. Br. 22 Nr. 796 Bd. II |
| 1687 | Rauchsteuerbeschreibung | Cal. Br. 19 Nr. 1103/1 Bd. II |
| 1686, 1689 | Kopfsteuerbeschreibung | siehe Mundhenke[49], Teil 9, S. 208–209 |
| 1766 | Personenbeschreibung | Dep. 7 C Nr. 731 |

---

49 vgl. Anmerkung 1

## Amt Calenberg

*Städte:* Eldagsen[50] und Pattensen.
*Gehrdener Go:*
*Ronnenberger Vogtei:* Badenstedt, Bornum, Empelde, Leveste, Linden, Ricklingen, Ronnenberg, Wettbergen.
*Gehrdener Vogtei:* Flecken Gehrden sowie Benthe, Ditterke, Everloh, Lenthe[51], Northen.
*Bönnigser Vogtei:* Bönnigsen, Degersen, Egestorf, Kirchdorf, Lemmie, Leveste, Redderse, Sorsum, Weetzen, Wennigsen.
*Goltersche Vogtei:* Altenhof, Bantorf[52], Barsinghausen, Eckerde, Göxe, Großgoltern, Hohenbostel[53], Landringhausen, Langreder, Nienstedt, Nordgoltern, (bis 1649/50 Stemmen), Wichtringhausen[54], Winninghausen[55].
*Gestorfer Go:* Bennigsen, Gestorf, Hüpede, Mittelrode, Oerie.
*Pattenser Go:* Argestorf, Arnum, Evestorf[56], Holtensen[57], Lüdersen.
*Adenser Go:* Adensen[58], Alferde, Boitzum, Hallerburg[59], Holtensen, Sorsum, Wülfingen.
*Hausvogtei (Vordörfer):* Eddinghausen, Jeinsen, Lauenstadt, Nienhof, Rössing, Schliekum, Schulenburg, Vardegötzen.
Fürstentum Calenberg, Hannoversches Quartier; 1971: Stadt Hannover, Landkreise Hannover, Springe, Alfeld.

*Literatur:* Heinrich Lathwesen, Das Calenberger Hausbuch von 1592 nach dem Lagerbuch des Amtes Calenberg von 1653, Hildesheim 1980 (Sc 88);
Herbert Mundhenke, Ein unbekanntes Kornregister, in: Hannoversche Geschichtsblätter, Neue Folge, Band 28, 1974 S. 5–50 (ca. 1424–1439) (Zs 107).

### Registerförmige Quellen

| 1424–1427 | Register der cellischen Vögte auf dem Calenberge | Celle Br. 57 Nr. 126 |
| --- | --- | --- |
| 1428, 1429 | Rechnungsregister von Pattensen | Celle Br. 57 Nr. 126 |

50 Karlheinz Volkart, Bürgerverzeichnisse der Stadt Eldagsen im 17. und 18. Jahrhundert [von 1665, 1713, 1743, 1778] in: Norddeutsche Familienkunde 2, 1953, Hefte 4, 5, 6 (Zs 82).
51 Hans-Erich Wilhelm, Lenthe. Familienbuch, 1564–1875, 1988 (T Lenthe 2).
52 Heinrich Welge, Das Frommesche Hausbuch des Kirchspiels Hohenbostel-Luttringhausen mit den Bördedörfern Hohenbostel, Winninghausen, Wichtringhausen, Bantorf (Luttringhausen), 1988 (00599).
53 vgl. Anmerkung 52
54 vgl. Anmerkung 52
55 vgl. Anmerkung 52
56 Dieter Wilhelm Weber-Oldecop, Ortssippenbuch Bredenbeck/Deister, Evestorf, Holtensen (1684–1874), 1977 (01309).
57 vgl. Anmerkung 56
58 Achim Gercke, Adensen und Hallerburg. Die Geschichte der Höfe und Häuser und ihrer Besitzer, 1990 (T Adensen 4).
59 vgl. Anmerkung 58

## Amt Calenberg

| | | |
|---|---|---|
| 1518–1527 | Einwohnerlisten von Pattensen | Cal. Br. 10 Nr. 9 |
| 1557, 1558 | Türkensteuereinnahmeregister (Eldagsen fehlt) | Cal. Br. 11 Nr. 95 |
| 1568 | Erbregister | Hann. 74 Calenberg Nr. 89 |
| 1585 | Huldigungsverzeichnis und Musterungsrolle | Cal. Br. 22 Nr. 728, siehe Burchard, S. 158 f., 212–263 |
| um 1591 | Musterungsregister des Amtes und der Städte Eldagsen und Pattensen | Cal. Br. 16 Nr. 1168 |
| 1592 | Hausbuch | Original im 2. Weltkrieg verbrannt[60] |
| 1599 | Personen- und Landbeschreibung | Dep. 7 C Nr. 742 |
| Ende 16. Jh. | Einnahmeregister | Hann. 74 Neustadt Nr. 2727 |
| 1600 | Verzeichnisse der Ackerleute und Kötner von Weetzen, der Meierleute, Halbspänner und Kotsassen zu Bennigsen und Beschreibung der Einwohner von Wichtringhausen, Winninghausen und Landringhausen | Cal. Br. 2 Nr. 344 |
| um 1610 | Fähnlein der Städte und Gohe (Ausschuss-Musterrollen) | Foto 1 Nr. 447 |
| 1613 | Huldigungsregister | Cal. Br. 22 Nr. 750 |
| 1617–1626, | Schatzregister (einschließlich der Städte Eldagsen und Pattensen) | Dep. 7 C Nrn. 18–22, 25 (Nr. 19 mit Reichsdefensivhilfstaxt 1620, Tripelhilfe und Lizent 1621) |
| 1627–1629, | | Dep. 7 C Nr. 12 |
| 1636–1637 | | Dep. 7 C Nr. 15 |
| 1619, 1620 | Geldregister | Hann. 76 c Nrn. 101, 102 |
| 1619, 1620 | Zinsen-, Land- u. Wiesensteuer (einschließlich der Städte Eldagsen und Pattensen) | Dep. 7 C Nr. 614 a |
| 1622–1626, | Landsteuer (einschließlich der Städte Eldagsen und Pattensen) | Dep. 7 C Nrn. 23, 24, 26 |
| 1638–1643, | (1640 mit Fräuleinsteuer) | Dep. 7 C Nr. 16 |
| 1643–1809, | (1645 mit Fräuleinsteuer) | Dep. 7 C Nrn. 27–204 |
| 1650–1811 | | Dep. 7 C Nrn. 205–207 |
| | | Dep. 7 C Nrn. 209–242 |
| | | Dep. 7 C Nrn. 245–280 |
| | | Dep. 7 C Nrn. 282–352 (Nrn. 225–228 enthalten außerdem Rittersteuer) |

---

60 Rekonstruierbar durch Lagerbuch von 1653, siehe Norddeutsche Familienkunde 4, 1953, S. 208 (Zs 82); vgl. Hans Goedeke, Erbregister der Ämter Ruthe und Koldingen von 1593, 1973 S. 4 f. (Ud Rut).

# Amt Calenberg

| | | |
|---|---|---|
| 1631 | Schafschatzregister der Gehrdener, Pattenser und Gestorfer Gohe | Hild. Br. 1 Nr. 880 |
| 1632 | Einwohner und Bürger von Pattensen | Cal. Br. 2 Nr. 65 |
| 1645 | Mannschaftsrollen (Huldigung) | Foto 1 Nrn. 20–23 |
| 1646–1711, | Taxtbeschreibung | Dep. 7 C Nr. 615 |
| 1652–1708, | (Ronnenberger Vogtei) | Dep. 7 C Nr. 618 |
| 1652–1718, | (Gohe Adensen, Gehrden, Gestorf, Vogtei Goltern) | Dep. 7 C Nrn. 620, 621 |
| 1653, | (Bönnigser Vogtei) | Dep. 7 C Nr. 628 |
| 1677–1680, | | Dep. 7 C Nr. 623 |
| 1679, | (Dorfschaft Linden) | Dep. 7 C Nr. 625 |
| 1685–1689, | | Dep. 7 C Nr. 626 |
| 1693–1694, | | |
| 1694–1711, | (Ditterke, Degersen, Argestorf, Altenhof) | |
| 1695, | (Sorsum) | Dep. 7 C Nr. 677 |
| 1702–1709, | (Eldagsen) | Dep. 7 C Nr. 631 |
| 1702–1709, | (Pattensen) | Dep. 7 C Nr. 631 |
| 1703–1718, | (Arnum) | Dep. 7 C Nr. 634 |
| 1718 | | Dep. 7 C Nrn. 637–641 |
| 1649 | Mannschaftsrolle (Huldigung) | Cal. Br. 22 Nr. 773 |
| (1592), 1653 | Lagerbuch (Abschrift von 1653 mit zeitgenössischen Nachträgen) | Hann. 74 Calenberg Nr. 91[61] |
| 1660–1680 | Lagerbuch der Dörfer vor dem Deister (Gehrdener Go) | Ms. C Nr. 010 |
| 1661–1674 | Schafschatzbeschreibungen | Cal. Br. 19 Nr. 762 |
| 1662 | Hausbuch (Gehrdener Go) | Hann. 74 Calenberg Nr. 88 |
| 1664 | Kopfsteuerbeschreibung (Städte Eldagsen und Pattensen) | Cal. Br. 19 Nr. 1019<br>Cal. Br. 19 Nr. 1022 (Kopien im Benutzersaal) |
| 1665 | Bürgerverzeichnisse der Stadt Eldagsen | siehe Volkart, Bürgerverzeichnisse der Stadt Eldagsen ...[62] |
| 1667 | Kontributionsbeschreibung des Gehrdener Goes | Cal. Br. 2 Nr. 81 |
| 1671 | Bürgerschaft der Stadt Eldagsen (Huldigung) | Cal. Br. 22 Nr. 788 Bd. I |
| 1671 | Bürgerschaft der Stadt Pattensen (Huldigung) | Cal. Br. 22 Nr. 788 Bd. I |
| 1671 | Mannschaftsrolle des Fleckens Gehrden (Huldigung) | Cal. Br. 22 Nr. 788 Bd. I |
| 1671 | Mannschaftsrolle (Huldigung) | Cal. Br. 22 Nr. 788 Bd. I |

61 Vgl. Lathwesen, Calenberger Hausbuch.
62 vgl. Anmerkung 50

| | | |
|---|---|---|
| 1671, 1676 | Kontributionsbeschreibungen (einschließlich der Städte Eldagsen und Pattensen) | Dep. 7 C Nr. 622 |
| 1672 | Kontributionskataster | Hann. 74 Calenberg Nr. 92 |
| 1672/1684 bis 1726 | Lagerbuch (Ortschaften des späteren Amtes Wennigsen und z. T. des späteren Amtes Linden) | Hann. 74 Wennigsen Nr. 1 |
| 1675 | Kopfsteuerbeschreibung (Städte Eldagsen und Pattensen) | Cal. Br. 19 Nr. 1031 Bd. I<br>Cal. Br. 19 Nr. 1034 |
| 1675 | Schaf- und Scheffelschatz | Dep. 7 C Nr. 735 |
| 1678 | Kopfsteuerbeschreibung (Städte Eldagsen und Pattensen) | Cal. Br. 19 Nr. 1040 Bd. II<br>Cal. Br. 19 Nr. 1045 |
| 1678 | Kontributionsbeschreibung der Altenhöfer zu Barsinghausen und der Einwohner zu Nienstedt | Cal. Br. 19 Nr. 880 |
| 1680 | Bürgerschaft der Stadt Eldagsen (Huldigung) | Cal. Br. 22 Nr. 795 Bd. II |
| 1680 | Mannschaftsrolle (Huldigung) | Cal. Br. 22 Nr. 795 Bd. II |
| 1681 | Mannschaftsrolle des Fleckens Gehrden (Huldigung) | Cal. Br. 22 Nr. 795 Bd. II |
| 1686, 1689 | Kopfsteuerbeschreibung | siehe Mundhenke[63], Teil 1, S. 1–148 |
| 1687 | Erbregister (Vogteien Ronnenberg und Gehrden) | Hann. 74 Calenberg Nr. 90 |
| 1687 | Einwohnerverzeichnis (Vogtei Ronnenberg) | Cal. Br. 19 Nr. 1103/1 Bd. II |
| 1687, 1688 | Rauchschatzbeschreibungen (einschließlich der Städte Eldagsen und Pattensen)<br>(Eldagsen)<br>(Pattensen)<br>(Pattensen) | Cal. Br. 19 Nr. 1103/1 Bd. II<br>Cal. Br. 19 Nr. 1115 Bd. I<br>Cal. Br. 19 Nr. 1103/1 Bd. III<br>Cal. Br. 19 Nr. 1103/4 Bd. I<br>Cal. Br. 19 Nr. 1116 Bd. III |
| 1710, 1711 | Geldregister | Hann. 74 Calenberg Nr. 890 |
| 1713 | Bürgerverzeichnisse der Stadt | siehe Volkart, Bürgerverzeichnisse der Stadt Eldagsen...[64] |
| 1742 | Landbeschreibung von Wettbergen | Hild. Br. 4 Nrn. 311, 312 |
| 1743 | Bürgerverzeichnisse der Stadt Eldagsen | siehe Volkart, Bürgerverzeichnisse der Stadt Eldagsen...[65] |

63 vgl. Anmerkung 1
64 vgl. Anmerkung 50
65 vgl. Anmerkung 50

| | | |
|---|---|---|
| 1745 | Verzeichnis der jungen Mannschaft von Wülfingen | Hann. 76 a Nr. 13 |
| 1750–1812 | Brandkataster | Foto 1 |
| 1754–1812 | Brandkataster (Gerichte Linden und Wülfingen) | Foto 1 |
| 1755 | Dienstlagerbuch | Hann. 74 Calenberg Nr. 1011 |
| 1755 | Namensverzeichnis der dienstbaren Mannschaft | Foto 1 Nrn. 424–425, 427 |
| 1757–1759, 1766 | Personen- und Vermögenssteuerbeschreibung der Stadt Pattensen | Dep. 7 C Nr. 727 Dep. 7 C Nr. 729 |
| 1766 | Personenbeschreibung der Stadt Eldagsen | Dep. 7 C Nr. 728 |
| 1766 | Personenbeschreibung des Gerichts Linden | Dep. 7 C Nr. 731 |
| 1778 | Bürgerverzeichnisse der Stadt Eldagsen | siehe Volkart, Bürgerverzeichnisse der Stadt Eldagsen ...[66] |
| 1790 | Verzeichnis der Höfe | Hann. 74 Calenberg Nr. 476 |
| 1790–1824 | Wirteveränderungen im Gestorfer und Pattenser Goh | Hann. 72 Calenberg Nr. 161 |

### Schriftgut der freiwilligen Gerichtsbarkeit

| | | |
|---|---|---|
| 1597–1861 | Ehestiftungen | Hann. 72 Calenberg Nrn. 37–71 |
| 1600–1815 | Kontrakte, Obligationen, Ehestiftungen | Hann. 72 Calenberg Nrn. 1–35 |
| 1648–1879 | Kontrakte, Obligationen, Ehestiftungen (u. a.) der Gerichte Lenthe und Linden | Hann. 72 Hannover Nrn. 322–492 |
| 1696–1746 | Kontrakte des Gerichts Linden | Hann. 72 Hannover Nr. 857 |
| 1736–1834 | Kontrakte, Obligationen, Ehestiftungen des Gerichts Bennigsen | Hann. 72 Calenberg Nrn. 202/1, 202/3 |
| 1796–1849 | Kontrakte des Gerichts Lenthe | Hann. 72 Hannover Nrn. 853–856 |

---

66 vgl. Anmerkung 50

## Burgvogtei Celle

Altencelle, Altenhagen, Bennebostel, Bostel, Boye, Garßen, Groß Hehlen, Hornshof, Hustedt, Klein Hehlen, Lachtehausen, Neustadt Celle mit Blumlage, Osterloh, Scheuen, Vorwerk, Westercelle, Häuser vor dem Westerceller Tor.
Fürstentum Lüneburg, Cellisches Quartier; 1971: Landkreis Celle.

### Registerförmige Quellen

| 1438 | Schatzregister | Celle Br. 61 Nr. 857, siehe Grieser I, S. 8–38 |
|---|---|---|
| 1461 | Schatzregister | Celle Br. 61 Nr. 856 |
| 1511 | Schatzregister | Foto 1 Nr. 302 |
| 1589 | Viehschatzregister | Foto 1 Nr. 322 |
| 1627, 1628 | Kontributions- und Viehschatzregister | Celle Br. 10 Nr. 120 Bd. I |
| 1628 | Kontributionsregister | Celle Br. 10 Nr. 120 Bd. II[67] |
| 1664 | Lagerbuch | Foto 1 Nr. 392 |
| 1673 | Einwohnerverzeichnis | Hann. 74 Celle Nr. 355 |
| 1674–1729 | Fleischzehntregister | Hann. 74 Celle Nr. 443 |
| 1678–1741 | Kontributionskataster | Hann. 74 Celle Nr. 285 |
| 1755 | Namensverzeichnis der dienstbaren Mannschaft | Foto 1 Nr. 426 |
| 1758 | Hauswirteverzeichnis | Hann. 74 Celle Nr. 280 |
| 1770 | Tabellarische Beschreibung | Foto 1 Nr. 267 |
| 1786 | Kontributionskataster | Hann. 74 Celle Nrn. 282–284 |

### Schriftgut der freiwilligen Gerichtsbarkeit

| 1653–1852 | Amts- und Kontraktenbücher | Hann. 72 Celle Nrn. 356–424 |
|---|---|---|
| 1691 | Strafenregister | Hann. 70 Nr. 902 |

---

[67] Adolf Meyer, Aus Kontributionsverzeichnissen des 30jährigen Krieges, in: Celler Chronik 5, 1992 (Zs 145).

## Stadt Celle

Fürstentum Lüneburg, Cellisches Quartier; 1971: Stadt Celle.

### Registerförmige Quellen

| 1522 | Schatzregister | Foto 1 |
| --- | --- | --- |
| 1526–1532 | Kalandsregister | Foto 1 Nr. 467 |
| 1562–1570 | Verschiedene Register | Celle Br. 61 Nr. 926 |
| 1620 | Ausschussregister | Celle Br. 46 Nr. 213 Bd. I, Bl. 187 |

### Schriftgut der freiwilligen Gerichtsbarkeit

| 1459–1681 | Testamente | Hann. 72 Celle Nrn. 340–342 |
| --- | --- | --- |
| 1462–1876 | Stadt- und Kontraktenbücher | Hann. 72 Celle Nrn. 273–339 |

## Amt Coppenbrügge

(Siehe Amt Spiegelberg).

## Amt Dannenberg

*Marschvogtei:* Barnitz, Brandleben, Breese in der Marsch, Damnatz, Grippel, Groß Gusborn, Groß Heide, Kacherien, Klein Gusborn, Klein Heide, Laase, Landsatz, Langendorf, Langenhorst, Nebenstedt, Pisselberg, Prabstorf, Predöhl, Pretzetze, Seedorf, Siemen, Sipnitz, Soven, Splietau, Wulfsahl.

*Hausvogtei:* Breese am Seiselberg, Breselenz, Breustian, Bückau, Gamehlen, Glienitz, Jameln, Karwitz, Lauben, Lebbien, Lemgrabe, Liepe, Lüggau, Mehlfien, Nausen, Nieperfitz, Oldendorf, Platenlaase, Prisser, Quarstedt, Reddien, Sarenseck, Schaafhausen, Schmardau, Schmarsau, Schmölau, Streetz, Teichlosen, Thunpadel, Thurau, Tiesmesland, Timmeitz, Tramm, Wibbese, Zernien.

*Das vormalige Amt Gümse:*
*Marschvogtei:* Breese, Dambeck, Damnatz, Groß Gusborn, Groß Heide, Gümse, Quickborn, Zadrau.

*Hausvogtei:* Braasche, Dübbekold, Lenzen, Maddau, Mehlfien, Sammatz, Sareitz, Satemin, Schmessau, Wietzetze[68], Zarenthien.

Fürstentum Lüneburg, Lüchowsches Quartier; 1971: Landkreis Lüchow-Dannenberg.

*Literatur:* Heinrich Borstelmann, Familienkunde der ehemaligen Ämter Dannenberg und Hitzacker, 1938 Bd. I (Ua 1 b).

### Registerförmige Quellen

| | | |
|---|---|---|
| 1450 | Schatzregister | Stadtarchiv Lüneburg AB 74 a 1, siehe Grieser II, S. 8–66 |
| 1559–1684 | Lagerbuch | Foto 1 Nr. 398 |
| 1564 | Viehschatzregister | Foto 1 Nrn. 306–307 |
| nach 1570 | Junkernleuteverzeichnis | Celle Br. 61 Nr. 506 |
| 1586 | Hausbuch von Gümse | Celle Br. 61 Nr. 23 |
| um 1587–1592 | Gümser Amtsbuch (fast unleserlich) | Hann. 74 Dannenberg Nr. 11 |
| 1559–1613, 1708 | Lagerbuch (unleserlich) | Hann. 74 Dannenberg Nr. 11 |
| 1620 | Junkernleuteverzeichnis | Celle Br. 58 Nr. 1240 |
| 1625, 1635 | Hauswirteverzeichnis | Hann. 74 Dannenberg Nr. 13 |
| 1647 | Wendländisches Kontributionsregister | Original im 2. Weltkrieg verbrannt[69] |

---

68 Vgl. Amt Hitzacker.
69 Veröffentlicht von Friedrich Biermann, Ein wendländisches Kontributionsregister von 1647, in: Zeitschrift für Niedersächsische Familienkunde 34, 1959, S. 106–107 (Zs 84).

| 1649 | Amtsbeschreibung | Hann. 74 Dannenberg Nr. 14 |
| 1653, 1695 | Einwohnerverzeichnisse | Hann. 74 Dannenberg Nr. 23 |
| 1661, 1671 | Untertanenverzeichnisse | Hann. 74 Dannenberg Nr. 18 |
| 1662–1682 | Untertanenverzeichnisse | Hann. 74 Dannenberg Nr. 19 |
| 1666 | Huldigungsverzeichnis | Foto 1 Nr. 434 |
| 1671 | Huldigungsverzeichnis | Celle Br. 45 Nr. 99 |
| 1682 | Amtsbeschreibung | Hann. 74 Dannenberg Nr. 21 |
| 1684 | Dienstbeschreibung | Hann. 74 Dannenberg Nr. 2 |
| 1695 | Amtseinwohner, die an andere Ämter Kontribution zahlen | Hann. 74 Dannenberg Nr. 22 |
| 1755 | Namensverzeichnis der dienstbaren Mannschaft | Foto 1 Nr. 426 |
| 1756/1760 | Zustand der Untertanen | Hann. 74 Dannenberg Nr. 27 |
| 1766 | Feuerstellenverzeichnis | Hann. 74 Dannenberg Nr. 26 |
| 1785 | Kontributionskataster | Hann. 74 Dannenberg Nrn. 33–35 Bde. I–III |

## Schriftgut der freiwilligen Gerichtsbarkeit

| 1542–1886 | Protokolle, Kontrakte, Ehestiftungen | Hann. 72 Dannenberg Nrn. 43–150 |
| 1702–1834 | Ehestiftungen des Adelsgerichts Breese | Hann. 72 Dannenberg Nrn. 264–269 |
| 1711–1759, 1806–1834 | Kontrakte, Ehestiftungen des Gerichts Breselenz | Hann. 72 Dannenberg Nrn. 262–263 |

## Stadt Dannenberg

Fürstentum Lüneburg, Lüchowsches Quartier; 1971: Landkreis Lüchow-Dannenberg

### Registerförmige Quellen

| 1669 | Einwohnerverzeichnis | Celle Br. 45 Nr. 97 |

### Schriftgut der freiwilligen Gerichtsbarkeit

| 1407–1852 | Ehestiftungen, Kontrakte | Hann. 72 Dannenberg Nrn. 169–186 |

## Gericht Dehnsen

Dehnsen.
Fürstentum Calenberg, Hamelsches Quartier; 1971: Landkreis Alfeld.

### Registerförmige Quellen

| 1656–1845 | Kirchenbücher | StA Wolfenbüttel 1 Kb 824–830 |
| 1636 | Gerichtsuntertanen (Huldigung) | Cal Br. 22 Nr. 764 |
| 1649 | Mannschaftsrolle (Huldigung) | Cal. Br. 22 Nr. 773 |
| 1650–1811 | Landsteuer | Dep. 7 C Nrn. 205–207<br>Dep. 7 C Nrn. 209–242<br>Dep. 7 C Nrn. 245–280<br>Dep. 7 C Nrn. 282–352<br>(Nrn. 225–228 enthalten außerdem Rittersteuer) |
| 1662–1674 | Schafschatzbeschreibungen | Cal. Br. 19 Nrn. 761, 762 |
| 1667 | Kontributionsanlage | Cal. Br. 19 Nr. 861 |
| 1686, 1689 | Kopfsteuerbeschreibung | siehe Mundhenke[70], Teil 5, S. 203–205 |
| 1687, 1688 | Rauchschatzbeschreibungen | Cal. Br. 19 Nr. 1103 Bd. II<br>Cal. Br. 19 Nr. 1115 Bd. I |
| 1698 | Taxtbeschreibung | Dep. 7 C Nr. 677 |
| 1755 | Namensverzeichnis der dienstbaren Mannschaft | Foto1 Nr. 426 |
| 1766 | Personenbeschreibung | Dep. 7 C Nr. 731 |

---

70 vgl. Anmerkung 1

## Kloster Derneburg

Fürstbistum Hildesheim; 1971: Landkreis Hildesheim-Marienburg.

### Registerförmige Quellen

| [um 1600]  | Erbregister (wenig ergiebig) | Hild. Br. 3, 5 Nr. 9 a |
|---|---|---|
| 1617–1647  | Landsteuern und Schatzregister des Amtes Koldingen-Ruthe (darin auch Kloster Derneburg) | Dep. 7 C Nrn. 7–17, 27, 164 |
| 1769       | Land- und Wiesenbeschreibung | Hild. Br. 2 J Nr. 345 |
| 1727–1802  | Verschiedene Register | Hild. Br. 3, 5 Nrn. 13–14q |
| 1797, 1798 | Wirtschaftsregister | Dombibliothek Hildesheim Hs 528 I |

## Amt Diepenau

*Flecken:* Diepenau.
*Dörfer:* Bramkamp, Essern, Lavelsloh, Nordel, Nordhausen, Osterloh, Schwarzenhausen, Steinbrink, 6 Eigenbehörige zu Wehe (preußisches Amt Rahden, 1971: Landkreis Lübbecke). (Vogteien Bohnhorst und Warmsen siehe Amt Stolzenau).
Grafschaft Hoya, 1. Quartier in der Obergrafschaft; 1971: Landkreis Nienburg.

### Registerförmige Quellen

| | | |
|---|---|---|
| 1521 | Bedeschatzregister | Foto 1 Nr. 73 |
| 1525 | Pflugschatzregister | Foto 1 Nr. 73 |
| 1530 | Landschatzregister | Celle Br. 72 Nr. 271 |
| 1530 | Der Herrschaft Leute | Hoyer Urkundenbuch, 1. Abt., Heft V, Rolle 6 |
| 1581 | Erbregister (keine Namen) | Foto 1 Nrn. 86–87 |
| 1583 | Erbregister (keine Namen) | Foto 1 Nr. 443 (siehe auch Hann. 88 B Nr. 464) |
| 1595–1682 | Erbregister | Hann. 74 Uchte Nr. 4 |
| 1595–1740 | Geld- und Kornregister | Hann. 74 Uchte Nrn. 330–350 |
| 1624 | Erbregister | Hann. 88 B Nr. 464 |
| 1626–1628 | Dienstregister | Hann. 88 B Nr. 464 |
| 1632 | Mannzahlregister | Cal. Br. 2 Nr. 65 |
| 1663 | Höfeverzeichnis und Dienstbeschreibung | Hann. 88 B Nr. 464 |
| 1665–1674 | Verzeichnisse der Eigenbehörigen | Hann. 74 Uchte Nr. 7 |
| 1667 | Erbregister | Hann. 88 B Nr. 464 |
| 1667 | Verzeichnis der Leibeigenen | Hann. 88 B Nr. 464 |
| 1667 | Untertanenverzeichnis (Huldigung) | Celle Br. 45 Nr. 96 |
| 1667 | Amtsbeschreibung (keine Namen) | Foto 1 Nr. 444 |
| 1674 | Genealogie der Eigenbehörigen | Hann. 74 Uchte Nr. 2 |
| 1674 | Erbregister | Hann. 74 Uchte Nr. 8 |
| 1678, 1682 | Beschreibung der Höfe, Mannschaft, Abgaben und Dienste | Hann. 88 B Nr. 464 |
| 17. Jh. | Höfebeschreibung | Hann. 88 B Nr. 464 |

| | | |
|---|---|---|
| 1701–1735 | Bier- und Branntweinakzise | Dep. 106 Nrn. 2089–2122 |
| 1716–1809 | Akzisepachtkontrakte | Dep. 106 Nr. 2865 |
| 1728 | Tabaksbrüche | Dep. 106 Nr. 2389 |
| 1729, 1730, 1731, 1732 | Akziseregister (Flecken Diepenau, Dörfer Essern, Lavelsloh, Nordel, nur wenige Namen) | Dep. 106 Nr. 2117 Bd. II Dep. 106 Nr. 2118 Bd. II Dep. 106 Nr. 2119 Bd. II |
| 1732, 1733, 1734, 1735 | Bier- und Branntweinakzise | Dep. 106 Nr. 2120 Bd. II Dep. 106 Nr. 2122 Bd. III |
| 1734, 1735 | Scheffelschatzregister | Dep. 106 Nr. 2122 Bd. III |
| 1733 | Genealogie der Eigenbehörigen | Hann. 74 Uchte Nr. 3 |
| 1753–1787 | Brandkataster | Dep. 106 Nr. 1189 |
| 1754–1777 | Gebäudebeschreibungen, Brandkassenveränderungen | Dep. 106 Nr. 1196 |
| 1755 | Namensverzeichnis der dienstbaren Mannschaft | Foto 1 Nrn. 424–425 |
| 1756, 1760 | Zustand der Höfe | Hann. 74 Uchte Nr. 14 |
| 1757, 1758 | Personenschatzung | Dep. 106 Nr. 3236 |
| 1760–1766 | Tabaksimpostregister | Dep. 106 Nrn. 2420/2–2426/2 |
| 1764, 1765 | Verzeichnisse der zehntfreien Ländereien | Dep. 106 Nr. 619 |
| 1783–1790 | Höfebeschreibung | Hann. 74 Uchte Nr. 16 |
| 1787 | Brandkataster | Dep. 106 Nr. 1271 |
| 1791 | Lagerbuch | Foto 1 Nr. 452 |
| 1767–1799, 1772, 1814, 1815 | Tabaksgeldregister | Dep. 106 Nrn. 2427/2–2459/2 Dep. 106 Nr. 2432/2 Dep. 106 Nr. 2940 Bde. I, III |

# Amt Diepholz

*Flecken:* Barnstorf, Cornau, Diepholz mit Vorstadt Willenberg.

*Vogtei Barnstorf:* Aldorf mit Bocksted, Austen mit Ostersehlt und Auf der Becke, Beckstedt, Colnrade, Dörpel mit Scharrel, Donstorf mit Holte, Dreeke mit Mäkel, Drentwede mit Adelhorn und Schmolte, Düste mit Helmsmühle, Einen mit Ambergen, Eydelstedt mit Gothel, Goldenstedt, Holtrup, Lahr mit Rethwisch, Rechtern mit Överlingen, Rödenbeck, Rüssen mit Osterhorn, Varenesch mit Feldhaus, Vogelsang mit Walsen, Wohlstreck.

*Vogtei Drebber:* Aschen mit Apwisch, Bockhop und Ossenbeck, Barver, Dickel mit Dönsel, Eickbusch und Wehrkamp, Drebber mit Brockstreck, Deckau, Jacobidrebber, Ihlbrock und Mariendrebber, Hemsloh mit Kellenberg, Mackenstedt und Rodemühlen, Sankt Hülfe mit Heede und Öhlen, Rehden mit Lohaus, Ehrling und Wähaus, Uthüserdrebber, Wetschen mit Spreckel.

Grafschaft Diepholz; 1971: Landkreise Grafschaft Diepholz, Grafschaft Hoya, Vechta.

## Registerförmige Quellen

| | | |
|---|---|---|
| um 1560 | Landschatzregister nach dem Tode des Grafen Rudolf von Diepholz | Celle Br. 73 Nr. 50 |
| 1560–1620 | Schatzregister der Grafschaft | Celle Br. 73 Nr. 46 |
| 1566, 1583–1587 | Türkenschatzverzeichnisse | Celle Br. 6 Nr. 26 Bde. I, II |
| 1570 | Lagerbuch der Vogtei Barnstorf | Foto 1 Nr. 394 |
| 1570 | Lagerbuch der Vogtei Drebber | Foto 1 Nr. 407–408 |
| 1594–1600 | Türkenschatzregister | Celle Br. 73 Nrn. 50, 51 |
| 16. Jh. | Amtsregister | Celle Br. 73 Nr. 173 |
| 1629–1636 | Verzeichnisse von Schatzretardaten | Celle Br. 73 Nr. 57 |
| 1631–1639, 1651–1652, 1659–1660, 1662–1664 | Geldregister | Hann. 74 Diepholz Nrn. 396, 397 (1631–1632) |
| o. J. (Mitte 17. Jh.) | Verzeichnis der Mannschaft der Bürger zu Diepholz | Hann. 74 Diepholz Nr. 16 |
| 1652 | Lagerbuch der Vogtei Drebber | Foto 1 Nrn. 381–383 |
| 1654 | Musterrolle der Mannschaft | Celle Br. 73 Nr. 205 |
| 1654 | Mannschaftsrolle von Barnstorf | Hann. 74 Diepholz Nr. 16 |

| | | |
|---|---|---|
| 1664 | Verzeichnis der Freien in der Grafschaft Diepholz | Celle Br. 73 Nr. 17 |
| 1665 | Musterrolle des Diepholzschen Ausschusses (Huldigung) | Cal. Br. 22 Nr. 784 |
| 1665, 1666 | Weinkäufe | Cal. Br. 17 Nr. 275 |
| 1670–1710 | Lagerbuch der Vogtei Barnstorf | Foto 1 Nrn. 401–402 |
| 1674 | Bruchprotokolle (zahlreiche Namen) | Cal. Br. 17 Nr. 275 |
| 1675 | Bezahlung von Dragoner- und Artillerie-Pferden (zahlreiche Namen) | Cal. Br. 17 Nr. 275 |
| 1696–1697 | Lagerbuch der Vogtei Barnstorf (unvollständig) | Foto 1 Nrn. 387–388 |
| 1710–1714 | Lagerbuch | Hann. 74 Diepholz Nr. 15 |
| 1740 | Einwohnerverzeichnis | Hann. 74 Diepholz Nr. 9 |
| 1735 | Feuerstättenverzeichnis der Vogtei Barnstorf | Foto 1 Nr. 410 |
| 1754 | Brandkataster | Dep. 106 Nr. 1193 |
| 1755 | Namensverzeichnis der dienstbaren Mannschaft | Foto 1 Nrn. 424–425 |
| 1757–1777 | Brandversicherungsveränderungen | Dep. 106 Nr. 1208 |
| 1779 | Feuerstellenverzeichnis | Hann. 74 Diepholz Nr. 9 |
| 1781 | Feuerstättenverzeichnis | Hann. 74 Diepholz Nr. 385 |
| 1793 | Stammrolle der männlichen Bevölkerung | Hann. 74 Diepholz Nr. 21 |
| 1796 | Feuerstättenverzeichnis der Vogtei Barnstorf | Foto 1 Nr. 410 |

## Schriftgut der freiwilligen Gerichtsbarkeit

| | | |
|---|---|---|
| 1696–Mitte 19. Jh. | Ehestiftungen | Hann. 72 Diepholz Nrn. 47–105 |
| 1698–1800 | Testamentenbücher (Register) | Hann. 72 Diepholz Nr. 268 |
| 1712–Mitte 19. Jh. | Amtshandlungen, Kontrakte, Obligationen | Hann. 72 Diepholz Nrn. 105/1–259 |

## Stadt Dransfeld

Fürstentum Göttingen; 1971: Landkreis Münden.
(Siehe auch Amt Münden).

### Registerförmige Quellen

| 1583 | Huldigungsverzeichnis und Musterungsrolle | Cal. Br. 22 Nr. 728, siehe Burchard, S. 66–68 |
|---|---|---|
| 1603, 1675 | Pfahlzinsregister | Hann. 74 Münden Nr. 1643 |
| 1616, 1617 | Landsteuereinnahmeregister | Dep. 7 C Nr. 444 |
| 1643–1809 | Landsteuereinnahmeregister | Dep. 7 C Nrn. 445–609 |
| 1645 | Untertanenverzeichnis | Cal. Br. 22 Nr. 769 |
| 1664 | Kopfsteuerbeschreibung | Foto 1 |
| 1671 | Mannschaftsrolle (Huldigung) | Cal. Br. 22 Nr. 788 Bd. I |
| 1675 | Kopfsteuerbeschreibung | Cal. Br. 19 Nr. 1034 |
| 1678 | Kopfsteuerbeschreibung | Cal. Br. 19 Nr. 1045 |
| 1680, 1681 | Mannschaftsrolle (Huldigung) | Cal. Br. 22 Nr. 796 Bde. II, III |
| 1686, 1689 | Kopfsteuerbeschreibung | siehe Mundhenke[71], Teil 9, S. 123–134 |
| 1687 | Rauchschatzbeschreibung | Cal. Br. 19 Nr. 1103/1 Bd. III |
| 1688 | Rauchschatzbeschreibung | Cal. Br. 19 Nr. 1115 Bd. II |
| 1745 | Mannschaftsverzeichnis | Hann. 76 a Nr. 13 |
| 1766 | Personenbeschreibung | Dep. 7 C Nr. 729 |

---

71 vgl. Anmerkung 1

## Amt Duderstadt

*Gerichtsort:* Duderstadt.

*Amtsvogtei Duderstadt:* Desingerode, Esplingerode, Gerblingerode, Immingerode, Nesselröden, Seulingen, Tiftlingerode, Werxhausen, Westerode.

*Amtsvogtei Breitenberg:* Breitenberg, Brochthausen, Fuhrbach, Hilkerode, Langenhagen, Mingerode, Obernfeld, Vorwerk Herbigshagen.

Weitere Quellen im Landeshauptarchiv Sachsen-Anhalt, Abt. Magdeburg und im Stadtarchiv Duderstadt.

Eichsfeld, bis 1803 kurmainzisch; 1971: Landkreis Duderstadt.

*Literatur:* Theodor Ulrich, Die kurmainzischen Lagerbücher u. Jurisdiktionalbücher des Eichsfeldes, in: Sachsen und Anhalt Bd. 10, 1934 (Zs 95);
Ders., Das Staatsarchiv Hannover als Quelle der eichsfeldischen Geschichtsforschung, in: Unser Eichsfeld 36, 1941 (Si 16).

### Registerförmige Quellen

| | | |
|---|---|---|
| 1734 | Lagerbuch von Esplingerode | Hann. 74 Gieboldehausen Nr. 664 |
| 1739 | Liegenschaftsbuch des Sackviertels von Duderstadt | Hann. 71 Göttingen B Nr. 2070 |
| 1772–1815 | Listen der Geborenen und Gestorbenen männlichen Geschlechts | Hann. 74 Gieboldehausen Nr. 758 |
| 1786 | Lagerbuch und Flurbuch von Obernfeld | Hann. 74 Gieboldehausen Nrn. 671/1, 672 |
| 1786 | Lagerbuch von Werxhausen | Hann. 74 Gieboldehausen Nr. 676 |
| 1787 | Lagerbuch und Flurbuch von Seulingen | Hann. 74 Gieboldehausen Nrn. 679, 680 |

### Schriftgut der freiwilligen Gerichtsbarkeit

| | | |
|---|---|---|
| 1551–1557 | Untereichsfeldisches Bruchregister | Ms. D. Nr. 03 |
| 1711–1890 | Notariatsprotokolle | Hann. 72 Duderstadt Nrn. 116–270 |
| 1776–1834 | Kontrakte, Obligationen beim Stadtgericht Duderstadt (betr. auch Klienten des Amtes) | Hann. 72 Duderstadt Nrn. 33–73 |
| 1779–1806 | Schuldverschreibungen beim Stadtgericht Duderstadt (betr. auch Klienten des Amtes) | Hann. 72 Duderstadt Nrn. 23–32 |

| 1792–1835 | Hypothekenakten (mit Register) (betr. auch Klienten des Amtes) | Hann. 72 Duderstadt Nrn. 74–91 |
| 1797–1807 | Hypothekenbücher von Desingerode, Esplingerode, Werxhausen, der Kommune u. der Kirche St. Blasius zu Obernfeld (mit Register) | Hann. 72 Duderstadt Nrn. 507–604 |

## Amt Ebstorf

*Schwienauer Veest: Flecken:* Ebstorf.
*Dörfer:* Altenebstorf, Ellerndorf, Groß Süstedt, Linden, Melzingen, Stadorf, Tatendorf (Tätendorf-Eppensen), Wittenwater.
*Hanstedter und Wriedeler Veest:* Allenbostel, Arendorf, Brauel, Brockhöfe, Eitzen, Hanstedt, Holthusen, Langlingen, Lintzel, Lopau, Oechtringen, Schatensen, Teendorf, Tellmer, Wettenbostel, Wriedel, Wulfsode.
*Klei Veest:* Bornsen, Haarstorf, Luttmissen, Natendorf, Oldendorf, Varendorf, Velgen, Wessenstedt.
*Heidmarker Veest:* Alvern, Breloh, Ilster, Munster, Töpingen.
*Oerreler Veest:* Dethlingen, Kreutzen, Oerrel, Ohöfe, Poitzen, Schmarbeck, Trauen.
Fürstentum Lüneburg, Lüneburgisches Quartier; 1971: Landkreise Uelzen, Soltau, Lüneburg und Celle.

### Registerförmige Quellen

| | | |
|---|---|---|
| 1450 | Schatzregister | Stadtarchiv Lüneburg AB 74 a 1, siehe Grieser II, S. 8–66 |
| 1470–1476 | Zehntregister des Klosters Ebstorf | Hann. 74 Medingen-Ebstorf Nr. 1267 |
| 1526–1544 | Zinsregister | Hann. 74 Medingen-Ebstorf Nr. 1632 |
| 1549, 1653–1751 | Zehntregister | Hann. 74 Medingen-Ebstorf Nr. 1268[72] |
| 1564 | Viehschatzregister | Foto 1 Nr. 309 |
| 1568, 1585, 1619, 1634, 1668 | Erbregister | Foto 1 |
| 1599–1782 | Amts- und Klosterregister | Hann. 74 Medingen-Ebstorf Nrn. 1633–1674 |
| 1605, 1606 | Musterrolle | Foto 1 Nr. 435 |
| 1609 | Zehrungskosten der Amtsuntertanen | Celle Br. 61 a Nr. 3274 |
| 1610–1672 | Zinseier- und -hühnerregister | Hann. 74 Medingen-Ebstorf Nr. 1222 |
| 1620–1666 | Viehschatzregister | Hann. 74 Medingen-Ebstorf Nr. 177 |

---

[72] Lämmerzehnt.

| | | |
|---|---|---|
| 1628 | Kontributionsregister | Celle Br. 10 Nr. 120 Bd. I |
| 1658–1797 | Ergänzungen zum Lagerbuch | Hann. 74 Medingen-Ebstorf Nr. 3 |
| 1666 | Huldigungsverzeichnis | Foto 1 Nr. 434 |
| 1740–1762 | Kontributionsbeschreibungen | Hann. 74 Medingen-Ebstorf Nr. 162 |
| 1741–1769 | Kontributionsbeschreibungen | Hann. 74 Medingen-Ebstorf Nr. 163 |
| 1755 | Namensverzeichnis der dienstbaren Mannschaft | Foto 1 Nr. 426 |
| 1755 | desgl. für das Gericht Langlingen | Foto 1 Nr. 427 |
| um 1760 | Höfeverzeichnis | Hann. 74 Medingen-Ebstorf Nr. 643 |
| 1763, 1764 | Extraordinäre Kontribution | Hann. 74 Medingen-Ebstorf Nr. 167/2 |
| 1786–1811 | Kontributionsbeschreibungen der Hirten und Häuslinge | Hann. 74 Medingen-Ebstorf Nr. 169 |

### Schriftgut der freiwilligen Gerichtsbarkeit

| | | |
|---|---|---|
| 1633–1744 | Ehestiftungen | Hann. 72 Uelzen Nrn. 1 – 7 |
| 1790–1877 | Ehestiftungen und Kontrakte | Hann. 72 Uelzen Nrn. 8–22, 26–28 |
| 1813–1852 | Kontrakte | Hann. 72 Bergen Nr. 184 |

## Amt Ehrenburg

Kirchspiel Schmalförden mit dem Flecken Ehrenburg und Brelloh, Egenhausen, Harmhausen, Hotzfelde (Vorwerk), Landwehr (Schäferei), Lucht, Oeftinghausen, Schweringhausen, Stocksdorf, Sudbruch, Wesenstedt, Wulferding.

Kirchspiel und Flecken Sulingen mit Barrien, Bockhorn, Brünhausen, Coldewey, Dahlskamp, Döhrel, Feldhausen, Gaue, Groß Lessen, Hassel, Herelse, Klein Lessen, Labbus, Lindern, Löhe, Melloh, Nechtelsen, Nordsulingen, Rathlosen, Schlahe, Stadt, Stehlen, Thiermann, Vorwohlde, Wardinghausen.

Kirchspiel Heiligenloh mit Abbentheren, Bissenhausen, Borwede, Duveneck, Ellerchenhausen, Ellinghausen, Lerchenhausen, Natenstedt, Ridderade, Stophel.

Kirchspiel Neuenkirchen mit Cantrup, Göddern, Wedehorn, Wehrenberg.

Kirchspiel Scholen mit Anstedt, Blockwinkel, Haaßel, Scholen, Vohrde.

Kirchspiel Schwafördden mit Oberbrake.

Kirchspiel Varrel mit Buchhorst, Brümmerloh, Dörrieloh, Nordholz, Nutteln, Renzel mit Hustedt, Schäkeln, Strange, Ströhen, Wehrbleck.

Kirchspiel Twistringen mit Abbenhausen, Altenmarhorst, Binghausen, Bockelskamp, Horst, Köbbinghausen, Mörsen, Neuenmarhorst, Nordfelde, Scharrendorf, Stelle, Stöttinghausen, Üssinghausen, Weyhe.

Grafschaft Hoya, 1. Quartier in der Obergrafschaft; 1971: Landkreise Grafschaft Diepholz, Grafschaft Hoya.

(Siehe auch Amt Barenburg).

### Registerförmige Quellen

| 1521 | Bedeschatzregister | Foto 1 Nr. 73 |
|---|---|---|
| 1530 | Der Herrschaft Leute | Hoyer Urkundenbuch, 1. Abt., Heft V, Rolle 6 |
| 1581 | Erbregister | Foto 1 Nr. 419 |
| 1583 | Lagerbuch | Foto 1 Nrn. 416–417 |
| 1583 | Amtsbeschreibung | Celle Br. 72 Nr. 512 |
| 16.–18. Jh. | Lagerbuch | Hann. 74 Sulingen Nr. 26 |
| 1614 | Untertanenverzeichnis | Foto 1 Nr. 412 |
| 1614–1828 | Zinsvieh- und Fleischzehntregister | Hann. 74 Sulingen Nrn. 541–549 |
| 1615, 1651 | Liste der Eingesessenen | Hann. 74 Sulingen Nr. 27 |
| 1632 | Mannschaftsbeschreibung | Celle Br. 72 Nr. 371 |
| 1677 | Fleischzehnt von Rathlosen | Dep. 106 Nr. 647 Bd. II |

## Amt Ehrenburg

| | | |
|---|---|---|
| 1709 | Akzisepachtkontrakte | Dep. 106 Nr. 2866 |
| 1710 | Kontributionskataster der nahrungtreibenden Hauswirte | Dep. 106 Nr. 892 |
| 18. Jh. | Erträge der geistlichen Güter | Dep. 106 Nr. 607 |
| 1712–1725 | Scheffelschatzrechnung | Dep. 106 Nr. 2943 |
| 1714 | Einquartierungsentschädigungen | Dep. 106 Nr. 2102 Bd. III |
| 2. Hälfte 17. Jh. | Verschiedene Mannschaftsrollen und Mannzahlregister (1663 und 1690) | Hann. 74 Sulingen Nr. 27 |
| 1663 | Verzeichnis ehrenburgischer Vollmeier, Halbmeier, Kötner, Brinksitzer, der Freien und Unfreien, auch der Dienstleistungen, Ländereien und des Wiesenwachses | Hann. 88 B Nr. 1632 |
| 1666 | Weinkauf- und Leibeigentumsregister | Hann. 74 Sulingen Nrn. 550–552 |
| 1667 | Mannschaftsrolle (Huldigung) | Celle Br. 45 Nr. 96 |
| 1667 | Amtsbeschreibung (keine Namen) | Foto 1 Nr. 444 |
| 1674 | Genealogie leibeigener Leute (außer Kirchspiel Varrel) | Hann. 74 Sulingen Nr. 20 |
| 1677 | Erbregister | Hann. 74 Sulingen Nrn. 22, 24 |
| 1677–1769 | Erbregister | Hann. 74 Sulingen Nr. 23 |
| um 1682 | Kontributionsbeschreibung | Foto 1 Nr. 412 |
| 1683 und o. J. (Ende 17. Jh.) | Dienstbeschreibung der Amtseingesessenen | Hann. 88 B Nr. 1632 |
| 1700–1720, 1740–1840 | Weinkaufs- und Leibeigentumsregister | Hann. 74 Sulingen Nrn. 553–554, Nrn. 556–566 |
| 1701–1713 | Akziserechnungen | Dep. 106 Nrn. 2289–2301 |
| 1704 | Bier- und Branntweinakzise | Dep. 106 Nr. 2860 |
| 1706, 1707 | Blasenzinsregister | Dep. 106 Nr. 2094 |
| 1724 | Untersuchung und Bestrafung der Akzise- und Tabaksimpostbrüche im Amt | Dep. 106 Nr. 2887 |
| 1725 | Genealogie leibeigener Leute (außer Kirchspiel Varrel) | Hann. 74 Sulingen Nr. 21 |
| 1735 | Tabaksimpostbrüche | Dep. 106 Nr. 2395 |
| 1744–1746 | Akziseregister | Dep. 106 Nr. 2132 Bd. III |
| 1753, 1754 | Brandkataster | Dep. 106 Nr. 1188 |

| | | |
|---|---|---|
| 1755 | Namensverzeichnis der dienstbaren Mannschaft | Foto 1 Nrn. 424–425 |
| 1757, 1758 | Personenschatzung | Dep. 106 Nr. 3236 |
| 1720–1730 | Leibeigentumsregister | Hann. 74 Sulingen Nr. 555 |
| 1779, 1780 | Einwohnerverzeichnis | Hann. 74 Sulingen Nr. 32 |
| 1760–1793 | Tabaksimpostregister | Dep. 106 Nrn. 2420/2–2453/2 |
| 1779 | Lagerbuchextrakt von 1677 des Kirchspiels Sulingen, Kornregister von Rathlosen | Dep. 106 Nr. 647 Bd. II |
| 1787 | Brandkataster | Dep. 106 Nr. 1270 |
| 1794–1800 | Tabaksgeldregister der Flecken Sulingen, Ehrenburg, der Kirchspiele Heiligenloh, Neuenkirchen, Schmalförden, Schwafförden, Scholen, Sulingen, Varrel | Dep. 106 Nrn. 2454/2–2459/2 |
| 1815 | | Dep. 106 Nr. 2940 Bd. III |
| 1805 | Verzeichnis der zehntfreien Grundstücke | Dep. 106 Nr. 620 |
| 1814 | Tabaksimpostregister | Dep. 106 Nr. 2940 Bd. I |

## Amtsvogtei Eicklingen

Bockelskamp, Böckelse, Bröckel, Fernhavekost[73], Flackenhorst, Flettmar, Groß Eicklingen, Hohnebostel, Klein Eicklingen, Langlingen[74], Müden/Aller, Nienhagen, Nienhof, Nordburg, Offensen, Oppershausen, Paulmannshavekost, Sandlingen, Schepelse, Schwachhausen, Wiedenrode, Wienhausen.
Fürstentum Lüneburg, Gifhornsches Quartier; 1971: Landkreise Celle und Gifhorn.

### Registerförmige Quellen

| 1438 | Schatzregister | Celle Br. 61 Nr. 857, siehe Grieser I, S. 8–38 |
|---|---|---|
| 1511 | Schatzregister | Foto 1 Nr. 302 |
| 1589 | Viehschatzregister | Foto 1 Nr. 313 |
| 1605, 1606 | Musterrolle | Foto 1 Nr. 435 |
| 1628 | Kontributionsregister | Celle Br. 10 Nr. 120 Bde. I, II[75] |
| 1636 | Einquartierungsentschädigungen | Celle Br. 11 Nr. 207 |
| 1637–1689 | Kontributionskataster | Hann. 74 Celle Nr. 275 |
| 1666 | Lagerbuchextrakt | Hann. 74 Celle Nr. 50 |
| 1669 | Lagerbuch | Foto 1 Nr. 391 |
| 1675–1696 | Statistische Nachrichten | Hann. 74 Celle Nr. 56 |
| 1683 | Viehschatzregister | Hann. 74 Meinersen Nr. 627 |
| 1699–1718 | Hauswirts-, Häuslings- und Hirtenverzeichnisse | Hann. 74 Meinersen Nr. 627 |
| 1752 | Brandversicherungskataster | Hann. 74 Celle Nr. 1233 |
| 1755 | Namensverzeichnis der dienstbaren Mannschaft | Foto 1 Nr. 426 |
| 1760 | Tabellarische Beschreibung | Hann. 74 Celle Nr. 1121 |
| 1770 | Tabellarische Beschreibung | Foto 1 Nrn. 368–369 |
| 1788 | Revidiertes Kontributionskataster | Hann. 74 Celle Nrn. 276–278 |

---

73 „Familienbogen" des Kirchspiels Langlingen, 17.–20 Jh., in: Nds. 466 Nrn. 170–174.
74 vgl. Anmerkung 73
75 Adolf Meyer, Aus Kontributionsverzeichnissen des 30jährigen Krieges, in: Celler Chronik 5, 1992 (Zs 145).

## Schriftgut der freiwilligen Gerichtsbarkeit

| 1621–1853 | Ehestiftungen | Hann. 72 Meinersen Nrn. 219–232 |
|---|---|---|
| 1657–1742 | Eheberedungen und Ablobungen zu Wienhausen | Hann. 74 Celle Nr. 212/1 |
| 1667–1810 | Ehestiftungen des Gerichts Langlingen | Hann. 72 Meinersen Nr. 298 |
| 1736–1854 | Testamente | Hann. 72 Meinersen Nrn. 265–267 |
| 1740–1800 | Testamente des Gerichts Langlingen | Hann. 72 Meinersen Nr. 299 |
| 1740–1859 | Kontrakte | Hann. 72 Celle Nrn. 545–572 |
| 1742–1786 | Eheberedungen und Ablobungen zu Wienhausen | Hann. 74 Celle Nr. 212/2 |
| 1792–1851 | Ehestiftungen | Hann. 72 Celle Nrn. 541–544 |
| 1795–1858 | Kontrakte | Hann. 72 Meinersen Nrn. 233–264 |

## Stadt Einbeck

*In der Stadt die Stifter:* St. Alexander, St. Marien.
Fürstentum Grubenhagen; 1971: Landkreis Einbeck.

### Registerförmige Quellen

| | | |
|---|---|---|
| 1671 | Mannschaftsrolle (Huldigung) (enthält auch Stifter) | Cal. Br. 22 Nr. 788 Bd. II |
| 1675 | Kopfsteuerbeschreibung (enthält auch Stifter) | Foto 1 |
| 1680 | Mannschaftsrolle (Huldigung) (enthält auch Stifter) | Cal. Br. 22 Nr. 796 Bd. II |
| 1678, 1689 | Kopfsteuerbeschreibung (enthält auch Stifter) | siehe Mundhenke[76], Teil 11, S. 233–287 |
| 1713–1868 | Kinder im Waisenhaus zu Einbeck (nicht nur Stadt, mit Altersangaben) | Hann. 72 Einbeck Nrn. 766–784 |
| 1752–1819 | Brandkataster | Hann. 330 Nr. 210 |
| 1762, 1763 | Einnahmemanual der Häuslinge, Knechte, Mägde und übrigen Bedienten | Hann. 93 Nr. 2408 |
| 1780–1781 | Herbstbede | Hann. 74 Einbeck Nr. 505 |

### Schriftgut der freiwilligen Gerichtsbarkeit

| | | |
|---|---|---|
| 1559–1851 | Kontrakte, Ehestiftungen, Obligationen | Hann. 72 Einbeck Nrn. 448–514 |
| 1705–1831 | Testamentenbücher | Hann. 72 Einbeck Nrn. 573–575 |
| 1750–1780 | Beilagen zu den Kopialbüchern (Obligationen, Kautionsscheine) | Hann. 72 Einbeck Nrn. 515, 516 |
| um 1801 | Hypotheken- und Schuldenbuch | Hann. 72 Einbeck Nr. 972 |

---

76 vgl. Anmerkung 1

## Amt Elbingerode

*Flecken:* Elbingerode mit Vorwerken Mandelholz und Elend.
*Dörfer:* Königshof, Lucashof, Lüdershof, Neue Hütte.
Weitere Quellen im Landeshauptarchiv Sachsen-Anhalt, Abt. Magdeburg.
Grafschaft Hohnstein; 1971: Landkreis Wernigerode.

### Registerförmige Quellen

| | | |
|---|---|---|
| 1671 | Mannschaftsrolle (Huldigung) des Fleckens | Cal. Br. 22 Nr. 788 Bd. II |
| 1672 | Verzeichnis der im Kriegsdienst gestandenen Untertanen | Cal. Br. 3 Nr. 148 |
| 1675 | Kopfsteuerbeschreibung | Foto 1 |
| 1680 | Mannschaftsrolle (Huldigung) des Fleckens | Cal. Br. 22 Nr. 796 Bd. I |
| 1678, 1689 | Kopfsteuerbeschreibung | siehe Mundhenke[77], Teil 11, S. 1–22 |
| 1755 | Namensverzeichnis der dienstbaren Mannschaft | Foto 1 Nr. 426 |
| 1758 | Verzeichnisse der über 14 Jahre alten Mannspersonen in verschiedenen Siedlungen des Amtes Elbingerode | Hann. 84 Nr. 65 |

---

77 vgl. Anmerkung 1

## Amt Erichsburg

Bruchmühle, Hilwartshausen, Hoppensen (halb), Lauenberg, Lüthorst, Portenhagen, Forsthaus Seelzerthurm und Vorwerk Relliehausen.
In verschiedenen Registern des Amtes Erichsburg werden einige Dörfer des Amtes Rotenkirchen aufgeführt.
Fürstentum Göttingen; 1971: Landkreis Einbeck.

### Registerförmige Quellen

| | | |
|---|---|---|
| 1532 | Erichsburgische, Lauenbergische, Lüthorstische Geldrechnung | Cal. Br. 2 Nr. 650 |
| 1553, 1554 | Amtsregister | Cal. Br. 2 Nr. 649 Bde. I, II |
| 1555–1561 | Amtsregister, Zinsregister | Cal. Br. 2 Nr. 650 |
| 1558 | Türkensteuereinnahmeregister | Cal. Br. 11 Nr. 95 |
| 1559, 1602, 1603 | Geldregister (Herbstbede, Triftgeld, Wiesenzins etc.), Amtsregister | Cal. Br. 2 Nr. 649 Bde. I, II |
| 1582, 1585, 1595, 1596 | Landsteuerregister, Untertanenverzeichnis mit Familien- und Herkunftsangaben (enthält auch Stadt Dassel, Mackensen, Oldendorf, Markoldendorf, Sievershausen, Ellensen, Eilensen, Krimmensen), Scheffelschatzregister | Cal. Br. 2 Nr. 647 |
| 1585 | Huldigungsverzeichnis und Musterungsrolle (auch Stadt Dassel) | Cal. Br. 22 Nr. 728, siehe Burchard, S. 93–103 |
| 1587 | Mastschweinregister | Cal. Br. 2 Nr. 2348 |
| 1595–1615 | Inventare und Steuerbeschreibung des Amtes Erichsburg (Lauenberg) | Hild. Br. 1 Nr. 8876 |
| 1601 | Amtsbeschreibung (Erbregister) | Foto 1 Nr. 440 |
| 1608 | Verzeichnis der Ackerleute und Halbspänner sowie ihrer Ländereien | Cal. Br. 2 Nr. 652 |
| 1613 | Musterungsrolle | Foto 1 Nrn. 431–433 |
| 1614, 1615 | Musterungsrolle | Foto 1 Nr. 449 |
| 1617–1650 | Landsteuereinnahmeregister | Dep. 7 C Nrn. 429–443 |
| 1619 | Land- und Taxtbeschreibung | Dep. 7 C Nr. 743 |
| 1620 | Einnahmeregister über Masthafer für Speck- und Vaselschweine | Cal. Br. 2 Nr. 656 |

| | | |
|---|---|---|
| 1621–1666 | Kornregister (Lauenberg) | Hann. 74 Einbeck Nr. 465 |
| 1625–1627 | Erlittene Kriegsschäden sämtlicher Dörfer und Vorwerke | Cal. Br. 2 Nr. 667 |
| 1643–1809 | Landsteuereinnahmeregister | Dep. 7 C Nrn. 445–609 |
| 1645 | Untertanenverzeichnis | Foto 1 Nrn. 20–23 |
| 1664 | Kopfsteuerbeschreibung | Foto 1 |
| 1671 | Mannschaftsrolle (Huldigung) | Cal. Br. 22 Nr. 788 Bd. II |
| 1675 | Kopfsteuerbeschreibung | Cal. Br. 19 Nr. 1029 Bd. II |
| 1678 | Kopfsteuerbeschreibung | Cal. Br. 19 Nr. 1039 Bd. II |
| 1680 | Mannschaftsrolle (Huldigung) | Cal. Br. 22 Nr. 796 Bd. III |
| 1686, 1689 | Kopfsteuerbeschreibung | Siehe Mundhenke[78], Teil 10, S. 1–14 |
| 1687 | Rauchschatzbeschreibung | Cal. Br. 19 Nr. 1103/1 Bd. III |
| 1688 | Rauchschatzbeschreibung | Cal. Br. 19 Nr. 1115 Bd. I |
| 1696–1699 | Lagerbücher | Hann. 74 Einbeck Nr. 468 |
| 1703 | Taxtbeschreibung u. Scheffelschatz | Dep. 7 C Nr. 683 |
| 1723 | Taxtbeschreibung u. Scheffelschatz | Dep. 7 C Nr. 696 |
| 1752–1818 | Brandkataster | Hann. 330 Nr. 210 |
| 1755 | Namensverzeichnis der dienstbaren Mannschaft | Foto 1 Nrn. 424–425 |
| 1775 | Höfebeschreibung | Hann. 74 Einbeck Nr. 472 |

### Schriftgut der freiwilligen Gerichtsbarkeit

| | | |
|---|---|---|
| 1596–1840 | Einzelne Kontrakte, auch Ehestiftungen | Hann. 72 Einbeck Nrn. 1–3 |
| 1696–1852 | Kontrakte, Obligationen, Ehestiftungen | Hann. 72 Einbeck Nrn. 4–54 |

78 vgl. Anmerkung 1

## Kloster Escherde

Fürstbistum Hildesheim; 1971: Landkreis Hildesheim-Marienburg.
(Siehe auch Amt Gronau).

### Registerförmige Quellen

| 1601–1777 | Verschiedene Einnahme- und Ausgaberegister | Hild. Br. 3, 14 Nrn. 140 a–e, 143–145 |
|---|---|---|
| 1658–1663 | Verzeichnis der dem Kloster Escherde jährlich zu liefernden Hofgänse, Hofhühner und Eier | Hild. Br. 3, 14 Nr. 50 |
| 1696 | Auszug aus dem Erbregister | Hild. Br. 3, 14 Nr. 54 |
| 1731 | Verzeichnis der dem Kloster Escherde gehörigen Länderei zu Groß Escherde | Hann. 74 Hildesheim Nr. 943 |
| 1780–1811 | Erbzinsbuch des Klosters Escherde von Geld, Hühnern und Eiern | Hild. Br. 3, 14 Nr. 53 |

## Amtsvogtei Essel

Bothmer, Buchholz, Engehausen, Essel, Grindau, Hope, Lindwedel, Marklendorf, Schwarmstedt, Stillenhöfen.

Fürstentum Lüneburg, Cellisches Quartier; 1971: Landkreis Fallingbostel.

*Literatur:* Werner Brünecke, Dorf- und Kirchspiel Schwarmstedt. Die alte Amtsvogtei Essel, 1988 (T Schwarmstedt 1).

### Registerförmige Quellen

| 1438 | Schatzregister | Celle Br. 61 Nr. 857, siehe Grieser I, S. 8–38 |
|---|---|---|
| 1511 | Schatzregister | Foto 1 Nr. 302 |
| 1553 | Musterrolle (nicht nach Orten aufgeteilt) | Celle Br. 46 Nr. 211 Bd. II, Bl. 20, 36 ff. |
| 1589 | Viehschatzregister | Foto 1 Nr. 311 |
| 1605, 1606 | Musterrolle | Foto 1 Nr. 435 |
| 1618 | Höfeverzeichnis | Foto 1 Nr. 445 |
| 1620 | Viehschatzregister | Celle Br. 61a Nr. 3864 |
| 1624 | Musterrolle (nicht nach Orten aufgeteilt) | Celle Br. 46 Nr. 213 Bl. 66 |
| 1628 | Einwohnerverzeichnis | Foto 1 Nr. 451 |
| 1628, 1629 | Kontributionsregister | Celle Br. 10 Nr. 120 Bde. I–III |
| 1655–1657 | Impostregister | Foto 1 Nr. 324 |
| 1656 | Viehschatzregister | Foto 1 Nr. 326 |
| 1688, 1745, 1787 | Kontributionskataster | Hann. 74 Ahlden Nr. 601 |
| 1755 | Namensverzeichnis der dienstbaren Mannschaft | Foto 1 Nr. 426 |
| 1770 | Tabellarische Beschreibung | Foto 1 Nrn. 370–371 |
| 1832 | Dienstbeschreibung | Hann. 74 Ahlden Nr. 688 |

### Schriftgut der freiwilligen Gerichtsbarkeit

| 1615–1814 | Ehestiftungen, Kontrakte, Obligationen, Protokolle | Hann. 72 Burgwedel Nrn. 657–669 |
|---|---|---|

## Amt Fallersleben

*Gografschaft Grevenlah: Flecken:* Fallersleben.
*Dörfer:* Barnstorf, Ehmen, Hattorf, Mörse, Sandkamp, Sülfeld.
*Gografschaft Hasenwinkel:* Ahmstorf, Almke, Beienrode, Heiligendorf, Neindorf, Ochsendorf, Rennau, Rhode, Rottorf, Steimke, Uhry.
Fürstentum Lüneburg, Gifhornsches Quartier; 1971: Landkreis Gifhorn.

### Registerförmige Quellen

| 1490 | Schatzregister des Hasenwinkels | Celle Br. 61 Nr. 16, siehe Grieser II, S. 67–82 |
|---|---|---|
| 1542, 1549 | Zinsverzeichnis | Celle Br. 62 Nr. 41 |
| 1564 | Viehschatzregister | Foto 1 Nr. 321, siehe Bosse, S. 16–26 |
| 1615 | Musterrolle | Foto 1 Nr. 436, siehe Bosse, S. 51–53 |
| 1627 | Kontributionsregister | Foto 1 Nr. 430, siehe Bosse, S. 54–56 |
| 1628 | Kontributionsregister | Celle Br. 10 Nr. 120 Bd. I (zweimal) |
| 1628 | desgl. des Fleckens Fallersleben | Celle Br. 10 Nr. 120 Bde. II, III |
| 1629 | Einwohnerverzeichnis | Foto 1 Nr. 451, siehe Bosse, S. 56, 57 |
| 1639–1656 | Register | Hann. 74 Fallersleben Nr. 1617 |
| 1667–1679 | Einwohnerverzeichnisse | Hann. 74 Fallersleben Nr. 25, siehe Bosse, S. 119–146 |
| 1698 | Bauernnamen von Heiligendorf | StA Wolfenbüttel 8 Alt Campen 20 Nr. 9 |
| 1700, 1730 | Kontributionskataster | Hann. 74 Fallersleben Nrn. 301, 302, siehe Bosse, S. 276–298 |
| 1727 | Einwohnerlisten von Ehmen, Hattorf und Heiligendorf | StA Wolfenbüttel 26 Alt Bd. 1 |
| 1740–1750 | Kontributionsbeschreibung der Hauswirte, Häuslinge und Hirten | Hann. 74 Fallersleben Nr. 304, siehe Bosse, S. 305–311 |
| 1740–1753 | Kontributionsremissionen | Hann. 74 Fallersleben Nr. 305 |
| 1741 | Kontributionskataster des Fleckens Fallersleben | Hann. 74 Fallersleben Nr. 306, siehe Bosse, S. 298–304, 312–314 |

| | | |
|---|---|---|
| 1750–1760 | Kopfsteuerbeschreibung der Hauswirte, Häuslinge und Hirten | Hann. 74 Fallersleben Nr. 307, siehe Bosse, S. 276–295 |
| 1755 | Namensverzeichnis der dienstbaren Mannschaft | Foto 1 Nrn. 424–425 |
| 1760–1770 | Kontributionsbeschreibung der Hauswirte, Häuslinge und Hirten | Hann. 74 Fallersleben Nr. 309 |
| 1770–1780 | Kontributionsbeschreibung der Hauswirte, Häuslinge und Hirten | Hann. 74 Fallersleben Nr. 313 |
| 1780–1790 | Kontributionsbeschreibung der Hauswirte, Häuslinge und Hirten | Hann. 74 Fallersleben Nr. 318 |
| 1788 | Revidiertes Kontributionskataster | Hann. 74 Fallersleben Nr. 323, siehe Bosse, S. 276–295 |
| 1790–1800 | Kontributionsbeschreibung der Hauswirte, Häuslinge und Hirten | Hann. 74 Fallersleben Nr. 324 |
| 1801 | Kontributionsbeschreibung der Hauswirte, Häuslinge und Hirten | Hann. 74 Fallersleben Nr. 327 |

**Schriftgut der freiwilligen Gerichtsbarkeit**

| | | |
|---|---|---|
| 1580–1896 | Amtshandlungs-, Ehestiftungs- und Kontraktenbücher | Hann. 72 Fallersleben Nrn. 8–141 |

## Amtsvogtei Fallingbostel

*Kirchspiel Dorfmark:* Bockel mit Flottwedel, Moorkathe und Lehmberg, Dorfmark[79], Einzingen[80], Fischendorf mit Düshop, Fuhrhop, Jettebruch, Mengenbostel mit Obernhausen, Riepe mit Amtsfelde, Westendorf, Winkelhausen, Woltem mit Frielingen.
*Kirchspiel Fallingbostel:* Ahrsen, Bommelsen mit Dehnbostel und Beck, Fallingbostel mit Idingen und Grünhagen, Kroge mit Kleinharl, Oberndorfmark[81] mit Nordbostel und Südbostel, Ohrbeck, Vierde mit Klint und Küddelse, Westerharl mit Benefeld.
*Kirchspiel Meinerdingen:* Honerdingen mit Elferdingen, Meinerdingen, Tietlingen, Uetzingen und Wenzingen, Vorbrück.
*Kirchspiel Ostenholz:* Ettenbostel[82] mit Benhorn[83], Hambruch[84], Ostenholz[85], Westenholz[86].
*Kirchspiel Düshorn:* Bockhorn, Böstlingen[87] mit Fahrenholz[88] und Pröbsten[89], Düshorn mit Ellinghausen und Rödershöfen, Krelingen mit Krusenhausen, Hartem[90].
Fürstentum Lüneburg, Lüneburgisches Quartier; 1971: Landkreise Fallingbostel und Soltau.

### Registerförmige Quellen

| | | |
|---|---|---|
| 1438 | Schatzregister | Celle Br. 61 Nr. 857, siehe Grieser I, S. 8–38 |
| 1511 | Schatzregister | Foto 1 Nr. 302 |
| 1528 | Einkunftregister | Celle Br. 61 Nr. 246 |
| 1553 | Musterrolle Flottwedel | Celle Br. 46 Nr. 211 Bd. II, Bl. 15 ff. |
| 1553 | Musterrolle Kirchspiel Fallingbostel (nicht nach Orten aufgeteilt) | Celle Br. 46 Nr. 211 Bd. II, Bl. 13 f. |
| 1553 | Musterrolle Düshorn | Celle Br. 46 Nr. 211 Bd. II, Bl. 25 |
| 1563 | Höfeverzeichnis | Foto 1 Nr. 450 |
| 1589 | Viehschatzregister | Foto 1 Nr. 312 |

79 Hofbesitzerfolgen in: Hans Stuhlmacher, Die Heidemark, 1939 (Sb 78).
80 vgl. Anmerkung 79
81 vgl. Anmerkung 79
82 vgl. Anmerkung 79
83 vgl. Anmerkung 79
84 vgl. Anmerkung 79
85 vgl. Anmerkung 79
86 vgl. Anmerkung 79
87 vgl. Anmerkung 79
88 vgl. Anmerkung 79
89 vgl. Anmerkung 79
90 vgl. Anmerkung 79

| | | |
|---|---|---|
| 1605, 1606 | Musterrolle | Foto 1 Nr. 435 |
| 1618 | Einwohnerverzeichnis | Foto 1 Nr. 445 |
| 1624 | Musterrolle (nicht nach Orten aufgeteilt) | Celle Br. 46 Nr. 213 Bd. II, Bl. 57 |
| 1628 | Einwohnerverzeichnis | Foto 1 Nr. 451 |
| 1628 | Kontributionsregister | Celle Br. 10 Nr. 120 Bd. II |
| 1630–1633 | Geldregister | Hann. 76 c B Nrn. 1–3 |
| 1656 | Viehschatzregister | Foto 1 Nr. 325 |
| 1667 | Erbregister | Foto 1 Nr. 423 |
| ca. 1730–1880 | Erbregister der Hausvogtei Fallingbostel, Wirteveränderungen | Hann. 74 Fallingbostel Nrn. 8 und 8,1 |
| ca. 1730–1880 | desgl. Vogtei Dorfmark | Hann. 74 Fallingbostel Nr. 5 |
| ca. 1750 | Einwohnerverzeichnis | Hann. 74 Ahlden Nr. 10 |
| 1755 | Namensverzeichnis der dienstbaren Mannschaft | Foto 1 Nr. 426 |
| 1758 | Einwohnerverzeichnis | Hann. 74 Ahlden Nr. 10 |
| 1758–1827 | Weinkaufverzeichnisse | Hann. 74 Fallingbostel Nr. 1965 |
| 1770 | Tabellarische Beschreibung | Foto 1 Nrn. 372–373 |
| 1780–1810 | Häuslingsviehschatz | Hann. 74 Fallingbostel Nr. 169 |
| 1783–1808 | Kontributionskataster der nahrungtreibenden Hauswirte | Hann. 74 Fallingbostel Nr. 165 |
| 1783–1816 | Kontributionskataster der nahrungtreibenden Hauswirte | Hann. 74 Fallingbostel Nr. 171 |

## Kloster Fredelsloh

Kloster Fredelsloh mit Vorwerk Tönnieshof.
(Siehe auch Amt Moringen).
Fürstentum Göttingen; 1971: Landkreis Northeim.

### Registerförmige Quellen

| | | |
|---|---|---|
| 1617–1650 | Landsteuereinnahmeregister | Dep. 7 C Nrn. 429–443 |
| 1643–1809 | Landsteuereinnahmeregister | Dep. 7 C Nrn. 445–609 |
| 1664 | Kopfsteuerbeschreibung | Foto 1 |
| 1671 | Mannschaftsrolle (Huldigung) | Cal. Br. 22 Nr. 788 Bd. II |
| 1675 | Kopfsteuerbeschreibung | Cal. Br. 19 Nr. 1028 |
| 1678 | Kopfsteuerbeschreibung | Cal. Br. 19 Nr. 1038 |
| 1681 | Mannschaftsrolle (Huldigung) | Cal. Br. 22 Nr. 796 Bd. III |
| 1686, 1689 | Kopfsteuerbeschreibung | siehe Mundhenke[91], Teil 10, S. 163–164 |
| 1755 | Namensverzeichnis der dienstbaren Mannschaft | Foto 1 Nr. 426 |
| 1766 | Personenbeschreibung | Dep. 7 C Nr. 731 |

---

91 vgl. Anmerkung 1

## Amt Freudenberg

*Flecken:* Bassum (Bassum, Freudenberg mit Haft und Helldiek; Loge); jedoch ohne Stift.
*Dörfer:* Albringhausen, Apelstedt mit Pannstedt, Döhren, Eschenhausen, Groß Ringmar, Hallstedt, Hassel, Hollwedel, Klein Ringmar, Klenkenborstel, Nienhaus, Nienstedt, Osterbinde, Schorlingborstel, Stühren, Wedehorn, Wichenhausen.
Grafschaft Hoya, 1582–1806 hessisch; 1971: Landkreis Grafschaft Hoya.

### Registerförmige Quellen

| | | |
|---|---|---|
| 1557–1704 | Extrakt aus dem Lagerbuch | Celle Br. 72 a Nr. 121 |
| 1654 | Lagerbuch | Foto 1 Nr. 414 |
| 1654 | Intradenregister | Hann. 74 Freudenberg Nr. 695 |
| 1735 | Zehntbeschreibung | Hann. 74 Freudenberg Nr. 857 |
| 1735 | Zehntbeschreibung | Hann. 88 B Nr. 2164 |
| 1757 | Hessische Kopfsteuer | Hann. 74 Freudenberg Nr. 675 |
| 1773–1775 | Anzahl der Menschen und des Viehs als Grundlage zur Steuerveranlagung | Hann. 74 Freudenberg Nr. 674 |
| 1775–1780 | Kontributionsregister | Hann. 74 Freudenberg Nr. 674 |
| 1779–1800 | Rechnung der beim Amt jährlich aufkommenden herrschaftlichen Gefälle, darin: Hand- und Spanndienstverzeichnisse | Hann. 74 Freudenberg Nrn. 704–715 |
| 1783 | Feuerstättenverzeichnis | Hann. 74 Freudenberg Nr. 16 |
| 1785 | Lagerbuch | Hann. 74 Freudenberg Nr. 17 |
| 1794, 1795 | Erlassbeträge der halben Kontribution | Hann. 74 Freudenberg Nr. 674 |

## Amt Friedland

Ballenhausen, Dahlenrode, Deiderode, Diemarden (Klosteramt), Dramfeld, Elkershausen, Friedland, Groß Schnen, Klein Schnen, Lemshausen, Ludolfshausen, Niedergandern, Niedernjesa, Reckershausen, Reiffenhausen, Sieboldshausen, Stockhausen.
Fürstentum Göttingen; 1971: Landkreis Göttingen.

### Registerförmige Quellen

| 1418, 1448 | Schatzregister | Stadtarchiv Göttingen |
|---|---|---|
| 1585 | Huldigungsverzeichnis und Musterungsrolle | Cal. Br. 22 Nr. 728, siehe Burchard, S. 26–33 |
| 1585–1698 | Inventar des Amtes, Ländereiverzeichnisse und Musterungsrollen | Cal. Br. 2 Nr. 862/1 |
| 1585–1793 | Verzeichnisse der im Amt belegenen Ackerländereien, Wiesen und Holzungen | Hann. 74 Reinhausen Nr. 534 |
| 1590–1599 | Musterungsrolle | Cal. Br. 16 Nr. 1179 Bd. I |
| 17. Jh. | Verzeichnis der dienstpflichtigen und freien Leute | Cal. Br. 2 Nr. 911 |
| 1609 | Musterungsrolle | Foto 1 Nr. 447 |
| 1611 | Musterungsrolle | Foto 1 Nr. 448 |
| 1613 | Musterungsrolle | Foto 1 Nrn. 431–433 |
| 1614, 1615 | Musterungsrolle | Foto 1 Nr. 449 |
| 1616, 1617 | Landsteuereinnahmeregister | Dep. 7 C Nr. 444 |
| 1632 | Untertanenverzeichnis (Mannschaftsrolle) | Cal. Br. 2 Nr. 65 |
| 1643–1809 | Landsteuereinnahmeregister | Dep. 7 C Nrn. 445–609 |
| 1652 | Dorftaxtbeschreibung | Cal. Br. 2 Nr. 895 |
| 1664 | Kopfsteuerbeschreibung | Cal. Br. 19 Nr. 1019 |
| 1664 | desgl. für Reckershausen und Niedergandern | Cal. Br. 19 Nr. 1021 |
| 1671 | Mannschaftsrolle (Huldigung) | Cal. Br. 22 Nr. 788 Bd. II |
| 1673–1740, 1793–1810 | Einführung u. Beschreibung des Zehnt- und Scheffelschatzes | Cal. Br. 2 Nr. 919 |
| 1675 | Kopfsteuerbeschreibung | Cal. Br. 19 Nr. 1029 Bd. I |
| 1675 | desgl. für Reckershausen und Niedergandern | Cal. Br. 19 Nr. 1032 |

| | | |
|---|---|---|
| 1678 | Kopfsteuerbeschreibung | Cal. Br. 19 Nr. 1039 Bd. II |
| 1678 | desgl. für Reckershausen und Niedergandern | Cal. Br. 19 Nr. 1041 |
| 1680 | Mannschaftsrolle (Huldigung) | Cal. Br. 22 Nr. 796 Bd. II |
| 1686, 1689 | Kopfsteuerbeschreibung | siehe Mundhenke[92], Teil 8, S. 10–52 |
| 1687 | Rauchschatzregister | Cal. Br. 2 Nr. 920 |
| 1687 | Rauchschatzbeschreibung | Cal. Br. 19 Nr. 1103/1 Bd. III |
| 1688 | Rauchschatzbeschreibung | Cal. Br. 19 Nr. 1115 Bd. II |
| 1701–1756 | Mannschaftsverzeichnisse und Volkslisten | Hann. 74 Reinhausen Nr. 535 |
| 1705 | Taxtbeschreibung und Scheffelschatz | Dep. 7 C Nr. 688 |
| 1714–1737 | Taxtbeschreibung und Scheffelschatz | Dep. 7 C Nr. 693 |
| 1716–1736 | Dienstregister | Cal. Br. 2 Nr. 909 Bde. I–IV |
| 1722 | Taxtbeschreibung und Scheffelschatz | Dep 7 C Nr. 695 |
| um 1750 | Lagerbuch | Hann. 74 Reinhausen Nr. 651 |
| 1755 | Namensverzeichnis der dienstbaren Mannschaft | Foto 1 Nr. 426 |
| 1755 | Namensverzeichnis der dienstbaren Mannschaft für das Gericht Diemarden | Foto 1 Nr. 427 |
| 1755 | desgl. f. Dahlenrode | Foto 1 Nr. 427 |
| 1761–1763 | Zustand der Amtsuntertanen und deren Versorgung | Cal. Br. 2 Nr. 918 |
| 1766 | Personenbeschreibung vom Klosteramt Diemarden | Dep. 7 C Nr. 731 |
| 1766–1824 | Feuerstellentabelle | Hann. 74 Reinhausen Nr. 538 |

---

92 vgl. Anmerkung 1

## Gericht Garte

Beienrode, Bischhausen, Kerstlingerode, Rittmarshausen, Weißenborn.
Fürstentum Göttingen; 1971: Landkreis Göttingen.

*Literatur:* Richard Drögereit, Ein Einwohnerverzeichnis der Gartedörfer v. 1551, in: Göttinger Mitteilungen für Genealogie und Heraldik, Heft 3, 1951;
Wolfgang Ollrog, Personal-Nachrichten aus dem Archiv Kerstlingerode, in: Norddeutsche Familienkunde 1957, Hefte 1–4, 6; 1958, Hefte 1–3 (Zs 82).

### Registerförmige Quellen

| | | |
|---|---|---|
| 1551 | Türkensteuerverzeichnis | Cal. Br. 1 Nr. 154 (s. o. Literatur) |
| 1594, 1605–1613 | Musterungsrolle | Cal. Br. 16 Nr. 1179 Bd. I |
| 1605 | Beschreibung der Untertanen, inkl. Groß und Klein Lengden, Amt Niedeck | Cal. Br. 2 Nr. 945 |
| 1613 | Musterungsrolle | Foto 1 Nrn. 431–433 |
| 1664 | Kopfsteuerbeschreibung | Foto 1 |
| 1675 | Kopfsteuerbeschreibung | Cal. Br. 19 Nr. 1032 |
| 1678 | Kopfsteuerbeschreibung | Cal. Br. 19 Nr. 1041 |
| 1680 | Mannschaftsrolle (Huldigung) | Cal. Br. 22 Nr. 796 Bd. II |
| 1686, 1689 | Kopfsteuerbeschreibung | siehe Mundhenke[93], Teil 8, S. 160–174 |
| 1687 | Rauchschatzbeschreibung | Cal. Br. 19 Nr. 1103/1 Bd. III |
| 1688 | Beschreibung und Namensverzeichnis der Einwohner bzw. Quartalopferbeschreibung | Cal. Br. 2 Nr. 956 |
| 1688 | Rauchschatzbeschreibung | Cal. Br. 19 Nr. 1115 Bd. II |
| 1698 | Taxtbeschreibung des Gerichts Garte | Dep. 7 C Nrn. 677 und 679 |
| 1728 | Taxtbeschreibung und Scheffelschatz | Dep. 7 C Nr. 709 |
| 1749 | Erb- und Lagerbuch bei dem Freiherrlich Goertzischen Gericht | Foto 3 F5/164, Film Nr. 15[94] |
| 1755 | Namensverzeichnis der dienstbaren Mannschaft | Foto 1 Nr. 426 |
| 1766 | Personenbeschreibung | Dep. 7 C Nr. 731 |
| 1800–1838 | Generallisten der Militärpflichtigen | Hann. 74 Reinhausen Nr. 1198 |

---

[93] vgl. Anmerkung 1
[94] Archiv Graf Goertz-Wrisberg zu Wrisbergholzen, FA 49 Bd. V Nr. 93.

## Gericht Gartow

*Flecken:* Gartow.
*Dörfer:* Brünkendorf, Gedelitz[95], Gorleben, Groß Breese, Gummern, Holtorf, Kapern, Klautze, Krautze, Lomitz[96], Marleben, Meetschow, Nemitz[97], Niendorf, Örenburg, Pevestorf, Prezelle, Prezier, Restorf, Rucksmoor, Saasche und Laasche, Schmarsau, Tobringen[98], Trabuhn, Groß Trebel, Vasenthien[99], Vietze, Volzendorf, Wirl.
Fürstentum Lüneburg, Lüchowsches Quartier; 1971: Landkreis Lüchow-Dannenberg.

### Registerförmige Quellen

| | | |
|---|---|---|
| 1548–1574 | Amtsregister | Celle Br. 61 Nr. 579 |
| 1605, 1606 | Musterrolle | Foto 1 Nr. 435 |
| 1615 | Musterrolle des Fleckens Gartow | Celle Br. 10 Nr. 65 |
| 1620 | Musterregister der Junkerleute | Celle Br. 58 Nr. 1240 |
| 1666 | Huldigungsregister | Foto 1 Nr. 434 |
| 1696–1766 | Neue Hofwirte, Huldigungen | Hann. 74 Gartow Nr. 114 |
| 1746, 1813–1824 | Huldigungsregister | Hann. 74 Gartow Nr. 1 |
| 1755 | Namensverzeichnis der dienstbaren Mannschaft | Foto 1 Nr. 427 |

---

95 Im Amtsregister 1548–1574 enthalten.
96 vgl. Anmerkung 95
97 vgl. Anmerkung 95
98 vgl. Anmerkung 95
99 vgl. Anmerkung 95

## Amt Garze

*Im Amt Garze:* Garze[100], Karze[101], Rosenthal[102], Vogelsang[103].
*Im Amt Bleckede:* Ahndorf, Lüben, Nieperfitz, Pommoisel.
*Im Amt Lüne:* Gifkendorf.
*Im Amt Medingen:* Becklingen, Rieste.
*Im Amt Winsen/Luhe:* Ashausen, Borstel, Egestorf, Ehrhorn, Gienau, Oerzen, Rolfsen, Scharmbeck, Siecke, Toppenstedt, Volkwardingen, Winsen/Luhe, Wulfstorf.
Fürstentum Lüneburg, Lüneburgisches Quartier; 1971: Landkreise Lüneburg, Harburg, Soltau und Uelzen.

### Registerförmige Quellen

| 1586 | Hausbuch | Celle Nr. 61 Nr. 23 |
|---|---|---|
| 1605–1809 | Extrakte aus dem Lagerbuch (Abschrift von 1809) | Hann. 74 Bleckede W Reg. II Loc. 4 Nr. 1 vol. IV |
| 1606–1630 | Lagerbuch | Hann. 74 Bleckede W Reg. I Loc. 4 Nr. 7 |
| 1606–1683 | Musterungsrollen | Hann. 74 Bleckede W Militaria I Loc. 1 Nr. 1 vol. I |
| 1649 | Huldigungsverzeichnis | Celle Br. 45 Nr. 92 |
| 1654 | Musterrolle | Dep. 37 S Nr. 256 |
| 1666 | Erbhuldigung | Foto 1 Nr. 434 |
| um 1666 | Lagerbuch | Hann. 74 Bleckede W Reg. I Loc. 4 Nr. 9 |
| um 1666 | Lagerbuch (Abschrift von 1809) | Hann. 74 Bleckede W Reg. I Loc. 4 Nr. 1 vol. IV |
| 1755 | Namensverzeichnis der dienstbaren Mannschaft | Foto 1 Nr. 427 |
| 1783 | Kontributionskataster | Hann. 74 Bleckede W Prov. I Loc. 27 Nr. 3 vol. II |

### Schriftgut der freiwilligen Gerichtsbarkeit

| 1689–1805 | Ehestiftungen | Hann. 72 Bleckede Nrn. 170–180 |
|---|---|---|

---

100 Hofbesitzer ab 15. Jh. siehe Ernst Reinstorf, Elbmarschkultur zwischen Bleckede und Winsen an der Luhe, 1929, S. 294 ff. (Sb 87).
101 vgl. Anmerkung 100
102 vgl. Anmerkung 100
103 vgl. Anmerkung 100

## Gericht Geismar

Geismar.
(Gericht Geismar im Besitz der von Hardenberg, siehe deshalb auch Gericht Hardenberg, mit dem es oft zusammen beschrieben wird).
Fürstentum Göttingen; 1971: Landkreis Göttingen.

### Registerförmige Quellen

| 1599 | Beschreibung der Vorwerke und Ländereien zu Geismar | Cal. Br. 2 Nr. 960 |
|---|---|---|
| 1664 | Kopfsteuerbeschreibung | Foto 1 |
| 1675 | Kopfsteuerbeschreibung | Cal. Br. Nr. 1032 |
| 1678 | Kopfsteuerbeschreibung | Cal. Br. 19 Nr. 1041 |
| 1686, 1689 | Kopfsteuerbeschreibung | siehe Mundhenke[104], Teil 7, S. 133–164 |
| 1699, 1725 | Vermögens- und Taxtbeschreibung | Hann. 74 Göttingen Nr. 827 |
| 1755 | Namensverzeichnis der dienstbaren Mannschaft | Foto 1 Nrn. 424–425 |
| 1757–1762 | Personen- und Vermögenssteuerbeschreibung | Hann. 74 Göttingen Nr. 849 |
| 1766 | Personenbeschreibung | Dep. 7 C Nr. 731 |

### Schriftgut der freiwilligen Gerichtsbarkeit

| 1441–1480 | Verhandlungen und Listen des Reinhäusenschen Hägegerichts zu Geismar | Cal. Br. 2 Nr. 2190 |
|---|---|---|
| 1653–1786 | Protokolle, Bescheide, Verkäufe, Kontrakte | Hann. 72 Göttingen Nrn. 575–584 |
| 1668–1839 | Kontrakte und Ehestiftungen, Obligationen | Hann. 72 Göttingen Nrn. 585–604 |

---

104 vgl. Anmerkung 1

# Amt Gieboldehausen

*Obervogtei Gieboldehausen:* Flecken Gieboldehausen, Rhumspringe, Rollshausen, Rüdershausen.
*Amtsvogtei Wollbrandshausen:* Bernshausen, Germershausen, Krebeck, Seeburg, Wollbrandshausen.
Weitere Quellen im Landeshauptarchiv Sachsen-Anhalt, Abt. Magdeburg.
Eichsfeld, bis 1803 kurmainzisch; 1971: Landkreis Duderstadt.

*Literatur:* Theodor Ulrich, Die kurmainzischen Lagerbücher u. Jurisdiktionalbücher des Eichsfeldes, in: Sachsen und Anhalt Bd. 10, 1934 (Zs 95);
Ders., Das Staatsarchiv Hannover als Quelle der eichsfeldischen Geschichtsforschung, in: Unser Eichsfeld 36, 1941 (Si 16).

## Registerförmige Quellen

| 1673 | Lagerbuch des Amtes | Foto 1 Nr. 422 |
|---|---|---|
| 1688–1724 | Erbenzins-Geldregister (enthält auch Hilkerode, Zwinge, Silkerode, Bilshausen, Gillersheim) | Hann. 74 Herzberg Nr. 166 |
| 1691 | Lagerbuch über die „Stern Zinsen" im Amt | Hann. 74 Gieboldehausen Nr. 662 |
| 1734 | Lagerbuch des Fleckens Gieboldehausen | Hann. 74 Gieboldehausen Nrn. 663 und 665 |
| 1783 | Lagerbuch der Gemeinde Wollbrandshausen | Hann. 74 Gieboldehausen Nr. 666 |
| 1785 | Lagerbuch der Gemeinde Krebeck | Hann. 74 Gieboldehausen Nr. 669 |
| 1785 | Flurbuch der Gemeinde Krebeck | Hann. 74 Gieboldehausen Nr. 670 |
| 1786 | Lagerbuch der Gemeinde Rhumspringe | Hann. 74 Gieboldehausen Nr. 673 |
| 1786 | Lagerbuch der Gemeinde Seeburg | Hann. 74 Gieboldehausen Nr. 674 |
| 1786 | Flurbuch der Gemeinde Seeburg | Hann. 74 Gieboldehausen Nr. 675 |
| 1787 | Lagerbuch der Gemeinde Germershausen | Hann.74 Gieboldehausen Nr. 678 |
| 1787 | Flurbuch der Gemeinde Germershausen | Hann. 74 Gieboldehausen Nr. 677 |
| 1787–1789 | Verzeichnis der zu entrichtenden Zinseier | Hann. 74 Herzberg Nr. 406 |

## Schriftgut der freiwilligen Gerichtsbarkeit

| 1778–1903 | Hypothekenbücher | Hann. 72 Gieboldehausen Nrn. 185–234 |
|---|---|---|

## Amt Gifhorn

*Stadt:* Gifhorn.
*Hausvogtei:* Bevermühle, Bokelberge, Dannenbüttel, Ettenbüttel, Gamsen, Gilde, Grußendorf, Kästorf, Stüde, Westerbeck, Wilsche.
*Gografschaft Hankensbüttel:* Allersehl, Behren, Blickwedel, Bokel, Bottendorf, Dedelstorf, Emmen, Hagen, Hankensbüttel[105], Isenhagen[106], Langwedel, Lingwedel, Masel, Oerrel, Repke, Schweimke, Sprakensehl, Steimke, Weddersehl, Wentorf, Wettendorf, Wierstorf.
*Vogtei Steinhorst:* Grebshorn, Groß Oesingen, Klein Oesingen, Lüsche, Räderloh, Steinhorst, Zahrenholz.
*Vogtei Wahrenholz:* Betzhorn, Wahrenholz, Wesendorf, Westerholz.
*Gografschaft Rötgesbüttel oder Papenteich:* Abbesbüttel, Adenbüttel, Allerbüttel, Ausbüttel, Bechtsbüttel, Brunsbüttel, Calberlah, Dalldorf, Didderse, Edesbüttel, Eickhorst, Eilersbüttel, Essenrode, Grassel, Gravenhorst, Groß Schwülper, Harxbüttel, Hillerse, Isenbüttel, Jelpke, Klein Schwülper, Lagesbüttel, Leiferde, Meine, Ohnhorst, Rethen, Ribbesbüttel, Rötgesbüttel, Rolfsbüttel, Rothemühle, Volkse, Vollbüttel, Vordorf, Walle, Wedelheine, Wedesbüttel.
(Siehe auch Kloster Isenhagen).
Fürstentum Lüneburg, Gifhornsches Quartier; 1971: Landkreise Gifhorn und Celle.

*Literatur:* W. Rinkel, Unsere Altvorderen im Papenteich, in: Zeitschrift für Niederdeutsche Familienkunde, 52, 1977, S. 111–119 (Zs 84).

### Registerförmige Quellen

| | | |
|---|---|---|
| 1489 | Schatzregister | Celle Br. 61 Nr. 16, siehe Grieser II, S. 67–82 |
| 1553–1690 | Weinkaufs- und Hofempfangsgeld | Hann. 74 Gifhorn Nr. 2731 |
| 1553 | Musterrolle von Blickwedel | Celle Br. 46 Nr. 211 Bd. II, Bl. 43 ff. |
| 1564 | Viehschatzregister | Foto 1 Nr. 311, siehe Bosse, S. 16–26 |
| 1565–1694 | Viehschatzrestanten | Hann. 74 Gifhorn Nr. 447 |
| 1567–1598 | Türkensteuer der Schatzfreien | Hann. 74 Gifhorn Nr. 430, siehe Bosse, S. 28–31 |
| 1569 | Immenschatz | Hann. 74 Gifhorn Nr. 441, siehe Bosse, S. 36–38 |
| 1599–1741 | Fleischzehnt | Hann. 74 Gifhorn Nr. 1982 |

105 Volker Unruh, Hankensbüttel, Isenhagen. Ein Orts-, Höfe- und Familienbuch, 1992 (02252); ders., Höfe- und Familienbuch Alt Isenhagen, 1992 (02253).
106 vgl. Anmerkung 105

| 1600 | Lagerbuch der hannoverschen Lehnsleute | Hann. 74 Gifhorn Nr. 1131 |
| 1604 | Schatzsachen der Freien | Hann. 74 Gifhorn Nr. 431, siehe Bosse, S. 31–35 |
| 1613–1615 | Höfeverzeichnis | Hann. 74 Gifhorn Nr. 2718, siehe Bosse, S. 44–51 |
| 1618 | Höfeverzeichnis | Foto 1 Nr. 445 |
| 1617–1625 | Scheffelschatz | Hann. 74 Gifhorn Nr. 440 |
| 1619, 1621–1624 | Einnahme des 50. Pfennigs der Patrizier in Braunschweig | Hann. 74 Gifhorn Nr. 345 |
| 1620–1622 | Triplekontribution | Hann. 74 Gifhorn Nr. 300, siehe Bosse, S. 41–43 |
| 1628 | Kontributionsregister | Celle Br. 10 Nr. 120 Bd. III |
| 1630–1650 | Kontributionsregister | Hann. 74 Gifhorn Nrn. 291–293, siehe Bosse, S. 58–83 |
| 1630–1634 | Einquartierungsentschädigungen betr. die Stadt Gifhorn | Celle Br. 10 Nr. 128 |
| 1631 | Viehschatz der Freien | Hann. 74 Gifhorn Nr. 431 |
| 1634–1894 | Kirchenbücher von Bechtsbüttel | StA Wolfenbüttel 1 Kb 135–136a |
| 1636 | Einquartierungsentschädigungen | Celle Br. 11 Nr. 207 |
| 1660 | Einquartierungslisten | Celle Br. 43 Nr. 417 |
| 1664 | Kontribution der Vogtei Steinhorst | Celle Br. 61 a Nr. 4753 |
| um 1665 | Erbregister | Foto 1 Nr. 421[107] |
| um 1665 | Erbregister | Hann. 74 Isenhagen Nr. 7[108] |
| 1666–1683 | Höfeverzeichnis | Hann. 74 Gifhorn Nr. 2719, siehe Bosse, S. 44, 65, 85–108, 181–189 |
| 1667–1705 | Veränderungen des Lagerbuchs der hannoverschen Lehnsleute | Hann. 74 Gifhorn Nr. 1132 |
| 1670–1688 | Kontributionsregister | Hann. 74 Gifhorn Nr. 294, siehe Bosse, S. 190–213 |
| 1673 | Kontribution der Häuslinge und Hirten | Hann. 74 Gifhorn Nr. 322 |
| 1677–1701 | Kopfsteuer | Hann. 74 Gifhorn Nr. 429, siehe Bosse, S. 214–232 |

107 Theo Bosse, Das Erbregister des Amtes Gifhorn von 1669, 1983 (Ud Gif 1).
108 vgl. Anmerkung 107

## Amt Gifhorn

| | | |
|---|---|---|
| 1678–1759 | Häuslingsverzeichnisse | Hann. 74 Gifhorn Nr. 2496, siehe Bosse, S. 405, 406 |
| 1685 | Verzeichnis der Beibauern und Freien im Papenteich | Hann. 74 Gifhorn Nr. 2312 |
| 1689–1690 | Kontribution der Häuslinge und Hirten | Hann. 74 Gifhorn Nr. 323 |
| 1693 | Wiesenzinsverzeichnis Hankensbüttel | Hann. 74 Isenhagen Nr. 3 |
| 1700 | Kontributionsregister | Hann. 74 Gifhorn Nr. 296 |
| 1700 | Kontributionskataster | Hann. 74 Fallersleben Nr. 300 |
| 1703 | Beschreibung des Papenteichs | Hann. 74 Gifhorn Nr. 1 |
| 1710–1720 | Kontribution der Häuslinge und Hirten | Hann. 74 Gifhorn Nr. 326 |
| 1717–1828 | Kirchenbücher von Didderse und Rolfsbüttel | StA Wolfenbüttel 1 Kb 893–894 |
| 1718–1852 | Kirchenbücher von Grußendorf und Stüde | StA Wolfenbüttel 1 Kb 683–686 |
| 1723 | Kontribution der Häuslinge und Hirten | Hann. 74 Gifhorn Nr. 327 |
| 1732 | Erbregister (Abschrift des Registers aus der Zeit um 1665 mit einzelnen Nachträgen) | Hann. 74 Gifhorn Nr. 8 |
| 1735–1740 | Kontribution der Häuslinge und Hirten | Hann. 74 Gifhorn Nr. 328 |
| 1735, 1766 | Feuerstellenverzeichnisse | Hann. 74 Gifhorn Nr. 2720, siehe Bosse, S. 378–380 |
| 1746 | Kontribution der Häuslinge und Hirten | Hann. 74 Gifhorn Nr. 329 |
| 1747 | Revidiertes Kontributionskataster | Hann. 74 Gifhorn Nrn. 297, 298, siehe Bosse, S. 233–268 |
| 1748–1798 | Hofgewinnungsgeld | Hann. 74 Gifhorn Nr. 2735 |
| 1753 | Brandkataster | Hann. 74 Gifhorn Nr. 743[109] |
| 1755 | Namensverzeichnis der dienstbaren Mannschaft | Foto 1 Nrn. 424–425 |
| 1755 | desgl. des Amts Isenhagen | Foto 1 Nr. 426 |
| 1761 | Akzise- und Impostregister | Hann. 74 Gifhorn Nr. 348 |
| 1762–1767 | Akzise- und Impostregister | Hann. 74 Gifhorn Nrn. 349–354 |
| 1763 | Kontribution der Häuslinge und Hirten | Hann. 74 Gifhorn Nr. 331 |
| 1764 | Kontributionskataster der Gografschaft Hankensbüttel und Vogtei Steinhorst | Hann. 74 Isenhagen Nrn. 337, 338 |

---

[109] Theo Bosse, Die Gebäudebeschreibung und das Hofbesitzer-Folgeverzeichnis ab 1753 im Amt Gifhorn, 1985 (Sb 184).

| | | |
|---|---|---|
| 1768–1772 | Akzise- und Impostregister | Hann. 74 Gifhorn Nrn. 355–359 |
| 1773–1777 | Akzise- und Impostregister | Hann. 74 Gifhorn Nrn. 360–364 |
| 1778–1781 | Akzise- und Impostregister | Hann. 74 Gifhorn Nrn. 365–368 |
| 1782–1788 | Akzise- und Impostregister | Hann. 74 Gifhorn Nrn. 369–374 |
| 1789–1797 | Akzise- und Impostregister | Hann. 74 Gifhorn Nrn. 375–382 |
| 1791 | Mannzahlrollen des Papenteichs | Hann. 74 Gifhorn Nr. 257, siehe Bosse, S. 335, S. 340–344 |
| 1798–1801 | Akzise- und Impostregister | Hann. 74 Gifhorn Nrn. 383–386 |
| 1804, 1805 | Kontribution der Häuslinge und Hirten | Hann. 74 Gifhorn Nr. 334 |

### Schriftgut der freiwilligen Gerichtsbarkeit

| | | |
|---|---|---|
| 1509–1730 | Beilagen zu den Handlungsbüchern | Hann. 72 Gifhorn Nrn. 30–32 |
| 1561–1740, 1790–1800 | Beilagen zu den Ehestiftungsbüchern | Hann. 72 Gifhorn Nrn. 995–997, Nr. 999 |
| 1564–1757 | Protokolle | Hann. 72 Gifhorn Nrn. 33–70 |
| 1600–1758 | Amtshandlungen | Hann. 72 Gifhorn Nrn. 6–29 |
| 1583–1799 | Ehestiftungen, Kontrakte | Hann. 72 Gifhorn Nrn. 949–994 |
| 1630–1677 | Ehestiftungen (Extrakte) der Gografschaft Hankensbüttel | Celle Br. 61 Nr. 483 |
| 1635–1674 | Amtsprotokollbuch | Hann. 72 Gifhorn Nr. 11 |

## Stadt Göttingen

*Stadtdörfer:* Herberhausen, Roringen (Amt Harste).
Fürstentum Göttingen; 1971: Landkreis Göttingen

### Registerförmige Quellen

| 1585, 1586 | Schossregister | Stadtarchiv Göttingen, siehe Burchard, S. 364–382 |
|---|---|---|
| 1643–1809 | Landsteuereinnahmeregister | Dep. 7 C Nrn. 445–609 |
| 1671 | Mannschaftsrolle (Huldigung) | Cal. Br. 22 Nr. 788/I |
| 1675 | Kopfsteuerbeschreibung | Cal. Br. 19 Nr. 1033 |
| 1678 | Kopfsteuerbeschreibung | Cal. Br. 19 Nr. 1044 |
| 1680 | Mannschaftsrolle (Huldigung) | Cal. Br. 22 Nr. 796 Bd. II |
| 1686, 1689 | Kopfsteuerbeschreibung | siehe Mundhenke[110], Teil 8, S. 70–125 |
| 1687 | Rauchschatzbeschreibungen | Cal. Br. 19 Nr. 1103/2 Bd. I |
| 1688 | Rauchschatzbeschreibung | Cal. Br. 19 Nr. 1115 Bd. III |
| um 1700 | Corpus bonorum civitatis Gottingensis | Hann. 93 Nr. 2492 |
| 1730–1793 | In die herrschaftlichen Register zu entrichtende Pfahlzinsen | Hann. 74 Göttingen Nr. 1428 |
| 1766 | Personenbeschreibung | Dep. 7 C Nr. 729 |

### Schriftgut der freiwilligen Gerichtsbarkeit

| 1591–1852 | Repertorium betr. Civilia, Judicialia, insbes. Prozessregister | Hann. 72 Göttingen Nrn. 63–66 |
|---|---|---|
| 1602–1852 | Repertorium betr. Criminalia | Hann. 72 Göttingen Nrn. 68–71 |
| 1670–1852 | Repertorium betr. Civilia, Commissiones et Requisitiones in civilibus | Hann. 72 Göttingen Nr. 67 |
| 1718–1831 | Ehestiftungen, auch Kontrakte, insbes. Roringen und Herberhausen | Hann. 72 Göttingen Nrn. 55–62 |
| 1776–1859 | Ehestiftungen des Stadtgerichts | Hann. 72 Göttingen Nr. 167 |
| 1791–1850 | Kaufverträge des Stadtgerichts | Hann. 72 Göttingen Nr. 168 |

110 vgl. Anmerkung 1

## Stift Grauhof

Fürstbistum Hildesheim, 1971: Stadt Goslar.

### Registerförmige Quellen

| 1616–1642, 1689–1805 | Korn-, Geld- und sonstige Register des Stifts Grauhof | Hild. Br. 3, 6 Nrn. 53–111 |

## Amt Grohnde

*Flecken:* Grohnde.
*Dörfer:* Bessinghausen, Börry, Brockensen, Esperde, Frenke, Hajen, Latferde, Lüntorf, Voremberg.
Fürstentum Calenberg, Hamelsches Quartier; 1971: Landkreis Hameln-Pyrmont.
(Siehe auch Amt Ohsen).

### Registerförmige Quellen

| 1562 | Schaf- u. Scheffelschatzregister | Cal. Br. 19 Nr. 474 |
|---|---|---|
| um 1565 | Erbregister | Foto 1 Nr. 469 |
| 1585 | Huldigungsverzeichnis und Musterungsrolle | Cal. Br. 22 Nr. 728, siehe Burchard, S. 143–148 |
| 1599 | Ländereiverzeichnis | Foto 3 P 1/218 |
| um 1610 | Ausschuss-Musterrolle | Foto 1 Nr. 447 |
| 1613 | Musterrollen des sog. „Roten Regiments zu Pferde" im Amt Grohnde | StA Wolfenbüttel, L Alt Abt. 38 B Nr. 99 |
| 1617–1650, 1650–1811 | Landsteuer | Dep. 7 C Nrn. 429–443<br>Dep. 7 C Nrn. 205–207<br>Dep. 7 C Nrn. 209–242<br>Dep. 7 C Nrn. 245–280<br>Dep. 7 C Nrn. 282–352<br>(C Nrn. 225–228 enthalten außerdem Rittersteuer) |
| 1619, 1621 | Vermögens-, Taxt- und Landbeschreibung in Ansehung der Tripelhilfe | Dep. 7 C Nrn. 743, 745 |
| 17. Jh. | Register der Tripelhilfe (Landbeschreibung) | Dep. 7 C Nr. 746 |
| 1620, 1621, 1630 | Geld-, Korn-, Vieh- und Küchenregister | Hild. Br. 1 Nr. 874 |
| 1620, 1621 | Weserzollregister | Hild. Br. 1 Nr. 874 |
| um 1634 | Lagerbuch | Hann. 88 A Nr. 2018 |
| 1645 | Mannschaftsrolle (Huldigung) | Foto 1 Nrn. 20–23 |
| 1649 | Mannschaftsrolle (Huldigung) | Cal. Br. 22 Nr. 773 |
| 1662–1674 | Schafschatzbeschreibungen | Cal. Br. 19 Nr. 761 |
| 1664 | Kopfsteuerbeschreibung | Cal. Br. 19 Nr. 1019 |

## Amt Grohnde

| | | |
|---|---|---|
| 1669 | Erbregister | Hann. 74 Hameln Nr. 8 |
| 1671 | Mannschaftsrolle (Huldigung) | Cal. Br. 22 Nr. 788 Bd. II |
| 1672 | Kontributionsbeschreibung | Cal. Br. 19 Nr. 866 |
| 1675 | Kopfsteuerbeschreibung | Cal. Br. 19 Nr. 1030 |
| 1675–1678 | Kontributionsbeschreibungen | Hann. 74 Hameln Nr. 697 |
| 1678 | Kopfsteuerbeschreibung | Cal. Br. 19 Nr. 1039 Bd. I |
| 1680 | Mannschaftsrolle (Huldigung) | Cal. Br. 22 Nr. 795 Bd. I |
| 1680–1685 | Kontributionsbeschreibung | Hann. 74 Hameln Nr. 702 |
| 1683–1685 | Kontributionsbeschreibungen des Amtes und Fleckens Grohnde | Hann. 74 Hameln Nr. 701 |
| 1686, 1689 | Kopfsteuerbeschreibung | siehe Mundhenke[111], Teil 6, S. 49–86 |
| 1687 | Rauchschatzbeschreibungen | Cal. Br. 19 Nr. 1103/2 Bd. I |
| 1687, 1688 | Rauchschatzbeschreibungen | Cal. Br. 19 Nr. 1103 Bd. II Cal. Br. 19 Nr. 1115 Bd. III |
| 1690 | Personenbeschreibung von Hajen | Hann. 74 Hameln Nr. 695 |
| 1699–1720 | Taxtbeschreibung | Dep. 7 C Nr. 655 |
| 1725–1746 | Beschreibung der Rottländereien | Hann. 74 Hameln Nrn. 1034–1046 |
| 1755 | Namensverzeichnis der dienstbaren Mannschaft | Foto 1 Nrn. 424–425 |
| 1775 | Personenbeschreibung | Hann. 74 Hameln Nr. 25 |
| 1775 | Beschreibung der Höfe | Hann. 74 Hameln Nr. 3322 |
| 1794 | Verzeichnis sämtlicher gutsherrlicher Gefälle, welche von den Untertanen des Amtes Grohnde an Gutsherren des Amtes Ohsen entrichtet werden | Hann. 74 Hameln Nr. 3473 |

111 vgl. Anmerkung 1

## Amt Gronau

*Dörfer:* Eberholzen; Amtshaushalt Gronau. 1690 wurden die Dörfer der Niederen Börde des Amts Winzenburg dazu gelegt: Barfelde, Betheln, Brüggen[112], Dötzum[113], Eitzum[114], Heinum (teilweise), Hönze[115], Möllensen[116], Nienstedt[117], Rheden (teilweise), Wallenstedt. Unterlagen, insbesondere der adeligen Dörfer, sind jedoch zeitweise noch im 18. Jahrhundert unter dem Amt Winzenburg zu suchen.
*Klöster im Amt:* Escherde und zeitweise Derneburg.
*Stadt beim Amt:* Gronau.
Fürstbistum Hildesheim; 1971: Landkreis Alfeld.

### Registerförmige Quellen

| | | |
|---|---|---|
| 1581 | Schatzregister | Cal. Br. 10 Nr. 572 |
| 1585 | Huldigungsverzeichnis und Musterungsrolle (auch Stadt Gronau) | Cal. Br. 22 Nr. 728, siehe Burchard, S. 269–274 |
| 1588–1593 | Landsteuernregister | Cal. Br. 10 Nr. 459 |
| 1593 | Erbregister | Foto 1, Abschrift: Hann. 74 Gronau Nr. 346 |
| 1602 | Musterungsregister betr. kleine Städte (darin auch Stadt Gronau) | Foto 1 |
| um 1609 | Musterungsregister des Amts Poppenburg (darin auch Stadt Gronau) | Foto 1 Nr. 447 |
| 1617–1626 | Landsteuernregister | Dep. 7 C Nrn. 18–26 |
| 1619, 1620 | Zinsen-, Land- und Wiesensteuer | Dep. 7 C Nr. 641 a |
| 1644 | Land- und Kontributionsbeschreibung | Hild. Br. 1 Nr. 8740 |
| 1645 | Landbeschreibung | Hild. Br. 1 Nr. 8731 |
| 1646–1651 | Schatzrechnungen | Hild. Br. 1 Nr. 8118 |
| 1648 | Kopfsteuerlisten | Hild. Br. 1 Nr. 8308 |

---

112 Adelige Gerichte (Haus, Gut oder Dorf): Brüggen, Dötzum, Eitzum, Heinum (teilweise), Hönze, Möllensen, Nienstedt, Rheden (teilweise).
113 vgl. Anmerkung 112
114 vgl. Anmerkung 112
115 vgl. Anmerkung 112
116 vgl. Anmerkung 112
117 vgl. Anmerkung 112

| | | |
|---|---|---|
| 1651–1801 | Schatzregister (für familiengeschichtliche Forschungen wenig ergiebig) | Erhalten in drei lückenhaften Reihen: Hild. Br. 12 Nrn. 566–615, Hild. Br. 1 Nrn. 7828, 7831, 7833, 8119–8151, Hild. Br. 2 J Nrn. 854–885 |
| 1663 | Vermessung der zum Amtshause Gronau gehörigen Länderei | Hild. Br. 1 Nr. 8759 |
| 1664 | Kopfsteuerbeschreibung (auch Stadt Gronau) | Hild. Br. 1 Nrn. 8731 und 8447, siehe Bardehle, S. 32–39 |
| 1665 | Gesindesteuerbeschreibung | Hild. Br. 1 Nr. 8445 Bd. I |
| 1666 | Dorftaxtbeschreibung | Hild. Br. 1 Nr. 7589 |
| 1674 | Kopfsteuer der (Kontributions-) Freien und des Gesindes | Hild. Br. 1 Nr. 8297 |
| 1674 | Kopfsteuer der (Kontributions-) Freien und des Gesindes der Stadt Gronau | Hild. Br. 1 Nr. 8297 |
| 1685 | Kopfsteuer der (Kontributions-) Freien und des Gesindes (auch Stadt Gronau) | Hild. Br. 1 Nr. 8310 |
| 1692 | Landbeschreibung des Amts Gronau | Hild. Br. 1 Nr. 8771 |
| 1694 | Landbeschreibung der Stadt Gronau | Hild. Br. 1 Nrn. 2357, 8770 Hann. 74 Gronau Nr. 352 |
| 1696 | Dorftaxtbeschreibung | Hild. Br. 1 Nr. 8700 |
| 1701 | Seelenregister (ohne Stadt) | Foto 1 |
| 1757, 1758 | Amtsbeschreibung: Tabellen der Dorfschaften | Dombibliothek Hildesheim Hs 191 b |
| 1758 | Kopfsteuerregister (auch Stadt Gronau) | Hild. Br. 1 Nr. 8444 |
| 1765 | Kopfsteuerbeschreibung (auch Stadt Gronau) | Hild. Br. 12 Nr. 936 |
| 1769 | Land- und Wiesenbeschreibung (altes Amt Gronau) | Hild. Br. 1 Nr. 8829 Hann. 74 Gronau Nr. 353 Hild. Br. 2 J Nr. 345 |
| 1769 | Land- und Wiesenbeschreibung (Niedere Börde) | Hild. Br. 1 Nr. 8832 |
| 1773 | Kopfsteuerlisten (sog. Fixum) (auch Stadt Gronau) | Hild. Br. 1 Nr. 8326 |
| 1785 | Seelenregister der Stadt Gronau | Foto 1 |
| 1787 | Lagerbuch von Eberholzen | Hild. Br. 1 Nr. 8771 |
| 1798–1800 | Beschreibung und Bonitierung der kontributionsfreien Länderei | Hild. Br. 12 Nrn. 1078–1080 |

## Schriftgut der freiwilligen Gerichtsbarkeit

| | | |
|---|---|---|
| 1600–1808 | Kontrakte und Erbverträge des Amts Gronau | Hann. 72 Elze Nrn. 43–50 |
| 1687–1807 | Meierdingsprotokolle des Amts Gronau | Hann. 72 Elze Nr. 124 |
| 1700–1807 | Ehestiftungen des Amts Gronau | Hann. 72 Elze Nrn. 51–61 |
| 1725–1858 | Kontrakte, Obligationen und Ehestiftungen des Amts Gronau | Hann. 72 Elze Nrn. 62–123 |
| 1730–1808 | Amtshandlungen des Gerichts Brüggen | Hann. 72 Alfeld Nrn. 210–215 |
| 1708–1820 | Kontrakte des Gerichts Eitzum | Hann. 72 Elze Nrn. 312–314 |
| 1665–1808 | Kontrakte des Gerichts Hönze | Hann. 72 Elze Nrn. 315, 316 |
| 1663–1851 | Kontrakte und Ehestiftungen des Gerichts Rheden | Hann. 72 Elze Nrn. 317–335 |

## Gericht Hämelschenburg

Hämelschenburg.
Fürstentum Calenberg, Hamelsches Quartier; 1971: Landkreis Hameln-Pyrmont.

### Registerförmige Quellen

| 1607 | Rauchschatzbeschreibung | Cal. Br. 19 1103/2 Bd. I |
|---|---|---|
| 1649 | Mannschaftsrolle (Huldigung) | Cal. Br. 22 Nr. 773 |
| 1650–1811 | Landsteuer | Dep. 7 C Nrn. 205–207<br>Dep. 7 C Nrn. 209–242<br>Dep. 7 C Nrn. 245–280<br>Dep. 7 C Nrn. 282–352<br>(C Nrn. 225–228 enthalten außerdem Rittersteuer) |
| 1662–1674 | Schafschatzbeschreibungen | Cal. Br. 19 Nrn. 761, 762 |
| 1664 | Kopfsteuerbeschreibung | Foto 1 |
| 1671 | Gerichtsuntertanen (Huldigung) | Cal. Br. 22 Nr. 788 Bd. II |
| 1672 | Kontributionsbeschreibung | Cal. Br. 19 Nr. 866 |
| 1675 | Kopfsteuerbeschreibung | Cal. Br. 19 Nr. 1032 |
| 1678 | Kopfsteuerbeschreibung | Cal. Br. 19 Nr. 1041 |
| 1680 | Gerichtsuntertanen (Huldigung) | Cal. Br. 22 Nr. 795 Bd. I |
| 1686, 1689 | Kopfsteuerbeschreibung | siehe Mundhenke[118], Teil 6, S. 220–222 |
| 1687, 1688 | Rauchschatzbeschreibungen | Cal. Br. 19 Nr. 1103/2 Bd. I |
| 1766 | Personenbeschreibung | Dep. 7 C Nr. 731 |

118 vgl. Anmerkung 1

## Stadt Hameln

Fürstentum Calenberg, Hamelsches Quartier; 1971: Stadt Hameln.

### Registerförmige Quellen

| | | |
|---|---|---|
| 1565 | Schossbuch | Cal. Br. 8 Nr. 428 |
| 1581 | Huldigung der Bürger | Cal. Br. 22 Nr. 814 |
| 1585 | Schossregister | Stadtarchiv Hameln, siehe Burchard, S. 347–355 |
| 1615, 1618, 1620, 1621 | Zollregister | Cal. Br. 8 Nr. 428 |
| 1617–1650 | Landsteuer des Stiftes Hameln | Dep. 7 C Nrn. 429–443 |
| 1630–1864 | Kellnerei-Rechnungen des Stiftes St. Bonifatius, Hameln | Hann. 75 Nrn. 2709–2875 |
| 1640 | Kornregister | Cal. Br. 2 Nr. 70 |
| 1671 | Bürgerschaft (Huldigung) | Cal. Br. 22 Nr. 788 Bd. I |
| 1675 | Kopfsteuerbeschreibung | Cal. Br. 19 Nr. 1033 |
| 1678 | Kopfsteuerbeschreibung | Cal. Br. 19 Nr. 1044 |
| 1680 | Bürgerschaft (Huldigung) | Cal. Br. 22 Nr. 795 Bd. I |
| 1686, 1689 | Kopfsteuerbeschreibung | siehe Mundhenke[119], Teil 6, S. 173–219 |
| 1687, 1688 | Rauchschatzbeschreibungen | Cal. Br. 19 Nr. 1103/2 Bd. I<br>Cal. Br. 19 Nr. 1115 Bde. III, IV |
| 1690 | Huldigung der französischen Reformierten in Hameln und Ableistung des Treueides an Herzog Ernst August mit den Unterschriften der Réfugiés | Cal. Br. 22 Nr. 801 |
| 1690 | Liste der in Hameln aufgenommenen französischen Réfugiés aus Lausanne und aus dem Barraux'schen; Etat des manufacturiers réfugiés | Cal. Br. 8 Nr. 572 Bde. I–VI |
| ca. 1700 | Einwohnerverzeichnis mit Besitz | Hann. 93 Nr. 1984 |
| 1766 | Personenbeschreibung | Dep. 7 C Nr. 728 |
| 1774, 1775 | Einnahme- und Ausgaberegister der französischen Kolonie zu Hameln | Hann. 88 A Nr. 2501 |

119 vgl. Anmerkung 1

# Stadt Hannover

Fürstentum Calenberg, Hannoversches Quartier; 1971: Stadt Hannover.

*Literatur:* Helmut Zimmermann, Übersicht über Quellen und Literatur zur Personengeschichte bis 1874 in der Landeshauptstadt Hannover, in: Hannoversche Geschichtsblätter, Neue Folge, Band 29, 1975, S. 163–190 (Zs 107).

## Registerförmige Quellen

| | | |
|---|---|---|
| 1585 | Schossregister der Altstadt | Original Stadtarchiv Hannover, siehe Burchard, S. 329–346 |
| 1585 | Huldigungsverzeichnis und Musterungsrolle der Neustadt | Cal. Br. 22 Nr. 728, siehe Burchard, S. 156–158 |
| um 1591 | Musterungsregister der Neustadt vor Hannover | Cal. Br. 16 Nr. 1168 |
| 1606–1621 | Register von eingenommenen Viehdriftgeldern am Aegidien- und Leintor zu Hannover | Dep. 7 C Nr. 740 |
| um 1610 | Fähnlein aus der Neustadt vor Hannover | Foto 1 Nr. 447 |
| 1617–1621, 1638–1643, 1643–1809 | Landsteuer (1640 mit Fräuleinsteuer) (1645 mit Fräuleinsteuer) | Dep. 7 C Nrn. 7–10 Dep. 7 C Nr. 16 Dep. 7 C Nrn. 27–204 |
| 1627–1629, 1636–1637 | Schatzregister der Neustadt vor Hannover | Dep. 7 C Nr. 12 Dep. 7 C Nr. 15 |
| 1640 | Kornregister der Neustadt vor Hannover | Cal. Br. 2 Nr. 70 |
| 1649 | Gartenleute vor dem Ägidientor vor Hannover (Huldigung) | Cal. Br. 22 Nr. 773 |
| ca. 1650 | Einwohnerverzeichnis der Marktstraße, Köbelingerstraße, Osterstraße, Leinstraße | Cal. Br. 8 Nr. 832 |
| 1664 | Kopfsteuerbeschreibung der Neustadt vor Hannover | Cal.Br. 19 Nr. 1020/1 Bd. II |
| 1671 | Bürgerschaft (Huldigung) | Cal. Br. 22 Nr. 788 Bd. I |
| 1671 | Gartenleute vor Hannover (Huldigung) | Cal. Br. 22 Nr. 788 Bd. I |
| 1675 | Kopfsteuerbeschreibung | Cal. Br. 19 Nr. 1033 |
| 1675 | Schaf- und Scheffelschatz der Neustadt vor Hannover | Dep. 7 C Nr. 735 |
| 1678 | Kopfsteuerbeschreibung | Cal. Br. 19 Nr. 1044 |

| | | |
|---|---|---|
| 1680 | Bürgerschaft der Neustadt und Altstadt (Huldigung) | Cal. Br. 22 Nr. 795 Bd. II |
| 1684 | Kornvorratsregister der Altstadt (Osterstraße, Marktstraße, Köbelingerstraße, Leinstraße) | Cal. Br. 8 Nr. 779 |
| 1686, 1702–1707, 1702–1709 | Taxtbeschreibung der Neustadt Hannover | Dep. 7 C Nr. 622<br>Dep. 7 C Nr. 630<br>Dep. 7 C Nr. 631 |
| 1686, 1689 | Kopfsteuerbeschreibung | siehe Mundhenke[120], Teil 2, S. 1–173 |
| 1687, 1688 | Rauchschatzbeschreibungen der Altstadt und Neustadt Hannover | Cal. Br. 19 Nr. 1103/2 Bd. II<br>Cal. Br. 19 Nr. 1115 |
| 1688, 1689 | Marienroder Erb- und Pfandregister der Stadt Hannover | siehe Kloster Marienrode |
| 1689–1697 | Geldregister der Neustadt Hannover | Cal. Br. 8 Nr. 1068 |
| 1700 | Einteilung der Straßen mit den Namen der Hausbesitzer der Neustadt Hannover | Cal. Br. 8 Nr. 1080 |
| o. J.(1700?) | Hausverzeichnis der Langen Straße vom Clever Tor bis an die Weinschenke (Neustadt) | Cal. Br. 8 Nr. 1077 |
| 1700 | dingpflichtige Bürgerhäuser | Cal. Br. 8 Nr. 1077 |
| 1701–1720 | Register von eingenommenen Viehdriftgeldern zum Jakobimarkt zu Hannover | Dep. 7 C Nr. 741 |
| 1766 | Personenbeschreibung | Dep. 7 C Nr. 728 |
| 1795 | Verzeichnis der Rekruten aus der Altstadt Hannover, die an das Depot des Garde- und 10. Infanterie-Regiments abgeliefert worden sind | Hann. 9 f Nr. 154 |
| 1798, 1799 | Rechnung der monatlichen Personen- und Pferdesteuer in der Altstadt und Neustadt Hannover | Dep. 7 C Nrn. 733, 734 |

**Schriftgut der freiwilligen Gerichtsbarkeit**

| | | |
|---|---|---|
| 1648–1879 | Kontrakte, Obligationen, Ehestiftungen | Hann. 72 Hannover Nrn. 322–492 |
| 1715–1738 | Kontrakte und Obligationen | Hann. 72 Hannover Nrn. 847, 848 |

120 vgl. Anmerkung 1

## Amt Harburg

*Vogtei Hittfeld:* Dangersen, Dibbersen, Eckel, Emmelndorf, Emsen, Gehrden, Groß Klecken, Helmstorf, Hittfeld, Iddensen, Klein Klecken, Langenrehm, Leversen, Lindhorst, Metzendorf, Nenndorf, Sieversen, Sottorf, Tötensen, Westerhof, Woxdorf.

*Vogtei Höpen:* Alvesen, Appelbüttel, Beckedorf, Ehestorf, Eißendorf, Fleestedt, Friesenwerder, Glüsingen, Groß Moor, Hausbruch, Hörsten, Klein Moor (Mohr), Langenbeck, Lürade, Marmstorf, Meckelfeld, Neugraben, Neu Wiedenthal, Rönneburg, Sinstorf, Vahrendorf, Wittenberg.

*Vogtei Jesteburg:* Bendestorf, Buchholz, Buensen, Handorf, Harmstorf, Höckel, Itzenbüttel, Jesteburg, Lüllau, Meilsen, Reindorf, Seppensen, Steinbeck, Thelstorf, Vaensen, Wiedenhof, Wörme.

*Vogtei Tostedt:* Avensen, Dohren, Everstorf, Glüsingen, Groß Todtshorn, Hoinkenbostel, Hollinde, Kallmoor, Kampen, Klein Todtshorn, Lengeloh, Ochtmannsbruch, Otter, Riepshof, Schillingsbostel, Tostedt, Vaerloh, Welle, Wistedt, Wüstenhöfen.

*Vogtei Finkenwerder:* Finkenwerder.

*Vogtei Altenwerder:* Altenwerder.

Vogtei Neuland.

*Vogtei Over:* Bullenhausen, Hagolt.

Vogtei Lauenbruch.

Vogtei Kirchwerder.

Fürstentum Lüneburg, Lüneburgisches Quartier; 1971: Landkreis Harburg und Stadt Hamburg.

*Literatur:* Namenslisten in: Zwischen Elbe, Seeve und Este. Ein Heimatbuch des Landkreises Harburg. Hrsg. v. Heinrich Laue u. Heinrich Meyer, Bd. 1, 1925, S. 477–483 (Sb 23).

### Registerförmige Quellen

| | | |
|---|---|---|
| 1450 | Schatzregister | Stadtarchiv Lüneburg AB 74 a 1, siehe Grieser II, S. 8–66 |
| 1554 | Schatzregister | Celle Or. 16 Schrank II Kapsel 11 Nr. 3 b |
| 1586 | Hausbuch von Lindhorst | Celle Br. 61 Nr. 23 |
| 1615 | Musterrolle der Vogtei Stillhorn (siehe auch Amt Wilhelmsburg) | Foto 1 Nr. 436 |
| 1640 | Viehschatzregister | Celle Br. 61 a Nr. 6548 |
| 1660, 1661 | Einquartierungslisten der Vogtei Hittfeld | Celle Br. 43 Nr. 416 |
| 1663–1669 | Kontributionsverzeichnisse | Hann. 74 Harburg Nr. 1059 |

| | | |
|---|---|---|
| 1666–1679 | Auszüge aus dem Kopulationsregister von Finkenwerder | Hann.74 Harburg Nr. 4667 |
| 1667 | Lagerbuch | Foto 1 Nrn. 464–465 |
| 1667 | Erbregister | Celle Br. 60 Nr. 223[121] |
| 1668 | Höfeverzeichnis | Hann. 74 Harburg Nr. 1900 |
| 1670–1730 | Höfesachen: darin Steuerverzeichnisse, Hofwirtelisten, Dienstgeld- Schmalzehntverzeichnisse u. a. der Vogtei Tostedt | Hann. 74 Tostedt Nr. 56 |
| 1678 | Vogteibeschreibungen | Hann. 74 Harburg Nr. 1898 |
| 1689, 1690 | Dienstregister | Hann. 74 Harburg Nr. 204 |
| 1701–1755 | Viehschatzregister | Hann. 74 Harburg Nr. 3400 |
| 1711–1713 | Viehschatzregister | Hann. 74 Harburg Nrn. 3394, 3395 |
| 1720–1725 | Kontributionsbeschreibungen | Hann. 74 Harburg Nrn. 1062–1066 |
| 1736 | Revidiertes Kontributionskataster | Hann. 74 Harburg Nr. 1071 |
| 1737–1740 | Kontributionsbeschreibungen | Hann. 74 Harburg Nrn. 1072, 1073 |
| 1743 | Kontributionsbeschreibung | Hann. 74 Harburg Nr. 1074 |
| 1748–1751 | Kontributionsbeschreibungen der Nahrungtreibenden und Häuslinge | Hann. 74 Harburg Nrn. 1078, 1079 |
| 1754–1758 | Häuslingsverzeichnisse | Hann. 74 Harburg Nr. 1083 |
| 1755 | Namensverzeichnis der dienstbaren Mannschaft | Foto 1 Nr. 427 |
| 1755, 1756 | Tabellarische Beschreibung | Foto 1 Nr. 374, desgl. in Hann. 74 Harburg Nr. 1895 |
| 1756–1759 | Kontributionsbeschreibungen | Hann. 74 Harburg Nr. 1085 |
| 1759, 1760 | Kontributionsbeschreibung | Hann. 74 Harburg Nr. 1086 |
| 1760, 1761 | Kontributionsbeschreibung | Hann. 74 Harburg Nr. 1087 |
| 1761–1763 | Kontributionsbeschreibungen | Hann. 74 Harburg Nrn. 1088, 1089 |
| 1761–1791 | Viehschatzregister | Hann. 74 Harburg Nrn. 3397–3399 |
| 1763–1770 | Kontribution zur Abtragung der Kriegsschulden | Hann. 74 Harburg Nr. 1099 |
| 1764, 1765 | Kontributionsbeschreibung | Hann. 74 Harburg Nr. 1091 |
| 1765–1767 | Kontributionsbeschreibungen | Hann. 74 Harburg Nrn. 1092–1094 |
| 1767–1778 | Häuslingskontribution | Hann. 74 Harburg Nr. 1095 |

121 Dietrich Kausche, Harburger Erbregister von 1667, 1987 (Ud Har).

| | | |
|---|---|---|
| 1768–1772 | Kontributionsumsetzung | Hann. 74 Harburg Nr. 1098 |
| 1772, 1773 | Kontributionsbeschreibungen | Hann. 74 Harburg Nrn. 1102, 1103 |
| 1778 | Beschreibung der kontribualen Grundstücke | Hann. 74 Harburg Nrn. 1071, 1106 |
| 1778 | Interimskatastrum | Hann. 74 Harburg Nr. 1114 |
| 1780, 1781 | Kontribution der Hauswirte | Hann. 74 Harburg Nr. 1110 |
| 1785–1787 | Kontribution der Hauswirte und Häuslinge | Hann. 74 Harburg Nr. 1118 |
| 1788–1795 | Kontribution der Hauswirte und Häuslinge | Hann. 74 Harburg Nrn. 1125, 1126 |
| 1791–1803 | Häuslingsverzeichnisse | Hann. 74 Harburg Nr. 1128 |

## Stadt Harburg

Fürstentum Celle, Lüneburgisches Quartier; 1971: Stadt Hamburg.

### Registerförmige Quellen

| 1708 | Einwohnerverzeichnis | Celle Br. 60 Nr. 99 |

## Amt Hardegsen

*Stadt:* Hardegsen.
*Dörfer:* Asche, Ellierode, Ertinghausen, Hettensen, Hevensen, Lichtenborn, Lutterhausen, Schlarpe, Wolbrechtshausen.
Fürstentum Göttingen; 1971: Landkreis Northeim.
(Siehe auch Amt Moringen).

### Registerförmige Quellen

| | | |
|---|---|---|
| 1534 | Erbenzinsregister | Cal. Br. 2 Nr. 1088 |
| 1539 | Erbenzinsregister der Stadt Hardegsen und umliegender Dörfer | Hann. 83 IV Nr. 120 |
| 1577 | Register über das von den Untertanen an das Amt zu zahlende Forstgeld und Wiesenzins, auch Stadt | Cal. Br. 2 Nr. 1142 |
| 1585 | Huldigungsverzeichnis und Musterungsrolle | Cal. Br. 22 Nr. 728, siehe Burchard, S. 37–44 |
| 1593 | Erbenzinsbeschreibung | Hann. 74 Northeim Nr. 1009 |
| 1598 | Schweinemastregister | Cal. Br. 2 Nr. 1114 |
| 1611 | Musterungsrolle | Cal. Br. 2 Nr. 1136 |
| 1613 | Musterungsrolle, auch Stadt | Foto 1 Nrn. 431–433 |
| 1615 | Musterungsrolle | Foto 1 Nr. 449 |
| 1616, 1617 | Landsteuereinnahmeregister | Dep. 7 C Nr. 444 |
| 1622 | Erbenzinsbeschreibung | Hann. 74 Northeim Nr. 1013 |
| 1641 | Spezifikation der Kosten der Longuevilleschen Einquartierung in den Dörfern des Amtes | Cal. Br. 2 Nr. 1137 |
| 1643–1809 | Landsteuereinnahmeregister | Dep. 7 C Nrn. 445–609 |
| 1645 | Untertanenverzeichnis | Foto 1 Nrn. 20–23 |
| 1664 | Kopfsteuerbeschreibung des Amtes | Cal. Br. 19 Nr. 1019 |
| 1664 | Kopfsteuerbeschreibung der Stadt Hardegsen | Cal. Br. 19 Nr. 1022 |
| 1671 | Mannschaftsrolle (Huldigung), auch Stadt | Cal. Br. 22 Nr. 788 Bde. I, II |
| 1675 | Kopfsteuerbeschreibung des Amtes | Cal. Br. 19 Nr. 1029 Bd. I |
| 1675 | der Stadt Hardegsen | Cal. Br. 19 Nr. 1034 |

| | | |
|---|---|---|
| 1678 | des Amtes | Cal. Br. 19 Nr. 1039 Bd. II |
| 1678 | der Stadt Hardegsen | Cal. Br. 19 Nr. 1045 |
| 1679 | Verzeichnis der abgebrannten Häuser der Stadt Hardegsen | Cal. Br. 8 Nr. 1159 |
| 1680 | Mannschaftsrolle (Huldigung), auch Stadt | Cal. Br. 22 Nr. 796 Bd. II |
| 1686, 1689 | Kopfsteuerbeschreibung | siehe Mundhenke[122], Teil 10, S. 127–138 |
| 1687 | Rauchschatzbeschreibungen | Cal. Br. 19 Nr. 1103/2 Bd. II |
| 1688 | Quartalsopfer der Amtsuntertanen | Cal. Br. 2 Nr. 1140 |
| 1688 | Rauchschatzbeschreibung | Cal. Br. 19 Nr. 1115 Bd. IV |
| 1703–1740 | Taxtbeschreibung und Scheffelschatz | Dep. 7 C Nr. 687 |
| 1717–1719 | Kämmerei-, Taxt-, Magazin-, Korn-, Kontributionsgelder-, Servicegelder- und Prinzessinnengelderrechnungen der Stadt Hardegsen | Cal. Br. 8 Nr. 1157 |
| 1726 | Erbenzinsbeschreibung | Hann. 74 Northeim Nr. 1014 |
| 1755 | Namensverzeichnis der dienstbaren Mannschaft | Foto 1 Nr. 426 |
| 1765 | Erbzinsregister | Hann. 74 Northeim Nr. 1016 |
| 1766 | Personenbeschreibung der Stadt Hardegsen | Dep. 7 C Nr. 729 |
| 1776 | Erbenzinsregister | Hann. 74 Northeim Nr. 1017 |

---

[122] vgl. Anmerkung 1

## Gericht Hardenberg

*Flecken:* Nörten (Gerichtsort).
*Dörfer:* Bishausen, Bühle, Elvese, Großenrode, Hillerse, Lütgenrode, Sudershausen, Sudheim, Unterbillingshausen.
Fürstentum Göttingen; 1971: Landkreis Northeim.
Die von Hardenberg besaßen auch das Gericht Geismar, das deshalb oft zusammen mit dem Gericht Hardenberg beschrieben wird.

### Registerförmige Quellen

| | | |
|---|---|---|
| 1585 | Huldigungsverzeichnis und Musterungsrolle | Cal. Br. 22 Nr. 728, siehe Burchard, S. 17–19 |
| 1592–1718 | Zehntsachen des Klosteramts Northeim im Gericht Hardenberg | Hann. 81 Nrn. 2809–2818 |
| 1664 | Kopfsteuerbeschreibung | Foto 1 |
| 1671 | Mannschaftsrolle (Huldigung) | Cal. Br. 22 Nr. 788 Bd. II |
| 1675 | Kopfsteuerbeschreibung | Cal. Br. 19 Nr. 1032 |
| 1678 | Kopfsteuerbeschreibung | Cal. Br. 19 Nr. 1041 |
| 1680 | Mannschaftsrolle (Huldigung) | Cal. Br. 22 Nr. 796 Bd. II |
| 1686, 1689 | Kopfsteuerbeschreibung | siehe Mundhenke[123], Teil 7, S. 133–164 |
| 1687 | Rauchschatzbeschreibungen | Cal. Br. 19 Nr. 1103/2 Bd. II |
| 1688 | Rauchschatzbeschreibung | Cal. Br. 19 Nr. 1115 Bd. IV |
| 1699–1806 | Geographisch-statistische Beschreibung und Vermessung | Hann. 74 Northeim Nr. 615 |
| 1725 | Taxtbeschreibung und Scheffelschatz | Dep. 7 C Nr. 703 |
| 1725 | Beschreibung der Ländereien und des Viehs | Hann. 74 Northeim Nr. 619 |
| 1755 | Namensverzeichnis der dienstbaren Mannschaft | Foto 1 Nr. 426 |
| 1766 | Personenbeschreibung | Dep. 7 C Nr. 731 |

### Schriftgut der freiwilligen Gerichtsbarkeit

| | | |
|---|---|---|
| 1749–1776 | Amtshandelsbücher | Hann. 72 Northeim Nrn. 1–6 |
| 2. Hälfte 18. Jh.–1877 | Hypothekenbücher | Hann. 72 Northeim Nrn. 112–172 |

123 vgl. Anmerkung 1

## Amt Harpstedt

*Flecken:* Harpstedt.
*Vogtei Hunthe:* Beckeln, Groß Köhren, Hackfeld, Hölingen, Holzhausen, Horstedt, Kellinghausen, Klein Henstedt, Klein Köhren, Mahlstedt, Prinzhöfte, Reckum, Schulenberg, Simmerhausen, Stiftenhöfte, Winkelsett, Wohlde, Wunderburg.
*Amtsvogtei Böhrde:* Annen, Dünsen, Groß Henstedt, Groß Ippener, Kirchseelte, Klein Ippener, Klosterseelte, Stelle.
Grafschaft Hoya, 2. Quartier in der Obergrafschaft; 1971: Landkreis Grafschaft Hoya.

*Literatur:* Robert Grimsehl, Katalog über die Quellen zur Geschichte Harpstedts, siehe Ms. G. Nr. 01 (1938, 1939).

### Registerförmige Quellen

| | | |
|---|---|---|
| 1551, 1561 | Harpstedter Gerichtsbuch und Grenzbeschreibungen | StA Oldenburg Best. 89, 2 Nr. 8 A b |
| 1567 | Höfeverzeichnis | StA Oldenburg Best. 89,2 Nr. 6 A b |
| 1610, 1616 | Zehntregister (unvollständig) | StA Oldenburg Best. 20/16 |
| 1637–1661 | Einnahmeregister über Zinsschweine, Hofschafe, Fastelabendshühner | Hann. 74 Freudenberg Nr. 734 |
| 1637–1785 | Fleischzehntregister | Hann. 74 Freudenberg Nrn. 868, 869 (1708–1785) |
| 1638–1660 | Fräulein- und Prinzessinnensteuer | Hann. 74 Freudenberg Nr. 660 |
| 1638–1646, 1665, 1670, 1704–1709 | Anschlagsregister über Defensionsgelder oder Fräuleinsteuer | Hann. 74 Freudenberg Nr. 661 |
| 1639, 1640 | Verzeichnisse des Knechte- und Wächtergeldes | Hann. 74 Freudenberg Nr. 716 |
| 1639, 1640, 1666–1668 | Hofschafverzeichnisse | Hann. 74 Freudenberg Nr. 733 |
| 1647 | Mannzahlregister | StA Oldenburg Best. 89,2 Nr. 1 A b |
| 1648 | Vermögensbeschreibung | StA Oldenburg Best. 89,2 Nr. 7 A b |
| 1658 | Musterungsrolle | StA Oldenburg Best. 89,2 Nr. 4 A b |
| 1663 | Anschlagsregister über Türkensteuer | Hann. 74 Freudenberg Nr. 662 |

| | | |
|---|---|---|
| 1667–1670 | Gohroggenverzeichnisse | Hann. 74 Freudenberg Nr. 727 |
| 1672, 1733–1756, 1789–1794 | Bürgerdienstverzeichnisse von Harpstedt | Hann. 74 Freudenberg Nrn. 761, 770 (1733–1748) |
| 1673 | Feuerstätten und davon zu erhebender Rauchschatz | Hann. 74 Freudenberg Nr. 665 |
| 1678 | Amtsbeschreibung | Hann. 74 Freudenberg Nr. 680 |
| 1678 | Dienstregister der Brinksitzer und Beibauern | Hann. 88 B Nr. 2437 |
| 1678–1683 | Kontributionskataster der Hauswirte | Hann. 74 Freudenberg Nr. 680 |
| 1679 | Verzeichnis und Beschreibung der durch den cellischen Friedensschluss 1679 an das Amt Harpstedt gefallenen bremischen und wildeshausenschen Gefälle | Hann. 74 Freudenberg Nr. 696 |
| Ende 17. Jh. | Kontributions-Catastrum von Häuslingen und Hirten | Hann. 74 Freudenberg Nr. 667 |
| 1710 | Burgfestdienstregister | Hann. 74 Freudenberg Nr. 773 |
| 1710, 1711 | Impostregister | Dep. 106 Nr. 2103 Bd. II |
| 1711–1830 | Eigentumsgefälle (Weinkäufe, Freilassungen etc.) | Hann. 74 Freudenberg Nrn. 790, 791 (1750–1830) |
| 1716 | Lagerbuch | Hann. 74 Freudenberg Nrn. 7–9 |
| 1716–1809 | Akzisepachtkontrakte | Dep. 106 Nr. 2868 |
| 1720 | Untersuchung und Bestrafung der Akzise- und Tabaksimpostbrüche im Amt | Dep. 106 Nr. 2888 |
| 1721 | Bier- und Branntweinakzise im Flecken Harpstedt | Dep. 106 Nr. 2302 |
| 1729, 1730–1735 | Tabaksbrüche | Dep. 106 Nr. 2390 Dep. 106 Nr. 2396 |
| 1736, 1743, 1765 | Spezifikation der Kontribution im Flecken Harpstedt | Hann. 74 Freudenberg Nr. 667 |
| 1739–1747 | Spezifikation der Häuslinge in der Vogtei Hunte, deren Nahrungserwerb und Hornviehhaltung | Hann. 74 Freudenberg Nr. 667 |
| 1746 | Burgfestdienstregister | Dep. 106 Nr. 847 |
| 1753–1787 | Brandkataster | Dep. 106 Nr. 1189 Dep. 106 Nr. 1190 |
| 1753–1771 | Gebäudebeschreibungen, Brandkassenveränderungen | Dep. 106 Nr. 1198 Bde. I, II |
| 1753–1809 | Akzisepachtkontrakte im Flecken Harpstedt | Dep. 106 Nr. 2869 |

| | | |
|---|---|---|
| 1755 | Namensverzeichnis der dienstbaren Mannschaft | Foto 1 Nrn. 424–425 |
| 1756–1760 | Zustand der Höfe | Hann. 74 Freudenberg Nr. 1705 |
| 1757 | Einrechnungsregister der in der Grafschaft Hoya erhobenen außerordentlichen Personenschatzung für den Flecken Harpstedt | Hann. 74 Freudenberg Nr. 676 |
| 1757, 1758 | Personenschatzung | Dep. 106 Nr. 3235 |
| [1757] | Einrechnungsregister der im Amt Harpstedt erhobenen außerordentlichen Vermögens- und Gewerbesteuer | Hann. 74 Freudenberg Nr. 676 |
| 1760–1799, 1814, 1815 | Tabaksimpostregister | Dep. 106 Nrn. 2420/2–2459/2 Dep. 106 Nr. 2940 Bde. II, IV |
| 1765 | Erträge der freien Ländereien | Dep. 106 Nr. 621 |
| 1773–1855 | Beschreibung der Untertanen | Hann. 74 Freudenberg Nr. 787 |
| 1778, 1779 | Volksmenge, Gewerbe, Viehbestand (nur Vogtei Hunte) | Hann. 74 Freudenberg Nr. 10 |
| 1786 | Dienstgeldverzeichnis | Hann. 74 Freudenberg Nr. 782 |
| 1787 | Brandkataster | Dep. 106 Nr. 1271 |
| 1795, 1802 | Feuerstättenverzeichnis | Hann. 74 Freudenberg Nr. 10 |

## Amt Harste

Bösinghausen, Elliehausen, Emmenhausen, Esebeck, Gladebeck[124], Harste, Herberhausen, Hetjershausen, Knutbühren, Lenglern, Marienstein, Nikolausberg, Parensen, Roringen, Weende.

Ausgenommen von der Gerichtsbarkeit des Amtes Harste waren folgende Bezirke, die eine eigene Zivilgerichtsbarkeit ausübten: Bösinghausen (ungeschlossenes Niedergericht), die Stadtdörfer Herberhausen und Roringen, die der Stadt Göttingen unterstanden, die Klöster Marienstein (Steina) und Weende im Bezirk ihres Klostergrundes.
Fürstentum Göttingen; 1971: Landkreis Göttingen.

*Literatur:* Heinrich Lücke, Aus dem Erbregister des Amtes Harste von 1655, in: Norddeutsche Familienkunde 1, 1952, Heft 2 (gekürzt) (Zs 82).

### Registerförmige Quellen

| | | |
|---|---|---|
| 1418 | Schatzregister | Stadtarchiv Göttingen |
| 1496, 1497 | Geld- und Kornregister des Klosters Weende | Cal. Br. 7 Nr. 1673 |
| 1550 | Register über den 16. Pfennig | Cal. Br. 2 Nr. 1239 |
| 1585 | Huldigungsverzeichnis und Musterungsrolle, auch Gericht Gladebeck | Cal. Br. 22 Nr. 728, siehe Burchard, S. 44–52 |
| 16.–18. Jh. | Erb- und andere Register des Klosters Weende | Hann. 81 Nrn. 3028–3034 |
| 1609 | Musterungsrolle | Foto 1 Nr. 447 |
| 1611 | Musterungsrolle | Cal. Br. 2 Nr. 1208 |
| 1613 | Mannschaftsrolle | Cal. Br. 3 Nr. 631 |
| 1613 | Musterungsrolle | Foto 1 Nrn. 431–433 |
| 1614 | Musterungsrolle | Foto 1 Nr. 449 |
| 1614 | Einwohnerverzeichnis | Cal. Br. 1 Nr. 2193 |
| 1615 | Musterungsrolle | Foto 1 Nr. 448 |
| 1616, 1617 | Landsteuereinnahmeregister | Dep. 7 C Nr. 444 |
| 1642–1760 | Verzeichnisse der gehobenen Rauch- und Zinshühner | Hann. 74 Göttingen Nr. 1067 |
| 1643–1809 | Landsteuereinnahmeregister | Dep. 7 C Nrn. 445–609 |
| 1645 | Untertanenverzeichnis | Foto 1 Nrn. 20–23 |
| 1652 | Amtslagerbuch | Hann. 74 Göttingen Nr. 1544 |

124 Heinrich Kleinsorge, Gladebeck, Ortssippenbuch, 1668–1829, 1987 (T Gladebeck 3).

# Amt Harste

| | | |
|---|---|---|
| 1655, (1705, 1706) | Erbregister und Erbenzinsregister | Hann. 74 Göttingen Nr. 1412 |
| 1664 | Kopfsteuerbeschreibung des Amtes | Foto 1 |
| 1664 | desgl. der Klöster Marienstein und Weende | Foto 1 |
| 1671 | Mannschaftsrolle (Huldigung), auch Kloster Marienstein | Cal. Br. 22 Nr. 788 Bd. II |
| 1674–1736 | Manuale von abgeleisteten Pflichtdiensten | Hann. 74 Göttingen Nr. 1102 |
| 1675 | Kopfsteuerbeschreibung des Amtes | Cal. Br. 19 Nr. 1029 Bd. I |
| 1675 | desgl. der Klöster Marienstein und Weende | Cal. Br. 19 Nr. 1028 |
| 1678 | Erbscheffelzinsbeschreibung | Hann. 74 Göttingen Nr. 1417 |
| 1678 | Kopfsteuerbeschreibung des Amtes | Cal. Br. 19 Nr. 1039 Bd. II |
| 1678 | desgl. der Klöster Marienstein und Weende | Cal. Br. 19 Nr. 1038 |
| 1680 | Mannschaftsrolle (Huldigung), auch Kloster Weende | Cal. Br. 22 Nr. 796 Bd. II |
| 1684 | Dienstregister | Cal. Br. 2 Nr. 1212 |
| 1686, 1689 | Kopfsteuerbeschreibung | siehe Mundhenke[125], Teil 7, S. 22–55 |
| 1686–1688 | Quartalopfer für die Geistlichkeit | Cal. Br. 2 Nr. 1242 |
| 1687 | Rauchschatzbeschreibungen | Cal. Br. 19 Nr. 1103/2 Bd. III |
| 1688 | Rauchschatzbeschreibung | Cal. Br. 19 Nr. 1115 Bd. IV |
| 1688 | Rauchschatzbeschreibung Kloster Marienstein | Cal. Br. 19 Nr. 1116 Bd. I |
| 1692–1705 | Taxtbeschreibung | Dep. 7 C Nr. 676 |
| 1692–1710 | Beschreibung der Häuslinge | Hann. 74 Göttingen Nr. 618 |
| 1699–1748 | Dorftaxtbeschreibungen | Hann. 74 Göttingen Nr. 827 |
| 1705, 1706 | Erbenzinsregister | Hann. 74 Göttingen Nr. 1412 |
| 1723 | Taxtbeschreibung und Scheffelschatz | Dep. 7 C Nr. 697 |
| 1740–1770 | Verzeichnis der Häuslinge und der von denselben zu entrichtenden Schutz- und Dienstgelder | Hann. 74 Göttingen Nr. 623 |
| 1745–1748 | Spezifikation der Mannschaft | Hann. 74 Göttingen Nr. 703 |
| 1755 | Namensverzeichnis der dienstbaren Mannschaft | Foto 1 Nr. 426 |
| 1757–1759 | Personen- und Vermögenssteuerbeschreibung | Hann. 74 Göttingen Nr. 850 |

125 vgl. Anmerkung 1

Amt Harste

| 1766 | Personenbeschreibung der Klöster Marienstein und Weende | Dep. 7 C Nr. 731 |
| --- | --- | --- |
| 1770–1800 | Verzeichnis der Häuslinge und der von denselben zu entrichtenden Schutz- und Dienstgelder | Hann. 74 Göttingen Nrn. 626–628 |
| 1777 | Höfebeschreibung | Hann. 74 Göttingen Nr. 1054 |
| 1780–1788 | Beschreibung der erbenzinspflichtigen Grundstücke | Hann. 74 Göttingen Nr. 1499 |

### Schriftgut der freiwilligen Gerichtsbarkeit

| 1576–1718 | Protokollbücher des Amtes, Bescheide, Verkäufe, Kontrakte | Hann. 72 Göttingen Nrn. 170–182 |
| --- | --- | --- |
| 1599–1823 | Repertorium über gerichtliche, auch peinliche Sachen | Hann. 72 Göttingen Nr. 169 |
| 1666–1823 | Ehestiftungen, Übergabe- und sonstige Kontrakte | Hann. 72 Göttingen Nrn. 234–244 |
| 1680–1823 | Ehestiftungen und Kontrakte | Hann. 72 Göttingen Nrn. 183–205 |
| 1690–1760 | Testamente | Hann. 72 Göttingen Nr. 245 |
| 1718–1823 | Kontrakte | Hann. 72 Göttingen Nrn. 206–230 |
| 1720–1822 | Pacht-, Miet- und Meier-Kontrakte | Hann. 72 Göttingen Nrn. 231–233 |
| 1740–1760 | Testamente | Hann. 72 Göttingen Nr. 246 (im Stadtarchiv Göttingen, siehe Exp. 13) |

## (Ober-)Harz

*Städte:* Altenau, Andreasberg, Zellerfeld, Clausthal, Grund, Lautenthal, Wildemann.
*Clausthaler Berg- und Forstamt:*
*Flecken:* Buntenbock, Lerbach.
*Dörfer:* Lonau, Sieber, Königshütte, Rote Hütte bei Elbingerode, Eisenhütte bei Andreasberg, Kupferhütte bei Lauterberg, Eisenhütte auf dem Elend bei Elbingerode.
*Einstellige Häuser:* Kamschlacken, die Schluft, die schwarze Hütte, Königshof, Oderhütte, Oderbrücke, Silberhütten zu Clausthal und Andreasberg, Ziegelhütte zwischen Clausthal und Osterode, Bösenhof, Forsthaus im Osterfelde, Riesenbeck, Sägemühlen bei Clausthal, Osterode, Herzberg, Andreasberg und auf dem Elend.
*Zellerfelder Berg- und Forstamt:*
*Dörfer:* Schulenberg, Laubhütte, Hahnenklee.
*Einstellige Häuser:* Schulenberger Hütte, der silberne Nagel, Bockswiese, Auerhahn, Balkenkrug, Sägemühlen zu Hutschental und Weißenwasser, Mahlmühlen zu Wildemann und Eulenspiegel.
Weitere Quellen in der Außenstelle des Hauptstaatsarchivs Hannover beim Landesbergamt in Clausthal-Zellerfeld.
Fürstentum Grubenhagen; 1971: Landkreis Zellerfeld.

### Registerförmige Quellen

| 1674 | Häuserliste von Zellerfeld | Hann. 84 Nr. 12 |
| --- | --- | --- |
| 1677 | Einwohnerverzeichnis von Grund | Hann. 84 Nr. 38 |
| 1679–1781 | Seelenregister von Lautenthal | Hann. 84 Nr. 39 |
| 1686 | Häuser-, Bürger- und Einwohnerverzeichnisse von Grund, Wildemann und Zellerfeld | Hann. 84 Nr. 12 |
| 1699 | Häuser- und Einwohnerverzeichnisse (inkl. Hausgenossen und Gesinde) von Lautenthal und Wildemann | Hann. 84 Nr. 13 |
| 1734–1783 | Bürgerregister von Grund (inkl. Hausgenossen) | Hann. 84 Nr. 40 |
| 1735 | Verzeichnis der Kinder von 6–14 Jahren zu Clausthal | Hann. 84 Nr. 35 |
| 1740 | Verzeichnis der Bürger und Hausgenossen von Zellerfeld | Hann. 84 Nr. 42 |
| 1742, 1743 | Verzeichnis der Einwohner | Hann. 84 Nr. 54 |
| 1750 | Verzeichnis der Bürger und Hausgenossen von Zellerfeld | Hann. 84 Nr. 43 |

# (Ober-)Harz

| 1751 ff. | Namentlicher Index zu Brandkatastern von Andreasberg | Hann. 74 Zellerfeld Nr. 498 |
|---|---|---|
| 1751–1819 | Brandassekurationsverzeichnisse von Andreasberg | Hann. 74 Zellerfeld Nrn. 493, 494, 496, 497 |
| 1758 | Bürgerregister von Clausthal (inkl. Hausgenossen und Profession) | Hann. 84 Nr. 36 |
| 1758 | Verzeichnis der männlichen Personen über 14 Jahre in Altenau | Hann. 84 Nr. 30 |
| 1758 | Verzeichnis der männlichen Personen über 14 Jahre in Andreasberg | Hann. 84 Nr. 31 |
| 1758 | Verzeichnis der männlichen Personen in Grund | Hann. 84 Nr. 41 |
| 1760 | Verzeichnis der Bürger und Hausgenossen von Zellerfeld | Hann. 84 Nr. 44 |
| 1765, 1766 | Verzeichnis der versicherten Gebäude | Hann. 74 Zellerfeld Nr. 487 |
| 1766 | Bürgerregister von Andreasberg (inkl. Hausgenossen und Profession) | Hann. 84 Nr. 32 |
| 1768 | Seelenregister von Clausthal (inkl. Hausgenossen und Profession) | Hann. 84 Nr. 37 |
| 1770 | Verzeichnis der Bürger und Hausgenossen von Zellerfeld | Hann. 84 Nr. 45 |
| 1780 | Verzeichnis der Bürger und Hausgenossen von Zellerfeld | Hann. 84 Nr. 46 |
| 1781 | Seelenregister von Grund | Hann. 84 Nr. 39 |
| 1789 | Brandkataster des Kantons Andreasberg | Hann. 74 Zellerfeld Nr. 495 |
| 1791 | Verzeichnis der Bürger und Hausgenossen von Zellerfeld | Hann. 84 Nr. 47 |
| 1796 | Verzeichnis von 397 abgebrannten Gebäuden in Andreasberg | Hann. 74 Zellerfeld Nr. 507 |
| 1800 | Verzeichnis der Bürger und Hausgenossen von Zellerfeld | Hann. 84 Nr. 48 |

## Schriftgut der freiwilligen Gerichtsbarkeit

| 1751–1814 | Stadthandlungsbuch von Altenau | Hann. 72 Zellerfeld Nr. 1 |
|---|---|---|

## Gericht Hastenbeck

Hastenbeck.
Fürstentum Calenberg, Hamelsches Quartier; 1971: Landkreis Hameln-Pyrmont.

### Registerförmige Quellen

| 1562 | Schaf- und Scheffelschatzregister | Cal. Br. 19 Nr. 474 |
|---|---|---|
| 1585 | Huldigungsverzeichnis und Musterungsrolle | Cal. Br. 22 Nr. 728, siehe Burchard, S. 154, 155 |
| 1599 | Ausschuss-Musterrolle der Hastenbeckschen Leute | Foto 1 Nrn. 431–433 |
| um 1610 | Ausschuss-Musterrolle | Foto 1 Nr. 447 |
| 1617–1811 | Landsteuer | Dep. 7 C Nrn. 429–443<br>Dep. 7 C Nrn. 205–207<br>Dep. 7 C Nrn. 209–242<br>Dep. 7 C Nrn. 245–280<br>Dep. 7 C Nrn. 282–352<br>(Nrn. 225–228 enthalten außerdem Rittersteuer) |
| 1662–1674 | Schafschatzbeschreibungen | Cal. Br. 19 Nrn. 761, 762 |
| 1664 | Kopfsteuerbeschreibung | Cal. Br. 19 Nr. 1021 |
| 1671 | Gerichtsuntertanen (Huldigung) | Cal. Br. 22 Nr. 788 Bd. II |
| 1672 | Kontributionsbeschreibung | Cal. Br. 19 Nr. 866 |
| 1675 | Kopfsteuerbeschreibung | Cal. Br. 19 Nr. 1032 |
| 1678 | Kopfsteuerbeschreibung | Cal. Br. 19 Nr. 1041 |
| 1680 | Gerichtsuntertanen (Huldigung) | Cal. Br. 22 Nr. 795 Bd. I |
| 1686, 1689 | Kopfsteuerbeschreibung | siehe Mundhenke[126], Teil 6, S. 223–226 |
| 1687 | Rauchschatzbeschreibungen | Cal. Br. 19 1103/2 Bd. III |
| 1688 | Rauchschatzbeschreibung | Cal. Br. 19 Nr. 1115 Bde. I–IV |
| 1745 | Mannschaftsverzeichnis | Hann. 76 a Nr. 13 |
| 1766 | Personenbeschreibung | Dep. 7 C Nr. 731 |

---

126 vgl. Anmerkung 1

## Amtsvogtei Hermannsburg

*Bauerschaften:* Baven, Beckedorf, Bonstorf mit Barmbostel und Hetendorf, Hermannsburg mit Bährenhof und Schlüpke, Müden/Oertze mit Dethlingen, Gerdehaus, Poitzen, Velligsen und Willighausen, Oldendorf, Weesen mit Lutterloh.
Fürstentum Lüneburg, Lüneburgisches Quartier; 1971: Landkreise Celle und Soltau.

### Registerförmige Quellen

| | | |
|---|---|---|
| 1438 | Schatzregister | Celle Br. 61 Nr. 857, siehe Grieser I, S. 8–38 |
| 1511 | Schatzregister | Foto 1 Nr. 302 |
| Mitte 16. Jh. | Höfeverzeichnis | Foto 1 Nr. 450 |
| 1553 | Musterrolle (nicht nach Orten aufgeteilt) | Celle Br. 46 Nr. 211 Bd. II, Bl. 17, 26, 49 |
| 1589 | Viehschatzregister | Foto 1 Nr. 317 |
| 1605, 1606 | Musterrolle | Foto 1 Nr. 435 |
| 1618 | Einwohnerverzeichnis | Foto 1 Nr. 445 |
| 1620 | Musterrolle (nicht nach Orten aufgeteilt) | Celle Br. 46 Nr. 213, Bl. 64 |
| 1628 | Einwohnerverzeichnis | Foto 1 Nr. 451 |
| 1628 | Kontributionsregister | Celle Br. 10 Nr. 120 Bd. II |
| (1660) 1724–1812 | Weinkaufverzeichnisse | Hann. 74 Bergen Nr. 775 |
| 1752–1795 | Brandversicherungskataster | Hann. 74 Bergen Nr. 704 |
| 1755 | Namensverzeichnis der dienstbaren Mannschaft | Foto 1 Nr. 426 |
| 1770 | Tabellarische Beschreibung | Foto 1 Nr. 357 |

### Schriftgut der freiwilligen Gerichtsbarkeit

| | | |
|---|---|---|
| 1667–1852 | Ehestiftungen | Hann. 72 Bergen Nrn. 126–149 |
| 1740–1852 | Depositen | Hann. 72 Bergen Nrn. 171–173 |
| 1745–1834 | Testamtente | Hann. 72 Bergen Nrn. 162–165 |

## Amt Herzberg

*Flecken:* Herzberg.
*Dörfer:* Dorste, Elbingerode, Hattorf, Hörden, Lütgenhausen, Pöhlde, Scharzfeld, Schwiegershausen, Wollershausen, Wulften.
Zum Amt gehörte bis 1750 noch das Gericht Eisdorf mit den Dörfern Förste und Nienstedt, das zum Amt Osterode kam.
Fürstentum Grubenhagen; 1971: Landkreis Osterode am Harz.

### Registerförmige Quellen

| um 1515–1532 | Zinsregister | Hann. 74 Herzberg Nr. 465 |
|---|---|---|
| 1585 | Geldregister des Amtes | Cal. Br. 3 Nr. 673 |
| 1599, 1659–1677 | Spezialbeschreibung des Fleckens Herzberg, der Amtsdörfer und dazugehörigen Ländereien | Hann. 74 Herzberg Nr. 163 |
| 1600 | Musterungsrolle | Cal. Br. 21 Nr. 2882 |
| 1601 | Erbenzinsregister vom Amt Scharzfels, enthält: Scharzfeld | Hann. 74 Herzberg Nr. 466 |
| 1613 | Mannschaftsrolle (Erbhuldigung) | Cal. Br. 3 Nr. 631 |
| 1623 | Kriegssteuerregister | Cal. Br. 3 Nr. 30 |
| 1636 | Einwohnerverzeichnis mit Ländereiangaben | Cal. Br. 3 Nr. 119 |
| 1655–1706 | Verzeichnis der dienstfreien Häuser | Hann. 74 Herzberg Nr. 389 |
| 1668 | Einquartierungskosten für aus Kreta zurückkehrende Truppen | Cal. Br. 3 Nr. 146 |
| 1671 | Mannschaftsrolle (Huldigung) | Cal. Br. 22 Nr. 788 Bd. II |
| 1672 | Verzeichnis der im Kriegsdienst gestandenen Untertanen mit Altersangaben | Cal. Br. 3 Nr. 148 |
| 1675 | Kopfsteuerbeschreibung | Foto 1 |
| 1676 | Einwohner-, Länderei- und Viehregister | Cal. Br. 3 Nr. 508 |
| 1680 | Mannschaftsrolle (Huldigung) | Cal. Br. 22 Nr. 796 Bd. III |
| 1678, 1689 | Kopfsteuerbeschreibung | siehe Mundhenke[127], Teil 11, S. 23–120 |
| 1696–1817 | Landforstregister, darin: Einnahmeregister betr. Holzverkauf | Hann. 74 Herzberg Nrn. 719–841 |

---

127 vgl. Anmerkung 1

## Amt Herzberg

| 1696, 1744, 1771 | Jagdfolgedienste (Mannschaftsrollen) | Hann. 74 Herzberg Nr. 74 |
|---|---|---|
| 1700 | Beschreibung der Ländereien des Fleckens Herzberg | Cal. Br. 3 Nr. 482 |
| 1737 | Wiederheranziehung der wüsten Landzinsländerei in die Register | Hann. 74 Herzberg Nr. 396 |
| 1738–1763 | Erbenzinsregister, insbes. des Fleckens Herzberg | Hann. 74 Herzberg Nr. 394 |
| 1740, 1741, 1799–1817 | Schafschatzbeschreibungen | Hann. 74 Herzberg Nr. 496 |
| 1755 | Namensverzeichnis der dienstbaren Mannschaft | Foto 1 Nrn. 424–425 |
| 1755, 1785 | Verzeichnis der Ländereien und Wiesen der Meierhöfer | Hann. 74 Herzberg Nr. 301 |
| 1755–1811 | Brandkataster | Hann. 330 Nrn. 211, 212 |
| 1756–1762 | Verzeichnis der Pferdebesitzer | Hann. 74 Herzberg Nr. 13 |
| 1766 | Feuerstellenverzeichnis | Hann. 74 Herzberg Nr. 167 |
| 1766–1768 | Beschreibung der vor Herzberg, Hörden, Hattorf und Lütgenhausen belegenen Zehntländereien | Hann. 74 Herzberg Nrn. 169, 170 |
| 1775 | Gelderbenzinsregister des Fleckens Herzberg | Hann. 88 E Nr. 57 |
| (1775–1779) | Verzeichnis der Fruchtzinsgefälle (o. D.), enthält verschiedene Dörfer aus Kurmainz | Hann. 74 Herzberg Nr. 392 |
| 1776–1778 | Höfebeschreibungen | Hann. 74 Herzberg Nr. 173 |
| 1777 | Belege zum neuen Gelderbenzinsregister, enthält auch die kurmainzischen Orte Rhumspringe, Hilkerode, Zwinge, Silkerode, Gieboldehausen, Bilshausen und aus dem Amt Katlenburg Gillersheim | Hann. 74 Herzberg Nr. 390 |
| 1777 | Landfolgedienste (Pferdebesitzer) | Hann. 74 Herzberg Nr. 73 |
| 1778 | Dienstpflichtigenverzeichnis infolge Abstellung ihrer Naturaldienste | Hann. 74 Herzberg Nr. 435 |
| 1778 | Höfebeschreibung | Hann. 74 Herzberg Nr. 436 |
| 1779 | Meierhöfebeschreibung (Fruchtzins) | Hann. 74 Herzberg Nr. 174 |
| 1779 | Fruchtzinsbeschreibung | Hann. 74 Herzberg Nr. 393 |
| 1779, 1780 | Dienstgeldregister | Hann. 74 Herzberg Nr. 432 |

## Schriftgut der freiwilligen Gerichtsbarkeit

| 1756–1800 | Hypothekenbuch | Hann. 72 Herzberg Nr. 269 |
|---|---|---|
| 1760–1830 | Kontrakte | Hann. 72 Herzberg Nrn. 1–41 |

## Domkapitel Hildesheim

Domimmunität in Hildesheim, Ämter Marienburg, Steinbrück, Wiedelah.
Die domkapituarischen Ämter sind noch gesondert aufgeführt.
Fürstbistum Hildesheim; 1971: Stadt Hildesheim

*Literatur:* Alexander Dylong, Das Hildesheimer Domkapitel im 18. Jahrhundert, 1997, S. 46–51 (02452)

### Registerförmige Quellen

| | | |
|---|---|---|
| 1551–1806 | Pfennigzinsregister (enthält weitere Dörfer im Hochstift Hildesheim) | Hild. Br. 2 F Nrn. 292–332 |
| 1609–1624 | Hufenschatzregister des Domkapitels und einzelner Prälaten (von den im Kleinen Stift gelegenen Gütern) | Hild. Br. 2 J Nr. 461 |
| 1634 | Verzeichnis der Bürger der Stadt Hildesheim | Hild. Br. 2 B Nr. 791 |
| 1687 | Verzeichnis der Bewohner der zur Immunität gehörenden Häuser in Hildesheim | Hild. Br. 2 B Nr. 792 |

## Dompropstei Hildesheim

Adlum, Asel, Borsum, Groß Algermissen, Hasede, Hönnersum, Hüddessum, Itzum, Machtsum. – Zur Dompropstei rechnete auch das Dorf Evern, 1971 Landkreis Burgdorf; da die Landeshoheit beim Fürstentum Lüneburg lag, fehlt es in den meisten Registern. In einigen Registern der Dompropstei werden auch weitere Dörfer, insbesondere der Ämter Steuerwald, Peine, Ruthe und Koldingen, erfasst.
Fürstbistum Hildesheim; 1971: Landkreis Hildesheim-Marienburg.

*Literatur:* Wilhelm Hartmann, Tabelle der Besitz- und Rechtsverhältnisse in der Hildesheimer Dompropstei um 1650, in: Alt-Hildesheim 18, 1939, S. 13–16 (Zs 136).

### Registerförmige Quellen

| 1539 | Schatzregister | Hild. Br. 1 Nr. 7636 |
| --- | --- | --- |
| 1551–1806 | Pfennigzinsregister (enthält weitere Dörfer im Hochstift Hildesheim) | Hild. Br. 2 F Nrn. 292–332 |
| 1556–1806 | Erbenzinsregister (enthält weitere Dörfer: Ämter Steuerwald, Peine, Ruthe und Koldingen) | Hild. Br. 2 F Nrn. 268–291 |
| 1567 | Hufen- und Scheffelschatzregister (darin auch Harsum, Achtum-Uppen und Rautenberg) | Hild. Br. 2 J Nr. 460 |
| 1565, 1570 | Schafschatzregister | Hann. 77 b Nr. 4069 |
| 1567, 1581 | Schafschatzregister | Hild. Br. 1 Nr. 7532 |
| 1569 | Schatzregister | Hild. Br. 1 Nr. 7640 |
| 1570 | Hufen- und Scheffelschatzregister (darin auch Harsum, Achtum-Uppen und Rautenberg) | Hild. Br. 2 J Nr. 460 |
| 1572 | Schatzregister (nur Klein Algermissen) | Hild. Br. 1 Nr. 7640 |
| 1573 | Hufen- und Scheffelschatzregister (darin auch Harsum, Achtum-Uppen und Rautenberg) | Hild. Br. 2 J Nr. 460 |
| 1573 | Schatzregister (nur Klein Algermissen) | Hann. 77 b Nr. 4070 |
| 1581 | Schatzregister (darin auch Klein Algermissen, Harsum, Achtum-Uppen und Rautenberg) | Hann. 77 b Nr. 4070 |
| 1581, 1582 | Schatzbeschreibung | Hild. Br. 1 Nr. 7640 |

## Dompropstei Hildesheim

| | | |
|---|---|---|
| 1582 | Schatzregister (darin auch Klein Algermissen, Harsum, Achtum-Uppen und Rautenberg) | Hann. 77 b Nr. 4070 |
| 1606 | Schafschatzregister | Hild. Br. 1 Nr. 7533 |
| 1613 | Schatzregister (für familiengeschichtliche Forschungen wenig ergiebig) | Hann. 77 b Nr. 4071 |
| 1615 | Schatzregister | Hild. Br. 2 J Nr. 813 |
| 1645 | Land- und Kontributionsbeschreibung | Hild. Br. 1 Nr. 8649, desgl. in Hann. 74 Hildesheim Nrn. 469, 473 |
| 1646–1801 | Schatzregister (für familiengeschichtliche Forschungen wenig ergiebig) | Erhalten in drei lückenhaften Reihen: Hild. Br. 12 Nrn. 515–563 Hild. Br. 2 J Nrn. 814–853 Hild. Br. 1 Nrn. 7649–7771 |
| 1648 | Kopfsteuerlisten | Hild. Br. 1 Nr. 8308 |
| 1664 | Kopfsteuerbeschreibung | siehe Bardehle, S. 16–31 |
| 1665 | Landbeschreibung | Hann. 74 Hildesheim Nr. 469 |
| 1665, 1666 | Landschatzbeschreibung | Hild. Br. 1 Nr. 7585, noch eingehender in Hild. Br. 1 Nr. 7557 |
| 1665 | Gesindesteuerbeschreibung | Hild. Br. 2 J Nr. 474 |
| 1667, 1668 | Landschatzbeschreibung | Hild. Br. 1 Nr. 7586 |
| 1673 | Landbeschreibung | Hann. 74 Hildesheim Nrn. 469, 473 |
| 1676 | Gesindesteuerbeschreibung | Hild. Br. 12 Nr. 1101 |
| 1681 | Lämmerzehntregister | Hild. Br. 2 F Nr. 470 |
| 1685 | Kopfsteuer der (Kontributions-)Freien und des Gesindes | Hild. Br. 1 Nr. 8312 |
| 1686 | Beschreibung der zum Meierding Itzum gehörigen Länderei | Hann. 72 Hildesheim Nr. 635 |
| 1693–1695 | Fleischzehnt- und Halshühnerregister | Hild. Br. 2 F Nr. 468 |
| 1694–1695 | Landschatzbeschreibung | Hild. Br. 12 Nr. 1046 |
| 1695–1720 | Fleischzehnt- und Halshühnerregister | Hild. Br. 2 F Nr. 469 |
| 1696 | Landschatzbeschreibung | Hild. Br. 1 Nr. 8687 |
| 1697–1726 | Landschatzbeschreibung | Hild. Br. 12 Nrn. 1047–1062 |
| 1722–1737 | Fleischzehnt-, Lämmer-, Gänse-, Hühnerregister | Hild. Br. 2 F Nr. 471 |

| | | |
|---|---|---|
| 1728 | Landschatzbeschreibung | Hild. Br. 1 Nr. 8689 |
| 1757 | Amtsbeschreibung | Hann. 74 Hildesheim Nr. 649 |
| 1757, 1758 | Amtsbeschreibung: Tabellen der Dorfschaften | Dombibliothek Hildesheim Hs 191 |
| 1758 | Kopfsteuerregister | Hild. Br. 1 Nr. 8441 |
| 1765 | Kopfsteuerbeschreibung | Hild. Br. 1 Nr. 8442 |
| 1769 | Land- und Wiesenbeschreibung | Hild. Br. 1 Nr. 8820 |
| 1773 | Kopfsteuerlisten (sog. Fixum) | Hild. Br. 1 Nr. 8328 |
| 1789 | Land- und Zehntbeschreibung von Groß Algermissen | Hild. Br. 2 E Nr. 1402 |
| 1790 | Land- und Zehntbeschreibung von Asel | Hild. Br. 2 E Nr. 1406 |
| 1790 | Beschreibung der Erbländerei vor Asel | Hild. Br. 2 E Nr. 1408 |
| 1791 | Beschreibung der Erbländerei vor Adlum | Hild. Br. 2 E Nr. 1401 |
| 1791 | Land- und Zehntbeschreibung von Hüddessum | Hild. Br. 2 E Nr. 1419 |
| 1791 | Beschreibung der Erbländerei vor Hüddessum | Hild. Br. 2 E Nr. 1420 |
| [1791] | Land- und Zehntbeschreibung von Machtsum | Hild. Br. 2 E Nr. 1422 |
| 1792 | Land- und Zehntbeschreibung von Hasede | Hild. Br. 2 E Nr. 1412 |
| 1792 | Beschreibung der Erbländerei vor Hasede | Hild. Br. 2 E Nr. 1414 |
| 1793 | Beschreibung der Erbländerei vor Machtsum | Hild. Br. 2 E Nr. 1423 |
| 1798–1800 | Beschreibung und Bonitierung der kontributionsfreien Länderei | Hild. Br. 12 Nrn. 1078–1080 |
| 1798–1808 | Register der Ökonomie Harsum | Hild. Br. 2 F Nrn. 202–206 |
| 1803 | Landbeschreibungen (nach Ortschaften) | Hild. Br. 1 Nrn. 8815–8819, desgl. Hann. 74 Hildesheim Nrn. 478, 479 |

## Schriftgut der freiwilligen Gerichtsbarkeit

| | | |
|---|---|---|
| 1647–1795 | Attestate und Kontrakte des dompropsteilichen Gerichts | Hann. 72 Hildesheim Nr. 391 |
| 1614–1807 | Protokolle des Meierdings zu Itzum (Weiteres Material unter Amt Steuerwald) | Hann. 72 Hildesheim Nrn. 684–694 |

## Stifte und Klöster in der Stadt Hildesheim

Fürstbistum Hildesheim; 1971: Stadt Hildesheim.

### Registerförmige Quellen

#### St. Andreas-Stift

| 1469–1776 | Kellereiregister | Hild. Br. 3, 10 Nrn. 40–45 |
|---|---|---|
| 1527 | Zinsregister | Hild. Br. 3, 10 Nr. 39 |
| 1621–1645, 1697–1702 | Korn- und Geldregister | Hild. Br. 3, 10 Nrn. 46, 47 |

#### Stift St. Bartholomäus zur Sülte

| 1786–1798 | Erbenzinsregister | Hild. Br. 3, 7 Nr. 3 |
|---|---|---|

#### Kloster St. Godehard

| 1483–1489 | Kellereirechnungen | Stadtarchiv Hildesheim, Museumshandschriften Nr. 173 |
|---|---|---|
| 1465–1622 | Korn- und Geldregister (mit Lücken) | Dombibliothek Hildesheim Hs. 318–318 w |
| 1580 | Feldregister | Dombibliothek Hildesheim Hs. 317 a |
| 1582–1624 | Einnahme-, Ausgabe- und Kornregister | Hild. Br. 3, 2 Nrn. 206–213 |
| 1607–1615 | Hufenschatzregister des Klosters St. Godehard (von den im Kleinen Stift gelegenen Gütern) | Hild. Br. 2 J Nr. 461 |
| 1642–1650 | Erbregister (= Einnahme- und Ausgaberegister) | Hild. Br. 3, 2 Nr. 221 |
| 1651–1670 | Erbregister (= Einnahme- und Ausgaberegister) | Hild. Br. 1 Nr. 8867 |
| 1724–1767 | Lagerbuch des Klosters St. Godehard | Dombibliothek Hildesheim Hs. 315 a |
| 1789–1802 | Einnahme- und Ausgaberegister | Hild. Br. 3, 2 Nrn. 218, 222–225 |
| 1798–1803 | Kornregister | Hild. Br. 3, 2 Nrn. 242–246 |

## Stift St. Johannes

| 1601, 1661–1807 | Korn- und Geldregister | Hild. Br. 3, 9 Nrn. 21 b-52 |
|---|---|---|
| 1667, 1668 | Korn- und Geldregister | Hann. 77 b Nr. 3873 |
| 1707, 1708 | Kellereiregister | Hann. 77 b Nr. 3874 |
| 1794, 1795, 1800–1807 | Korn- und Geldrechnungen | Hann. 77 b Nrn. 3875–3884 |

## Kreuzstift

| 1560–1757 | Protokolle der Meierdinge zu Ahstedt, Dingelbe, Groß und Klein Lafferde sowie Kemme | Hild. Br. 3, 8 Nrn. 319–324 |
|---|---|---|
| 1689–1731 | Verzeichnis der Halseignen des Kreuzstifts | Hild. Br. 3, 8 Nr. 334 |
| 1700–1802 | Kellereiregister | Hild. Br. 3, 8 Nrn. 191–245 |

## Kloster St. Maria Magdalena

| 1600–1811 | Korn-, Geld- sowie verschiedene Register | Hild. Br. 3, 3 Nrn. 115–235 |
|---|---|---|
| 1661–1663 | Vermessung der Ländereien des Marien-Magdalenen-Klosters zu Groß Düngen, Barnten, Klein Förste, Ottbergen, Kemme | Hild. Br. 3, 3 Nr. 33 |

## Kloster St. Michael

| 1565–1803 | Verschiedene Register des Klosters St. Michael, nach Orten geordnet | Hild. Br. 3, 1 Nrn. 760–813 |
|---|---|---|
| 1600–1631 | Retardenregister zum Geld- und Kornregister | Hild. Br. 3, 1 Nrn. 736–748 |
| Anfang 17. Jh.–1802 | Korn- und andere Register | Dombibliothek Hildesheim Hs. 302 d-303 o |
| um 1620 | Hufenschatzregister des Klosters St. Michael (von den im Kleinen Stift gelegenen Gütern) | Hild. Br. 2 J Nr. 461 |
| 1624–1803 | Einnahme- und Ausgaberegister, Geld-, Korn- und andere Register | Hild. Br. 3, 1 Nrn. 710–735 |
| 1640, 1643 | Zusammenstellung der Güter und Einkünfte des Michaelisklosters | Dombibliothek Hildesheim Hs 300 und 302 |
| 1668–1787 | Kellereiregister | Hild. Br. 3, 1 Nrn. 749–753 |

| 1669 | Kornregisterbeschreibung | Hild. Br. 3, 1 Nr. 724 a |
|---|---|---|
| 1700–1769 | Protokolle der Meierdinge des Michaelisklosters zu Hoheneggelsen, Groß Lafferde und Nettlingen | Hann. 77 b Nr. 3892 |
| 1706–1803 | Verschiedene Einnahme- und Ausgaberegister | Hann. 77 b Nrn. 3893–3901 |

Moritzstift

| 1494–1811 | Kellereiregister | Hild. Br. 4 Nrn. 42–53 |
|---|---|---|
| 1509–1811 | Bau- und Fabrikregister | Hild. Br. 4 Nrn. 1–35 |
| 1584–1668 | Protokolle des Holtings zu Emmerke | Hild. Br. 4 Nr. 518 |
| 1610–1729 | Protokolle von Meierdingen des Moritzstifts, insbesondere zu Bierbergen, Gödringen, Heyersum, Westfeld und Woltershausen | Hild. Br. 4 Nrn. 509–515 |

## Kloster Hilwartshausen

Kloster Hilwartshausen mit Außenhof Diemarden.
(Wegen Diemarden siehe auch Amt Friedland).
Fürstentum Göttingen; 1971: Landkreis Münden.

### Registerförmige Quellen

| | | |
|---|---|---|
| 1542–1629 | Inventarien und Erbregister | Hann. 94 Nr. 5019 |
| 1585 | Renten-, Zins- und Aufnahmeregister | Foto 3, P 1/131 |
| 1613 | Musterungsrolle | Foto 1 Nrn. 431–433 |
| 1616, 1617 | Landsteuereinnahmeregister | Dep. 7 C Nr. 444 |
| 1643–1809 | Landsteuereinnahmeregister | Dep. 7 C Nrn. 445–609 |
| 1664 | Kopfsteuerbeschreibung | Foto 1 |
| 1671 | Mannschaftsrolle (Huldigung) | Cal. Br. 22 Nr. 788 Bd. II |
| 1675 | Kopfsteuerbeschreibung | Cal. Br. 19 Nr. 1028 |
| 1678 | Kopfsteuerbeschreibung | Cal. Br. 19 Nr. 1038 |
| 1686, 1689 | Kopfsteuerbeschreibung | siehe Mundhenke[128], Teil 9, S. 210 |
| 1688–1719 | Erbenzinsregister | Hann. 81 Nrn. 1093–1096 |
| 1766 | Personenbeschreibung | Dep. 7 C Nr. 731 |
| 1787–1819 | Brandkataster | Hann. 330 Nr. 210 |

---

128 vgl. Anmerkung 1

## Amt Hitzacker

Bahrendorf, Banke, Bellahn, Bitter, Braasche, Bredenbock, Breese, Drethem, Fließau, Glienitz, Gosewerder, Govelin, Grabau, Groß Kühren, Gülden, Harlingen, Kähmen, Keddien, Klein Kühren, Kolepant, Kollase, Marwedel, Metzingen, Middefeitz, Niendorf, Penkefitz, Plumbohm, Pommau, Prielip, Pudripp, Pussade, Raffatz, Raussau, Redemoißel, Retzien, Riebrau, Riskau, Sarchem, Sarenseck, Schaafhausen, Schutschur, Seerau, Sellien, Spranz, Strachau, Tiesmesland, Tießau, Tollendorf, Tramm, Tripkau, Wedderien, Wietzetze[129], Wussegel. Fürstentum Lüneburg, Lüchowsches Quartier; 1971: Landkreise Lüchow-Dannenberg, Uelzen, Hagenow.

*Literatur:* Heinrich Borstelmann, Familienkunde der ehemaligen Ämter Dannenberg und Hitzacker, 1940 Bd. II (Ua 1 b).

### Registerförmige Quellen

| | | |
|---|---|---|
| 1450 | Schatzregister | Stadtarchiv Lüneburg AB 74 a 1, siehe Grieser II, S. 8–66 |
| 1564 | Viehschatzregister | Foto 1 Nrn. 305–307 |
| 1570 | Erbregister | Foto 1 Nr. 468 |
| 1570 | Erbregister | Celle Br. 58 Nr. 379 |
| 1570–1634 | Amts- und Schatzregister | Celle Br. 61 Nr. 506 |
| 1583 | Brauregister | Celle Br. 58 Nr. 381 vol. I |
| 1593, 1604 | Schatzregister | Celle Br. 58 Nr. 381 vol. I |
| 1604–1632 | Amts- und Schatzregister | Celle Br. 58 Nr. 381 vol. I–III |
| 1620 | Junkernleuteverzeichnis | Celle Br. 58 Nr. 1240 |
| 1632 | Kontributionsrestanten (keine Namen) | Celle Br. 58 Nr. 280 vol. I |
| 1647 | Wendländisches Kontributionsregister | Original in Privatbesitz[130] |
| 1666 | Erbhuldigung | Celle Br. 45 Nr. 95 |
| 1671 | Untertanenverzeichnis | Celle Br. 45 Nr. 99 |
| 1703 | Häuslings- und Hirtenkontribution | Celle Br. 47 Nr. 45 |
| 1755 | Namensverzeichnis der dienstbaren Mannschaft | Foto 1 Nr. 426 |
| 1784 | Kontributionskataster | Hann. 74 Dannenberg Nrn. 29–32 |

129 Vgl. Amt Dannenberg.
130 Veröffentlicht von Friedrich Biermann, Ein wendländisches Kontributionsregister von 1647, in: Zeitschrift für Niedersächsische Familienkunde 34, 1959, S. 106–107 (Zs 84).

## Schriftgut der freiwilligen Gerichtsbarkeit

| 1666–1881 | Ehestiftungen, Kontrakte, Obligationen, Vormundschaften, Testamente, Depositen, Hypotheken | Hann. 72 Dannenberg Nrn. 193–261 |
|---|---|---|

## Stadt Hitzacker

Fürstentum Lüneburg, Lüchowsches Quartier; 1971: Landkreis Lüchow-Dannenberg.

### Registerförmige Quellen

| 1634–1648 | Kontributionsverzeichnisse (keine Namen) | Celle Br. 58 Nr. 280 vol. I |
|---|---|---|
| 1671 | Einwohnerverzeichnis | Celle Br. 45 Nr. 99 |

### Schriftgut der freiwilligen Gerichtsbarkeit

| 1779–1825 | Kontrakte | Hann. 72 Dannenberg Nrn. 187–189 |
|---|---|---|

## Amt Hoya

*Kirchspiel Hoya:* Flecken Hoya.
*Kirchspiel Bücken:* Flecken Bücken mit Altenbücken und Stendern; Burdorf, Calle mit Bünkemühle, Dedendorf; Duddenhausen und Barke; Helzendorf, Wüstenei und Hohenkamp; Holtrup und Eiße; Nordholz mit Mahlenstorf; Warpe mit Hohnhorst und Westerwarpe, Windhorst.
Kirchspiel Eystrup mit Anderten, Doenhausen, Gandesbergen, Hämelsee, Haßbergen, Hohenholz; Mahlen mit Alhusen und Hope.
Kirchspiel Hassel mit Diensthop, Hämelhausen und Jübber.
Kirchspiel Wechold mit Wührden; Heesen mit Fredelake und Schierholz; Hilgermissen; Mehringen mit Wulzen, Ubbendorf; Wienbergen mit Niederboyen, Oberboyen und Hingste.
Kirchspiel Eitzendorf mit Holsten.
Kirchspiel Magelsen mit Alvesen, Dahlhausen, Obernhude.
Kirchspiel Oiste mit Varste.
Kirchspiel Martfeld mit Holtum, Hustedt; Kleinenborstel mit Hollen und Nordmannshausen; Loge, Tuschendorf.
Kirchspiel Hoyerhagen mit Heidböhl, Mallen, Memsen, Rohlfen, Vogelsang, Vorberg, Wehrenberg.
Kirchspiel Asendorf mit Arbste, Niemannsbruch und Steinborn; Brebber mit Schierenhop; Essen mit Renzelfelde, Brüne und Lichtenberg; Graue; Haendorf mit Heithüsen, Affendorf und Altenfelde, Kampsheide; Kuhlenkamp mit Dienstborstel; Wöpse mit Bornbusch, Gehlbergen, Riethausen und Stapelshorn.
Vogtei Schweringen mit Eiße.
Grafschaft Hoya, 3. Quartier in der Niedergrafschaft; 1971: Landkreise Grafschaft Hoya, Verden, Nienburg.

*Literatur:* Oscar Beermann, Aus dem Amtsbuch von Syke um 1585, in: Quellen zur Genealogie, Bd. 1, Niedersachsen, 1965 (Dc 54);
Hartmut Bösche, Erbregister des Hauses und Amts Hoya 1583, 1983 (Sd 48).

### Registerförmige Quellen

| | | |
|---|---|---|
| o. J. | Fleischzehnt von Heesen, Korn- und Fleischzehnt von Dahlhausen | Dep. 106 Nr. 647 Bd. II |
| 1530 | Der Herrschaft Leute | Foto 1 Nr. 73 |
| 1583 | Lagerbuch (mit Berichtigungen von 1753) | Hann. 74 Hoya Nr. 3/1, 3/2 |
| 1583–1688, 1673–1764 | Lagerbücher einzelner Ortschaften | Hann. 74 Hoya Nrn. 4–15<br>Hann. 74 Hoya Nrn. 17–20 |
| (1607–1612), 1620 | Schatzregister | Cal. Br. 17 Nr. 97 |

| | | |
|---|---|---|
| 1616, 1617, 1619, 1630, 1639, 1644, 1652–1655, 1662, 1663, 1663, 1664, 1670, 1671, o. J., 1683, 1684, 1684–1712 | Schatzregister | Dep. 106 Nrn. 2680–2682, 2684 Dep. 106 Nr. 2686 Dep. 106 Nr. 2687 Dep. 106 Nr. 2692 Dep. 106 Nr. 2696 Dep. 106 Nrn. 2701–2704 Dep. 106 Nr. 2711 Dep. 106 Nr. 2712 Dep. 106 Nr. 2719 Dep. 106 Nr. 2726 Dep. 106 Nr. 2729 Dep. 106 Nrn. 2060–2087 |
| 1653 | Untertanenverzeichnis (Huldigung) | Celle Br. 45 Nr. 96 |
| 1653–1851 | Geldregister der Benefizial-Rezeptur Hoya | Hann. 75 Nrn. 2657–2666 |
| 1660, 1760, 1780 | Musterrollen und Verzeichnisse von sämtlichen im Amte vorhandenen Höfen | Hann. 74 Hoya Nr. 32 Bde. I–VI |
| 1665 | Hausbuch oder Erbregister | Hann. 74 Hoya Nr. 16 |
| nach 1665 | Schuldenregister des Kirchspiels Asendorf | Hann. 74 Bruchhausen Nr. 12, Bl. 195 |
| 1665–1877 | Weinkaufregister und Meierbriefe | Hann. 74 Hoya Nrn. 628–678 |
| 1667 | Mannschaftsrolle (Huldigung) | Celle Br. 45 Nr. 96 |
| 1667 | Amtsbeschreibung (keine Namen) | Foto 1 Nr. 444 |
| 1681 | Beschreibung aller im Amt wohnenden Personen (starke Wasserschäden) | Hann. 74 Hoya Nr. 25 |
| 1683 | Biersteuerregister | Dep. 106 Nr. 2729 |
| 1685–1694 | Viehschatzregister, Akziseregister | Dep. 106 Nrn. 2062–2068 |
| 1687 | Kontributionsregister des Fleckens Hoya | Dep. 106 Nr. 2989 |
| 1707 | Manuale der neuen Akzise | Dep. 106 Nr. 2773 |
| 1713, 1714 | Viehschatzregister (nur wenige Namen) | Dep. 106 Nr. 2102 Bd. II |
| 1714–1723, 1715–1723, 1707–1709 | Malz- und Schrotakzise | Dep. 106 Nrn. 2756–2764 Dep. 106 Nr. 2772 Bde. I, II, III Dep. 106 Nr. 2773 |
| 1702, 1703, 1713–1798, 1774–1798 | Bier-, Wein- und Branntweinakzise | Dep. 106 Nrn. 2190–2227 Dep. 106 Nrn. 2102–2186 Dep. 106 Nrn. 2262–2286 |
| 1774–1798 | Blasenzinsregister | Dep. 106 Nrn. 2162–2186 |
| 1711–1716 | Akziserechnung, der Stadt Hoya, des Fleckens Bücken, des Amtes Hoya | Dep. 106 Nrn. 2199, 2200, 2203, 2204 |

| | | |
|---|---|---|
| 1720, 1727–1729, 1734, 1735, 1737 | Tabaksbrüche | Dep. 106 Nrn. 2108, 2109, Bd. II<br>Dep. 106 Nrn. 2389, 2390<br>Dep. 106 Nr. 2395<br>Dep. 106 Nr. 2398 |
| 1720 | Akzisebrüche | Dep. 106 Nr. 2208 |
| 1722–1818 | Untersuchung und Bestrafung der Akzise- und Tabaksimpostbrüche im Amt | Dep. 106 Nr. 2889 Bde. I, II<br>Dep. 106 Nr. 2890 Bde. I, II, III |
| 1725 | Akzisestrafgelder Flecken Hoya | Dep. 106 Nr. 2213 |
| 1724–1809 | Akzisepachtkontrakte | Dep. 106 Nr. 2867 |
| 1724, 1725 | Schatzregister des Amtes (nur wenige Namen) | Dep. 106 Nr. 2113 Bd. II |
| 1731–1734 | Tabaksstrafgelder | Dep. 106 Nrn. 2391–2394 |
| 2. Hälfte 18. Jh., 1805 | Matrikularanschläge der kontributionsfreien Grundstücke im Amt Hoya; Verzeichnis der zehntfreien Grundbesitzer (nur Bücken) | Dep. 106 Nr. 624 |
| 2. Hälfte 18. Jh | Erträge der von Schwicheldtschen Streuparzellen im Kirchspiel Asendorf | Dep. 106 Nr. 636 |
| 2. Hälfte 18. Jh. | Matrikularanschläge der geistlichen Güter | Dep. 106 Nr. 604 |
| 1752–1775 | Brandversicherungsveränderungen | Dep. 106 Nr. 1199 |
| 1753 | Brandkataster | Dep. 106 Nr. 1191<br>Dep. 106 Nr. 1192 |
| 1755 | Namensverzeichnis der dienstbaren Mannschaft | Foto 1 Nr. 426 |
| 1755–1765 | Viehschatzregister | Dep. 106 Nr. 624 |
| 1757 | Kontributionsrestanten | Dep. 106 Nr. 912 |
| 1757, 1758 | Personenschatzung | Dep. 106 Nr. 3235 |
| 1758 | Zählung der Einwohner mit ihren Söhnen über 16 Jahren | Hann. 74 Hoya Nr. 31 |
| 1760–1793 | Tabaksgeldregister | Dep. 106 Nrn. 2420/2–2453/2 |
| 1761 | Jährlicher Ertrag der von Schwicheldtschen Streuparzellen in den Ämtern Hoya und Syke | Dep. 106 Nr. 635 |
| 1764 | Kontributionsregister | Dep. 106 Nr. 623 |
| 1764 | Verzeichnis von Käufern von Ländereien des Erbgutes zu Boyen | Dep. 106 Nr. 624 |
| 1764 | Ertrag der Schwicheldtschen Streuparzellen | Dep. 106 Nr. 635 |

Amt Hoya 145

| | | |
|---|---|---|
| 2. Hälfte 18. Jh. | Verzeichnisse von Grundstücksnutzern | Dep. 106 Nr. 624 |
| 1764–1766 | Verschiedene Amtshandlungen und Rechtsstreitigkeiten | Dep. 106 Nr. 624 |
| 1764 | Erträge der Kirchspiele Bücken, Eystrup | Dep.106 Nr. 609 |
| 1765 | Zehntregister, Kontributionskataster von Oiste, Kornzehnt des Kirchspiels Martfeld, Verzeichnis der Dienstleute auf dem Siebenmeyerhof zu Wührden | Dep. 106 Nr. 624 |
| 1766 | Zählung der Wohngebäude | Hann. 74 Hoya Nr. 34 |
| 1778, 1779 | Scheffelschatzregister (nur wenige Namen) | Dep. 106 Nr. 2167 Bd. III |
| 1778 | Verzeichnis der Kirchen- und Schulbedienten (Asendorf und Eystrup) | Dep. 106 Nr. 610 |
| 1782, 1783 | Geldregister der Benefizial-Rezeptur Hoya | Dep. 106 Nr. 624 |
| 1787 | Brandkataster | Dep. 106 Nr. 1272 |
| 1787 | Verzeichnis des Hof- und Zinsviehs, das die Untertanen schulden | Hann. 88 B Nr. 3209 |
| 1788 | Verzeichnis von den bei der Hoyaschen Legge erhobenen Strafgelder | Dep. 106 Nr. 2176 Bd. III |
| 1789, 1793 | Viehschatzregister | Dep. 106 Nr. 2177 Bd. III<br>Dep. 106 Nr. 2181 Bd. III |
| 1794, 1795 | Beschreibung des Michaelis-Zinses, des Pfingst- und Heringschatzes | Hann. 88 B Nr. 3210 |
| 1795 | Verzeichnis der Feuerstellen | Hann. 74 Hoya Nr. 38 |
| 1794–1800<br><br><br><br><br><br><br><br><br>1814, 1815 | Tabaksimpostregister des Amtes, der Hauswirte und Häuslinge des Gerichtsdorfs Anderten, der Flecken Bücken, Hoya und des gesamten Amtes, der Kirchspiele Asendorf, Bücken, Eitzendorf, Eystrup, Hassel, Hoyerhagen, Martfeld, Magelsen, Oiste, Schweringen, Wechold, der Vogtei Schweringen, der herrschaftlichen Bedienten und Geistlichen im Flecken Hoya, der Städtereibedienten zu Memsen, der Bedienten des Amtes | Dep. 106 Nr. 2454/2<br>Dep. 106 Nr. 2455/2<br>Dep. 106 Nr. 2456/2<br>Dep. 106 Nr. 2457/2<br>Dep. 106 Nr. 2458/2<br>Dep. 106 Nr. 2459/2<br><br><br><br><br>Dep. 106 Nr. 2940 Bde. II, V |
| 1796 | Verzeichnis der Reihestellen und Häuslinge | Hann. 74 Hoya Nr. 39 |

## Schriftgut der freiwilligen Gerichtsbarkeit

| 1628–1885 | Ehestiftungen und Amtshandlungen | Hann. 72 Hoya Nrn. 170–188 |

## Amt Hunnesrück

*Dörfer:* Amelsen, Deitersen, Eilensen, Ellensen, Friedrichshausen[131], Hilwartshausen, Holtensen, Hoppensen[132], Hunnesrück, Krimmensen, Mackensen, Markoldendorf mit Oldendorf, Sievershausen
*Stadt beim Amt:* Dassel.
Fürstbistum Hildesheim; 1971: Landkreis Einbeck.

### Registerförmige Quellen

| 1558 | Türkensteuereinnahmeregister (ohne Eilensen, Friedrichshausen, Hoppensen u. Hunnesrück) | Cal. Br. 11 Nr. 95 |
|---|---|---|
| 1585 | Huldigungsverzeichnis und Musterungsrolle (auch Stadt Dassel) | Cal. Br. 22 Nr. 728, Burchard, S. 93–103 |
| 1595/1615 | Unterlagen zum Erbregister | Hild. Br. 1 Nr. 8876 |
| 1609 | Einwohnerverzeichnis von Dassel | Cal. Br. 10 Nr. 284 |
| 1613 | Musterungsrolle von Dassel | Foto 1 Nrn. 431–433 |
| 1645 | Land- und Kontributionsbeschreibung | Hild. Br. 1 Nr. 8723 |
| 1646–1651 | Schatzrechnungen | Hild. Br. 1 Nr. 8118 |
| 1648 | Landbeschreibung | Hild. Br. 1 Nr. 8721 |
| 1648 | Kopfsteuerlisten | Hild. Br. 1 Nr. 8308 |
| 1651–1801 | Schatzregister (für familiengeschichtliche Forschungen wenig ergiebig) | Erhalten in drei lückenhaften Reihen: Hild. Br. 12 Nrn. 566–615 Hild. Br. 1 Nrn. 7828, 7831, 7833, 8119–8151 Hild. Br. 2 J Nrn. 854–885 |
| 1662 | Vermessung der zum Amtshause Hunnesrück gehörigen Länderei | Hild. Br. 1 Nr. 8759 |
| 1664 | Landbeschreibung | Hild. Br. 1 Nr. 8723 |
| 1664 | Kopfsteuerbeschreibung | Hild. Br. 1 Nrn. 8318 und 8847, siehe Bardehle, S. 40–55 |
| 1664 | Kopfsteuerbeschreibung der Stadt Dassel | Hild. Br. 1 Nr. 8295 Bd. III, siehe Bardehle, S. 435–439 |

131 Adlige Gerichte und Güter.
132 vgl. Anmerkung 131

| | | |
|---|---|---|
| 1665 | Gesindesteuerbeschreibung | Hild. Br. 1 Nr. 8445 Bd. I |
| 1666 | Dorftaxtbeschreibung | Hild. Br. 1 Nr. 7589 |
| 1674 | Kopfsteuer der (Kontributions-)Freien und des Gesindes | Hild. Br. 1 Nr. 8297 |
| 1674 | Kopfsteuer der (Kontributions-)Freien und des Gesindes der Stadt Dassel | Hild. Br. 1 Nrn. 8307 und 8297 |
| 1685 | Kopfsteuer der (Kontributions-)Freien und des Gesindes (auch Stadt Dassel) | Hild. Br. 1 Nr. 8310 |
| 1688 | Rauchschatzbeschreibung | Cal. Br. 19 Nr. 1116 Bd. I |
| 1696 | Dorftaxtbeschreibung | Hild. Br. 1 Nr. 8700 |
| 1701 | Seelenregister (ohne Stadt Dassel) | Foto 1<br>Kleine Erwerbungen A 27 Nr. 10 |
| 1737 | Dorftaxtbeschreibung von Hilwartshausen, Mackensen und Sievershausen | Hild. Br. 2 J Nr. 320 |
| 1757 | Amtsbeschreibung | Hild. Br. 1 Nr. 8711 |
| 1758 | Tabellen der bebauten und wüsten Stellen (nicht komplett) | Hild. Br. 1 Nr. 8952 |
| 1765 | Kopfsteuerbeschreibung (auch Stadt Dassel) | Hild. Br. 12 Nr. 936 |
| 1769 | Land- und Wiesenbeschreibung | Hild. Br. 1 Nr. 8839; siehe auch: Kl. Erwerbungen A 27 Nr. 8 (Abschrift) |
| 1769 | Land- und Wiesensteuerbeschreibung | Hild. Br. 2 J Nr. 346 |
| 1771 | Erbregister | Stadtarchiv Einbeck BXV h Nr. 1; Auszüge: Kl. Erwerbungen A 27 Nr. 8 |
| 1773 | Kopfsteuerlisten (sog. Fixum) – auch Stadt Dassel | Hild. Br. 1 Nr. 8331 |
| 1798–1800 | Beschreibung und Bonitierung der kontributionsfreien Ländereien | Hild. Br. 12 Nrn. 1078–1080 |

## Schriftgut der freiwilligen Gerichtsbarkeit

| | | |
|---|---|---|
| 1650–1841 | Einzelne Kontrakte | Hann. 72 Einbeck Nrn. 84–88 |

## Stift Ilfeld

*Flecken:* Ilfeld.
*Adliges Gut:* Kirchengel
Weitere Quellen im Landeshauptarchiv Sachsen-Anhalt, Abt. Magdeburg (Ilfeld) bzw. im Staatsarchiv Rudolstadt (Kirchengel).
Grafschaft Hohnstein, Fürstentum Schwarzburg-Sondershausen; 1971: Landkreise Nordhausen, Sondershausen

### Registerförmige Quellen

| | | |
|---|---|---|
| 1680 | Verzeichnis der Dienstpflichtigen des Fleckens Ilfeld | Hann. 94 Nr. 5471 |
| 1701 | Dienstpflichtige zu Kirchengel | Hann. 94 Nr. 5473 |
| 1713 | Erbzinsbuch (Lagerbuch) von Kirchengel | Hann. 94 Nr. 5516 |
| 1731 | Verzeichnis der Dienstpflichtigen des Fleckens Ilfeld | Hann. 94 Nr. 5519 |

## Amtsvogtei Ilten

Ahlten, Anderten, Bilm, Dolgen, Evern, Gretenberg, Haimar, Harber, Höver, Ilten, Klein Lobke, Lehrte, Rethmar, Sehnde, (dazu bis 1671 die Dörfer des sog. Kleinen Freien: Döhren, Laatzen, Wülfel).
Fürstentum Lüneburg, Gifhornsches Quartier; 1971: Landkreis Burgdorf.
(Siehe auch Amt Koldingen).

*Literatur:* Wolfgang Leonhardt, Eheverträge und Kontrakte des alten Amtes Ilten vom 1622–1798, in: Zeitschrift für Niederdeutsche Familienkunde, 1994, S. 161 (Zs 84);
Margarete Werner, Die Register der Amtsvogtei Ilten 1492–1752: Quellen zur Geschichte Niedersachsens, 1970; im Folgenden zitiert: Werner, Register, S ... (Ud Ilt).

### Registerförmige Quellen

| | | |
|---|---|---|
| 1492–1496 | Register | Celle Br. 61 Nr. 857 Bd. VIII, Werner, Register, S. 8 ff. |
| 1528 | Verzeichnis der Güter in den Freien vor dem Walde | Celle Br. 61 Nr. 117, Werner, Register, S. 13 ff. |
| 1535, 1536 | Verzeichnis der Höfe im Großen Freien | Celle Br. 61 Nr. 517, Werner, Register, S. 35 ff. |
| 1553 | Musterrolle des Kleinen Freien | Celle Br. 46 Nr. 211 Bd. II Bl. 18 ff., 27, 48 |
| 1557 | Verzeichnis der Kornzinspflichtigen | Celle Br. 61 Nr. 517, Werner, Register, S. 53 ff. |
| 1557 | Türkensteuerregister | Cal. Br. 19 Nr. 439 |
| 1561 | Register über den Steinwedeler Wald | Celle Br. 24 Nr. 215 Bde. I, II |
| 1562 | Schaf- und Scheffelschatzregister | Cal. Br. 19 Nr. 474 |
| 1564 | Verzeichnis der Höfner und Kötner | Celle Br. 61 Nr. 3, Werner, Register, S. 70 ff. |
| um 1570 | Verzeichnis der Kornzinsgüter in den Kleinen Freien, welche den Geistlichen in Hildesheim zukommen | Celle Br. 24 Nr. 63, Werner, Register, S. 75 ff. |
| 1584 | Verzeichnis des Rottzehnten in den Freien (= Amt Ilten) | Hann. 70 Nr. 465 |
| 1585 | Verzeichnis der Güter in den Freien von Ackerleuten und Kötnern | Hann. 74 Burgdorf-Ilten Nr. 165, Werner, Register, S. 79 ff. |
| 1588 | Pfarrgüterverzeichnis | Foto 3, P 1/7 |
| 1605 | Musterungsrolle | Foto 1 Nr. 435 |

# Amtsvogtei Ilten

| | | |
|---|---|---|
| um 1615 | Güterverzeichnis der Freien | Hann. 74 Burgdorf-Ilten Nr. 581, Werner, Register S., 206 ff. |
| 1629, 1640 | Erbenzinsregister des Steinwedeler Waldes | Hann. 74 Burgdorf-Ilten Nr. 433 |
| 1649 | Junkerleute zu Rethmar | Celle Br. 45 Nr. 92 Bd. II, S. 283 |
| 1651, 1654 | Musterungsrolle der Freien | Hann. 74 Burgdorf-Ilten Nr. 581, Werner, Register S. 219 ff. |
| 1656, 1657 | Dienstgeldregister | Hann. 74 Burgdorf-Ilten Nr. 1028 |
| 1657 | Ausschuss-Rolle der Freien | Celle Br. 61 Nr. 527 |
| 1657–1828 | Listen über die Erhebung des Königsgeldes | Hann. 74 Burgdorf-Ilten Nr. 1014 |
| 1658–1667 | Amtsbeschreibungsprotokolle | Hann. 74 Burgdorf-Ilten Nr. 164 |
| 1660–1858 | Einkaufsbuch der Freien | Hann. 74 Burgdorf-Ilten Nrn. 118, 119 |
| 1667 | Erbregister | Hann. 74 Burgdorf-Ilten Nr. 166, Werner, Register, S. 261 ff. |
| 1667 | Huldigungsregister | Hann. 74 Burgdorf-Ilten Nr. 8 |
| 1667–1771 | Burgfestdienstverzeichnis | Hann. 74 Burgdorf-Ilten Nrn. 597 u. 602 |
| 1672 | Dienstgeld- und Rauchhühnerverzeichnis | Hann. 74 Burgdorf-Ilten Nr. 1032 |
| 1680, 1712 | Kontributionskataster | Hann. 74 Burgdorf-Ilten Nr. 234, Werner, Register, S. 443 ff. |
| 1687 | Kontributionskataster | Hann. 74 Burgdorf-Ilten Nr. 235 |
| 1699, 1740 | Kontributionskataster | Hann. 74 Burgdorf-Ilten Nr. 237 |
| 1696 | Rottzehntverzeichnis des Steinwedeler Waldes | Hann. 74 Burgdorf-Ilten Nr. 1077 |
| 1701 | Burgfestdienstregister | Hann. 74 Burgdorf-Ilten Nr. 603 |
| 1705 | Verzeichnis der Eingesessenen in den Freien | Hann. 74 Burgdorf-Ilten Nr. 267, Werner, Register, S. 551 ff. |
| 1705–1752 | Hand- und Spanndienstverzeichnisse | Hann. 74 Burgdorf-Ilten Nr. 647 |
| 1749 | Brandversicherungskataster von Döhren, Laatzen und Wülfel | Hann. 74 Burgdorf-Ilten Nr. 1692, Werner, Register, S. 595 ff. |
| 1752 | Brandversicherungskataster | Hann. 74 Burgdorf-Ilten Nr. 881, Werner, Register, S. 565 ff. |
| 1755 | Namensverzeichnis der dienstbaren Mannschaft | Foto 1 Nr. 427 |
| 1769–1820 | Brandassekurationsveränderungen | Hann. 74 Burgdorf-Ilten Nrn. 874, 875 |
| 1770 | Tabellarische Beschreibung | Foto 1 Nrn. 358–359 |
| 1775, 1792 | Brandassekurationskataster | Hann. 74 Burgdorf-Ilten Nr. 881 |

## Gericht Imbsen

Dankelshausen, Imbsen, Löwenhagen, Wellersen.
Fürstentum Göttingen; 1971: Landkreis Münden.

### Registerförmige Quellen

| 1557 | Türkensteuerregister | Cal. Br. 2 Nr. 1806 |
| --- | --- | --- |
| 1616, 1617 | Landsteuereinnahmeregister | Dep. 7 C Nr. 444 |
| 1643–1809 | Landsteuereinnahmeregister (enthält auch Gericht Dankelshausen) | Dep. 7 C Nrn. 445–609 |
| 1664 | Kopfsteuerbeschreibung | Foto 1 |
| 1671 | Mannschaftsrolle (Huldigung) | Cal. Br. 22 Nr. 788 Bd. II |
| 1675 | Kopfsteuerbeschreibung | Cal. Br. 19 Nr. 1032 |
| 1678 | Kopfsteuerbeschreibung | Cal. Br. 19 Nr. 1041 |
| 1680 | Mannschaftsrolle (Huldigung) | Cal. Br. 22 Nr. 796 Bd. II |
| 1686, 1689 | Kopfsteuerbeschreibung | siehe Mundhenke[133], Teil 9, S. 187–193 |
| 1687 | Rauchschatzbeschreibung | Cal. Br. 19 1103/2 Bd. III |
| 1688 | Rauchschatzbeschreibung | Cal. Br. 19 Nr. 1115 Bd. IV |
| 1725 | Taxtbeschreibung und Scheffelschatz | Dep. 7 C Nr. 704 |
| 1745 | Mannschaftsverzeichnis | Hann. 76 a Nr. 13 |
| 1752 | Verzeichnis über die vor dem adeligen Gericht belegenen Ländereien | Hann. 88 D Nr. 593 |
| 1755 | Namensverzeichnis der dienstbaren Mannschaft | Foto 1 Nrn. 424–425 |
| 1766 | Personenbeschreibung | Dep. 7 C Nr. 731 |

---

133 vgl. Anmerkung 1

## Gericht Imbshausen

Imbshausen, Lagershausen.
Fürstentum Göttingen; 1971: Landkreis Northeim.

### Registerförmige Quellen

| 1585 | Huldigungsverzeichnis und Musterungsrolle | Cal. Br. 22 Nr. 728, siehe Burchard, S. 16, 17 |
|---|---|---|
| 1599 | Taxtbeschreibung | Dep. 7 C Nr. 674 |
| 1613 | Musterungsrolle | Foto 1 Nrn. 431–433 |
| 1614, 1615 | Musterungsrolle | Foto 1 Nr. 449 |
| 1617–1650 | Landsteuereinnahmeregister | Dep. 7 C Nrn. 429–443 |
| 1643–1809 | Landsteuereinnahmeregister | Dep. 7 C Nrn. 445–609 |
| 1664 | Kopfsteuerbeschreibung | Foto 1 |
| 1671 | Mannschaftsrolle (Huldigung) | Cal.Br. 22 Nr. 788 Bd. II |
| 1675 | Kopfsteuerbeschreibung | Cal. Br. 19 Nr. 1032 |
| 1678 | Kopfsteuerbeschreibung | Cal. Br. 19 Nr. 1041 |
| 1680 | Mannschaftsrolle (Huldigung) | Cal. Br. 22 Nr. 796 Bd. II |
| 1686, 1689 | Kopfsteuerbeschreibung | siehe Mundhenke[134], Teil 7, S. 165–171 |
| 1687 | Rauchschatzbeschreibungen | Cal. Br. 19 1103/2 Bd. III |
| 1688 | Rauchschatzbeschreibung | Cal. Br. 19 Nr. 1115 Bd. IV |
| 1699–1726 | Taxtbeschreibung | Dep. 7 C Nr. 680 |
| 1755 | Namensverzeichnis der dienstbaren Mannschaft | Foto 1 Nr. 426 |
| 1766 | Personenbeschreibung | Dep. 7 C Nr. 731 |

---

134 vgl. Anmerkung 1

## Kloster Isenhagen

*Klosteramt:* Siehe Amt Gifhorn.
Fürstentum Lüneburg, Gifhornsches Quartier; 1971: Landkreis Gifhorn.

### Registerförmige Quellen

| 1567–1718 | Ehestiftungsverzeichnisse, Hofübergaben, Strafen, insbes. des Gerichts Ostedt | Hann. 74 Isenhagen Nr. 3 |
|---|---|---|
| 1595 | Erbenzinseinnahmeregister | Siehe Bätge[135] |
| 1628 | Einwohnerverzeichnis | Foto 1 Nr. 451 |
| 1652–1719 | Hühner- und Eierregister | Hann. 74 Isenhagen Nr. 212 |
| 1653–1680 | Zehntregister | Hann. 74 Isenhagen Nr. 386 |
| 1701–1838 | Klosterregister | Hann. 74 Isenhagen Nrn. 1408, 1409 |
| 1724–1831 | Zehntregister | Hann. 74 Isenhagen Nrn. 388–390 |
| 1755 | Namensverzeichnis der dienstbaren Mannschaft | Foto 1 Nr. 426 |
| 1764 | Erbregister | Hann. 74 Isenhagen Nr. 10 |

### Schriftgut der freiwilligen Gerichtsbarkeit

| 1612–1872 | Ehestiftungen f. klosterpfl. Höfe in Darrigsdorf und Glüsingen, Amt Knesebeck | im Klosterarchiv Isenhagen |
|---|---|---|

---

[135] Veröff. v. Adolf Bätge in: Niedersächsische Volkszeitung 1938, Nr. 301, 3. Beilage, Kopie in P 6790.

## Gericht Jühnde

Barlissen, Jühnde, Klein Wiershausen, Volkerode.
Volkerode wird oft mit dem Dorf Mengershausen (siehe Gericht Leineberg) zusammen veranschlagt, als „Communion-Ort" untersteht Volkerode auch dem Amt Münden (siehe dort). Fürstentum Göttingen (1777 noch Fürstentum Calenberg, Grafschaft Everstein); 1971: Landkreise Münden, Göttingen.

*Literatur:* Joachim Jünemann, Die Bewohner des Gerichts Jühnde 1548–1563 und 1606–1660, in: Norddeutsche Familienkunde 12, 1963 S. 193–202; 13, 1964 S. 322–332 (Zs 82) sowie Ders., Die Bewohner des Dorfes Barlissen 1573–1588, a. a. O. 13, 1964 S. 362–364.

### Registerförmige Quellen

| | | |
|---|---|---|
| 1548–1859 | Kontrakte (Reste) | Dep. 19 B Nr. 7, 8 |
| 1585 | Huldigungsverzeichnis und Musterungsrolle | Cal. Br. 22 Nr. 728, Burchard, S. 84, 85 |
| 1616, 1617 | Landsteuereinnahmeregister | Dep. 7 C Nr. 444 |
| 1643–1809 | Landsteuereinnahmeregister | Dep. 7 C Nrn. 445–609 |
| 1664 | Kopfsteuerbeschreibung | Foto 1 |
| 1671 | Mannschaftsrolle (Huldigung) | Cal. Br. 22 Nr. 788 Bd. II |
| 1675 | Kopfsteuerbeschreibung | Cal. Br. 19 Nr. 1032 |
| 1678 | Kopfsteuerbeschreibung | Cal. Br. 19 Nr. 1041 |
| 1681 | Lagerbuch | Hann. 74 Münden Nr. 1186 |
| 1686, 1689 | Kopfsteuerbeschreibung | siehe Mundhenke[136], Teil 9, S. 194–207 |
| 1687 | Rauchschatzbeschreibungen | Cal. Br. 19 1103/2 Bd. III |
| 1688 | Rauchschatzbeschreibungen | Cal. Br. 19 Nr. 1115 Bd. IV |
| 1706 | Taxtbeschreibung und Scheffelschatz | Dep. 7 C Nr. 689 |
| 1726 | Taxtbeschreibung und Scheffelschatz | Dep. 7 C Nr. 705 |
| 1735 | Beschreibung sämtlicher im Gericht Jühnde und Wiershausen (Amt Münden) befindlichen Gärten, Wiesen und Ländereien | Hann. 74 Münden Nr. 1188 |
| 1755 | Namensverzeichnis der dienstbaren Mannschaft | Foto 1 Nr. 426 |
| 1766 | Personenbeschreibung | Dep. 7 C Nr. 731 |

136 vgl. Anmerkung 1

## Amt Katlenburg

Albrechtshausen (Vorwerk), Berka, Duhm, Gillersheim, Katlenburg (Gerichtsort), Suterode, Wachenhausen.
Fürstentum Grubenhagen; 1971: Landkreis Northeim.

### Registerförmige Quellen

| | | |
|---|---|---|
| 1525 | Lagerbuch (auch Beschreibung aller dem Stift Katlenburg gehörenden Güter und Aufkünfte) | Hann. 74 Osterode Nr. 27[137] |
| 1571, 1583, 1584 | Wiesen- und Hofzinsregister | Hann. 74 Osterode Nr. 193 |
| 1602 | Musterungsrolle | Cal. Br. 21 Nr. 2882 |
| 1611–1769 | Verzeichnisse der kontribuablen und freien Ländereien | Hann. 74 Osterode Nr. 32 |
| 1623 | Kriegssteuerregister | Cal. Br. 3 Nr. 30 Bd. I |
| 1636, 1659 | Verzeichnis der Einwohner, deren Vieh und Länderei | Cal. Br. 3 Nr. 119 |
| 1646 | Beschreibung der Meier und Kötner | Hann. 74 Osterode Nr. 72 und Cal. Br. 3 Nr. 123 |
| 1662–1836 | Herrendienstsachen | Hann. 74 Osterode Nr. 108 Bde. I, II |
| 1668 | Einquartierungskosten für aus Kreta zurückkehrende Truppen | Cal. Br. 3 Nr. 146 |
| 1671 | Mannschaftsrolle (Huldigung) | Cal. Br. 22 Nr. 788 Bd. II |
| 1672 | Verzeichnis der im Kriegsdienst gestandenen Untertanen | Cal. Br. 3 Nr. 148 |
| 1675 | Kopfsteuerbeschreibung | Foto 1 |
| 1680 | Mannschaftsrolle (Huldigung) | Cal. Br. 22 Nr. 796 Bd. III |
| 1678, 1689 | Kopfsteuerbeschreibung | siehe Mundhenke[138], Teil 11, S. 121–136 |
| 1692 | Erbenzinsregister | Hann. 74 Osterode Nr. 205 |
| 1707–1836 | Dienstgeldsachen (auch von Wulften) | Hann. 74 Osterode Nr. 103 |

137 Veröff. von Hans-Joachim Winzer in: Das Kloster Katlenburg und sein Lagerbuch von 1525, 1997 (01882).
138 vgl. Anmerkung 1

| | | |
|---|---|---|
| 1755 | Namensverzeichnis der dienstbaren Mannschaft | Foto 1 Nrn. 424–425 |
| 1756–1810 | Brandkataster | Hann. 330 Nr. 211 |
| 1769 | Beschreibung der Meierhöfe und Kötnereien mit ihren herrschaftlichen und Gemeindeerbenzinsgrundstücken | Hann. 74 Osterode Nrn. 53–56 |
| 1773–1776 | Dienstgeldregister, Höfebeschreibung (auch von Wulften) | Hann. 74 Osterode Nr. 123 |
| 1778 | Verzeichnis der Pfarrländereien von Berka | Hann. 83 II Nr. 428 |

## Amt Klötze

*Flecken:* Klötze.
*Dörfer:* Breitenfeld, Jeggau, Kakerbeck, Kusey, Lockstedt, Röwitz, Trippigleben.
1815 an Preußen/Provinz Sachsen.
Weitere Quellen im Landeshauptarchiv Sachsen-Anhalt, Abt. Magdeburg.
Fürstentum Lüneburg, Lüchowsches Quartier; 1971: Landkreise Klötze und Kalbe

### Registerförmige Quellen

| 1585 | Türkenschatzfreie | Celle Br. 61 a Nr. 5491 |
|---|---|---|
| 1. Hälfte 17. Jh. | Pachtroggenverzeichnis | Celle Br. 61 Nr. 862 |
| 1649 | Huldigungsverzeichnis | Celle Br. 45 Nr. 92 Bd. II |
| 1666 | Huldigungsverzeichnis | Foto 1 Nr. 434 |
| 1755 | Namensverzeichnis der dienstbaren Mannschaft | Foto 1 Nr. 426 |

## Amt Knesebeck

*Flecken:* Wittingen.
*Dörfer:* Boitzenhagen, Darrigsdorf, Erpensen, Eutzen, Gannerwinkel, Glüsingen, Hagen, Kakerbeck, Knesebeck, Küstorf, Lüben, Mahnburg, Ohrdorf, Plastau, Rade, Radenbeck, Rumstorf, Schneflingen, Schönewörde, Stöcken, Suderwittingen, Teschendorf, Vorhop, Wollerstorf, Wunderbüttel, Zasenbeck.
Fürstentum Lüneburg, Lüchowsches Quartier; 1971: Landkreis Gifhorn.
*Literatur:* Wilhelm Wiebelitz, Pacht-, Zins- und Dienstregister des Amtes Knesebeck aus dem 16. und 17. Jahrhundert, 1966 (Sb 139); im Folgenden zitiert: Wiebelitz S. . . .

### Registerförmige Quellen

| 1450 | Schatzregister | Stadtarchiv Lüneburg AB 74 a 1, siehe Grieser II, S. 8–66 |
|---|---|---|
| 1509 | Viehschatzregister | Celle Or. 9 Schr. IX Kapsel 11, Nr. 44[139] |
| 1561 | Lagerbuch | Celle Br. 61 Nr. 539, siehe Wiebelitz, S. 5 ff. |
| 1581, 1582 | Pachtregister | Hann. 74 Isenhagen Nr. 347 |
| um 1600 | Lagerbuch | Celle Br. 61 Nr. 547, siehe Wiebelitz S. 25 ff. |
| 1610 | Amtsregister | Siehe Bätge[140] |
| 1617 | Einnahmen des Hauses Knesebeck | Celle Br. 61 Nr. 552 |
| 1628 | Einwohnerverzeichnis | Foto 1 Nr. 451 |
| 1628 | Kontributionsregister | Celle Br. 10 Nr. 120 Bde. I, II |
| 1649 | Huldigungsverzeichnis (lückenhaft) | Celle Br. 45 Nr. 92 Bd. II |
| 1654 | Amtsintraden | Hann. 74 Isenhagen Nr. 213 |
| 1660 | Schadensextrakte | Celle Br. 43 Nr. 416 |
| 1666 | Huldigungsverzeichnis | Foto 1 Nr. 434 |
| 1670 | Erbregister | Hann. 74 Isenhagen Nr. 8, siehe Wiebelitz S. 51 ff. |
| 1755 | Dienstlagerbuch und Mannzahlrolle | Hann. 74 Isenhagen Nr. 283 |

139 Veröff. v. Walter Deeters, in: Lüneburger Blätter 11/12, 1961 S. 215–220 (Sb 77 a).
140 Veröff. v. Adolf Bätge in: Niedersächsische Volkszeitung 1938, Nr. 301, 3. Beilage, Kopie in P 6790.

| 1755 | Namensverzeichnis der dienstbaren Mannschaft | Foto 1 Nr. 427 |
|---|---|---|
| 1788 | Kontributionskataster | Hann. 74 Isenhagen Nrn. 340–342 |

## Schriftgut der freiwilligen Gerichtsbarkeit

| 1612–1872 | Ehestiftungen f. klosterpfl. Höfe in Darrigsdorf und Glüsingen | im Klosterarchiv Isenhagen |
|---|---|---|

## Amt Koldingen

*Grasdorfer Vogtei:* Grasdorf, Rethen.
*Kirchroder Vogtei:* Gartengemeinde vor dem Aegidientor der Stadt Hannover, Kirchrode, Misburg, Wülferode.
*Müllinger Vogtei:* Müllingen, Wassel[141].
1653 wurden folgende vom Amt Calenberg abgetrennte Vogteien dem Amt Koldingen beigelegt:
*Hiddestorfer Vogtei:* Harkenbleck, Hemmingen[142], Hiddestorf, Ohlendorf, Reden, Wilkenburg[143].
*Vogtei Ihme:* Devese, Ihme, Linderte, Roloven, Vörie.
Auf Grund der Burgwedelschen Punktation vom 12. Mai 1671 kamen von der Amtsvogtei Ilten an das Amt Koldingen: Döhren, Laatzen, Wülfel.
Fürstentum Calenberg, Hannoversches Quartier; 1971: Stadt Hannover, Landkreis Hannover.

*Literatur:* Hans Goedeke, Erbregister der Ämter Ruthe und Koldingen von 1593, 1973, im Folgenden zitiert: Goedeke, Erbregister ... (Ud Rut).

### Registerförmige Quellen

| 1521–1552 | Einnahme- und Ausgaberegister, Kornregister | Cal. Br. 2 Nrn. 492–494 |
|---|---|---|
| 1537 | Register über den 16. Pfennig | Cal. Br. 19 Nr. 407 |
| 1555, 1556 | Einnahme- und Ausgaberegister | Cal. Br. 2 Nr. 498 |
| 1557 | Türkensteuerregister (Vogtei Ihme und Hiddestorf) | Cal. Br. 11 Nr. 95 |
| 1559 | Einnahme- und Ausgaberegister | Cal. Br. 2 Nr. 497 |
| 1563, 1564 | Einnahme- und Ausgaberegister, Kornregister | Cal. Br. 2 Nr. 528 |
| 1582 | Knechtegeld und Scheffelschatz | Cal. Br. 2 Nr. 500 |
| 1585 | Huldigungsverzeichnis und Musterungsrolle | Cal. Br. 22 Nr. 728, siehe Burchard, S. 276–286 |
| 1585 | Mannschaftsrollen (Huldigung) | Cal. Br. 22 Nr. 723 |
| 1593 | Erbregister des Amtes Lauenburg | Cal. Br. 2 Nr. 505, siehe Goedeke, Erbregister |

---

141 Hofbesitzerfolge siehe Ms.E.E. Nr. 026.
142 Wilkenburg und Hemmingen gehörten zum von Altenschen Gericht; Ehestiftungen sind daher unter Hann. 72 Burgwedel Nrn. 670 ff. zu finden; Hoffolgelisten zwischen 1585 und 1833 in Hann. 1/3 Nr. 195, Bl. 195 (v. 1935).
143 vgl. Anmerkung 140

## Amt Koldingen

| | | |
|---|---|---|
| 1593–1684 | Extrakt des Koldingischen bzw. Rutheschen Erbregisters | Hann. 77 b Nr. 4005 |
| 1602 | Musterungsregister | Cal. Br. 16 Nr. 1168 |
| 1603 | Hufenschatzung | Cal. Br. 2 Nr. 500 |
| 1605 | Ausschuss-Musterrolle | Foto 1 Nrn. 431–433 |
| 1617–1621 | Landsteuer für das ehemalige Amt Lauenburg, hier: Müllingen, Wassel, Rethen, Grasdorf, Kirchrode, Wülferode, Laatzen | Dep. 7 C Nrn. 7–10 |
| 1619 | Taxtbeschreibung | Dep. 7 C Nr. 614 |
| um 1620 | Erbregister des Amtes Lauenburg | Cal. Br. 2 Nr. 505, siehe Goedeke, Erbregister |
| 1624, 1625 | Kornregister | Hild. Br. 2 H Nr. 121 |
| 1625, 1626 | Schafschatzregister für das ehemalige Amt Lauenburg bei Hannover, hier: Müllingen, Wassel, Rethen, Grasdorf, Kirchrode, Wülferode, Laatzen | Dep. 7 C Nr. 11 |
| 1627–1629, 1636, 1637 | Schatzregister | Dep. 7 C Nr. 12 Dep. 7 C Nr. 15 |
| um 1630 | Erbenzinsverzeichnis vom Kirchroder und Müllinger Meierding; Dienstgeldverzeichnis für Kirchrode, Wülferode, Misburg, Wassel | Hild. Br. 1 Nr. 888 |
| 1631 | Schafschatzregister des Hiddestorfer Gohes | Hild. Br. 1 Nr. 880 |
| 1632 | Ackerleute, Halbspänner, Kotsassen und Häuslinge von Devese, Wilkenburg, Hemmingen und Harkenbleck | Cal. Br. 2 Nr. 65 |
| 1633 | Mannschaftsbeschreibung | Cal. Br. 2 Nr. 507 |
| 1638–1643, 1643–1809 | Landsteuer (1640 mit Fräuleinsteuer) (1645 mit Fräuleinsteuer) | Dep. 7 C Nr. 16 Dep. 7 C Nrn. 27–204 |
| 1645 | Mannschaftsrolle (Huldigung) | Foto 1 Nrn. 20–23 |
| 1649 | Mannschaftsrolle (Huldigung) | Cal. Br. 22 Nr. 773 |
| um 1652 | Hofbeschreibung | Cal. Br. 2 Nr. 629 |
| 1652–1702, 1652–1708, 1685, 1686, 1693, 1694, 1695, 1695–1708, 1720 | Taxtbeschreibung (Linderte) | Dep. 7 C Nr. 617 Dep. 7 C Nr. 618 Dep. 7 C Nr. 626 Dep. 7 C Nr. 677 Dep. 7 C Nr. 627 Dep. 7 C Nr. 642 |

## Amt Koldingen

| 1661–1674 | Schafschatzbeschreibungen | Cal. Br. 19 Nr. 761, Nr. 762 Bde. I–III |
|---|---|---|
| 1664 | Kopfsteuerbeschreibung | Foto 1 |
| 1667 | Erbregister der vormaligen braunschweigischen Gohe Laatzen, Wülfel, Döhren | Hann. 74 Hannover Nr. 5 |
| 1671 | Mannschaftsrolle (Huldigung) | Cal. Br. 22 Nr. 788 Bd. I |
| 1672 | Kontributionsbeschreibung | Dep. 7 C Nr. 622 |
| 1675 | Kopfsteuerbeschreibung | Cal. Br. 19 Nr. 1031 Bd. II |
| 1675 | Schaf- und Scheffelschatz | Dep. 7 C Nr. 735 |
| 1678 | Kopfsteuerbeschreibung | Cal. Br. 19 Nr. 1040 Bd. I |
| 1680 | Mannschaftsrolle (Huldigung) | Cal. Br. 22 Nr. 795 Bd. II |
| 1686, 1689 | Kopfsteuerbeschreibung | siehe Mundhenke[144], Teil 1, S. 150–200 |
| 1686–1690 | Register über erhobene Konsumtions-Akzise in der braunschweigischen Gohe Döhren, Wülfel, Laatzen | Cal. Br. 19 Nrn. 923–925, 969 |
| 1687, 1688 | Rauchschatzbeschreibungen (1687 braunschweigische Gohe) | Cal. Br. 19 Nr. 1103/1 Bd. III Cal. Br. 19 Nr. 1115 Bd. II Cal. Br. 19 Nr. 1104 |
| 1688 | Kontributionsbeschreibung | Cal. Br. 2 Nr. 507 |
| 1739 | Lagerbuch der braunschweigischen Gohe Döhren, Wülfel, Laatzen, Kirchrode, Misburg | Hann. 74 Hannover Nr. 8 |
| 1745 | Mannschaftsverzeichnis | Hann. 76 a Nr. 13 |
| 1749 | Brandkataster von Döhren, Wülfel, Laatzen | Hann. 74 Hannover Nr. 1862[145], siehe auch Amt Ilten |
| 1750–1812 | Brandkataster | Hann. 330 Nrn. 879, 880 |
| 1755 | Namensverzeichnis der dienstbaren Mannschaft | Foto 1 Nr. 427 |
| 18. Jh. | Lagerbuch der Grasdorfer Vogtei | Hann. 74 Hannover Nr. 9 |

**Schriftgut der freiwilligen Gerichtsbarkeit**

| 1525, 1526 | Kontrakte | Hann. 72 Hannover Nr. 493 |
|---|---|---|

144 vgl. Anmerkung 1
145 Margarete Werner, Die Register der Amtsvogtei Ilten 1492–1752: Quellen zur Geschichte Niedersachsens, 1970 (Ud Ilt).

| 1648–1879 | Kontrakte, Obligationen, Ehestiftungen für Hemmingen | Hann. 72 Hannover Nrn. 322–492 |
|---|---|---|
| 1653–1844 | Kontrakte und Ehestiftungen (Wülfel, Laatzen, Döhren, Hiddestorf) | Hann. 72 Hannover Nrn. 591–595 |
| 1671–1872 | Kontrakte, Obligationen, Ehestiftungen | Hann. 72 Hannover Nrn. 494–587 |

## Amt Lachem

Kirchspiel Hemeringen mit den Bauerschaften Dehmkerbrock[146], Egge, Halvestorf, Herkendorf; dazu gehören: Bannensiek, Boldenkoven, Hope, Kellerhof, Posteholz[147], Schevelstein, Wahrendahl, Weidehohl.
Kirchspiel Lachem mit Haverbeck
Größtenteils bis 1647/48 zur schaumburgischen Vogtei Lachem gehörig (s. Günther Schmidt, Die alte Grafschaft Schaumburg, 1920, S. 45 f., Hb 48,5).
Weitere Quellen im Staatsarchiv Bückeburg.
Fürstentum Calenberg, Lauenausches Quartier; 1971: Landkreis Hameln-Pyrmont.

### Registerförmige Quellen

| | | |
|---|---|---|
| 1644 | Kontributionsrolle | Cal. Br. 19 Nr. 847 |
| 1647–1660 | Erbregister | Hann. 74 Hameln Nr. 1 |
| 1649 | Mannschaftsrolle (Huldigung) | Cal. Br. 22 Nr. 723 |
| Mitte 17. Jh. | Feuerstättenverzeichnis | Hann. 74 Hameln Nr. 1 |
| 1651, 1652, 1665–1676 | Geld- und Kornregister | Hann. 74 Hameln Nrn. 820–831 |
| 1653–1672 | Land- und Viehschatz | Hann. 76 c D Nrn. 369–383 |
| 1664 | Kopfsteuerbeschreibung | Cal. Br. 19 Nr. 1023 |
| 1671 | Mannschaftsrolle (Huldigung) | Cal. Br. 22 Nr. 788 Bd. II |
| 1673 | Erbregister | Hann. 74 Hameln Nr. 1 |
| 1673, 1674 | Landvermessung in der Vogtei Lachem | Hann. 74 Hameln Nr. 1 |
| 1680 | Mannschaftsrolle (Huldigung) | Cal. Br. 22 Nr. 795 |
| 1686, 1687 | Opfergeldregister | Cal. Br. 19 Nr. 1094 |
| 1686, 1689 | Kopfsteuerbeschreibung | siehe Mundhenke[148], Teil 6, S. 137–158 |
| 1686–1690 | Register über erhobene Konsumtions-Akzise | Cal. Br. 19 Nrn. 923–925<br>Cal. Br. 19 Nr. 970 Bde. I, II |
| 1687, 1688 | Rauchschatzbeschreibungen | Cal. Br. 19 Nr. 1103/2 Bd. III<br>Cal. Br. 19 Nr. 1115 Bd. II<br>Cal. Br. 19 Nr. 1105 |

146 Friedel Rekate, Die alte Gemeinde Dehmkerbrock, mit Wördeholz, Pessinghausen, Rodenbeck, Posteholz, in: Deutsche Ortssippenbücher, Reihe B, Bd. 37, 1986 (T Dehmkerbrock 1).
147 vgl. Anmerkung 146
148 vgl. Anmerkung 1

| 1701–1809 | Landsteuer | Dep. 7 C Nrn. 353–428 (1701–1708: Nrn. 422–428, Amt Lachem mit Flecken Wiedensahl) |
|---|---|---|
| 1708–1719 | Taxtbeschreibung, Zinskorn und Viehschatz | Dep. 7 C Nr. 663 |
| 1755 | Namensverzeichnis der dienstbaren Mannschaft | Foto 1 Nrn. 424–425 |
| 1766 | Personenbeschreibung | Dep. 7 C Nr. 730 |

# Kloster Lamspringe

Fürstbistum Hildesheim; 1971: Landkreis Alfeld.

### Registerförmige Quellen

| 1555 | Erbregister | Hild. Br. 3, 11 Nr. 6 |
|---|---|---|
| 1574 | Erbregister | Hild. Br. 3, 11 Nr. 6 |
| 1587 (–18. Jh.) | Erbregister | Hild. Br. 3, 11 Nr. 6 a |
| 1624 | Erbregister | Hild. Br. 3, 11 Nr. 2 Cal. Br. 10 Nr. 1030 |
| 1630(– ca. 1660) | Erbregister | Hild. Br. 3, 11 Nr. 3 |
| 1645, 1664 | Land- und Kontributionsbeschreibung | Hild. Br. 3, 11 Nr. 6 a, siehe Bardehle, S. 461, 462 |
| 1667 | Erbregister | Hild. Br. 3, 11 Nr. 5 |
| 1736–1782 | Landregister (Landbeschreibung) | Hild. Br. 3, 11 Nr. 1 |
| 1769 | Land- und Wiesenbeschreibung | Hild. Br. 2 J Nr. 353 |

### Schriftgut der freiwilligen Gerichtsbarkeit

| 1533–1805 | Protokolle des Lamspringer Meierdings zu Klein Lafferde | Hann. 72 Alfeld Nrn. 230–232 |
|---|---|---|
| 1630–1802 | Ehestiftungen des Klostergerichts Lamspringe | Hann. 72 Alfeld Nrn. 222–229 |
| 1690–1804 | Meierdingsprotokolle des Klostergerichts Lamspringe | Hann. 72 Alfeld Nrn. 217–221 |

## Amt Langenhagen

*Vogtei Langenhagen:* Brink, Hainhaus, Kaltenweide, Kircher Bauerschaft, Krähenwinkel, Langenforth, Maspe, Oldenhorst, Twenge, Wagenzelle.
*Bothfelder Vogtei:* Bothfeld, Buchholz, Lahe, Pinkenburg.
*Vogtei Engelbostel:* Engelbostel, Evershorst, Godshorn, Heitlingen, Schulenburg, Stöcken, Vinnhorst.
*Vahrenwalder Vogtei:* Gartenhäuser vor dem Steintor zu Hannover, Hainholz, Herrenhausen, List, Vahrenwald.
Fürstentum Calenberg, Hannoversches Quartier; 1971: Stadt Hannover, Landkreis Hannover.

### Registerförmige Quellen

| | | |
|---|---|---|
| 1523–1653 | Verlassungsbuch | Hann. 74 Hannover-Langenhagen Nr. 1 |
| 1557, 1558 | Türkensteuereinnahmeregister (ohne Krähenwinkel und Langenforth) | Cal. Br. 11 Nr. 95[149] |
| 1585 | Huldigungsverzeichnis und Musterungsrolle | Cal. Br. 22 Nr. 728, siehe Burchard, S. 263–269 |
| 1586 | Verzeichnis der Meier, Halbspänner, Kötner, Häuslinge und freien Leute | Cal. Br. 2 Nr. 1325[150] |
| 1587 | Verzeichnis der Einnahme an Pfennigzinsen, Gänsen und Hühnern | Cal. Br. 2 Nr. 1319 |
| 1594 | Verzeichnis aller Untertanen (Meier, Halbspänner und Kötner) | Hann. 74 Hannover-Langenhagen Nr. 2[151] |
| 1599 | Personen- und Landbeschreibung | Dep. 7 C Nr. 742 |
| 1603, 1604 | Zollgeldregister | Cal. Br. 2 Nr. 1400 |
| um 1610 | Fähnlein aus der Vogtei Langenhagen | Foto 1 Nr. 447 |
| 1612 | Erbregister (Lagerbuch) | Hann. 74 Hannover-Langenhagen Nr. 4[152] |

[149] Abschrift in: Walther Bode, Einwohnerverzeichnisse aus dem 16. Jahrhundert. Schriften zur Geschichte der Stadt Langenhagen, Heft 1, o. J. (Ud Lan 1).
[150] vgl. Anmerkung 149
[151] Abschrift in: Walther Bode, Untertanenverzeichnis von 1594. Schriften zur Geschichte der Stadt Langenhagen, Heft 2, o. J. (Ud Lan 2).
[152] Abschrift in: Walther Bode, Die Erbregister der Amtsvogtei Langenhagen von 1612 und 1634, Schriften zur Geschichte der Stadt Langenhagen, Heft 3 Bd. 1, 1981 (Ud Lan 3).

| 1617–1621, 1638–1643, 1643–1809 | Landsteuer (1640 mit Fräuleinsteuer) (1645 mit Fräuleinsteuer) | Dep. 7 C Nrn. 7–10 Dep. 7 C Nr. 16 Dep. 7 C Nrn. 27–204 |
|---|---|---|
| 1618–1722 | Kontributionsregister | Hann. 74 Hannover-Langenhagen Nrn. 178–180 |
| 1619, 1652, 1685, 1704, 1722 | Taxtbeschreibung (Dorf Engelbostel) | Dep. 7 C Nr. 614 Dep. 7 C Nr. 616 Dep. 7 C Nr. 626 Dep. 7 C Nr. 635 Dep. 7 C Nr. 644 |
| 1625, 1626 | Schafschatzregister | Dep. 7 C Nr. 11 |
| 1627–1629, 1636, 1637 | Schatzregister | Dep. 7 C Nr. 12 Dep. 7 C Nr. 15 |
| 1633 | Untertanenverzeichnis | Cal. Br. 2 Nr. 65 |
| 1634 | Erbregister (Lagerbuch) | Hann. 74 Hannover-Langenhagen Nr. 4[153] |
| 1637 | Mann- und Viehzahl-Beschreibungen | Hann. 74 Hannover-Langenhagen Nr. 7 |
| 1645 | Mannschaftsrolle (Huldigung) | Foto 1 Nrn. 20–23 |
| 1649 | Mannschaftsrolle (Huldigung) | Cal. Br. 22 Nr. 773 Bd. 5, II |
| 1655 | Dienstbeschreibung der Amtsvogtei | Hann. 74 Hannover-Langenhagen Nr. 221 |
| 1660 | Erbregister (Lagerbuch) | Hann. 74 Hannover-Langenhagen Nr. 4[154] |
| 1660 | Amtslagerbuch | Hann. 74 Hannover-Langenhagen Nr. 4 |
| 1661–1674 | Schafschatzbeschreibungen | Cal. Br. 19 Nr. 761, Nr. 762 Bde. I–III |
| 1664 | Kopfsteuerbeschreibung | Foto 1 |
| 1665 | Beschreibung der Erbenzinsgüter im Engelbosteler Strenge | Hann. 74 Hannover-Langenhagen Nr. 215 |
| 1671 | Mannschaftsrolle (Huldigung) | Cal. Br. 22 Nr. 788 Bd. I |
| 1675 | Kopfsteuerbeschreibung | Cal. Br. 19 Nr. 1031 Bd. II |
| 1675 | Schaf- und Scheffelschatz | Dep. 7 C Nr. 735 |
| 1678 | Kopfsteuerbeschreibung | Cal. Br. 19 Nr. 1040 Bd. II |

[153] vgl. Anmerkung 152
[154] Abschrift in: Walther Bode, Das Erbregister der Amtsvogtei Langenhagen von 1660. Schriften zur Geschichte der Stadt Langenhagen, 2. Teil, Heft 3 Bd. 3, 1983 (Ud Lan 4.2).

| | | |
|---|---|---|
| 1680 | Mannschaftsrolle (Huldigung) | Cal. Br. 22 Nr. 795 Bd. II |
| 1682 | Landschatzbeschreibung der Amtsvogtei | Hann. 74 Hannover-Langenhagen Nr. 215 |
| 1686–1688 | Opfergeld-Register | Cal. Br. 19 Nr. 1092 |
| 1686, 1689 | Kopfsteuerbeschreibung | siehe Mundhenke[155], Teil 3, S. 1–49 |
| 1687, 1688 | Rauchschatzbeschreibungen | Cal. Br. 19 Nr. 1103/2 Bd. III<br>Cal. Br. 19 Nr. 1115 Bd. II |
| Anfang 18. Jh. | Amtsbeschreibung | Hann. 74 Hannover-Langenhagen Nr. 5 |
| 1750–1812 | Brandkataster | Hann. 330 Nr. 879 |
| 1755 | Namensverzeichnis der dienstbaren Mannschaft | Foto 1 Nr. 427 |
| 1760 | Amtsbeschreibung | Hann. 74 Hannover-Langenhagen Nr. 8 |

### Schriftgut der freiwilligen Gerichtsbarkeit

| | | |
|---|---|---|
| 1549–1823 | Kontrakte und Obligationen | Hann. 72 Hannover Nrn. 617–640 |
| 1648–1879 | Kontrakte, Obligationen, Ehestiftungen | Hann. 72 Hannover Nrn. 322–492 |
| 1650–1821 | Ehestiftungen | Hann. 72 Hannover Nrn. 596–616 |
| 1825–1879 | Kontrakte, Obligationen, Ehestiftungen | Hann. 72 Hannover Nrn. 641–675<br>Hann. 72 Hannover Nrn. 676–695 |

---

155 vgl. Anmerkung 1

## Amt Lauenau

*Binnenbörde:* Flecken Lauenau sowie Altenhagen, Beber, Feggendorf, Herriehausen, Hülsede, Lübbersen, Meinsen, Messenkamp, Pohle, Rohrsen, Schmarrie.
*Butenbörde:* Bakede, Böbber, Egestorf, Eimbeckhausen, Hamelspringe, Kessiehausen, Luttringhausen, Milliehausen, Nettelrede, Waltershagen.
Das Amt Lauenau war bis 1647/48 schaumburgisch.
Weitere Quellen im Staatsarchiv Bückeburg.
Fürstentum Calenberg, Lauenausches Quartier; 1971: Landkreis Springe.

### Registerförmige Quellen

| | | |
|---|---|---|
| 1636 | Mannschaftsrolle (Huldigung) | Cal. Br. 22 Nr. 764 Bd. I |
| 1645 | Mannschaftsrolle (Huldigung) | Foto 1 Nrn. 20–23 |
| 1649 | Mannschaftsrolle (Huldigung) | Cal. Br. 22 Nr. 773 |
| 1651 | Schatzregister | Cal. Br. 2 Nr. 1409 |
| 1653–1672 | Land- und Viehschatzregister | Hann. 76 c D Nrn. 369–382 |
| 1659 | Erbregister | Hann. 74 Springe Nr. 12 |
| 2. Hälfte 17. Jh. | Amtsbeschreibung | Hann. 74 Springe Nr. 5 |
| 1664 | Kopfsteuerbeschreibung | Cal. Br. 19 Nr. 1023 |
| 1670, 1671 | Land-, Vieh- und Scheffelschatzbeschreibungen | Cal. Br. 19 Nr. 726 |
| 1671 | Mannschaftsrolle (Huldigung) | Cal. Br. 22 Nr. 788 Bd. I |
| 1680 | Mannschaftsrolle (Huldigung) | Cal. Br. 22 Nr. 795 Bd. I |
| 1686, 1689 | Kopfsteuerbeschreibung | siehe Mundhenke[156], Teil 5, S. 1–34 |
| 1687, 1688 | Opfergeldregister für Bakede, Eimbeckhausen, Hülsede, Nettelrede | Cal. Br. 19 Nr. 1094 |
| 1687, 1688 | Rauchschatzbeschreibungen | Cal. Br. 19 Nr. 1103/2 Bd. III<br>Cal. Br. 19 Nr. 1116 Bd. I |
| 1701–1809 | Landsteuer | Dep. 7 C Nrn. 353–428<br>(1701–1809: Nrn. 353–421, Amt Lauenau mit Flecken Wiedensahl) |
| 1709–1719 | Taxtbeschreibung | Dep. 7 C Nr. 670 |
| 1755 | Namensverzeichnis der dienstbaren Mannschaft | Foto 1 Nr. 426 |
| 1757 | Tabellarische Beschreibung | Hann. 88 A Nr. 4153 |
| 1766 | Personenbeschreibung | Dep. 7 C Nr. 732 |

---

156 vgl. Anmerkung 1

## Herzogtum Lauenburg

Ämter Lauenburg, Neuhaus, Ratzeburg, Schwarzenbeck, Steinhorst.
Städte Lauenburg, Mölln, Ratzeburg.
26 adlige Gerichte.
*Land Hadeln:* Hochland, Sietland, Stadt Otterndorf.
Von den 1689/1731 erworbenen Gebieten blieben 1815 nur das Land Hadeln und das Amt Neuhaus bei Hannover. Die Quellen für das übrige Gebiet, den späteren Kreis Herzogtum Lauenburg, befinden sich hauptsächlich im Landesarchiv in Schleswig. Der überwiegende Teil der Quellen zur Geschichte des Landes Hadeln liegt im Staatsarchiv Stade und im Archiv des Landkreises Cuxhaven in Otterndorf. Angaben zum Amt Neuhaus, bis 1945 (und seit 1993 wieder) zum Regierungsbezirk Lüneburg gehörig, sind zusätzlich unter „Amt Neuhaus/Elbe" zu finden.
*Lauenburgische Landschaft; 1971:* Kreise Herzogtum Lauenburg, Hagenow, Land Hadeln.

### Registerförmige Quellen

| | | |
|---|---|---|
| 1590 | Die Zehntzahlungen zu Issendorf und Odishausen | Celle Br. 104 a Nr. 195 |
| 1661–1667 | Otterndorfer Amtsrechnungen | Celle Br. 104 a Nr. 240 |
| 1673–1678 | Otterndorfer Amtsrechnungen | Celle Br. 104 a Nr. 242 |
| 1681–1682 | Geldhauptrechnungen des Amts Otterndorf | Celle Br. 104 a Nr. 252 |
| 1745–1746 | Verzeichnis der jungen Mannschaft im Herzogtum Lauenburg | Celle Br. 104 b Nr. 457 |
| 1803 | Zählung der waffenfähigen Amtsuntertanen | Celle Br. 104 b Nr. 461 |

## Amt Lauenförde

*Flecken:* Lauenförde.
Fürstentum Göttingen; 1971: Landkreis Northeim.
(Siehe auch Amt Nienover).

### Registerförmige Quellen

| 1585 | Huldigungsverzeichnis und Musterungsrolle | Cal. Br. 22 Nr. 728, siehe Burchard, S. 85–89 |
|---|---|---|
| 1611 | Musterrolle | Cal. Br. 2 Nr. 1463 |
| 1613 | Musterungsrolle | Foto 1 Nrn. 431–433 |
| 1614 | Musterungsrolle | Foto 1 Nr. 449 |
| 1615 | Musterungsrolle | Foto 1 Nr. 448 |
| 1643–1809 | Landsteuereinnahmeregister | Dep. 7 C Nrn. 445–609 |
| 1659–1718 | Taxtbeschreibung | Dep. 7 C Nr. 675 |
| 1664 | Kopfsteuerbeschreibung | Cal. Br. 19 Nr. 1019 |
| 1671 | Mannschaftsrolle (Huldigung) | Cal. Br. 22 Nr. 788 Bd. II |
| 1675 | Kopfsteuerbeschreibung | Cal. Br. 19 Nr. 1029 Bd. I |
| 1678 | Kopfsteuerbeschreibung | Cal. Br. 19 Nr. 1039 Bd. II |
| 1680 | Mannschaftsrolle (Huldigung) | Cal. Br. 22 Nr. 796 Bd. II |
| 1684, 1685 | Wiesenbeschreibung, Untertanenverzeichnis (auch von Würrigsen und Meinbrexen) | Cal. Br. 2 Nr. 1472 |
| 1685–1753 | Zehntbeschreibung (auch Amt Nienover) | Hann. 74 Uslar Nr. 717 |
| 1686, 1689 | Kopfsteuerbeschreibung | siehe Mundhenke[157], Teil 10, S. 33–39 |
| 1687, 1688 | Rauchschatzbeschreibungen | Cal. Br. 19 1103/2 Bd. III Cal. Br. 19 Nr. 1116 Bd. I |
| 1754–1760 | Vermessung der den Eingesessenen zugehörenden Pertinenzien samt dem herrschaftlichen Kornzehnten | Hann. 74 Uslar Nr. 561 |
| 1755 | Namensverzeichnis der dienstbaren Mannschaft | Foto 1 Nr. 426 |

---

157 vgl. Anmerkung 1

## Amt Lauenstein

*Oberbörde:*
*Flecken:* Duingen, Salzhemmendorf, Wallensen;
*Dörfer:* Capellenhagen, Fölziehausen, Hoyershausen, Levedagsen, Lübbrechtsen, Marienhagen, Ockensen, Rott, Thüste, Weenzen.
*Niederbörde:*
*Flecken:* Eime, Hemmendorf, Lauenstein, Damm (bei Lauenstein);
*Dörfer:* Ahrenfeld, Benstorf, Deilmissen, Deinsen, Dörpe, Dunsen, Eggersen (Vorwerk), Esbeck, Marienau, Oldendorf, Osterwald, Quanthof, Sehlde.
Fürstentum Calenberg, Hamelsches Quartier; 1971: Landkreise Alfeld, Hameln-Pyrmont.

### Registerförmige Quellen

| | | |
|---|---|---|
| [16. Jh.] | Extrakt aus einem alten Register von gutsherrlichen Praestandis der Untertanen | Hann. 74 Lauenstein Nr. 1212 |
| 1557 | Türkensteuerregister | Cal. Br. 19 Nr. 439 |
| 1562 | Schaf- und Scheffelschatz | Cal. Br. 19 Nr. 474 |
| 1563–1608 | Salzregister zu Salzhemmendorf | Cal. Br. 2 Nrn. 1479, 1484, 1559 |
| 1565 | Kirchenbücher von Lübbrechtsen und Rott | StA Wolfenbüttel 1 Kb 824–830 |
| 1585 | Huldigungsverzeichnis und Musterungsrolle | Cal. Br. 22 Nr. 728, siehe Burchard, S. 306–320 |
| 1588 | Pfarrgüterverzeichnis | Foto 3, P1/7 |
| 1593 | Hausbuch | Original im 2. Weltkrieg verbrannt, Abschrift in: Ms. E.E. O 45 |
| 1595 | Geldregister | Hann. 74 Lauenstein Nr. 1 |
| 1598 | Verzeichnis eingenommener Mastschweine | Cal. Br. 2 Nr. 1544 |
| um 1602 | Musterungsregister | Cal. Br. 16 Nr. 1168 |
| 1602, 1630 | Register des Salzwerks zu Salzhemmendorf und des Steinkohlenbergwerks zu Osterwald | Hild. Br. 1 Nr. 878 |
| um 1610 | Beschreibung der Untertanen (Ausschussmusterrolle) | Foto 1 Nr. 447 |
| 1612 | Geld-, Korn-, Vieh- und Kirchenregister | Hild. Br. 1 Nr. 878 |
| 1613 | Musterrollen des sog. „Roten Regiments zu Pferde" im Amt Lauenstein | StA Wolfenbüttel, Alt Abt. 38 B Nr. 99 |

## Amt Lauenstein

| | | |
|---|---|---|
| 1617–1650, 1658–1811 | Landsteuer | Dep. 7 C Nrn. 429–443<br>Dep. 7 C Nrn. 205–207<br>Dep. 7 C Nrn. 209–242<br>Dep. 7 C Nrn. 245–280<br>Dep. 7 C Nrn. 282–352<br>(Nrn. 225–228 enthalten außerdem Rittersteuer) |
| 1619 | Vermögens-, Taxt- und Landbeschreibung | Dep. 7 C Nr. 743 |
| 17. Jh. | Register der Tripelhilfe (Landbeschreibung) | Dep. 7 C Nr. 746 |
| 1642 | Kontributionsliste | Cal. Br. 2 Nr. 1534 |
| 1645 | Mannschaftsrolle (Huldigung) | Foto 1 Nrn. 20–23 |
| 1646, 1703, 1731 | Dorftaxtbeschreibungen | Hann. 74 Lauenstein Nr. 782 |
| 1649 | Mannschaftsrolle (Huldigung) | Cal. Br. 22 Nr. 773 |
| 1661, 1699 | Kontributionsanlage von der Unterbörde | Hann. 74 Lauenstein Nr. 786 |
| 1662–1674 | Schafschatzbeschreibungen | Cal. Br. 19 Nr. 761, Nr. 762 Bde. I–III |
| 1664 | Kopfsteuerbeschreibung | Foto 1 |
| 1675 | Kopfsteuerbeschreibung | Cal. Br. 19 Nr. 1030 |
| 1677–1680, ca. 1700–1703, 1723, 1731 | Taxtbeschreibung<br><br>(Bergwerksgemeinde Osterwald) | Dep. 7 C Nr. 623<br>Dep. 7 C Nrn. 659–661<br><br>Dep. 7 C Nr. 665<br>Dep. 7 C Nrn. 667, 668 |
| 1687, 1688 | Rauchschatzbeschreibungen | Cal. Br. 19 Nr. 1103/3 Bd. I<br>Cal. Br. 19 Nr. 1116 Bd. I |
| 1678 | Kopfsteuerbeschreibung | Cal. Br. 19 Nr. 1039 Bd. II |
| 1680 | Mannschaftsrolle (Huldigung) | Cal. Br. 22 Nr. 795 Bd. I |
| 1684 | Vieh- und Landbeschreibung | Hann. 74 Lauenstein Nr. 781 |
| 1686, 1689 | Kopfsteuerbeschreibung | siehe Mundhenke[158], Teil 5, S. 35–129 |
| 1687, 1688 | Rauchschatzbeschreibungen | Cal. Br. 19 Nr. 1103/3 Bd. I<br>Cal. Br. 19 Nr. 1116 Bd. I |
| o. J. (17.Jh.) | Landbeschreibung | Cal. Br. 2 Nr. 1594 |
| 1711–1715 | Nebengeldbeschreibungen | Hann. 74 Lauenstein Nr. 786 |

---

158 vgl. Anmerkung 1

| | | |
|---|---|---|
| 1716–1723 | Einnahme- und Ausgaberegister (nur Flecken Lauenstein) | Cal. Br. 2 Nr. 1482 |
| 1737–1798 | Schafschatzbeschreibung | Hann. 74 Lauenstein Nr. 783 |
| 1754–1756 | Hand- und Spanndiensttabellen | Hann. 88 A Nr. 4589 |
| 1755 | Namensverzeichnis der dienstbaren Mannschaft | Foto 1 Nrn. 424–425 |
| 1757, 1758 | Personen- und Vermögensbeschreibung | Dep. 7 C Nr. 725 |
| 1766 | Personenbeschreibung | Dep. 7 C Nr. 732 |
| 1775, 1776 | Dienstgelder und Wochendienste | Hann. 74 Lauenstein Nr. 1063 |
| 1780–1810 | Dienstgeldverzeichnisse | Hann. 74 Lauenstein Nr. 1063 |

## Gericht Leineberg

Ellershausen, Grone, Holtensen, Mengershausen, Obernjesa, Olenhusen, Rosdorf, Settmarshausen.
(Mengershausen sieht auch Gericht Jühnde).
Fürstentum Göttingen; 1971: Landkreis Göttingen.

### Registerförmige Quellen

| 1664 | Kopfsteuerbeschreibung | Foto 1 |
|---|---|---|
| 1685–1696 | Personen und Güterbeschreibung der zum Gericht gehörigen Ortschaften | Hann. 74 Göttingen Nr. 1007 |
| 1686, 1689 | Kopfsteuerbeschreibung | siehe Mundhenke[159], Teil 9, S. 112–114 (Ellershausen), S. 97–104 (Grone), S. 110–112 (Holtensen), S. 201–204 (Mengershausen), S. 57–60 (Obernjesa), S. 3 (Olenhusen), S. 89–96 (Rosdorf), S. 55–56 (Settmarshausen) |
| 1735 | Grund- und Lagerbuch von Mengershausen und Volkerode (Gericht Jühnde) | Hann. 74 Göttingen Nr. 1009 |
| 1745–1778 | Personenbeschreibung | Hann. 74 Göttingen Nr. 704 |
| 1755 | Namensverzeichnis der dienstbaren Mannschaft | Foto 1 Nr. 426 |
| 1766 | Personenbeschreibung | Dep. 7 C Nr. 731 |

### Schriftgut der freiwilligen Gerichtsbarkeit

| 1597, 1598 | Gewähr- und Pfandbuch | Hann. 72 Göttingen Nr. 8 |
|---|---|---|
| 1703–1720 | Landgerichts-Bruchregister | Hann. 74 Göttingen Nr. 1972 |
| 1718–1831 | Kontrakte, Ehestiftungen, Testamente, Obligationen | Hann. 72 Göttingen Nrn. 9–53/3 |
| 1720–1743 | Landgerichts-Bruchregister | Hann. 74 Göttingen Nr. 1974 |
| 1724–1841 | Repertorium des Gerichtsschulzenamtes und des Gerichts (Prozessregister) | Hann. 72 Göttingen Nrn. 1–3 |

159 vgl. Anmerkung 1

## Amt Lemförde

*Flecken:* Lemförde.
*Dörfer:* Brockum, Burlage, Eickhöpen, Hagewede, Holzkamp (Gut), Hüde, Lembruch, Marl, Sandbrink, Stemshorn.
Grafschaft Diepholz; 1971: Landkreis Grafschaft Diepholz.

### Registerförmige Quellen

| um 1560 | Landschatzregister | Celle Br. 73 Nr. 50 |
|---|---|---|
| 1567 | Schoss- und Lagerbuch (Bruchstück) | Hann. 74 Diepholz Nr. 1 |
| 1594–1600 | Türkenschatzregister | Celle Br. 73 Nr. 50 |
| 1644–1670 | Höfebeschreibung | Hann. 74 Diepholz Nr. 1359 |
| 1654 | Schoss- und Lagerbuch | Hann. 74 Diepholz Nr. 4 |
| 1658–1669 | Beschreibung sämtlicher eigenbehöriger Leute und Stellen | Hann. 74 Diepholz Nr. 1363 |
| 1658–1670 | Schoss- und Lagerbuch | Hann. 74 Diepholz Nr. 7 |
| 1685–1851 | Auszüge aus den Weinkaufs-, Erbteil- und Freilassungsregistern | Hann. 74 Diepholz Nr. 13 |
| 1696, 1735, 1736, 1766, 1797 | Feuerstättenverzeichnisse | Hann. 74 Diepholz Nr. 14 |
| Mitte 17. Jh.. | Mannschaftsrollen | Hann. 74 Diepholz Nr. 14 |
| 1725–1798 | Dienstbeschreibung | Hann. 88 B Nr. 3707 |
| 1754 | Brandkataster | Dep. 106 Nr. 1193 |
| 1755 | Namensverzeichnis der dienstbaren Mannschaft | Foto 1 Nr. 426 |
| 1751–1774, 1776, 1777 | Gebäudebeschreibung | Dep. 106 Nr. 1209 |
| 1757–1775 | Brandversicherungsveränderungen | Dep. 106 Nr. 1209 |
| 1797 | Feuerstättentabelle | Hann. 88 B Nr. 3804 |
| 1800 | Amtsbuch | Museumsverein in Nienburg |

## Schriftgut der freiwilligen Gerichtsbarkeit

| 1618–Mitte 19. Jh. | Amtshandlungen, Kontrakte, Obligationen | Hann. 72 Diepholz Nrn. 365–401 |
|---|---|---|
| 1700–Mitte 19. Jh. | Ehestiftungen | Hann. 72 Diepholz Nrn. 341–364 |

## Amt Liebenau

*Flecken:* Liebenau.
*Dörfer:* Arkenberg, Bockhop, Glissen, Hemeringhausen, Langeln, Päpsen, Pennigsehle, Staffhorst, Üpsen.
Grafschaft Hoya, 3. Quartier in der Niedergrafschaft: 1971: Landkreise Nienburg, Grafschaft Diepholz.

### Registerförmige Quellen

| 1521 | Bedeschatzregister | Foto 1 Nr. 73 |
|---|---|---|
| 1530 | Der Herrschaft Leute | Hoyer Urkundenbuch, 1 Abt., Heft V, Rolle 6 |
| 1530 | Landschatzregister | Celle Br. 72 Nr. 271 |
| 1616, 1617, 1630, 1652–1655, 1652–1686 | Schatzregister | Dep. 106 Nrn. 2734, 2735 Dep. 106 Nr. 2741 Dep. 106 Nrn. 2701–2703 Dep. 106 Nrn. 2060–2062 |
| 1624 | Musterrolle (nur Flecken Liebenau) | Celle Br. 46 Nr. 213 Bd. II, Bl. 42 |
| 1653 | Untertanenverzeichnis (Huldigung) | Celle Br. 45 Nr. 96 |
| 1666 | Erbregister | Hann. 88 B Nr. 3999 |
| 1667 | Untertanenverzeichnis (Huldigung) | Celle Br. 45 Nr. 96 |
| 1667 | Amtsbeschreibung (keine Namen) | Foto 1 Nr. 444 |
| um 1674 (Nachträge bis 1755) | Leibeigene Leute des Amtes und Fleckens Liebenau (Genealogie) | Hann. 74 Nienburg Nr. 57 |
| 1684, 1685 | Schatzregister | Dep. 106 Nr. 2060 |
| 1686–1712 | Akziseregister, Schatzregister | Dep. 106 Nrn. 2062–2087 |
| 1688–1715 | Kontributionsbeschreibung des Amtes und Fleckens Liebenau | Dep. 106 Nr. 890 |
| 1702–1755 | Bier-, Wein- und Branntweinakzise | Dep. 106 Nrn. 2190–2243 |
| 1711 | Akziserechnung | Dep. 106 Nr. 2199 |
| 1712–1725, 1713–1755 | Scheffelschatzrechnung | Dep. 106 Nr. 2943 Dep. 106 Nrn. 2102–2143 |
| 1715 | Liste der Abgebrannten zu Liebenau | Dep. 106 Nr. 2968 |
| 1717–1719 | Malz- und Schrotakzise | Dep. 106 Nrn. 2759–2761 |

| | | |
|---|---|---|
| 1719 | Akzise-Defraudanten | Dep. 106 Nr. 2208 |
| 1720–1806 | Akzisepachtkontrakte | Dep. 106 Nr. 2870 |
| 1723–1738 | Scheffelschatzregister | Dep. 106 Nrn. 2113–2126 |
| 1728, 1729 | Tabaksbrüche | Dep. 106 Nrn. 2389, 2390 |
| 1741–1754 | Akziseregister (Blasengeld) | Dep. 106 Nrn. 2129–2142 |
| 1752–1777 | Brandversicherungsveränderungen | Dep. 106 Nrn. 1200, 1201 |
| 1753 | Brandkataster | Dep. 106 Nr. 1191<br>Dep. 106 Nr. 1192 |
| 1756 | Personenbeschreibung der Kirchspiele Liebenau und Steyerberg | Hann. 74 Stolzenau Nr. 6 |
| 1757, 1758 | Personenschatzung | Dep. 106 Nr. 3235 |
| 1761–1793 | Tabaksimpostregister | Dep. 106 Nrn. 2421/2–2453/2 |
| 1764, o. J. | Pachtregister, Verzeichnisse der Kontributionsfreien | Dep. 106 Nr. 625 |
| 1768–1790 | Dienstregister | Hann. 74 Nienburg Nrn. 869, 870 |
| 1776 | Bürgerschaft des Fleckens Liebenau | Hann. 74 Nienburg Nr. 58 |
| 1778 | Verzeichnis der Kirchen- und Schulbedienten | Dep. 106 Nr. 610 |
| 1779–1817 | Höfebeschreibung | Hann. 74 Nienburg Nr. 61 |
| 1787 | Brandkataster | Dep. 106 Nr. 1272 |
| 1794–1799 | Tabaksgeldregister des Amtes und Fleckens Liebenau, der Bauerschaft Pennigsehle, der Vogteien Pennigsehle, Staffhorst | Dep. 106 Nrn. 2454/2–2459/2 |
| 1809, 1810 | Matrikularanschläge | Dep. 106 Nr. 625 |
| 1814, 1815 | Tabaksimpostregister | Dep. 106 Nr. 2940 Bde. II, V |

## Amt Liebenburg

*Flecken:* Salzliebenhall (= Salzgitter).
*Dörfer:* Beinum, Bredelem, Dörnten, Dorstadt, Flachstöckheim[160], Gitter, Groß Döhren[161], Groß Flöthe[162], Groß Mahner[163], Hahndorf[164], Haverlah[165], Heiningen, Heissum[166], Hohenrode[167], Jerstedt[168], Klein Döhren[169], Klein Flöthe, Klein Mahner[170], Kniestedt, Lewe[171], Liebenburg (Amtshaushalt), Ostlutter[172], Othfresen[173], Ringelheim[174], Steinlah, Upen.
*Klöster und Stifte im Amt:* Dorstadt, Grauhof, Heiningen, Riechenberg, Ringelheim und Wöltingerode.
Fürstbistum Hildesheim; 1971: Landkreis Goslar und Stadt Salzgitter.

### Registerförmige Quellen

| 1525 | Hufenschatz und Zehnteinnahmeregister | Cal. Br. 10 Nr. 478 |
|---|---|---|
| 1548 | Erbregister | Hann. 74 Liebenburg Nr. 2602[175] Hild. Br. 5 Nrn. 48, 50 |
| 1549, 1550 | Amtsregister (Geldregister) | Hann. 74 Liebenburg Nr. 2867 |
| 1567 | Erbregister | StA Wolfenbüttel 19 Alt Nr. 128 Kopie: Foto 3 P1/Nr. 15 |
| ca. 1569–1573 | Fotokopien von Kirchenbuchaufzeichnungen (nicht ganz vollständig) | StA Wolfenbüttel in 6 Kb |
| 1579 | Erbregister | Hann. 74 Liebenburg Nr. 2604 |
| 1579 | Erbregister (Abschrift) | Hild. Br. 12 Nr. 467 |

160 Adelige Gerichte (Haus, Gut oder Dorf): Flachstöckheim, Hohenrode, Jerstedt und Ostlutter.
161 Um 1566–1573 Kirchenbücher, Foto 3 P1/120.
162 vgl. Anmerkung 161
163 vgl. Anmerkung 161
164 vgl. Anmerkung 161
165 Hofbesitzerlisten von 1548–1935 in: Quellen zur bäuerlichen Sippen- und Hofgeschichtsforschung in den Staatsarchiven zu Hannover, Osnabrück und Aurich, 1936 (Qf 9).
166 vgl. Anmerkung 161
167 vgl. Anmerkung 160
168 vgl. Anmerkungen 160 und 161
169 vgl. Anmerkung 161
170 vgl. Anmerkung 161
171 Von 1666–1762 Kirchenbuchauszüge in Hild. Br. 1 Nr. 12155.
172 vgl. Anmerkung 160
173 vgl. Anmerkung 161
174 vgl. Anmerkung 161
175 „Der Bezirk des Amtes Liebenburg nebst Umgebung um die Mitte des 16. Jh.", in: Carl Witt: „Geschichtliche Aufzeichnungen aus der engeren Heimat", Heft 1, 1883, S. 125–238 (So 166).

| | | |
|---|---|---|
| 1597 | Scheffelschatzregister | Hild. Br. 1 Nr. 7602 |
| 1605 | Scheffelschatzregister | Hild. Br. 1 Nr. 7602 |
| 1616 | Musterrolle | Cal. Br. 21 Nr. 2899 |
| 1617 | Zehnt- und Hufenschatzregister | Hild. Br. 1 Nr. 7602 |
| 1621 | Schafschatzregister | Hild. Br. 1 Nr. 7533 |
| 1621 | Scheffelschatzregister | Hild. Br. 1 Nr. 7602 |
| 1623 | Erbregister | Hild. Br. 1 Nr. 8807 |
| 1644, 1645 | Geldregister | Hann. 74 Liebenburg Nr. 2868 |
| 1645 | Land- und Kontributionsbeschreibung | Hild. Br. 1 Nrn. 8749 und 8578 |
| 1645 | Land- und Kontributionsbeschreibung (adlige Dörfer) | Hild. Br. 1 Nrn. 8746 und 8578 |
| 1648 | Visitationsprotokoll | Hild. Br. 1 Nr. 8750 |
| 1648 | Kopfsteuerlisten | Hild. Br. 1 Nr. 8308 |
| 1650–1654 | Schatzregister | Hild. Br. 12 Nrn. 800–803 |
| 1651, 1652 | Geldregister | Hann. 74 Liebenburg Nr. 2869 |
| 1654–1656 | Schatzregister | Hild. Br. 1 Nrn. 7785, 7786 |
| 1656–1658 | Schatzregister | Hild. Br. 1 Nrn. 7815, 7816 |
| 1656–1801 | Schatzregister | Hild. Br. 12 Nrn. 666–732; Lücken lassen sich ergänzen mit Hilfe einer weiteren Reihe von 1690–1796: Hild. Br. 2 J Nrn. 721–767 |
| 1663 | Vermessung der zum Amtshause Liebenburg und dessen Vorwerken gehörigen Länderei | Hild. Br. 1 Nr. 8751 |
| 1664 | Kopfsteuerbeschreibung | Hild. Br. 1 Nr. 8749, Nr. 8295 Bd. III, siehe Bardehle, S. 56–88 |
| 1665 | Gesindesteuerbeschreibung | Hild. Br. 1 Nr. 8445 Bd. I, Nr. 8446 |
| 1667–1741 | Geldregister (mit Lücken) | Hann. 74 Liebenburg Nrn. 2870–2905/1 |
| 1668 | Rotermund-Heckenbergische Landbeschreibung von Flachstöckheim und Salzliebenhall | Hild. Br. 1 Nr. 8758 |
| 1674 | Kopfsteuer der (Kontributions-)Freien und des Gesindes | Hild. Br. 1 Nr. 8307 |
| 1683 | Vermessung und Beschreibung von Groß und Klein Döhren | Hann. 74 Liebenburg Nr. 2652 Hild. Br. 1 Nr. 8808 |

| 1692 | Beschreibung von Jerstedt | Hild. Br. 1 Nr. 8812 |
| --- | --- | --- |
| 1706–1728 | Kopuliertenverzeichnisse (Auszüge aus Kirchenbüchern) | Hild. Br. 1 Nr. 4019 |
| 1748–1796 | Geldregister und verschiedene Einnahmeregister (mit Lücken) | Hann. 74 Liebenburg Nrn. 2906–2921 |
| 1757, 1758 | Amtsbeschreibung: Tabellen der Dorfschaften | Hild. Br. 1 Nr. 8749 |
| 1758 | Kopfsteuerregister | Hild. Br. 1 Nr. 7819 |
| 1766 ff. | Brandkataster | Hann. 74 Liebenburg Nrn. 414, 415 |
| 1769 | Land- und Wiesenbeschreibung | Hild. Br. 1 Nr. 8847 Hann. 74 Liebenburg Nr. 2607 |
| 1769 | Landsteuerbeschreibung | Hild. Br. 2 J Nr. 347 |
| 1773 | Kopfsteuerlisten (sog. Fixum) | Hild. Br. 1 Nr. 8336 |
| 1773–1806 | Zehntregister | Hann. 74 Liebenburg Nr. 2866 |
| 1796 | Landbeschreibung von Groß und Klein Döhren | Hild. Br. 2 E Nr. 1410 |
| 1799, 1800 | Beschreibung und Bonitierung der kontributionsfreien Länderei | Hild. Br. 12 Nrn. 1078–1080 |

**Schriftgut der freiwilligen Gerichtsbarkeit**

| 1762–1825 | Protokolle der Meierdinge zu Ringelheim und Groß Flöthe | Hann. 74 Liebenburg Nr. 2623 |
| --- | --- | --- |
| 1661–1829 | Protokolle des Meierdings zu Upen | Hann. 74 Liebenburg Nr. 2621 |

## Gericht Limmer

Limmer.
Fürstentum Calenberg. Hamelsches Quartier; 1971: Landkreis Alfeld.

### Registerförmige Quellen

| 1636 | Gerichtsuntertanen (Huldigung) | Cal. Br. 22 Nr. 764 Bd. II |
|---|---|---|
| 1650–1811 | Landsteuer | Dep. 7 C Nrn. 205–207<br>Dep. 7 C Nrn. 209–242<br>Dep. 7 C Nrn. 245–280<br>Dep. 7 C Nrn. 282–352<br>(Nrn. 225–228 enthalten außerdem Rittersteuer) |
| 1662–1674 | Schafschatzbeschreibungen | Cal. Br. 19 Nrn. 761, 762 |
| 1664 | Kopfsteuerbeschreibung | Foto 1 |
| 1671 | Gerichtsuntertanen (Huldigung) | Cal. Br. 22 Nr. 788 Bd. II |
| 1675 | Kopfsteuerbeschreibung | Cal. Br. 19 Nr. 1032 |
| 1678 | Kopfsteuerbeschreibung | Cal. Br. 19 Nr. 1041 |
| 1686, 1689 | Kopfsteuerbeschreibung | siehe Mundhenke[176], Teil 5, S. 206–207 |
| 1687, 1688 | Rauchschatzbeschreibungen | Cal. Br. 19 Nr. 1103/3 Bd. I<br>Cal. Br. 19 Nr. 1116 Bd. I |
| 1745 | Mannschaftsverzeichnis | Hann. 76 a Nr. 13 |
| 1755 | Namensverzeichnis der dienstbaren Mannschaft | Foto 1 Nrn. 424–425 |
| 1766 | Personenbeschreibung | Dep. 7 C Nr. 731 |

### Schriftgut der freiwilligen Gerichtsbarkeit

| 1782–1849 | Kontrakte und Amtshandlungen des Gerichts Limmer | Hann. 72 Alfeld Nrn. 240–249 |
|---|---|---|

---

176 vgl. Anmerkung 1

## Amt Lindau

Bilshausen, Bodensee, Lindau, Renshausen.
Weitere Quellen im Landeshauptarchiv Sachsen-Anhalt, Abt. Magdeburg.
Eichsfeld, bis 1803 kurmainzisch; 1971: Landkreis Duderstadt.

*Literatur:* Theodor Ulrich, Die kurmainzischen Lagerbücher u. Jurisdiktionalbücher des Eichsfeldes, in: Sachsen und Anhalt Bd. 10, 1934 (Zs 95);
Ders., Das Staatsarchiv Hannover als Quelle der eichsfeldischen Geschichtsforschung, in: Unser Eichsfeld 36, 1941 (Si 16).

### Registerförmige Quellen

| | | |
|---|---|---|
| 1579–1605 | Erbregister und Rechnungen über Einnahmen und Ausgaben | Hild. Br. 1 Nr. 6054 |
| 1728–1757 | Amtsrechnungen | Hild. Br. 1 Nr. 6052 |
| 1784 | Lagerbuch und Flurbuch der Gemeinde Bodensee | Hann. 74 Gieboldehausen Nrn. 667, 668 |

### Schriftgut der freiwilligen Gerichtsbarkeit

| | | |
|---|---|---|
| 1775, 1776 | Protokolle in Zivilsachen (mit Register) | Hann. 72 Gieboldehausen Nr. 41 |
| 1779–1903 | Hypothekenbücher | Hann. 72 Gieboldehausen Nr. 253 |
| 1779–1903 | Register zu den Hypothekenbüchern | Hann. 72 Gieboldehausen Nrn. 254–258 |

## Stift Loccum

Loccum, Flecken Münchehagen, Wiedensahl.
Wiedensahl war bis 1647/48 schaumburgisch.
Weitere Quellen im Stiftsarchiv in Loccum und im Staatsarchiv Bückeburg (Wiedensahl).
Fürstentum Calenberg, Lauenausches Quartier; 1971: Landkreis Nienburg.

### Registerförmige Quellen

| | | |
|---|---|---|
| 1585 | Huldigungsverzeichnis und Musterungsrolle | Cal. Br. 22 Nr. 728, siehe Burchard, S. 210–212 |
| 1599 | Musterungsrolle | Cal. Br. 16 Nr. 1168 |
| um 1600 | Ausschuss-Musterrolle | Foto 1 Nrn. 431–433 |
| 1617–1626, | Schatzregister | Dep. 7 C Nrn. 18–22, 25 (Nr. 19 mit Reichsdefensivhilfstaxt 1620, Tripelhilfe und Lizent 1621) |
| 1627–1629, | | Dep. 7 C Nr. 12 |
| 1636, 1637 | | Dep. 7 C Nr. 15 |
| 1617–1621, | Landsteuer | Dep. 7 C Nrn. 7–10 |
| 1617–1650, | | Dep. 7 C Nrn. 429–443 |
| 1622–1626, | | Dep. 7 C Nrn. 23, 24, 26 |
| 1638–1643, | (1640 mit Fräuleinsteuer) | Dep. 7 C Nr. 16 |
| 1643–1809 | (1645 mit Fräuleinsteuer) | Dep. 7 C Nrn. 27–204 |
| 1625, 1626 | Schafschatzregister | Dep. 7 C Nr. 11 |
| 1649 | Loccumer Untertanen in der Stadt Neustadt am Rübenberge, in Wiedensahl und Münchehagen (Huldigung) | Cal. Br. 22 Nr. 773 Bde. I, II |
| 1661–1674 | Schafschatzbeschreibungen | Cal. Br. 19 Nrn. 761, 762 |
| 1664 | Kopfsteuerbeschreibung | Foto 1 |
| 1666 | Wiedensahler Feuerstätten, Land-, Garten-, Wiesenwachs- und Viehbeschreibung und Kontributionseinteilung | Cal. Br. 19 Nr. 859 |
| 1667 | Kontributionsbeschreibung der Loccumer Dörfer (Loccum, Münchehagen, Winzlar) | Cal. Br. 2 Nr. 81 |
| 1671 | Mannschaftsrolle, Klosterkonventuale, Klosterbediente (Huldigung) | Cal. Br. 22 Nr. 788 Bd. II |
| 1675 | Kopfsteuerbeschreibung | Cal. Br. 19 Nr. 1028 |
| 1675 | Schaf- und Scheffelschatz | Dep. 7 C Nr. 735 |

| | | |
|---|---|---|
| 1678 | Kopfsteuerbeschreibung | Cal. Br. 19 Nr. 1038 |
| 1681 | Klosteruntertanen (Huldigung) | Cal. Br. 22 Nr. 795 Bd. I |
| 1686–1688 | Lizent-Einnahme aus Wiedensahl | Cal. Br. 19 Nrn. 923–925 |
| 1686, 1689 | Kopfsteuerbeschreibung | siehe Mundhenke[177], Teil 4, S. 140–164 |
| 1687, 1688 | Rauchschatzbeschreibungen (Loccum, Münchehagen, Winzlar) | Cal. Br. 19 Nr. 1103/3 Bd. I<br>Cal. Br. 19 Nr. 1116 Bd. I |
| 1687–1690 | Rauchschatzbeschreibung; Lizent- und Akziseregister für das Dorf Wiedensahl | Cal. Br. 19 Nr. 1103/4<br>Cal. Br. 19 Nr. 1106 |
| 1719 | Taxtbeschreibung und Zinskorn für den Flecken Wiedensahl | Dep. 7 C Nr. 671 |
| 1723 | Taxtbeschreibung und Zinskorn für Loccum, Münchehagen, Winzlar | Dep. 7 C Nr. 673 |
| 1752–1812 | Brandkataster | Hann. 330 Nr. 880 |
| 1763, 1766 | Personenbeschreibung des Stifts Loccum | Hann. 74 Stolzenau Nr. 6 |
| 1766 | Personenbeschreibung | Dep. 7 C Nr. 731 |
| 1798 | Verzeichnis der jährlich aus dem Flecken Wiedensahl an das Amt Bokeloh zu entrichtenden Dienstgelder | Hann. 88 A Nr. 723 |

**Schriftgut der freiwilligen Gerichtsbarkeit**

| | | |
|---|---|---|
| 1658–1852 | Ehestiftungen | Hann. 72 Stolzenau Nrn. 368–430 |

---

[177] vgl. Anmerkung 1

## Amt Lüchow

*Hausvogtei:* Bausen, Beseland, Bischof, Bösen, Bülitz, Bussau, Dalitz, Diahren, Dickfeitzen, Ganse, Gauel, Göttien, Gohlau, Gohlefanz, Granstedt, Groß Gaddau, Groß Sachau, Groß Wittfeitzen, Gühlitz, Guhreitzen, Hohenweddrien, Jabel, Jeetzel, Karmitz, Klein Gaddau, Klein Sachau, Klein Volkfien, Klein Wittfeitzen, Kremlin, Krummasel, Küsten, Kussebode, Lefitz, Lensian, Maddau, Mammoißel, Meuchefitz, Müggenburg, Naulitz, Oldemühle, Prießeck, Püggen, Quartzau, Reddereitz, Reetze, Retzien, Saggrian, Salderatzen, Sallahn, Satemin, Schlannau, Schlanze, Schreyahn, Seelwig, Seerau im Drawehn, Süthen, Tolstefanz, Tüschau, Vaddensen, Waddeweitz, Witzeetze im Drawehn, Zargleben, Zeetze.
*Ackervogtei:* Bösel, Reddebeitz, Saaße.
*Vogtei Bahldam oder Dehnenburg:* Kriwitz, Predöhl, Puttball, Schweskau.
*Vogtei Dünsche:* Dünsche, Groß Liepe, Klein Liepe, Klein Trebel, Pannecke.
*Vogtei Künsche:* Künsche, Loge, Ranzau, Tarmitz.
*Vogtei Lübbow:* Dangenstorf, Lübbow, Rebenstorf.
*Vogtei Örenburg:* Klein Breese, Lanze, Lichtenberg, Woltersdorf.
*Vogtei Rehbeck:* Rehbeck, Seerau in der Lucie, Weitsche.
*Vogtei Schletau:* Bockleben, Schletau, Schmarsau, Simander.
Fürstentum Lüneburg, Lüchowsches Quartier; 1971: Landkreise Lüchow-Dannenberg und Uelzen.

### Registerförmige Quellen

| | | |
|---|---|---|
| 1450 | Schatzregister | Stadtarchiv Lüneburg AB 74 a 1, siehe Grieser II, S. 8–66 |
| 16. Jh. | Aufkunft der Burg Lüchow | Celle Br. 61 Nr. 621 |
| 1548–1574 | Schoss- und Amtsregister | Celle Br. 61 Nr. 579[178] |
| 1553 | Musterrolle | Celle Br. 46 Nr. 211 II, Bl. 30 |
| Mitte 16. Jh. [1558] | Schatzregister | Celle Or. 1 Nr. 87 |
| 1564 | Höfeverzeichnis | Foto 1 Nr. 450 |
| 1620 | Junkernleuteverzeichnis (Musterregister) | Celle Br. 58 Nr. 1240 |
| 1633, 1634 | Kontributionsverzeichnis | Celle Br. 58 Nr. 281 |
| 1639 | Untertanenverzeichnis | Celle Br. 58 Nr. 396 gedruckt in: Zeitschrift für Niedersächsische Familienkunde 37, 1962, S. 48 ff. (Zs 84) |

---

[178] Ältere Fassung im StA Wolfenbüttel, 19 Alt Nr. 133, veröff. v. Klaus Nippert: „Die Register der Ämter Lüchow und Warpke", 1996 (Ud Luc).

# Amt Lüchow

| | | |
|---|---|---|
| 1640, 1641 | Kontributionsregister | Celle Br. 58 Nr. 280 Bd. II |
| 1647 | Wendländisches Kontributionsregister | Original in Privatbesitz[179] |
| 1671 | Huldigungsverzeichnis | Celle Br. 45 Nr. 99 |
| 1713–1724, 1746–1750, 1755–1772, 1801–1807 | Dienstmanuale (hauptsächlich Amt Wustrow) | Hann. 74 Lüchow Nrn. 300–304 |
| 1755 | Namensverzeichnis der dienstbaren Mannschaft | Foto 1 Nrn. 424–425 |
| 1778 | Dienstlagerbuch | Hann. 128 Celle Nr. 237 |

---

[179] Veröff. v. Friedrich Biermann, Ein wendländisches Kontributionsregister von 1647, in: Zeitschrift für Niederdeutsche Familienkunde, 34, 1959, S. 102–104 (Zs 84).

## Stadt Lüchow

Fürstentum Lüneburg, Lüchowsches Quartier; 1971: Landkreis Lüchow-Dannenberg.

### Registerförmige Quellen

| 1632 | Kontributionsregister (keine Namen) | Celle Br. 58 Nr. 280 Bd. I |
|---|---|---|
| 1632–1656 | Kontributionsregister | Celle Br. 58 Nr. 280 Bd. II, Celle Br. 58 Nr. 281 Bd. I |
| 1639, 1640 | Einwohnerverzeichnis | Celle Br. 58 Nr. 280 Bd. II |
| Mitte 17. Jh. | Einwohnerverzeichnis | Celle Br. 58 Nr. 1142 |

## Amt Lüne

*Hausvogtei:* Adendorf, Dachtmissen, Deutsch Evern, Embsen, Erbstorf, Häcklingen, Hagen, Heiligenthal, Kolkhagen, Lüne, Melbeck, Reppenstedt, Rettmer, Südgellersen, Thomasburg, Wendhausen, Wendisch Evern.
*Vogtei Barendorf:* Barendorf, Bavendorf, Bohndorf, Boltersen, Breetze, Edendorf, Ellringen (Ellern), Hohnstorf, Holzen, Horndorf, Neetze, Radenbeck, Reinstorf, Rohstorf, Sülbeck, Süttorf, Volkstorf, Wennekath, Wiecheln.
Fürstentum Lüneburg, Lüneburgisches Quartier; 1971: Stadt und Landkreis Lüneburg.

*Literatur:* Heinrich Borstelmann: Familienkunde des alten Amtes Lüne, 1935 (Ua 18).

### Registerförmige Quellen

| 1450 | Schatzregister | Stadtarchiv Lüneburg AB 74 a 1, siehe Grieser II, S. 8–66 |
|---|---|---|
| 1533 | Pfennigzins | Original im 2. Weltkrieg verbrannt[180] |
| 1538 | Amtsregister | Hann. 74 Lüne Nr. 1138 |
| 1540 | Schatzregister | Original im 2. Weltkrieg verbrannt[181] |
| 1564 | Einwohnerverzeichnis des Gerichts Altenbrücke | Celle Br. 61 Nr. 22 |
| 1615 | Musterrolle | Foto 1 Nr. 436, siehe Bosse, S. 51–53 |
| 1620 | Ausschussregister | Celle Br. 46 Nr. 213 Bd. I, Bl. 188 |
| 1628 | Einwohnerverzeichnis | Foto 1 Nr. 451 |
| 1628 | Kontributionsregister | Celle Br. 10 Nr. 210 Bde. I, II |
| 1654–1665 | Kontributionsregister | Hann. 74 Lüne Nr. 1029 |
| 1655–1686 | Schatzregister | Hann. 74 Lüne Nr. 1034 |
| 1659–1684 | Kontributionsregister | Hann. 74 Lüne Nr. 1028 |
| 1666 | Huldigungsverzeichnis | Foto 1 Nr. 434 |

[180] Veröff. v. Ernst Reinstorf, Lüner Schatzregister von 1540 (Zur Ergänzung: Penningtynse up Michaelis 1533), in: Zeitschrift der Zentralstelle für Niedersächsische Familienkunde 11, 1929 (Zs 84) und T Lüne 1.
[181] Veröff. v. Ernst Reinstorf, Zum Lüner Schatzregister von 1540 und 1533 in: Zeitschrift für Niedersächsische Familienkunde 13, 1931 (Zs 84) und T Lüne 1.

| 1660 | Erbregister | Hann. 74 Lüne Nr. 9[182] |
| 1678 | Kontributionskataster | Hann. 74 Lüne Nr. 1039 |
| 1688 | Kontributionskataster | Hann. 74 Lüne Nr. 1030 |
| 1755 | Namensverzeichnis der dienstbaren Mannschaft | Foto 1 Nr. 426 |

---

182 Bearb. v. Hermann Vogelsang, Erbregister des Amtes Lüne von 1669, 1979 (Ud Lüne).

## Stadt Lüneburg

Fürstentum Lüneburg, Lüneburgisches Quartier; 1971: Stadt Lüneburg.

### Registerförmige Quellen

| 1637 | Einwohnerverzeichnis und Mannschaftsrolle | Celle Br. 55 Nr. 264 Bde. I–III |
|---|---|---|
| 1795 | Rekrutenliste | Hann. 9 f Nr. 152 |

## Amt Marienburg

Barienrode, Detfurth, Diekholzen, Egenstedt, Groß Düngen, Hockeln, Klein Düngen, Marienburg (Amtshaushalt), Ochtersum, Söhre, Wesseln.
Fürstbistum Hildesheim; 1971: Landkreis Hildesheim-Marienburg.

### Registerförmige Quellen

| | | |
|---|---|---|
| 1552–1556, 1563, 1577–1579 | Amtsregister | Hild. Br. 2 F Nr. 65 |
| 1558–1563 | Vieh-, Korn- und Amtsregister | Stadtarchiv Hildesheim AA IV Nr. 40 |
| 1570 | Schatzregister | Hild. Br. 1 Nr. 7637 |
| 1572, 1573 | Schatzregister | Hild. Br. 1 Nr. 7637<br>Hann. 77 b Nr. 4070 |
| 1582 | Schatzregister | Hild. Br. 1 Nr. 7637 |
| 1603–1807 | Amtsrechnungen | Hild. Br. 2 F Nrn. 66–104 |
| 1606 | Schafschatzregister | Hild. Br. 1 Nr. 7533 |
| 1613 | Schatzregister (für familiengeschichtl. Forschungen wenig ergiebig) | Hann. 77 b Nr. 4071 |
| 1615 | Schatzregister | Hild. Br. 2 J Nr. 813 |
| 1645 | Landbeschreibung und Visitation | Hild. Br. 1 Nr. 8744 |
| 1645 | Land- und Kontributionsbeschreibung | Hild. Br. 1 Nr. 8704 |
| 1646–1801 | Schatzregister (für familiengeschichtl. Forschungen wenig ergiebig) | Erhalten in drei lückenhaften Reihen:<br>Hild. Br. 12 Nrn. 516–563,<br>Hild. Br. 2 J Nrn. 814–853,<br>Hild. Br. 1 Nrn. 7649–7771 |
| 1648 | Landbeschreibung (ohne Ochtersum) | Hild. Br. 1 Nr. 8702 |
| 1648 | Kopfsteuerlisten | Hild. Br. 1 Nr. 8308 |
| 1664 | Kopfsteuerbeschreibung | siehe Bardehle, S. 89–97 |
| 1665 | Gesindesteuerbeschreibung | Hild. Br. 2 J Nr. 474 |
| 1665, 1666 | Landschatzbeschreibung | Hild. Br. 1 Nr. 7585 |
| 1667, 1668 | Landschatzbeschreibung | Hild. Br. 1 Nr. 7586 |

| | | |
|---|---|---|
| 1676 | Gesindesteuerbeschreibung | Hild. Br. 12 Nr. 1101 |
| 1685 | Kopfsteuer der (Kontributions-)Freien und des Gesindes | Hild. Br. 1 Nr. 8312 |
| 1694, 1695 | Landschatzbeschreibung | Hild. Br. 12 Nr. 1046 |
| 1696 | Landschatzbeschreibung | Hild. Br. 1 Nr. 8687 |
| 1697–1726 | Landschatzbeschreibung | Hild. Br. 12 Nrn. 1047–1062 |
| 1723 | Verzeichnis der Meierländerei aller Stifts- und Klostermeier im Amte | Hann. 74 Marienburg Nr. 530 |
| 1728 | Landschatzbeschreibung | Hild. Br. 1 Nr. 8689 |
| [1757, 1758] | Amtsbeschreibung | Hild. Br. 1 Nr. 8703 |
| 1758 | Kopfsteuerregister | Hild. Br. 1 Nr. 8441 |
| 1765 | Kopfsteuerbeschreibung | Hild. Br. 1 Nr. 8442 |
| 1769 | Land- und Wiesenbeschreibung | Hild. Br. 1 Nr. 8862 |
| 1785, 1786 | Verzeichnis der zur Kopfsteuer verpflichteten Einwohner | Hann. 74 Marienburg Nr. 246 |
| 1798–1800 | Beschreibung und Bonitierung der kontributionsfreien Länderei | Hild. Br. 12 Nrn. 1078–1080 |

### Schriftgut der freiwilligen Gerichtsbarkeit

| | | |
|---|---|---|
| 1678–1811 | Ehestiftungen (nach Ortschaften) | Hild. 72 Hildesheim Nrn. 797–807 |
| 1718–1831 | Kontrakte, Verpachtungen und Verkäufe | Hann. 72 Hildesheim Nrn. 784–791 |
| 1763–1795 | Protocollum Judiciale des Amts Marienburg | Dombibliothek Hildesheim Hs 230 |
| 1797–1821 | Testamtente | Hann. 72 Hildesheim Nr. 819 |

## Kloster Mariengarten

Klostergut.
(siehe auch Amt Friedland).
Fürstentum Göttingen; 1971: Landkreis Göttingen.

*Literatur:* Manfred von Boetticher, Kloster und Grundherrschaft Mariengarten. Entstehung und Wandel eines kirchlichen Güterkomplexes im südlichen Niedersachsen vom 13. bis ins 19. Jahrhundert, Hildesheim 1989 (T Mariengarten 1).

### Registerförmige Quellen

| 1585 | Huldigungsverzeichnis und Musterungsrolle | Cal. Br. 22 Nr. 728, siehe Burchard, S. 33, 34 |
|---|---|---|
| 1591 | Erbregister (Extrakt) | Hann. 94 Nr. 6092 |
| 1616, 1617 | Landsteuereinnahmeregister | Dep. 7 C Nr. 444 |
| 1643–1809 | Landsteuereinnahmeregister | Dep. 7 C Nrn. 445–609 |
| 1658 | Mannschaftsrolle | Cal. Br. 2 Nr. 862/1 |
| 1664 | Kopfsteuerbeschreibung | Cal. Br. 19 Nr. 1018 |
| 1671 | Mannschaftsrolle (Huldigung) | Cal. Br. 22 Nr. 788 Bd. II |
| 1675 | Kopfsteuerbeschreibung | Cal. Br. 19 Nr. 1028 |
| 1677 | Haus- und Erbbuch | Hann. 94 Nr. 6091 Cal. Br. 7 Nr. 1002 |
| 1678 | Kopfsteuerbeschreibung | Cal. Br. 19 Nr. 1038 |
| 1680 | Mannschaftsrolle (Huldigung) | Cal. Br. 22 Nr. 796 Bd. II |
| 1686, 1689 | Kopfsteuerbeschreibung | siehe Mundhenke[183], Teil 8, S. 180–181 |
| 1718 | Amtsbeschreibung | Hann. 94 Nr. 6086 |
| 1760–1762 | Kontributionsrechnung mit Belegen | Dep. 7 C Nr. 1116 |
| 1766 | Personenbeschreibung | Dep. 7 C Nr. 731 |

[183] vgl. Anmerkung 1

## Kloster Marienrode

Klostergut mit Dorf Neuhof.
Fürstentum Calenberg, Hannoversches Quartier; 1971: Landkreis Hildesheim-Marienburg, Stadt Hildesheim.

### Registerförmige Quellen

| (1579–)1597 | Verzeichnis der Güter und Einkünfte des Klosters Marienrode | Hild. Br. 5 Nr. 42 |
|---|---|---|
| 1589, 1617–1619, 1629, 1630 | Kornregister | Hild. Br. 5 Nrn. 306–309 |
| 1593, 1595 | Geld- und Kornregister | Cal. Br. 7 Nr. 1139 |
| 1601, 1608, 1609 | Geld- und Kornregister | Cal. Br. 7 Nr. 1145 |
| 1617–1626, | Schatzregister | Dep. 7 C Nrn. 18–22, 25 (Nr. 19 mit Reichsdefensivhilfstaxt 1620, Tripelhilfe und Lizent 1621) |
| 1627–1629, 1636, 1637 | | Dep. 7 C Nr. 12<br>Dep. 7 C Nr. 15 |
| 1617–1621, 1622–1626, 1638–1643, 1643–1648 | Landsteuer<br><br>(1640 mit Fräuleinsteuer)<br>(1645 mit Fräuleinsteuer) | Dep. 7 C Nrn. 7–10<br>Dep. 7 C Nrn. 23, 24, 26<br>Dep. 7 C Nr. 16<br>Dep. 7 C Nr. 27 |
| 1617–1806 | Verschiedene Register | Hild. Br. 5 Nrn. 427–501 |
| 1619 | Taxtbeschreibung | Dep. 7 C Nr. 614 |
| 1625, 1626 | Schafschatzregister | Dep. 7 C Nr. 11 |
| 1638–1723 | Einwohnerlisten des Vorwerks Neuhof betr. die Kontribution | Hild. Br. 5 Nrn. 289, 289 a |
| 1664 | Kopfsteuerbeschreibung | Cal. Br. 19 Nr. 1018 |
| 1669–1796 | Kornregister | Hild. Br. 5 Nrn. 310–382 |
| 1670–1712 | Einnahme- und Ausgaberegister | Hann. 77 b Nr. 3996 |
| 1671 | Klosteruntertanen (Huldigung) | Cal. Br. 22 Nr. 788 Bd. II |
| 1675 | Kopfsteuerbeschreibung | Cal. Br. 19 Nr. 1028 |
| 1678 | Kopfsteuerbeschreibung | Cal. Br. 19 Nr. 1038 |

| 1681 | Klosteruntertanen (Huldigung) | Cal. Br. 22 Nr. 795 Bd. II |
|---|---|---|
| 1686, 1689 | Kopfsteuerbeschreibung | siehe Mundhenke[184], Teil 1, S. 263–265 |
| 1688, 1689 | Marienroder Erb- und Pfandregister der Stadt Hannover | Hann. 94 Nr. 6355 |
| 1706–1768 | Zins- und Zehntkornregister | Hild. Br. 5 Nrn. 383–426 |
| (17. Jh.–) 1718 | Lagerbuch des Klosters Marienrode (für familiengesch. Forschungen unergiebig) | Hild. Br. 5 Nr. 43 |
| 1752–1812 | Brandkataster | Hann. 330 Nr. 880 |
| 1794 | Verzeichnis der schatzpflichtigen gutsherrlichen Gefälle | Dep. 7 C Nr. 719 |

**Schriftgut der freiwilligen Gerichtsbarkeit**

| 1610–1849 | Obligationen des Klostergerichts Marienrode | Hann. 72 Hildesheim Nrn. 479–494 |
|---|---|---|
| 1701–1817 | Ehestiftungen des Klostergerichts Marienrode | Hann. 72 Hildesheim Nrn. 476–478 |

184 vgl. Anmerkung 1

## Kloster Mariensee

Klostergut.
Fürstentum Calenberg, Hannoversches Quartier; 1971: Landkreis Neustadt a. Rbge.

### Registerförmige Quellen

| 1546–1592 | Geld- und Kornregister (mit Lücken) | Cal. Br. 7 Nr. 1222 |
|---|---|---|
| 1585 | Klosteruntertanen (Huldigung) | Cal. Br. 22 Nr. 723 |
| 1587–1775 | Kornregister | Hann. 81 Nrn. 1445–1559 |
| 1587–1823 | Geldregister | Hann. 81 Nrn. 1310–1444 |
| 1599 | Musterungsregister | Cal. Br. 16 Nr. 1168 |
| 1617–1626, | Schatzregister | Dep. 7 C Nrn. 18–22, 25 (19 mit Reichsdefensivhilfstaxt 1620, Tripelhilfe und Lizent 1621) |
| 1627–1629, 1636, 1637 | | Dep. 7 C Nr. 12 Dep. 7 C Nr. 15 |
| 1617–1621, 1622–1626, 1638–1643, 1643–1648 | Landsteuer (1640 mit Fräuleinsteuer) (1645 mit Fräuleinsteuer) | Dep. 7 C Nrn. 7–10 Dep. 7 C Nrn. 23, 24, 26 Dep. 7 C Nr. 16 Dep. 7 C Nrn. 27–204 |
| 1619, 1704 | Taxtbeschreibung | Dep. 7 C Nr. 614 Dep. 7 C Nr. 636 |
| 1625, 1626 | Schafschatzregister | Dep. 7 C Nr. 11 |
| 1639–1646, 1664–1717, 1730–1766 | Fleischzehntregister | Hann. 81 Nrn. 1802, 1806, 1807 |
| 1648 | Beschreibung der Leute vorm Kloster Mariensee, die Friedensgelder geben müssen | Hann. 81 Nr. 2329 |
| 1648 | Beschreibung der Leute vorm Kloster Mariensee, die Satisfaktionsgelder geben müssen | Hann. 81 Nr. 2332 |
| 1649 | Untertanen des Klosters (Huldigung) | Cal. Br. 22 Nr. 773 |
| 1661–1674 | Schafschatzbeschreibungen | Cal. Br. 19 Nrn. 761, 762 |
| 1664 | Kopfsteuerbeschreibung | Foto 1 |
| 1665, 1666, 1671, 1672, 1686, 1692–1730 | Schafschatzbeschreibungen | Hann. 81 Nr. 2315 |
| 1671 | Klosteruntertanen und -bediente (Huldigung) | Cal. Br. 22 Nr. 788 Bd. II |

| 1675 | Kopfsteuerbeschreibung | Cal. Br. 19 Nr. 1028 |
|---|---|---|
| 1675, 1689 | Kopfgeldeinnahme | Hann. 81 Nr. 2334 |
| 1675 | Schaf-, und Scheffelschatz | Dep. 7 C Nr. 735 |
| 1676, 1680, o. J. (Ende 17. Jh.) | Kontributionsbeschreibung der Einwohner des Dorfes Mariensee | Hann. 81 Nr. 2329 |
| 1676–1680 | Hand- und Spanndienstregister | Hann. 94 Nr. 6497 |
| 1678 | Kopfsteuerbeschreibung | Cal. Br. 19 Nr. 1038 |
| 1678 | Dorftaxt | Hann. 81 Nr. 2331 |
| 1681 | Klosteruntertanen (Huldigung) | Cal. Br. 22 Nr. 795 Bd. I |
| 1686, 1689 | Kopfsteuerbeschreibung | siehe Mundhenke[185], Teil 12, S. 228–229 |
| 1687, 1688 | Rauchschatzbeschreibungen | Cal. Br. 19 Nr. 1103/3 Bd. I Cal. Br. 19 Nr. 1116 Bd. I |
| 1687–1690 | Rauchschatzbeschreibung | Hann. 81 Nr. 2335 |
| 1687, 1697, 1700 | Ausgaberegister für die Lizentbedienten-Unterhaltung | Hann. 81 Nrn. 2311, 2329 |
| 1693, 1704, 1707 | Anlage zur Prinzessinnensteuer (Schaumburgische und Nassauische Gelder); Fräuleinsteuer | Hann. 81 Nr. 2331 |
| 1713 | Zehntbeschreibung des Zehntlandes | Hann. 94 Nr. 6692 |
| 1748 | Einwohner von Mariensee | Hann. 94 Nr. 6509 |
| 1752–1812 | Brandkataster | Hann. 330 Nr. 880 |
| 1755 | Namensverzeichnis der dienstbaren Mannschaft | Foto 1 Nr. 426 |
| 1766 | Personenbeschreibung | Dep. 7 C Nr. 731 |
| 1766, 1775 | Personenbeschreibung | Hann. 81 Nr. 2338 |

**Schriftgut der freiwilligen Gerichtsbarkeit**

| 1764–1848 | Ehestiftungen | Hann. 72 Neustadt Acc. 145/94 Nr. 15 |
|---|---|---|
| 1753–1847 | Kaufverträge | Hann. 72 Neustadt Acc. 145/94 Nr. 28 |
| 1742–1849 | Obligationen | Hann. 72 Neustadt Acc. 145/94 Nr. 29 |

185 vgl. Anmerkung 1

## Kloster Marienstein

(Siehe Amt Harste).

## Kloster Marienwerder

Klostergut.
Fürstentum Calenberg, Hannoversches Quartier, 1971: Stadt Hannover.

### Registerförmige Quellen

| | | |
|---|---|---|
| 1554–1859 | Geldregister | Hann. 75 Nrn. 2480–2656 |
| o. J. (1. Hälfte 17. Jh.) | Kornzinsregister; Verzeichnis der Klostermeier und der von ihnen zu leistenden Kornzinsen | Hann. 94 Nr. 7186 |
| 1617–1626, | Schatzregister | Dep. 7 C Nrn. 18–22, 25 (19 mit Reichsdefensivhilfstaxt 1620, Tripelhilfe und Lizent 1621) |
| 1627–1629, | | Dep. 7 C Nr. 12 |
| 1636, 1637 | | Dep. 7 C Nr. 15 |
| 1617–1621, | Landsteuer | Dep. 7 C Nrn. 7–10 |
| 1622–1626, | | Dep. 7 C Nrn. 23, 24, 26 |
| 1638–1643, | (1640 mit Fräuleinsteuer) | Dep. 7 C Nr. 16 |
| 1643–1809 | (1645 mit Fräuleinsteuer) | Dep. 7 C Nrn. 27–204 |
| 1619 | Taxtbeschreibung | Dep. 7 C Nr. 614 |
| 1625, 1626 | Schafschatzregister | Dep. 7 C Nr. 11 |
| 1661–1674 | Schafschatzbeschreibungen | Cal. Br. 19 Nrn. 761, 762 |
| 1664 | Kopfsteuerbeschreibung | Foto 1 |
| 1671 | Klosteruntertanen und Bediente (Huldigung) | Cal. Br. 22 Nr. 788 Bd. II |
| 1675 | Kopfsteuerbeschreibung | Cal. Br. 19 Nr. 1028 |
| 1675 | Schaf- und Scheffelschatz | Dep. 7 C Nr. 735 |
| 1676 | Hand- und Spanndienstverzeichnis | Hann. 94 Nr. 7143 |
| 1678 | Kopfsteuerbeschreibung | Cal. Br. 19 Nr. 1038 |
| 1681 | Klosteruntertanen (Huldigung) | Cal. Br. 22 Nr. 795 Bd. II |
| 1686, 1689 | Kopfsteuerbeschreibung | siehe Mundhenke[186], Teil 4, S. 165–166 |
| 1713 | Beschreibung der Zehntländereien | Hann. 94 Nr. 7290 |
| 1752–1812 | Brandkataster | Hann. 330 Nr. 880 |
| 1766 | Personenbeschreibung | Dep. 7 C Nr. 731 |

186 vgl. Anmerkung 1

## Amt Medingen

*Flecken:* Bevensen.
*Hausvogtei:* Eppensen, Medingen, Sasendorf, Tätendorf.
*Vogtei Röbbel:* Almstorf, Brockhimbergen, Emmendorf, Gollern, Groß Hesebeck, Havekost, Heitbrack, Himbergen, Jastorf, Klein Hesebeck, Klein Thondorf, Kollendorf, Masbrock, Nassennottorf, Röbbel, Walmstorf.
*Veest Addenstorf:* Addenstorf, Bargdorf, Barnstedt, Barum, Beverbeck, Bruchtorf, Eitzen, Glüsingen, Golste, Hohenbünstorf, Jelmstorf, Rieste, Vinstedt, Wichmannsburg.
*Veest Altenmedingen:* Aljarn, Altenmedingen, Bostelwiebeck, Drögennottorf, Eddelstorf, Edendorf, Groß Thondorf, Haaßel, Hohnstorf, Kettelstorf, Niendorf, Römstedt, Rohrstorf, Secklendorf, Strothe, Vorwerk.
Siehe auch Amt Oldenstadt.
Fürstentum Lüneburg, Lüneburgisches Quartier; 1971: Landkreise Uelzen und Lüneburg.

### Registerförmige Quellen

| 1538–1652 | Kornzehntregister | Hann. 74 Medingen Nrn. 1650–1653 |
|---|---|---|
| 1564 | Viehschatzregister | Foto 1 Nr. 305 |
| 1568 | Verschiedene Register | Celle Br. 49 Nr. 245 |
| 1572–1605 | Kornregister | Hann. 74 Medingen Nr. 1654 |
| 1594–1692 | Flachszehntregister | Hann. 74 Medingen Nrn. 1655, 1656 |
| 1605, 1606 | Musterrolle | Foto 1 Nr. 435 |
| 1608 | Viehschatzregister | Celle Br. 49 Nr. 236/1 Abschrift in: Ms. E.E. 040 |
| 1628 | Einwohnerverzeichnis | Foto 1 Nr. 451 |
| 1649 | Huldigungsregister (lückenhaft) | Celle Br. 45 Nr. 92 Bd. II S. 410 |
| 1656–1663 | Kornregister | Foto 1 Nr. 457 |
| 1665 | Untertanenverzeichnis | Hann. 74 Medingen Nrn. 28, 29 |
| 1666 | Erbregister | Hann. 74 Medingen Nr. 30[187] |
| 1666 | Huldigungsverzeichnis | Foto 1 Nr. 434 |
| 1669 | Erbregister des Amtes Oldenstadt (enthält auch Vogtei Röbbel) | Hann. 74 Oldenstadt Nr. 1368 |

---

187 Veröffentlicht von Hans-Jürgen Vogtherr, Das Amtsbuch des Amtes Medingen von 1666, 1993 (Ud Med).

# Amt Medingen

| 1674, 1675 | Kornrechnung, Zinshühner- und Zinseier-, Lämmer- und Schmalzehntregister | Hann. 74 Medingen Nr. 1658 |
|---|---|---|
| 1678 | Untertanenverzeichnis | Hann. 74 Medingen Nr. 31 |
| 1712, 1713, 1718, 1719 | Zinshühner- und Zinseierregister | Hann. 74 Medingen Nrn. 1659, 1660 |
| 1718, 1719 | Flachszehntregister | Hann. 74 Medingen Nr. 1661 |
| 1738, 1739 | Viehschatz- und Feldfruchteinnahmeregister | Hann. 74 Medingen Nr. 1662 |
| 1748 | Mannzahlrollen | Hann. 74 Medingen Nr. 43 |
| Mitte 18. Jh. | Einwohnerverzeichnisse | Hann. 74 Medingen Nrn. 22 und 26 |
| 1755 | Namensverzeichnis der dienstbaren Mannschaft | Foto 1 Nrn. 424–425 |
| 1788–1852 | Kirchenbuch des Kirchspiels Kloster Medingen | Hann. 74 Medingen Nr. 90 |
| 1795 | Kontributionskataster (Auszüge) | Hann. 74 Medingen Nr. 26 |
| 1799–1813 | Schmalzehntregister | Hann. 74 Medingen Nrn. 1663–1675 |

## Amt Meinersen

*Hausvogtei:* Ahnsen[188], Gut Gerstenbüttel, Hardesse[189], Höfen, Meinersen, Päse[190], Seershausen[191], Warmse[192].
*Gografschaft Edemissen:* Abbensen, Ahlemissen, Alvesse, Blumenhagen, Eddesse mit Dedenhausen, Edemissen, Eickenrode, Eixe, Eltze, Horst, Mödesse, Oedesse, Ohof, Plockhorst, Rietze, Stederdorf, Voigtholz, Wehnsen, Wendesse, Wipshausen.
*Vogtei Uetze:* Abbeile, Altmerdingsen, Ambostel, Arpke, Benrode, Dahrenhorst, Dollbergen, Hänigsen, Katensen, Krätze, Landwehr, Oelerse, Röhrse, Schwüblingsen, Sievershausen, Uetze, Wackerwinkel.
Fürstentum Lüneburg, Gifhornsches Quartier; 1971: Landkreise Gifhorn, Peine und Burgdorf.

*Literatur:* W. Appens (siehe unter Amt Peine).

### Registerförmige Quellen

| 1553 | Musterrolle (ohne Ortsangaben) | Celle Br. 46 Nr. 211 Bd. II, Bl. 9, 25 f., 38 ff. |
|---|---|---|
| 1564 | Viehschatzregister | Foto 1 Nr. 308 |
| 1564–1582 | Lagerbuch | Hann. 74 Meinersen Nr. 730 |
| 1604 | Viehschatzregister | Foto 1 Nr. 323 |
| 1605, 1606 | Musterrolle | Foto 1 Nr. 435 |
| 1615 | Musterrolle | Foto 1 Nr. 436, siehe Bosse, S. 51–53 |
| 1616–1624 | Beschreibung der Höfe und Koten | Hann. 74 Meinersen Nr. 729[193] |
| 1628 | Kontributionsregister | Celle Br. 10 Nr. 120 Bde. I–III |
| 1628 | Einwohnerverzeichnis | Foto 1 Nr. 451 |
| 1664–1747 | Burgfestregister der Vogteien Meinersen und Uetze | Hann. 74 Meinersen Nr. 874 |
| 1673, 1674 | Dienstregister | Hann. 112 VI 31 Nr. 54 |
| 1681 | Höfeverzeichnis | Hann. 74 Meinersen Nr. 753 |

188 Helmut Buchholz, Familienchronik im Kirchspiel Päse, Bd. 1 (bis 1774), 1988 (T Päse 2).
189 vgl. Anmerkung 188
190 vgl. Anmerkung 188
191 vgl. Anmerkung 188
192 vgl. Anmerkung 188
193 Helmut Buchholz, Das Amt Meinersen von 1532–1885 mit dem Erbregister von 1616, 1985 (Ud Mei).

| 1687 | Amtsbeschreibung | Hann. 74 Meinersen Nr. 733 |
| 1687 | Verzeichnis der wüsten Stätten | Hann. 74 Meinersen Nr. 752 |
| 1693–1713 | Burgfestregister der Vogtei Uetze | Celle Br. 61 Nr. 680 a |
| 18. Jh. | Verzeichnis der Hauswirte und der alten Leute in der Vogtei Uetze | Hann. 74 Meinersen Nr. 629 |
| 1701 | Kopfschatzbeschreibung | Hann. 74 Meinersen Nr. 643 |
| 1704–1760 | Kontributionskataster | Hann. 74 Meinersen Nr. 629 |
| 1755 | Namensverzeichnis der dienstbaren Mannschaft | Foto 1 Nr. 427 |
| 1760 | Zustand der pflichtigen Untertanen | Hann. 74 Meinersen Nr. 759 |
| 1763 | Mannschaftsverzeichnis | Hann. 74 Meinersen Nr. 761 |
| 1771 | Kontributionskataster | Hann. 74 Meinersen Nr. 630 |

## Schriftgut der freiwilligen Gerichtsbarkeit

| 1600–1879 | Testamente (Amtsgericht Meinersen) | Hann. 72 Meinersen Nrn. 180–198 |
| 1606–1745 | Holzgerichtsbruchregister, insbes. für Eltze | Hann. 112 VI 31 Nr. 72 |
| 1626–1809 | Landgerichtsprotokolle und Bruchregister des Gerichts Uetze | Hann. 72 Meinersen Nrn. 323–327 |
| 1688–1849 | Testamte des Gerichts Abbensen | Hann. 72 Meinersen Nr. 284 |
| 1700–1848 | Ehestiftungen des Gerichts Abbensen | Hann. 72 Meinersen Nrn. 273–282 |
| 1705–1879 | Ehestiftungen und Kontrakte | Hann. 72 Meinersen Nrn. 33–128 |
| 1714–1758 | Ehestiftungen des Gerichts Uetze | Hann. 72 Meinersen Nrn. 317, 318 |
| 1716–1808 | Ehestiftungen und Kontrakte des Gerichts Dedenhausen | Hann. 72 Meinersen Nr. 315 |
| 1749–1797 | Amtshandlungsbücher | Hann. 72 Meinersen Nrn. 129–139 |
| 1750–1810 | Testamente des Gerichts Dedenhausen | Hann. 72 Meinersen Nr. 316 |
| 1783–1846 | Obligationen des Gerichts Stederdorf | Hann. 72 Meinersen Nrn. 309, 310 |
| 1806–1819 | Ehestiftungen des Gerichts Uetze | Hann. 72 Meinersen Nrn. 320, 321 |
| 1812–1845 | Ehestiftungen und Kontrakte des Gerichts Stederdorf | Hann. 72 Meinersen Nrn. 302–308 |
| 1822–1846 | Testamente des Gerichts Stederdorf | Hann. 72 Meinersen Nr. 311 |

## Amt Moisburg

Kirchspiel Elstorf mit Ardestorf, Daerstorf, Eyendorf, Fischbeck, Immenbeck, Ketzendorf, Neugraben, Ovelgönne, Schwiederstorf, Wulmstorf
Kirchspiel Hollenstedt mit Appel, Dierstorf, Drestedt, Emmen, Eversen, Grauen, Halvesbostel, Holtorf, Holvede, Kakenstorf, Mienenbüttel, Ohlenbüttel, Oldendorf, Rade, Rahmstorf, Regesbostel, Sprötze, Trelde, Wennerstorf, Wenzendorf, Wohlesbostel.
Kirchspiel Moisburg mit Daensen, Heimbruch, Pippensen, Podendorf.
Fürstentum Lüneburg, Lüneburgisches Quartier; 1971: Landkreis Harburg.

### Registerförmige Quellen

| 1442 | Amtsregister | Celle Br. 61 Nr. 681 |
|---|---|---|
| 1450 | Schatzregister | Stadtarchiv Lüneburg AB 74 a 1, siehe Grieser II, S. 8–66 |
| 1600–1649 | Geldregister (Auszüge) | Original im 2. Weltkrieg verbrannt Auszugsweise Fotokopien in: Ms. E.E. 037 |
| Mitte 16. Jh. | Höfeverzeichnis | Foto 1 Nr. 450 |
| 1640 | Viehschatzregister | Celle Br. 61 a Nr. 6548 |
| um 1669 | Amtslagerbuch „1664" | Hann. 74 Harburg Nr. 1893 |
| 1679 | Einwohnerverzeichnis | Hann. 74 Tostedt Nr. 22 |
| 1755 | Namensverzeichnis der dienstbaren Mannschaft | Foto 1 Nr. 427 |
| 1756–1757 | Geldregister der Vogtei Elstorf | Original im 2. Weltkrieg verbrannt, vollständige Abschrift in: Ms. J. 013 |

## Amt Moringen

*Stadt:* Moringen.
*Dörfer:* Behrensen, Berwartshausen[194], Blankenhagen, Fredelsloh, Lutterbeck, Nienhagen, Oberdorf(–Moringen), Oldenrode, Schnedinghausen[195], Thüdinghausen, Trögen.
(Siehe auch Klosteramt Fredelsloh.)
Fürstentum Göttingen; 1971: Landkreis Northeim.

### Registerförmige Quellen

| | | |
|---|---|---|
| 1585 | Huldigungsverzeichnis und Musterungsrolle (auch Stadt Moringen) | Cal. Br. 22 Nr. 728, Burchard, S. 19–25 |
| 1587 | Mastschweinregister (nur Behrensen, Oldenrode, Nienhagen, Fredelsloh, Lutterbeck) | Cal. Br. 2 Nr. 2348 |
| 1589 | Erbregister (Extrakt) | Siehe Beskow[196] |
| 1601–1638 | Kirchenbuch | Foto 3 P1/126 |
| 1609 | Musterungsrolle | Foto 1 Nr. 447 |
| 1611 | Musterungsrolle | Foto 1 Nr. 448 |
| 1613 | Musterungsrolle der Stadt | Foto 1 Nrn. 431–433 |
| 1614, 1615 | Musterungsrolle | Foto 1 Nr. 449 |
| 1617–1650 | Landsteuereinnahmeregister | Dep. 7 C Nrn. 429–443 |
| 1619 | Land- und Taxtbeschreibung | Dep. 7 C Nr. 743 |
| 1632 | Erbenzinsbeschreibung | Hann. 74 Northeim Nr. 1015 |
| 1632 | Untertanenverzeichnis (Mannschaftsrolle) | Cal. Br. 2 Nr. 65 |
| 1643–1809 | Landsteuereinnahmeregister | Dep. 7 C Nrn. 445–609 |
| 1645 | Untertanenverzeichnis | Foto 1 Nrn. 20–23 |
| 1664 | Kopfsteuerbeschreibung | Foto 1 |
| 1664 | desgl. der Stadt Moringen | Cal. Br. 19 Nr. 1022 |
| 1666 | Bauernlehen | Cal. Br. 14 Nr. 80 |
| 1671 | Mannschaftsrolle (Huldigung), auch Stadt | Cal. Br. 22 Nr. 788 Bde. I u. II |
| 1675 | Kopfsteuerbeschreibung | Cal. Br. 19 Nr. 1029 Bd. I |

194 Gehört zum größten Teil dem Kloster Amelungsborn. Siehe auch Klosteramt Fredelsloh.
195 vgl. Anmerkung 194
196 Veröff. v. Wilhelm Beskow, Extrakt des Erbregisters des Hauses und Amts Moringen de anno 1589 in: Heimatblätter für Northeim 6, 1930, Nr. 8, S. 113 ff.

| 1675 | desgl. der Stadt Moringen | Cal. Br. 19 Nr. 1034 |
| 1678 | Kopfsteuerbeschreibung | Cal. Br. 19 Nr. 1039 Bd. III |
| 1678 | desgl. der Stadt Moringen | Cal. Br. 19 Nr. 1045 |
| 1680 | Mannschaftsrolle (Huldigung), auch Stadt | Cal. Br. 22 Nr. 796 Bd. III |
| 1686, 1689 | Kopfsteuerbeschreibung (auch Stadt Moringen) | siehe Mundhenke[197], Teil 10, S. 40–62, 138–146 |
| 1687 | Rauchschatzbeschreibungen | Cal. Br. 19 Nr. 1103/3 Bd. I |
| 1688 | Rauchschatzbeschreibungen | Cal. Br. 19 Nr. 1116 Bde. I, II |
| 1690–1860 | Kirchenbücher von Behrensen | StA Wolfenbüttel 1 Kb 114–118 a |
| 1703 | Taxtbeschreibung und Scheffelschatz | Dep. 7 C Nr. 684 |
| 1724 | Taxtbeschreibung und Scheffelschatz | Dep. 7 C Nr. 699 |
| 1745 | Mannschaftsverzeichnis der Stadt | Hann. 76 a Nr. 13 |
| 1755 | Namensverzeichnis der dienstbaren Mannschaft | Foto 1 Nrn. 424–425 |
| 1766 | Personenbeschreibung | Dep. 7 C Nr. 729 |

---

[197] vgl. Anmerkung 1

## Amt Münden

*Städte:* Dransfeld (siehe dort), Hedemünden, Münden.
*Dörfer:* Obergericht (Gericht Sichelnstein): Benterode, Bonaforth (ab 1686), Dahlheim, Escherode, Kleinalmerode, Landwehrhagen, Lutterberg, Nienhagen, Nieste (teilweise zu Hessen-Kassel), Sichelnstein, Speele, Spiekershausen, Uschlag, Wahnhausen. – Untergericht: Blume (Vorstadt von Münden), Bördel, Bühren, Ellershausen (vor dem Walde), Fürstenhagen[198], Gimte, Hemeln, Mielenhausen, Niederscheden, Oberode, Oberscheden, Ossenfeld, Varlosen, Varmissen, Volkerode, Volkmarshausen, Wiershausen.
In verschiedenen Register bis 1743 sind auch die Dörfer des Gerichts Leineberg enthalten. Fürstentum Göttingen; 1971: Landkreise Münden, Göttingen, Northeim, Kassel, Witzenhausen.

### Registerförmige Quellen

| | | |
|---|---|---|
| 1557 | Türkensteuerregister (Gerichte Münden, Sichelnstein und Dransfeld) | Cal. Br. 2 Nr. 1806 |
| 1570 | Schossregister von Hedemünden | Original im 2. Weltkrieg verbrannt, siehe Burchard, S. 389, 390 |
| 1580 | Musterungsrolle der Stadt Münden | Original im 2. Weltkrieg verbrannt, siehe Burchard, S. 383–388 |
| 1581 | Erbregister | Foto 1 Nr. 463 |
| 1585 | Huldigungsverzeichnis und Musterungsrolle (auch Stadt Dransfeld) | Cal. Br. 22 Nr. 728, Burchard, S. 52–69 |
| 1585 | Verzeichnis der der Augsburgischen Konfession angehörigen Bürger und Einwohner zu Hedemünden | Cal. Br. 8 Nr. 1167 |
| 1587–1657 | Auszug aus den Dienstregistern über die von der Vorstadt Blume und Stadt Hedemünden zu leistenden Dienste | Hann. 74 Münden Nr. 1416 |
| 1604 | Beschreibung der Dienstpflichtigen | Cal. Br. 2 Nr. 1681 |
| 1611, 1615 | Musterungsrolle | Foto 1 Nr. 448 |
| 1613 | Musterungsrolle | Foto 1 Nrn. 431–433 |
| 1614, 1615 | Musterungsrolle | Foto 1 Nr. 449 |
| 1616, 1617 | Landsteuereinnahmeregister (auch Städte) | Dep. 7 C Nr. 444 |
| 1632 | Untertanenverzeichnis (Musterungsrolle) | Cal. Br. 2 Nr. 65 |

---

198 Klaus Kunze, Fürstenhagen im Bramwald. Quellen und Darstellungen zur Ortsgeschichte, 1997 (02295).

| | | |
|---|---|---|
| 1633–1763 | Erbenzinsgelderverzeichnisse vom Oberamte | Hann. 74 Münden Nr. 1684 |
| 1637, 1638 | Erbenzinsregister | Hann. 74 Münden Nr. 1622 |
| 1640–1644 | Grundstücksverzeichnis | Hann. 74 Münden Nr. 1322 |
| 1643 | Beschreibung der Viehhaltung und Länderei der Dorfschaften | Cal. Br. 2 Nr. 1832 |
| 1643–1809 | Landsteuereinnahmeregister (auch Städte) | Dep. 7 C Nrn. 445–609 |
| 1645 | Untertanenverzeichnis (auch Städte) | Foto 1 Nrn. 20–23 |
| 1653–1796 | Taxtbeschreibung und die Berichtigung der Taxtgefälle | Hann. 74 Münden Nr. 2323 |
| 1658 | Mannschaftsbeschreibung | Hann. 74 Münden Nr. 5192 |
| 1659–1720 | Verzeichnis der Rauchhühner aus dem Unteramte | Hann. 74 Münden Nr. 2798 |
| 1664 | Kopfsteuerbeschreibung | Cal. Br. 19 Nr. 1019 |
| 1664 | desgl. der Städte | Cal. Br. 19 Nr. 1022 |
| 1665 | Mannschaftsbeschreibung | Hann. 74 Münden Nr. 5192 |
| 1667 | Kontributionsbeschreibung | Hann. 74 Münden Nr. 2230 |
| 1671 | Mannschaftsrolle (Huldigung), auch Dransfeld und Münden | Cal. Br. 22 Nr. 788 Bd. I |
| 1673 | Lagerbuch | Hann. 74 Münden Nr. 2590 |
| 1675 | Kopfsteuerbeschreibung | Cal. Br. 19 Nr. 1029 Bd. II |
| 1675 | desgl. der Städte | Cal. Br. 19 Nr. 1034 |
| 1678 | Kopfsteuerbeschreibung | Cal. Br. 19 Nr. 1039 Bd. I |
| 1678 | desgl. der Städte | Cal. Br. 19 Nr. 1045 |
| 1679 | Kontributionsbeschreibung | Hann. 74 Münden Nr. 2231 |
| 1680 | Mannschaftsrolle (Huldigung), auch Dransfeld und Münden | Cal. Br. 22 Nr. 796 Bde. II, III |
| 1682 | Verzeichnis über die an das Unteramt zu zahlenden Erbenzinsgelder | Hann. 74 Münden Nr. 3087 |
| 1682 | Verzeichnis über die an das Oberamt zu zahlenden Erbenzinsgelder | Hann. 74 Münden Nr. 3101 |
| 1686, 1689 | Kopfsteuerbeschreibung (auch Städte) | siehe Mundhenke[199], Teil 9, S. 1–122, 143–186 |
| 1687 | Rauchschatzbeschreibung | Cal. Br. 19 Nr. 1103/3, Bde. II, III |

199 vgl. Anmerkung 1

| 1687 | Rauchschatzbeschreibung (Stadt Hedemünden) | Cal. Br. 19 1103/2 Bd. III |
|---|---|---|
| 1688 | Rauchschatzbeschreibungen | Cal. Br. 19 Nr. 1116 Bde. II, III |
| 1687, 1688 | Rauchschatzbeschreibung | Hann. 74 Münden Nr. 2254 |
| 1688 | Beschreibung der Dörfer | Cal. Br. 23 Nr. 268 |
| 1696 | Verzeichnis über die aufkommenden Zins-, Hof-, Rauch- und Zehnthühner | Hann. 74 Münden Nr. 2789 |
| 1696, 1697 | Beschreibung des landschaftlichen Schafschatzes | Hann. 74 Münden Nr. 2257 |
| 1706, 1707 | Taxtbeschreibung und Scheffelschatz | Dep. 7 C Nr. 690 |
| 1706–1731 | Amtsbeschreibung | Hann. 74 Münden Nr. 2592 |
| 1707–1786 | Beschreibung des landschaftlichen Schafschatzes | Hann. 74 Münden Nr. 2263 |
| 1709–1736 | Verzeichnis über die erfolgten Abgaben an Zins- und Zehnthühnern | Hann. 74 Münden Nr. 2801 |
| 1714 | Spezifikation über die von den Untertanen zu entrichtenden Rauchhühner und Zinseier | Hann. 74 Münden Nr. 2795 |
| 1719 | Spezifikation der Pferde(halter) | Hann. 74 Münden Nr. 2152 |
| 1721, 1722 | Verzeichnis der Zinseier aus dem Unteramte | Hann. 74 Münden Nr. 2799 |
| 1726 | Taxtbeschreibung und Scheffelschatz des Oberamtes | Dep. 7 C Nr. 706 |
| 1727 | Taxtbeschreibung und Scheffelschatz des Unteramtes | Dep. 7 C Nr. 707 |
| 1745 | Mannschaftsrolle | Hann. 74 Münden Nr. 2153 |
| 1755 | Namensverzeichnis der dienstbaren Mannschaft | Foto 1 Nr. 426 |
| 1766 | Personenbeschreibung der Städte | Dep. 7 C Nr. 729 |
| 1769 | Verzeichnis der Reihe- und Häuslingsstellen, unbewohnter Häuser etc. | Hann. 74 Münden Nr. 2155 |
| 1775 | Personenbeschreibung | Hann. 74 Münden Nr. 2156 |
| 1793 | Verzeichnis der kontributionsfreien und -pflichtigen Ackerländereien, Wiesen, Holzungen und Gärten mit Ausschluss des Kammergutes | Hann. 74 Münden Nr. 2246 |
| 1795 | Verzeichnis der Zehnt-Hahn-Zinsiten des Oberamtes | Hann. 74 Münden Nr. 2804 |

## Amt Neubruchhausen

1777 mit dem Amt Altbruchhausen vereinigt.
Flecken Neubruchhausen und 9 Feuerstellen zu Bensen und Menninghausen (Altbruchhausen).
Grafschaft Hoya, 3. Quartier in der Niedergrafschaft; 1971: Landkreis Grafschaft Hoya.

### Registerförmige Quellen

| 1530 | Der Herrschaft Leute | Hoyer Urkundenbuch, 1. Abt., Heft 5, Rolle 6 |
|---|---|---|
| 1616, 1618, 1630, 1631, 1631, 1632, 1652–1654, 1683, 1684, 1684–1686 | Schatzregister | Dep. 106 Nr. 2680 Dep. 106 Nr. 2685 Dep. 106 Nr. 2730 Dep. 106 Nr. 2731 Dep. 106 Nrn. 2701–2703 Dep. 106 Nr. 2729 Dep. 106 Nrn. 2060–2062 |
| 1653 | Untertanenverzeichnis (Huldigung) | Celle Br. 45 Nr. 96 |
| 1658 | Mannschaftsverzeichnis, Flecken Neubruchhausen | Hann. 74 Bruchhausen Nr. 26 |
| um 1660 | Landbeschreibung, Flecken Neubruchhausen | Hann. 74 Bruchhausen Nr. 12 |
| 1665, 1666 | Untertanenverzeichnisse | Hann. 74 Bruchhausen Nr. 26 |
| 1667 | Einwohnerverzeichnis des Fleckens Neubruchhausen (Huldigung) | Celle Br. 45 Nr. 96 |
| 1667 | Amtsbeschreibung (keine Namen) | Foto 1 Nr. 444 |
| 1678 | Beschreibung der Ländereien und Schulden, Flecken Neubruchhausen | Hann. 74 Bruchhausen Nr. 12 |
| 1678 | Verzeichnis der Bauernhöfe, deren Abgaben und Dienste | Hann. 74 Bruchhausen Nr. 1047 |
| 1678, 1682 | Beschreibung der Hand- und Spanndienste, der ständigen Gefälle, der liegenden Güter und Gerechtigkeiten | Hann. 88 B Nr. 205 |
| 1684, 1685, 1691–1702, 1709 | Viehschatzregister | Dep. 106 Nrn. 2060, 2067–2069, 2071–2077, 2085 |
| 1702–1714, 1704–1714, 1713–1735 | Bier-, Wein- und Branntweinakzise | Dep. 106 Nrn. 2190–2202 Dep. 106 Nrn. 2192–2202 Dep. 106 Nrn. 2101–2122 |

| | | |
|---|---|---|
| 1710–1712 | Akziseregister | Dep. 106 Nrn. 2086, 2087 |
| 1711 | Akziserechnung | Dep. 106 Nr. 2199 |
| 1714, 1715 | Malz- und Schrotakzise | Dep. 106 Nr. 2756 |
| 1755 | Namensverzeichnis der dienstbaren Mannschaft | Foto 1 Nr. 426 |
| 1756 | Brandkataster (Flecken Neubruchhausen) | Dep. 106 Nr. 1195 Bd. III |
| 1760–1767 | Tabaksgeldregister | Dep. 106 Nrn. 2420/2–2426/2 |
| um 1765 | Brandkataster | Dep. 106 Nr. 1193 |
| 1766 | Gebäudebeschreibung | Dep. 106 Nr. 1195 Bd. I |
| 1773, 1775 | Gebäudeverzeichnisse | Dep. 106 Nr. 1195 Bd. IV |
| 1775, 1777 | Gebäudebeschreibungen (Flecken Neubruchhausen) | Dep. 106 Nr. 1195 Bd. III |
| 1787 | Brandkataster | Dep. 106 Nr. 1273 |
| 1795–1799, 1815 | Tabaksimpostregister für den Flecken Neubruchhausen | Dep. 106 Nrn. 2454/2–2458/2 Dep. 106 Nr. 2940 Bd. V |

**Schriftgut der freiwilligen Gerichtsbarkeit**

| | | |
|---|---|---|
| 1408–1888 | Kontrakte und Obligationen | Hann. 72 Bruchhausen Nrn. 108–210 |
| 1603–1858 | Eheverträge und Ehestiftungen | Hann. 72 Bruchhausen Nrn. 60–107 |

## Amt Neuengleichen

Benniehausen[200], Bremke[201], Etzenborn, Gelliehausen[202], Mackenrode, Sattenhausen, Wittmarshof (Amtssitz), Wöllmarshausen[203].
Weitere Quellen im Staatsarchiv Marburg.
Bis 1806 hessisch; 1971: Landkreis Göttingen.

### Registerförmige Quellen

| 1578 | Salbuch und Erbregister | Cal. Br. 33 Nr. 1138 |
|---|---|---|

### Schriftgut der freiwilligen Gerichtsbarkeit

| 1797–1805 | Rügegerichtsprotokolle | Hann. 74 Reinhausen Nr. 5 |
|---|---|---|

---

200 Ein Viertel dieser sog. Mengedörfer unterstand gleichzeitig dem Gericht Altengleichen (siehe dort).
201 vgl. Anmerkung 200
202 vgl. Anmerkung 200
203 vgl. Anmerkung 200

## Amt Neuhaus/Elbe

*Hausvogtei:* Flecken Neuhaus sowie Bohldamm, Dellien, Karrenzien, Rosien, Sückau.
*Vogtei Haar:* Darchau, Groß Banratz, Gülstorf, Gutitz, Haar, Klein Banratz, Konau, Krusendorf, Pommau, Popelau, Privelack, Stapel, Sumte, Vockfey, Zeetze.
*Vogtei Pinnau:* Bohnenburg, Gosewerder, Kaarßen, Laake, Laave, Pinnau, Raffatz, Rassau, Stixe, Tripkau, Wilkenstorf.
(Siehe auch Herzogtum Lauenburg).
Lauenburgische Landschaft; 1971: Kreis Hagenow.
*Literatur:* Ernst Ritter, Die Bauernschaft des Amtes Neuhaus im 16. und 17. Jh., 1926 (Sb 96); Franz Schubert, Bevölkerung des Amtes Neuhaus 1704. Quellen und Schriften zur Bevölkerungsgeschichte Norddeutschlands, 1985 (Gp 102).

### Registerförmige Quellen

| 1706 | Haussitzende Untertanen | Celle Br. 104 b Nr. 667 |
|---|---|---|
| 1734–1743 | Vieh-, Flachs- und Federregister | Hann. 74 Neuhaus Nr. 216 |
| 1738–1739 | Einnahmeregister von Vieh-, Flachs- und Federpacht | Hann. 74 Neuhaus Nr. 216/1 |
| 1740, 1741, 1745 | Kontributionsregister | Celle Br. 104 b Nr. 537 a vol. I |
| um 1771 | Feuerstellenverzeichnis | Celle Br. 104 b Nr. 667 |

## Gericht Neuhof

*Vogtei Neuhof:* Köhlbrand, Neuhof, Reiherstieg
Fürstentum Lüneburg, Lüneburgisches Quartier; 1971: Stadt Hamburg.

### Registerförmige Quellen

| 1783, 1800 | Deichrolle der Vogteien Reiherstieg und Georgswerder | Hann. 74 Harburg Nr. 2701 |

## Amt Neustadt a. Rbge.

*Städte:* Neustadt a. Rbge.[204], Wunstorf [205] (bis 1790; siehe auch Amt Blumenau).
*Vogtei Basse:* Averhoy, Basse, Bordenau[206], Empede, Frielingen, Metel, Otternhagen, Scharnhorst, Scharrel, Suttorf.
*Vogtei Mandelsloh:* Amedorf [207], Bevensen, Brase, Büren, Dinstorf, Dudensen mit In den Meierhöfen, Evensen, Helstorf, Lutter, Luttmersen, Mandelsloh in der Wiek, Mandelsloh über dem See, Mariensee, Vesbeck, Welze, Wulfelade.
*Vogtei Rodewald*[208]: Obere, Mittlere und Untere Bauerschaft, Nienhagen, Suderbruch.
*Vogtei Stöcken:* Esperke[209], Klein Grindau, Norddrebber[210], Stöcken[211], Stöckendrebber[212], Warmeloh[213].
*Vorwerke:* Hachland und Mecklenhorst.
Fürstentum Calenberg, Hannoversches Quartier; 1971: Landkreise Neustadt a. Rbge, Fallingbostel.
*Literatur:* Palm, Heike: Die Register des alten Amts Neustadt am Rübenberge, Hannover 2003.

### Registerförmige Quellen

| 1376–1427 | Register der cellischen Vögte zu Neustadt a. Rbge. | Foto 1 |
|---|---|---|
| 1555 | Knechtebelohnung | Cal. Br. 2 Nr. 1980 |
| 1573–1579 | Rottlandverzeichnis der Stöckener und Mandelsloher Gohe | Cal. Br. 2 Nr. 1952 |
| 1584 | Erb- und Erbenzinsregister | Hann. 74 Neustadt Nr. 351[214] |

204 Werner Wink und Oscar Beermann, Das Bürgerbuch bzw. die Neubürger von Neustadt a. Rbge. (1609–1736), in: Zeitschrift für Niedersächsische Familienkunde 25, 1950, S. 41–48 (Zs 84); Oscar Beermann, Das Grundbuch von Neustadt a. Rbge (1610–1663), a. a. O. 30, 1955; Werner Wink, Kontributionsverzeichnis der Stadt Neustadt a. Rbge (1665), a. a. O. 23, 1941.
205 Achim Gercke, Die Altstadt Wunstorf, 1965 (T Wunstorf 4).
206 Werner Besier u. a., Bordenau, Geschichte und Struktur 889–1989, 1989; enthält Hofbesitzerfolgen (T Bordenau 1).
207 Eberhard Doll u. a., Amedorf. Geschichte eines Dorfes an der Leine, 1990 (T Amedorf 1).
208 Otto Niemeier/Berthold Frost, Die terra Rodewald. Eine niedersächsische Landschaft in ihrer räumlichen und geschichtlichen Entwicklung, o. J. (T Rodewald 1).
209 Armin Mandel, Ein Dorf an der Leine, Esperke/Warmeloh, 1974 (T Esperke 1).
210 Helmut Ehlich, Norddrebber 990–1990. Ein Buch zur Ortsgeschichte, 1990 (T Norddrebber 1).
211 Helmut Ehlich, Niederstöcken 1033–1983, 1983 (T Niedernstöcken 1).
212 Helmut Ehlich u. a., 1000 Jahre Stöckendrebber, Dorf im mittleren Leinetal, 1988 (T Stöckendrebber).
213 vgl. Anmerkung 210
214 Oscar Beermann, Das Erbzinsregister des Amtes Neustadt a. Rbge. von 1584 in: Zeitschrift für Norddeutsche Familienkunde 2, 1953, Heft 6, S. 259–264 (Zs 82).

## Amt Neustadt a. Rbge.

| | | |
|---|---|---|
| 1584 | Erbenzinsregister und Salbuch; Grenzbeschreibung | Cal. Br. 2 Nr. 1844 |
| 1585 | Huldigungsverzeichnis und Musterungsrolle | Cal. Br. 22 Nr. 728, siehe Burchard, S. 180, 199–240 |
| 1585, 1586 | Einnahme- und Ausgaberegister | Cal. Br. 2 Nr. 1941 |
| 1587 | Verzeichnis des Acker- und Gartenlandes Neustädter Einwohner, das zur fürstlichen Festung kommen soll | Cal. Br. 2 Nr. 1844 |
| um 1591, 1599 | Musterungsregister der Stadt und des Amtes Neustadt a. Rbge. und der Stadt Wunstorf | Cal. Br. 16 Nr. 1168[215] |
| 1599 | Register über der Amtseingesessenen Land, Wiesenwachs und Gärten | Hann. 74 Neustadt Nrn. 682, 692 |
| um 1600 | Ausschuss-Musterrolle der Stadt Wunstorf | Foto 1 Nrn. 431–433 |
| 1605 | Ausschuss-Musterrolle der Stadt und des Amtes Neustadt | Foto 1 Nrn. 431–433 |
| 1609–1736 | Das Bürgerbuch bzw. die Neubürger von Neustadt a. Rbge. | Siehe Wink/Beermann[216] |
| 1610–1663 | Das Grundbuch von Neustadt a. Rbge. | Siehe Beermann[217] |
| 1613 | Bürger- und Mannschaftsverzeichnis der Stadt Wunstorf | Cal. Br. 8 Nr. 1705 |
| 1617–1621, 1638–1643, 1643–1809, | Landsteuer (Amt und Städte Neustadt und Wunstorf) (1640 mit Fräuleinsteuer) (1645 mit Fräuleinsteuer) | Dep. 7 C Nrn. 7–10 Dep. 7 C Nr. 16 Dep. 7 C Nrn. 27–204 |
| 1619, 1652–1709, 1682, 1686, 1686, 1702–1709, 1703–1706, 1725 | Taxtbeschreibung (Amt und Städte Neustadt und Wunstorf) (Amt Neustadt) (Stadt Neustadt) (Amt Neustadt) (Städte Neustadt und Wunstorf) (Amt Neustadt) (Amt Neustadt) | Dep. 7 C Nr. 614 Dep. 7 C Nr. 619 Dep. 7 C Nr. 622 Dep. 7 C Nr. 626 Dep. 7 C Nr. 631 Dep. 7 C Nr. 632 Dep. 7 C Nr. 646 |
| 1620 | Erbregister | Foto 1 Nr. 420 |
| 1625, 1626 | Schafschatzregister (Amt und Städte Neustadt und Wunstorf) | Dep. 7 C Nr. 11 |

---

215 Oscar Beermann, in: Zeitschrift für Niedersächsische Familienkunde 3/4 (1954/55) S. 211 ff. (Zs 84).
216 Werner Wink und Oscar Beermann, Das Bürgerbuch bzw. die Neubürger von Neustadt a. Rbge. (1609–1736), in: Zeitschrift für Niedersächsische Familienkunde 25, 1950, S. 41–48 (Zs 84).
217 Oscar Beermann, Das Grundbuch von Neustadt a. Rbge. (1610–1663), a. a. O. 30.

Amt Neustadt a. Rbge. 221

| 1627–1629, 1636, 1637 | Schatzregister (Amt und Städte Neustadt und Wunstorf) | Dep. 7 C Nr. 12<br>Dep. 7 C Nr. 15 |
|---|---|---|
| 1636 | Beschreibung des Amtes Neustadt | Hann. 88 A Nr. 4967 |
| 1636 | Mannschaftsrolle (Huldigung) | Cal. Br. 22 Nr. 764 Bd. II |
| 1636 | Untertanenverzeichnis | Hann. 74 Neustadt Nr. 692 |
| 1639 | Mannschaftsrolle | Hann. 74 Neustadt Nr. 692 |
| 1645 | Mannschaftsrolle (Huldigung) | Foto 1 Nrn. 20–23 |
| 1649 | Mannschaftsrolle (Huldigung), auch Stadt Neustadt am Rbge. | Cal. Br. 22 Nr. 773 |
| 1657 | Verzeichnis der im Amt Neustadt (ohne Vogtei Mandelsloh) vorhandenen Voll- und Halbmeier, Höfner, Groß- und Kleinkötner, Brinksitzer, Häuslinge, Müller und anderen Handwerksleuten | Hann. 74 Stolzenau Nr. 420 |
| 1661 | Dienstgeldregister | Hann. 74 Neustadt Nr. 692 |
| 1661 | Erbregister der Vogtei Stöcken | Foto 1 Nr. 39 |
| 1661–1674 | Schafschatzbeschreibungen | Cal. Br. 19 Nrn. 761, 762 |
| 1664 | Kopfsteuerbeschreibung (Städte Neustadt und Wunstorf) | Foto 1 |
| 1665 | Kontributionsverzeichnis der Stadt Neustadt a. Rbge. | Siehe Doll[218] |
| 1667 | Beschreibung des Landes und Viehs der Untertanen der Vogteien Basse, Mandelsloh, Rodewald und Stöcken | Hann. 74 Neustadt Nr. 681 |
| 1667 | Kontributionsbeschreibung der Stadt Wunstorf | Cal. Br. 2 Nr. 81 |
| 1671 | Mannschaftsrolle (Huldigung) | Cal. Br. 22 Nr. 788 Bd. I |
| 1671 | Bürgerschaft der Stadt Neustadt a. Rbge. | Cal. Br. 22 Nr. 788 Bd. I |
| 1672 | Rottlandbeschreibung | Hann. 74 Neustadt Nr. 2734 |
| 1675 | Kontributionsbeschreibung | Dep. 7 C Nr. 622 |
| 1675 | Kopfsteuerbeschreibung (Städte Neustadt und Wunstorf) | Cal. Br. 19 Nr. 1031 Bd. III<br>Cal. Br. 19 Nr. 1034 |
| 1675 | Kontributionsregister | Hann. 74 Neustadt Nr. 5049 |
| 1675 | Schaf- und Scheffelschatz | Dep. 7 C Nr. 735 |

218 vgl. Anmerkung 207

| | | |
|---|---|---|
| 1676, 1680, o. J. (Ende 17. Jh.) | Kontributionsbeschreibung der Einwohner des Dorfes Mariensee | Hann. 81 Nr. 2329 |
| 1678 | Kopfsteuerbeschreibung (Städte Neustadt und Wunstorf) | Cal. Br. 19 Nr. 1040 Bd. I Cal. Br. 19 Nr. 1045 |
| 1680 | Kontributionsbeschreibung der Stadt Neustadt a. Rbge. | Dep. 7 C Nr. 622 |
| 1680–1689, 1709–1725 | Schafschatzbeschreibungen | Hann. 74 Neustadt Nrn. 5065, 5067 |
| 1681 | Mannschaftsrolle (Huldigung) | Cal. Br. 22 Nr. 795 Bd. I |
| 1681 | Bürgerschaft der Städte Neustadt a. Rbge. (Huldigung) und Wunstorf | Cal. Br. 22 Nr. 795 Bd. I |
| 1686 | Einnahme- und Ausgaberegister betr. Kontribution und andere Anlagen | Hann. 74 Neustadt Nr. 5047 |
| 1686, 1687 | Einnahme Dorftaxt und Scheffelschatz | Hann. 74 Neustadt Nr. 5061 |
| 1686, 1689 | Kopfsteuerbeschreibung | siehe Mundhenke[219], Teil 3, S. 50–115 |
| 1686–1721 | Meier-Eigentumsgefälle | Hann. 74 Neustadt Nr. 2651 |
| 1687 | Rauchschatzbeschreibung der Stadt Neustadt a. Rbge. | Dep. 7 C Nr. 622 |
| 1687, 1688 | Rauchschatzbeschreibungen (Amt und Städte Neustadt und Wunstorf) (Stadt Wunstorf) | Cal. Br. 19 Nr. 1103/3 Bd. III Cal. Br. 19 Nr. 1116 Bd. III Cal. Br. 19 Nr. 1103/4 Bd. II |
| 1687–1690 | Rauchschatzbeschreibung | Hann. 74 Neustadt Nr. 5071 |
| 1688 | Rauchschatzbeschreibung der Stadt Wunstorf | Dep. 7 C Nr. 622 |
| 1688, 1698 | Vermögensbeschreibungen der Untertanen in der Vogtei Basse | Hann. 74 Neustadt Nr. 5054 |
| 2. Hälfte 17. Jh. | Mannschaftsbeschreibung der Vogtei Basse nach dem Kriege | Hann. 74 Neustadt Nr. 5054 |
| o. J. (17. Jh.) | Personenbeschreibung des Amtes Neustadt, Basser Goh | Hann. 81 Nr. 1914 |
| 1700–1713 | Einnahme des Königzinses (nur Neustadt, Suttorf und Empede) | Hann. 74 Neustadt Nr. 2649 |
| 1713–1734 | Verzeichnisse der Rauch- und Zinshühner | Hann. 74 Neustadt Nr. 2703 |
| 1717 | Rottlandbeschreibung der Vogtei Stöcken | Hann. 74 Neustadt Nr. 2736 |

[219] vgl. Anmerkung 1

| | | |
|---|---|---|
| 1718–1720 | Rottlandbeschreibungen der Vogteien Mandelsloh und Basse und der Ortschaften Bevensen, Helstorf und Vesbeck | Hann. 74 Neustadt Nrn. 2737–2739 |
| 1720 | Mannschaftsbeschreibung der Vogtei Basse | Hann. 74 Neustadt Nr. 5054 |
| 1745 | Mannschaftsverzeichnis | Hann. 76 a Nr. 13 |
| 1750–1772 | Brandkataster (ohne Städte) | Foto 1 |
| 1755 | Namensverzeichnis der dienstbaren Mannschaft im Dorf Mariensee | Foto 1 Nr. 426 |
| 1756, 1760 | Zustandsbeschreibung im Vergleich | Hann. 74 Neustadt Nr. 692 |
| 1766 | Personenbeschreibung der Stadt Neustadt a. Rbge. | Dep. 7 C Nr. 728 |
| 1766 | Personenbeschreibung des Amtes Neustadt a. Rbge. | Dep. 7 C Nr. 732 |
| 1766 | Personenbeschreibung der Stadt Wunstorf | Dep. 7 C Nr. 729 |
| 1787 | Tabellarische Beschreibung aller in der Vogtei Basse vorhandenen Personen, ihres Gewerbes und Viehbestandes | Hann. 74 Neustadt Nr. 682 |
| 1793 | Register verschiedener Gefälle auf der Grundlage des Marienwerderschen Geld- und Kornregisters | Hann. 74 Neustadt Nr. 5063 |
| 1793 | Ländereibeschreibung | Hann. 74 Neustadt Nr. 692 |
| 1794 | Vogtei Mandelsloh: Verzeichnis der Ländereien, Wiesen, Holzungen, Schäferei, Mühlen, Zehnten und Meiergefälle „aller taxt- und unpflichtfreien, jedoch nicht landtagsfähigen Höfe". | Hann. 74 Neustadt Nr. 688 |
| 2. Hälfte 18. Jh. | Amtsbeschreibung | Hann. 74 Neustadt Nr. 682 |

### Schriftgut der freiwilligen Gerichtsbarkeit

| | | |
|---|---|---|
| 1677, 1720–1859 | Ehestiftungen | Hann. 72 Neustadt Acc. 145/94 Nr. 30 |
| 1731–1852 | Obligationen | Hann. 72 Neustadt Acc. 145/94 Nr. 43 |

## Amt Neustadt/Grafschaft Hohnstein

*Flecken:* Neustadt.
*Kirchspiele:* Appenrode, Leimbach, Osterode, Niedersachswerfen, Steigerthal, Urbach.
*Dörfer:* Buchholz, Görsdorf, Harzungen, Himmelgarten (Vorwerk) , Petersdorf, Rüdigsdorf, Rodeberg (Vorwerk), Wiegerstorf.
Grafschaft Hohnstein; 1971: Kreis Nordhausen.
Weitere Quellen im Landeshauptarchiv Sachsen-Anhalt, Abt. Magdeburg.

### Registerförmige Quellen

| 1589–1590 | Amts- und Kornregister des Amtes Neustadt | Cal. Br. 21 Nr. 1603 |

## Amt Niedeck

Groß Lengden, Klein Lengden, Niedeck (Domäne).
(Siehe auch Amt Reinhausen, mit dem das Amt verwaltungstechnisch verbunden war).
Fürstentum Göttingen; 1971: Landkreis Göttingen.

### Registerförmige Quellen

| 1550 | Schatzungspflichtige des Landes Göttingen | Original im 2. Weltkrieg verbrannt[220] |
|---|---|---|
| 1585 | Huldigungsverzeichnis und Musterungsrolle | Cal. Br. 22 Nr. 728, siehe Burchard, S. 36, 37 |
| 1599–1759 | Lagerbücher | Hann. 74 Reinhausen Nr. 664 |
| 1605 | Beschreibung der Untertanen | Cal. Br. 2 Nr. 945 |
| 1611 | Musterungsrolle | Foto 1 Nr. 448 |
| 1613 | Musterungsrolle | Foto 1 Nrn. 431–433 |
| 1614, 1615 | Musterungsrolle | Foto 1 Nr. 449 |
| 1616, 1617 | Landsteuereinnahmeregister | Dep. 7 C Nr. 444 |
| 1632 | Untertanenverzeichnis (Mannschaftsrolle) | Cal. Br. 2 Nr. 65 |
| 1643–1809 | Landsteuereinnahmeregister | Dep. 7 C Nrn. 445–609 |
| 1654–1656 | Flurbuch | Hann. 74 Reinhausen Nr. 658 |
| 1664 | Kopfsteuerbeschreibung | Cal. Br. 19 Nr. 1020 |
| 1671 | Mannschaftsrolle (Huldigung) | Cal. Br. 22 Nr. 788 Bd. II |
| 1675 | Kopfsteuerbeschreibung | Cal. Br. 19 Nr. 1029 Bd. II |
| 1678 | Kopfsteuerbeschreibung | Cal. Br. 19 Nr. 1039 Bd. III |
| 1680 | Mannschaftsrolle (Huldigung) | Cal. Br. 22 Nr. 796 Bd. II |
| 1686–1688 | Quartalopferbeschreibung | Cal. Br. 2 Nr. 2010 |
| 1686, 1689 | Kopfsteuerbeschreibung | siehe Mundhenke[221], Teil 8, S. 53–61 |
| 1687 | Rauchschatzbeschreibung | Cal. Br. 19 Nr. 1103/4 Bd. I |
| 1688 | Rauchschatzbeschreibung | Cal. Br. 19 Nr. 1116 Bd. III |
| 1721 | Taxtbeschreibung und Scheffelschatz | Dep. 7 C Nr. 694 |
| 1755 | Namensverzeichnis der dienstbaren Mannschaft | Foto 1 Nr. 426 |
| 1778, 1830 | Dienstbeschreibung | Hann. 74 Reinhausen Nr. 846 |

220 Abschrift in: Heinrich Lücke, Schatzungspflichtige des Landes Göttingen im Jahre 1550, in: Norddeutsche Familienkunde 2, Heft 5, 1953, S. 232–237 (Zs 82).
221 vgl. Anmerkung 1

## Amt Nienburg

*Hausvogtei:* Flecken Drakenburg, Leeseringen.
*Vogtei Behlingen:* Behlingen, Blenhorst, Bötenberg, Buchholz, Buchhorst, Dolldorf, Lerchenfeld, Möhlenhalenbeck.
*Vogtei Borstel:* Bockhop, Borstel, Brockhoff, Campen, Päpsen, Schamwege, Sieden, Staffhorst.
*Vogtei Lohe:* Glissen, Holte, Lemke, Lohe (seit 1934 Marklohe), Mehlbergen, Sudhalenbeck, Wohlenhausen.
*Vogtei Oyle:* Binnen, Bühren, Kroge, Oyle.
*Vogtei Sebbenhausen:* Balge, Behlingermühle, Holzbalge, Sebbenhausen.
*Vogtei Wietzen:* Wietzen.
Grafschaft Hoya, 3. Quartier in der Niedergrafschaft; 1971: Landkreise Nienburg, Grafschaft Diepholz.

*Literatur:* Lomberg, Schatzregister des Amtes Nienburg, in: Norddeutsche Familienkunde 5, 1956, Heft 5, S. 105–110 (Zs 82).

### Registerförmige Quellen

| | | |
|---|---|---|
| o. J. | Zehntregister Binnen, Bötenberg, Drakenburg | Dep. 106 Nr. 647 Bd. II |
| 1521 | Bedeschatzregister | Foto 1 Nrn. 20–23 |
| 1530 | Der Herrschaft Leute | Hoyer Urkundenbuch, 1. Abt., Heft V, Rolle 6 |
| 1530 | Landschatzregister | Celle Br. 72 Nr. 271 |
| 1566 | Register erhobenen Personenschatzes | Celle Br. 72 Nr. 275 |
| 1587–1749 | Lagerbuch | Foto 1 Nr. 38 |
| 1604–1612 | Kontraktenbuch | Celle Br. 72 Nr. 791 |
| 1616, 1617, 1630, 1652–1654, 1683, 1684–1686 | Schatzregister (beschädigt) | Dep. 106 Nrn. 2734, 2735[222] Dep. 106 Nr. 2741 Dep. 106 Nrn. 2701–2703 Dep. 106 Nr. 2729 Dep. 106 Nrn. 2060–2062 |
| 1624 | Musterrolle (nicht nach Orten unterschieden, außer Flecken Drakenburg) | Celle Br. 46 Nr. 213 Bd. II, Bl. 36 |
| 1628 | Einwohnerverzeichnis | Foto 1 Nr. 451 |
| 1632–1748 | Beschreibung der Dienstleute | Hann. 74 Nienburg Nr. 856 |

---

222 Siehe Lomberg.

## Amt Nienburg

| | | |
|---|---|---|
| 1643–1659, 1697, 1731–1733 | Burgfestregister | Hann. 74 Nienburg Nr. 874 |
| 1653 | Untertanenverzeichnis | Celle Br. 45 Nr. 96 |
| 1663, 1664 | Schatzrechnungen | Dep. 106 Nr. 2712 |
| 1667 | Huldigungspflichtige | Celle Br. 45 Nr. 96 |
| 1667 | Amtsbeschreibung (keine Namen) | Foto 1 Nr. 444 |
| 1673 | Verzeichnis leibeigener Leute | Hann. 74 Nienburg Nr. 50 |
| 1673, 1674 | Lagerbuch, enthält nur: Genealogie leibeigener Leute | Foto 1 Nrn. 466, 475 |
| 1682–1835 | Erbfälle, Einkäufe, Freilassungen | Hann. 74 Nienburg Nrn. 895–931 |
| 1683, 1684 | Schatzregister | Dep. 106 Nr. 2729 |
| 1684–1687 | Viehschatzregister | Dep. 106 Nr. 2060 |
| 1686–1695 | Schatzregister, Akziseregister | Dep. 106 Nrn. 2062–2070 |
| 1691–1851 | Geldregister der Benefizial-Rezeptur Nienburg | Hann. 75 Nrn. 2667–2674 |
| 1693 | Namensverzeichnis der dienstbaren Mannschaft | Dep. 106 Nr. 889 |
| 1693–1704 | Verzeichnisse der wüsten Stätten | Dep. 106 Nr. 889 |
| 1695 | Kontributionskataster | Dep. 106 Nr. 889 |
| 1695 | Die Regulierung der Nahrung im Flecken Drakenburg | Dep. 106 Nr. 703 |
| 1695–1705 | Verzeichnisse der bebauten Stätten | Dep. 106 Nr. 889 |
| 1699 | Schatzrechnung | Dep. 106 Nr. 2074 |
| 18. Jh. | Erträge der grundherrenfreien Ländereien | Dep. 106 Nr. 626 |
| 1. Hälfte 18. Jh. | Genealogien herrschaftlicher Gutsleute, wie sie 1764 ergänzt wurden | Hann. 74 Nienburg Nrn. 51, 52 |
| 1701–1870 | Untersuchung und Bestrafung der Akzise- und Tabaksimpostbrüche im Amt | Dep. 106 Nr. 2891 I, II |
| 1701–1800 | Akzisepachtkontrakte | Dep. 106 Nr. 2871 |
| 1701 | Viehschatzregister | Dep. 106 Nr. 889 |
| 1704–1712 | Bierakzise, Blasenzins | Dep. 106 Nrn. 2081–2087 |
| 1705 | Kontributionskataster der nahrungtreibenden Hauswirte | Dep. 106 Nr. 889 |
| 1714–1741 | Bier-, Malz- und Schrotakzise | Dep. 106 Nrn. 2756–2771 |
| 1729, 1731, 1764, 1766, 1777 | Mannzahlregister | Hann. 74 Nienburg Nr. 49 |

| | | |
|---|---|---|
| 1702–1705 | Bier-, Wein- und Branntweinakzise Flecken Drakenburg | Dep. 106 Nrn. 2190–2192 |
| 1702–1773 1713–1768 | Bier-, Wein-, Malz- und Branntweinakzise | Dep. 106 Nrn. 2190–2261 Dep. 106 Nrn. 2102–2156 |
| 1743, 1744, 1764, 1765 | Scheffelschatzregister | Dep. 106 Nr. 2132 Bd. III Dep. 106 Nr. 2153 Bd. III |
| 1718, 1719, | Blasenzinsregister | Dep. 106 Nr. 2107 Bd. II |
| 1721, 1722, | | Dep. 106 Nr. 2109 Bd. II |
| 1735, 1736, | | Dep. 106 Nr. 2123 Bd. III |
| 1737, 1738, | | Dep. 106 Nr. 2125 Bd. III |
| 1738, 1739, | | Dep. 106 Nr. 2126 Bd. III |
| 1739, 1740, | | Dep. 106 Nr. 2127 Bd. III |
| 1740, 1741, | | Dep. 106 Nr. 2128 Bd. III |
| 1741, 1742, | | Dep. 106 Nr. 2129 Bd. III |
| 1742, 1743, | | Dep. 106 Nr. 2130 Bd. III |
| 1743, 1744, | | Dep. 106 Nr. 2131 Bd. III |
| 1744, | | Dep. 106 Nr. 2132 Bd. III |
| 1745, 1746, | | Dep. 106 Nr. 2133 Bd. III |
| 1746, 1747, | | Dep. 106 Nr. 2134 Bd. III |
| 1747, 1748, | | Dep. 106 Nr. 2135 Bd. III |
| 1748, 1749, | | Dep. 106 Nr. 2136 Bd. III |
| 1749, 1750, | | Dep. 106 Nr. 2137 Bd. III |
| 1750, 1751, | | Dep. 106 Nr. 2138 Bd. III |
| 1752, | | Dep. 106 Nr. 2140 Bd. III |
| 1753, 1754, | | Dep. 106 Nr. 2141 Bd. III |
| 1754, | | Dep. 106 Nr. 2142 Bd. III |
| 1755, 1756, | | Dep. 106 Nr. 2143 Bd. III |
| 1756, 1757, | | Dep. 106 Nr. 2144 Bd. III |
| 1757, | | Dep. 106 Nr. 2145 Bd. III |
| 1759, 1760, | | Dep. 106 Nr. 2147 Bd. III |
| 1760, 1761, | | Dep. 106 Nr. 2148 Bd. III |
| 1761, 1762, | | Dep. 106 Nr. 2149 Bd. III |
| 1762, 1763, | | Dep. 106 Nr. 2150 Bd. III |
| | | Dep. 106 Nr. 2151 Bd. III |
| 1764, 1765, | | Dep. 106 Nr. 2152 Bd. III |
| 1766, 1767, | | Dep. 106 Nr. 2154 Bd. III |
| 1767, 1768, | | Dep. 106 Nr. 2155 Bd. III |
| 1768, 1769, | | Dep. 106 Nr. 2156 Bd. III |
| 1772, | | Dep. 106 Nr. 2160 Bd. III |
| 1773 | | Dep. 106 Nr. 2161 Bd. III |
| 1711–1716 | Akziserechnung | Dep. 106 Nrn. 2199, 2200, 2203, 2204 |
| 1719 | Tabaksimpostrechnungen | Dep. 106 Nr. 2107 Bd. II |
| 1720, 1721 | Tabaksbrüche | Dep. 106 Nr. 2109 Bd. II |
| 1725, 1736 | Akzisebrüche | Dep. 106 Nrn. 2213, 2224 |

| | | |
|---|---|---|
| 1746–1766, 1794, 1795 | Dienstabrechnungen | Hann. 74 Nienburg Nr. 861 |
| 1753 | Mannzahlregister | Hann. 74 Nienburg Nr. 54 |
| 1753 | Brandkataster | Dep. 106 Nr. 1191<br>Dep. 106 Nr. 1192 |
| 1755 | Namensverzeichnis der dienstbaren Mannschaft | Foto 1 Nrn. 424–425 |
| 1757, 1758 | Personenschatzung | Dep. 106 Nr. 3235 |
| 1760–1793 | Tabaksgeldregister | Dep. 106 Nrn. 2420/2–2453/2 |
| 1764,<br><br>1768,<br>1774,<br>1775,<br>1778,<br>2. Hälfte 18. Jh. | Anschlag der Kirchengüter zu Drakenburg, Ertrag der Kirche zu Lohe und Wietzen<br>Schatzregister der Kirche zu Drakenburg<br>Ertrag der Kirche zu Binnen und Bühren<br>Landbeschreibung für Glissen und Staffhorst<br>Verzeichnis der Kirchen- und Schulbedienten der Inspektion Nienburg<br>Matrikularanschlag der geistlichen Güter, Anschlag der Kirchengüter zu Drakenburg und Lohe | Dep. 106 Nr. 610 |
| 2. Hälfte 18. Jh. | Matrikularanschlag der geistlichen Güter | Dep. 106 Nr. 604 |
| 1743–1811 | Brandversicherungsveränderungen, Auszüge aus den Brandkatastern | Dep. 106 Nrn. 1243–1269 |
| 1787 | Brandkataster | Dep. 106 Nr. 1272 |
| 1794–1800 | Tabaksgeldregister der Vogteien Behlingen, Borstel, Lohe, Oyle, Sebbenhausen und Wietzen, des Fleckens Drakenburg, der Beamten des Amtes, der Hausvogtei | Dep. 106 Nr. 2454/2<br>Dep. 106 Nr. 2455/2<br>Dep. 106 Nr. 2456/2<br>Dep. 106 Nr. 2457/2<br>Dep. 106 Nr. 2458/2<br>Dep. 106 Nr. 2459/2 |
| 1800<br><br>1814, 1815 | Mannzahlregister der Vogteien Borstel, Lohe, Oyle, Sebbenhausen | Hann. 74 Nienburg Nr. 53<br><br>Dep. 106 Nr. 2940 Bde. II, IV |
| 1798 | Namen der Hauswirte des Fleckens Drakenburg | Dep. 106 Nr. 2458/2 |

## Stadt Nienburg

Grafschaft Hoya, 3. Quartier in der Niedergrafschaft; 1971: Landkreis Nienburg.

### Registerförmige Quellen

| | | |
|---|---|---|
| 1521 | Bedeschatzregister | Foto 1 Nr. 73 |
| 1653 | Untertanenverzeichnis (Huldigung) | Celle Br. 45 Nr. 96 |
| 1667 | Bürgerschaft (Huldigung) | Celle Br. 45 Nr. 96 |
| 1690 | Kontributionskataster | Dep. 106 Nr. 728 Bd. I |
| 1689, 1690 | Bierakzise | Dep. 106 Nr. 2065 |
| 1716–1800 | Akziserechnung | Dep. 106 Nr. 2288 |
| 1721 | Tabaksimpostregister | Dep. 106 Nr. 2896 |
| 1724, 1777 | Zehntverzeichnisse der zu den Predigerstellen zu Nienburg gehörenden Ländereien | Dep. 106 Nr. 610 |
| 1734 | Akziseregister | Dep. 106 Nr. 2777 Bd. II |
| 2. Hälfte 18. Jh. | Ertrag der zum Kantorat zu Nienburg gehörenden Ländereien | Dep. 106 Nr. 610 |
| 1753 | Brandkataster | Dep. 106 Nr. 1191<br>Dep. 106 Nr. 1192 |
| 1757, 1758 | Personenschatzung | Dep. 106 Nr. 3235 |
| 1760–1793 | Tabaksgeldregister | Dep. 106 Nrn. 2420/2–2453/2 |
| 1761 | Kirchenrechnung der Stadt Nienburg (mit Straßenangaben) nebst Zehntregister | Dep. 106 Nr. 610 |
| 1772 | Kontributionskataster | Dep. 106 Nr. 728 Bd. II |
| 1787 | Brandkataster | Dep. 106 Nr. 1272 |
| 1793–1802 | Bürgerlisten | Hann. 93 Nr. 3143 |
| 1720 | Tabaksimpostregister | Dep. 106 Nr. 2109 Bd. II |
| 1752–1774 | Brandversicherungsveränderungen | Dep. 106 Nr. 1202 |
| 1756–1809 | Akzisepachtkontrakte | Dep. 106 Nr. 2872 |
| 1783–1786 | Malz-, Bier- und Branntweinakzise | Dep. 106 Nr. 2849 |
| 1795, 1796, 1797, 1798, | Tabaksgeldregister | Dep. 106 Nr. 2455/2<br>Dep. 106 Nr. 2456/2<br>Dep. 106 Nr. 2457/2<br>Dep. 106 Nr. 2458/2 |
| 1814, 1815 | | Dep. 106 Nr. 2940 Bde. II, IV |
| 1800 | Tabaksgeldregister der Bedienten des Postamts | Dep. 106 Nr. 2459/2 |

## Amt Nienover

*Flecken:* Bodenfelde.
*Dörfer:* Kammerborn, Schönhagen, Wahmbeck.
(Siehe auch Amt Lauenförde, mit dem das Amt verwaltungstechnisch verbunden war).
Fürstentum Göttingen; 1971: Landkreis Northeim.

### Registerförmige Quellen

| | | |
|---|---|---|
| 1585 | Huldigungsverzeichnis und Musterungsrolle | Cal. Br. 22 Nr. 728, siehe Burchard, S. 89–93 |
| 1586–1673 | Geld- und Kornregister | Original im 2. Weltkrieg verbrannt, Auszüge in: Ms. E.E. 028 |
| 1587 | Mastschweinregister (Schönhagen und Kammerborn) | Cal. Br. 2 Nr. 2348 |
| 1611 | Musterungsrolle | Foto 1 |
| 1613 | Musterungsrolle | Foto 1 Nrn. 431–433 |
| 1614, 1615 | Musterungsrolle | Foto 1 Nr. 449 |
| 1615 | Musterungsrolle | Foto 1 Nr. 448 |
| 1616, 1617 | Landsteuereinnahmeregister (wenig ergiebig) | Dep. 7 C Nr. 444 |
| 1632 | Untertanenverzeichnis (Mannschaftsrolle) | Cal. Br. 2 Nr. 65 |
| 1643–1809 | Landsteuereinnahmeregister | Dep. 7 C Nrn. 445–609 |
| 1645 | Untertanenverzeichnis | Foto 1 Nrn. 20–23 |
| 1664 | Kopfsteuerbeschreibung | Foto 1 |
| 1669 | Erbregister | Original im 2. Weltkrieg verbrannt, Auszüge in: Ms. E.E. 015 |
| 1671 | Mannschaftsrolle (Huldigung) | Cal. Br. 22 Nr. 788 Bd. II |
| 1675 | Kopfsteuerbeschreibung | Cal. Br. 19 Nr. 1029 Bd. II |
| 1678 | Kopfsteuerbeschreibung | Cal. Br. 19 Nr. 1039 Bd. II |
| 1680 | Mannschaftsrolle (Huldigung) | Cal. Br. 22 Nr. 796 Bd. III |
| 1685–1753 | Zehntbeschreibung des Amtes Nienover-Lauenförde | Hann. 74 Uslar Nr. 717 |
| 1686, 1689 | Kopfsteuerbeschreibung | siehe Mundhenke[223], Teil 10, S. 63–82 |

223 vgl. Anmerkung 1

| 1687 | Rauchschatzbeschreibung | Cal. Br. 19 Nr. 1103/4 Bd. I |
|------|-------------------------|------------------------------|
| 1688 | Rauchschatzbeschreibung | Cal. Br. 19 Nr. 1116 Bd. III |
| 1755 | Namensverzeichnis der dienstbaren Mannschaft | Foto 1 Nr. 426 |
| 1755 | Personenbeschreibung (mit Altersangaben) | Hann. 74 Uslar Nr. 380 |

## Stadt Northeim

Stadt Northeim mit Dorf Hammenstedt.
Fürstentum Göttingen; 1971: Landkreis Northeim.

### Registerförmige Quellen

| | | |
|---|---|---|
| 1400–1593 | Kammerregisterauszüge (1400–1463), Bauherrnregister (1490–1518), Verzeichnis der Mannschaft von Hammenstedt (1593) | Cal. Br. 8 Nr. 1490 |
| 1596–1598 | Verzeichnis der Neubürger | Cal. Br. 8 Nr. 1508 |
| 1598–1664 | Verzeichnis der Neubürger (1598–1618), Erbhuldigungen (1661–1664) | Cal. Br. 8 Nr. 1549 |
| 1613–1624, 1656 | Namentliches Verzeichnis der von der Stadt für Hammenstedt entrichteten Schatzung (1613–1624), Verzeichnis der Mannschaft in Hammenstedt (1656), Verzeichnis der Häuser und Baustätten in Hammenstedt (1656) | Cal. Br. 8 Nr. 1535 |
| 1643–1809 | Landsteuereinnahmeregister | Dep. 7 C Nrn. 445–609 |
| 1671 | Mannschaftsrolle (Huldigung) | Cal. Br. 22 Nr. 788 Bd. I |
| 1675 | Kopfsteuerbeschreibung | Cal. Br. 19 Nr. 1033 |
| 1678 | Kopfsteuerbeschreibung | Cal. Br. 19 Nr. 1044 |
| 1680 | Mannschaftsrolle (Huldigung) | Cal. Br. 22 Nr. 796 Bd. II |
| 1686, 1689 | Kopfsteuerbeschreibung | siehe Mundhenke[224], Teil 7, S. 106–132 |
| 1687 | Rauchschatzbeschreibung | Cal. Br. 19 Nr. 1103/4 Bd. I |
| 1688 | Rauchschatzbeschreibung | Cal. Br. 19 Nr. 1116 Bd. III |
| 1766 | Personenbeschreibung | Dep. 7 C Nr. 729 |

---

224 vgl. Anmerkung 1

## Stift St. Blasius/Northeim

Fürstentum Göttingen; 1971: Landkreis Northeim.

### Registerförmige Quellen

| | | |
|---|---|---|
| 1564 | Erb- und Pfahlzinsregister | Hann. 94 Nr. 7484, siehe Burchard, S. 356–363 |
| 1617–1650 | Landsteuereinnahmeregister | Dep. 7 C Nrn. 429–443 |
| 1643–1809 | Landsteuereinnahmeregister | Dep. 7 C Nrn. 445–609 |
| 1664 | Kopfsteuerbeschreibung | Cal. Br. 19 Nr. 1018 Bd. II |
| 1671 | Mannschaftsrolle (Huldigung) | Cal. Br. 22 Nr. 788 Bd. II |
| 1675 | Kopfsteuerbeschreibung | Cal. Br. 19 Nr. 1028 |
| 1678 | Kopfsteuerbeschreibung | Cal. Br. 19 Nr. 1038 |
| 1680 | Mannschaftsrolle (Huldigung) | Cal. Br. 22 Nr. 796 Bd. II |
| 1686, 1689 | Kopfsteuerbeschreibung | siehe Mundhenke[225], Teil 7, S. 174–176 |
| 1687 | Rauchschatzbeschreibungen | Cal. Br. 19 Nr. 1103/4 Bd. I |
| 1750–1769 | Amtshandelsbuch | Hann. 72 Northeim Nr. 7 |
| 1766 | Personenbeschreibung | Dep. 7 C Nr. 731 |

---

225 vgl. Anmerkung 1

## Gericht Ohr

Ohr.
Fürstentum Calenberg, Hamelsches Quartier; 1971: Landkreis Hameln-Pyrmont.

### Registerförmige Quellen

| 1562 | Schaf- und Scheffelschatzregister | Cal. Br. 19 Nr. 474 |
|---|---|---|
| 1585 | Huldigungsverzeichnis und Musterungsrolle | Cal. Br. 22 Nr. 728, siehe Burchard, S. 107 |
| um 1610 | Ausschuss-Musterrolle | Foto 1 Nr. 447 |
| 1645 | Mannschaftsrolle (Huldigung) | Foto 1 Nrn. 20–23 |
| 1650–1811 | Landsteuer | Dep. 7 C Nrn. 205–207<br>Dep. 7 C Nrn. 209–242<br>Dep. 7 C Nrn. 245–280<br>Dep. 7 C Nrn. 282–352<br>(Nrn. 225–228 enthalten außerdem Rittersteuer) |
| 1662–1674 | Schafschatzbeschreibungen | Cal. Br. 19 Nr. 761 |
| 1664 | Kopfsteuerbeschreibung | Cal. Br. 19 Nr. 1021 |
| 1671 | Gerichtsuntertanen (Huldigung) | Cal. Br. 22 Nr. 788 Bd. II |
| 1672 | Kontributionsbeschreibung | Cal. Br. 19 Nr. 866 |
| 1675 | Kopfsteuerbeschreibung | Cal. Br. 19 Nr. 1032 |
| 1678 | Kopfsteuerbeschreibung | Cal. Br. 19 Nr. 1041 |
| 1680 | Gerichtsuntertanen (Huldigung) | Cal. Br. 22 Nr. 795 Bd. I |
| 1686, 1689 | Kopfsteuerbeschreibung | siehe Mundhenke[226], Teil 6, S. 227–229 |
| 1687, 1688 | Rauchschatzbeschreibungen | Cal. Br. 19 Nr. 1103/4 Bd. I<br>Cal. Br. 19 Nr. 1116 |
| 1755 | Namensverzeichnis der dienstbaren Mannschaft | Foto 1 Nrn. 424–425 |
| 1766 | Personenbeschreibung | Dep. 7 C Nr. 731 |

---

226 vgl. Anmerkung 1

## Amt Ohsen

Emmern, Hagenohsen, Ohsen, Tündern, Völkerhausen.
Fürstentum Calenberg, Hamelsches Quartier, 1971: Landkreis Hameln-Pyrmont.
(Siehe auch Amt Grohnde).

### Registerförmige Quellen

| 1562 | Schaf- und Scheffelschatzregister | Cal. Br. 19 Nr. 474 |
|---|---|---|
| 1585 | Huldigungsverzeichnis und Musterungsrolle | Cal. Br. 22 Nr. 728, siehe Burchard, S. 141–143 |
| um 1610 | Ausschuss-Musterrolle | Foto 1 Nr. 447 |
| 1617–1650, 1650–1811 | Landsteuer | Dep. 7 C Nrn. 429–443<br>Dep. 7 C Nrn. 205–207<br>Dep. 7 C Nrn. 209–242<br>Dep. 7 C Nrn. 245–280<br>Dep. 7 C Nrn. 282–352<br>(Nrn. 225–228 enthalten außerdem Rittersteuer) |
| 1619, 1621 | Vermögens-, Taxt- und Landbeschreibung | Dep. 7 C Nrn. 743, 745 |
| 17. Jh. | Register der Tripelhilfe (Landbeschreibung) | Dep. 7 C Nr. 746 |
| 1645 | Mannschaftsrolle (Huldigung) | Foto 1 Nrn. 20–23 |
| 1649 | Mannschaftsrolle (Huldigung) | Cal. Br. 22 Nr. 733 |
| 1662–1674 | Schafschatzbeschreibungen | Cal. Br. 19 Nrn. 761, 762 |
| 1664 | Kopfsteuerbeschreibung | Foto 1 |
| 1669, 1670 | Geldregister | Hann. 74 Hameln Nr. 832 |
| 1671 | Mannschaftsrolle (Huldigung) | Cal. Br. 22 Nr. 788 Bd. II |
| 1672 | Kontributions-, Dorftaxt- und Landschatzbeschreibung | Hann. 74 Hameln Nr. 9 |
| 1672 | Kontributionsbeschreibung | Cal. Br. 19 Nr. 866 |
| 1675 | Kopfsteuerbeschreibung | Cal. Br. 19 Nr. 1030 |
| 1677, 1682, 1687 | Kopfsteuerbeschreibung | Hann. 74 Hameln Nr. 699 |
| 1678 | Kopfsteuerbeschreibung | Cal. Br. 19 Nr. 1039 Bd. III |
| 1680 | Mannschaftsrolle (Huldigung) | Cal. Br. 22 Nr. 795 Bd. I |

## Amt Ohsen

| 1686 | Capitationsbeschreibung | Hann. 74 Hameln Nr. 73 |
|---|---|---|
| 1686, 1689 | Kopfsteuerbeschreibung | siehe Mundhenke[227], Teil 6, S. 87–107 |
| 1687, 1688 | Rauchschatzbeschreibungen | Cal. Br. 19 Nr. 1103/4 Bd. I<br>Cal. Br. 19 Nr. 1116 Bd. III |
| 1700–1718 | Taxtbeschreibung | Dep. 7 C Nr. 657 |
| 1714, 1737 | Beschreibung der Rottzehntländereien | Hann. 74 Hameln Nrn. 1031–1033 (Nr. 1032 mit Lagerbuch [1716–1771]) |
| 1718, 1744, 1763 | Taxtbeschreibungen | Hann. 74 Hameln Nr. 699 (vgl. auch Hann. 74 Hameln Nr. 700) |
| 1740 | Verzeichnis der Gutsherren des Amtes Ohsen | Hann. 74 Hameln Nr. 3473 |
| 1745, 1746 | Mannschaftsverzeichnis | Hann. 74 Hameln Nr. 18 |
| 1755 | Namensverzeichnis der dienstbaren Mannschaft | Foto 1 Nrn. 424–425 |
| 1766 | Personenbeschreibung | Dep. 7 C Nr. 732 |
| 1794 | Verzeichnis gutsherrlicher Gefälle | Hann. 74 Hameln Nr. 3473 |

227 vgl. Anmerkung 1

## Amt Oldenstadt

Das Amt besteht nur aus dem Ort Oldenstadt.
Die Angaben in den Quellen beziehen sich teilweise auf andere Ämter, insbesondere Bodenteich und Medingen (siehe Martin Krieg, Die Entstehung und Entwicklung der Amtsbezirke im ehemaligen Fürstentum Lüneburg, 1922, S. 87 f.).
Fürstentum Lüneburg, Lüneburgisches Quartier; 1971: Landkreis Uelzen.

### Registerförmige Quellen

| 1583, 1584 | Kornregister | Original im Museum Lüneburg Foto 3 P 1/133 Abschrift in: Ms. E.E. 040 |
|---|---|---|
| 1605, 1606 | Musterrolle | Foto 1 Nr. 435 |
| 1620 | Ausschussregister | Celle Br. 46 Nr. 213 Bd. I, Bl. 186 |
| 1628 | Einwohnerverzeichnis | Celle Br. 61 Nr. 28 |
| 1649 | Huldigungsregister | Celle Br. 45 Nr. 92 Bd. II, S. 405 |
| 1666 | Huldigungsverzeichnis | Foto 1 Nr. 434 |
| 1669 | Erbregister | Hann. 74 Oldenstadt Nr. 1368 |
| 1755 | Namensverzeichnis der dienstbaren Mannschaft | Foto 1 Nrn. 424–425 Foto 1 Nr. 427 |

### Schriftgut der freiwilligen Gerichtsbarkeit

| 1749–1859 | Ehestiftungen, Kontrakte | Hann. 72 Uelzen Nrn. 38a–146b |
|---|---|---|

## Gericht Oldershausen

Düderode, Echte, Oldershausen, Willensen.
(Siehe auch Amt Westerhof).
Fürstentum Göttingen; 1971: Landkreis Osterode.

### Registerförmige Quellen

| 1701–1704 | Taxtbeschreibung und Scheffelschatz | Dep. 7 C Nr. 682 |
| 1755 | Namensverzeichnis der dienstbaren Mannschaft | Foto 1 Nr. 426 |
| 1766 | Personenbeschreibung | Dep. 7 C Nr. 731 |

## Amt Osterode

*Stadt:* Osterode[228] mit Dorf Ührde.
*Flecken:* Lasfelde.
*Dörfer:* Eisdorf, Freiheit vor Osterode, Förste, Katzenstein, Nienstedt, Petershütte.
1750 wurde das Gericht Eisdorf mit den Dörfern Eisdorf, Förste und Nienstedt vom Amt Herzberg an das Amt Osterode abgetreten.
Fürstentum Grubenhagen; 1971: Landkreis Osterode.

### Registerförmige Quellen

| | | |
|---|---|---|
| 1602 | Musterungsrolle (nur Freiheit und Lasfelde) | Cal. Br. 21 Nr. 2882 |
| 1623 | Kriegssteuerregister | Cal. Br. 3 Nr. 30 Bd. I |
| 1624, 1632–1635 | Land-, Garten-, Wiesen- und Wasser-Erbenzinsregister | Hann. 74 Osterode Nr. 198 |
| 1633–1839 | Herrendienstsachen (auch von Schwiegershausen) | Hann. 74 Osterode Nr. 102 |
| 1660–1774 | Dienstbeschreibung in der Gerichtsvogtei Eisdorf | Hann. 74 Osterode Nr. 106 |
| 1670 | Amtsbeschreibung (Salbuch) | Hann. 74 Osterode Nr. 40 |
| 1671 | Mannschaftsrolle (Huldigung), auch Stadt | Cal. Br. 22 Nr. 788 Bd. II |
| 1671–1673 | Beschreibung der dienstpflichtigen Untertanen | Hann. 74 Osterode Nr. 109 |
| 1672 | Verzeichnis der im Kriegsdienst gestandenen Untertanen | Cal. Br. 3 Nr. 148 |
| 1675 | Kopfsteuerbeschreibung (mit Stadt) | Foto 1 |
| 1680 | Mannschaftsrolle (Huldigung) | Cal. Br. 22 Nr. 796 Bd. III |
| 1680–1722 | Dienstabrechnungen | Hann. 74 Osterode Nr. 113 |
| 1678, 1689 | Kopfsteuerbeschreibung (mit Stadt) | siehe Mundhenke[229], Teil 11, S. 137–151 |
| 1689 | Kopfsteuerbeschreibung der Stadt Osterode | Cal. Br. 20 Nr. 114[230] |
| 1734 | Geld-Erbenzinsbeschreibung der Stadt | Hann. 74 Osterode Nr. 218 |

---

228 Franz Schimpf, Die Kopfsteuerbeschreibung der Stadt Osterode, in loser Folge in den Heimatblättern für den südwestlichen Harzrand ab Heft 9, 1961 (Zs 141).
229 vgl. Anmerkung 1
230 vgl. Anmerkung 228

| | | |
|---|---|---|
| 1734–1747 | Belege und Dienstregister (auch von Schwiegershausen) | Hann. 74 Osterode Nr. 115 |
| 1734–1797 | Schafschatzregister | Hann. 74 Osterode Nr. 325 |
| 1736 | Dienstbeschreibung | Hann. 74 Osterode Nr. 118 |
| 1754, 1755 | Diensttabellen (auch von Schwiegershausen) | Hann. 74 Osterode Nr. 119 |
| 1754–1811 | Brandkataster | Hann. 330 Nr. 211 |
| 1755 | Namensverzeichnis der dienstbaren Mannschaft | Foto 1 Nr. 426 |
| 1776 | Dienstbeschreibung (auch Schwiegershausen) | Hann. 74 Osterode Nr. 122 |
| 1777–1806 | Umschreibung der Geld-Erbenzinsgefälle (mit Stadt) | Hann. 74 Osterode Nr. 195 |
| 1779 | Landzinsbeschreibung | Hann. 74 Osterode Nr. 230 |
| 1779, 1780 | Dienstregister | Hann. 88 E Nr. 147 |
| 1779–1792 | Zehntverzeichnisse | Hann. 74 Osterode Nr. 299 |
| 1796 | Verzeichnis der bebauten Reihestellen und Häuslinge (unvollständig) | Hann. 74 Osterode Nr. 83 |

## Amt Peine

*Vogtei Hohenhameln:* Bekum, Bründeln, Clauen, Hohenhameln, Ohlum, Rötzum, Soßmar.
*Vogtei Rosenthal (bzw. Solschen oder Schwicheldt):* Adenstedt, Berkum, Bierbergen, Groß Bülten, Groß Solschen, Handorf, Klein Bülten, Klein Solschen, Mehrum, Oedelum, Rosenthal, Schwicheldt, Stedum.
*Vogtei Schmedenstedt (oder Dungelbeck bzw. Halbgericht):* Dungelbeck, Groß Lafferde[231], Klein Lafferde, Lengede, Münstedt, Schmedenstedt, Woltorf.
*Hofmeisterei:* Amtshaushalt und Vorwerk Telgte, Damm vor Peine, Rüper, Vöhrum, Wense (sowie lüneburgische Dörfer).
*Adlige Gerichte:* Equord, Gadenstedt, Groß Ilsede, Klein Ilsede, Oberg (im 18. Jahrh. außerdem Oedelum, Rosenthal und Schwicheldt)
*Stadt beim Amt:* Peine.
Weitere Quellen im Landesarchiv Schleswig (s. Findbuch FA 22).
Fürstbistum Hildesheim; 1971: Landkreis Peine.

*Literatur:* [W. Appens], Die Bauern und Hausbesitzer mit ihren Vorfahren in den 55 Dörfern des Kreises Peine, 1938; vgl. dazu Joachim Studtmann, in: Niedersächsisches Jahrbuch für Landesgeschichte 16, 1939, S. 359–362 (Zs 108);
Johannes Heinrich Gebauer, Besitzer und Besitzverteilung im Amt Peine vor 400 Jahren, in: Alt-Hildesheim 19, 1941, S. 38–49 (Zs 136);

### Registerförmige Quellen

| | | |
|---|---|---|
| 1524–1552 | Verschiedene Einnahme- und Ausgaberegister sowie Rechnungsbücher | Stadtarchiv Hildesheim AA IV Nrn. 63–67 |
| 1529 | Schatzungsregister | desgl. AA IV Nr. 75 |
| 1533–1552 | Kornregister des Hauses Peine | desgl. AA IV Nr. 73 |
| 1534 | Schatzungsregister | desgl. AA IV Nr. 75 |
| 1537 | Landschatzungsregister | desgl. AA IV Nr. 79 |
| 1542 | Türkenschatzregister | desgl. AA IV Nr. 83 |
| 1550 | Register der Steuern zum Unterhalt der angenommenen Landsknechte | desgl. AA IV Nr. 93 |
| 1552 | Land- und Viehbeschreibung der Vogteien Hohenhameln und Rosenthal | Original im Stadtarchiv Hildesheim[232] |
| 1566 | Erbregister des Residenzamtes Wolfenbüttel (enthält auch Halbgericht Peine) | StA Archiv Wolfenbüttel 19 Alt Nr. 226 |

---

231 Ludwig Koch, Die Einwohner von Groß Lafferde 1589 und 1609 bis 1615/16, in: Norddeutsche Familienkunde 9, 1960, S. 12–15 (Zs 82).
232 Veröff. In: Alt-Hildesheim 19, 1941, S. 39–43 (Zs 136).

| 1567 | Schafschatzregister | Hild. Br. 1 Nr. 7532 |
|---|---|---|
| 1568 | Register der Retardaten vom Hufen- und Scheffelschatz | Hann. 77 b Nr. 4069 |
| 1569 | Schafschatzregister | Hild. Br. 2 J Nr. 456 |
| 1571 | Schatzregister | Hann. 77 b Nr. 4070 |
| 1573 | Schatzregister | Hild. Br. 1 Nr. 7603 |
| 1581 | Schatzregister | Hild. Br. 1 Nr. 7549 |
| 1588 | Schatzregister | Hild. Br. 1 Nr. 7550 |
| 1588 | Schafschatzregister | Hild. Br. 2 J Nr. 457 |
| 1589 | Dienstregister und Landbeschreibung | Hild. Br. 1 Nr. 1267 – wiederholt im Dienstregister von 1683: Hild. Br. 1 Nr. 8795 |
| 1606 | Schafschatzregister | Hild. Br. 1 Nr. 7533 |
| 1606 | Hufenschatzregister | Hild. Br. 1 Nr. 7552 |
| 1609–1622 | Hufenschatzregister | Hild. Br. 1 Nrn. 7553, 7554 |
| 1613 | Schatzregister (für familiengeschichtliche Forschungen wenig ergiebig) | Hann. 77 b Nr. 4071 |
| 1615 | Schatzregister | Hild. Br. 2 J Nr. 813 |
| 1615–1741 | Halshühnerverzeichnisse des Amtes Ilten | Hann. 74 Burgdorf-Ilten Nr. 1031 |
| 1624–1769 | Verzeichnisse amts-peinescher Halseigner | Hild. Br. 1 Nr. 1396 |
| 1634–1639 | Geld- und Kornregister | Celle Br. 24 Nr. 189 |
| 1640 | Beschreibung der Vogtei Schmedenstedt | Hild. Br. 9 I Nr. 37 |
| 1644 | Kontributionsbeschreibung der Vogtei Schmedenstedt | Hild. Br. 1 Nr. 8726 |
| 1645, 1648 | Land- und Kontributionsbeschreibung der Vogtei Hohenhameln<br>Vogtei Schmedenstedt oder Halbgericht<br>Vogtei Rosenthal<br>Hofmeisterei<br>adlige Gerichtsdörfer | Hild. Br. 1 Nr. 8315<br><br>Hild. Br. 1 Nr. 8742<br>Hild. Br. 1 Nr. 8726<br>Hild. Br. 1 Nr. 8725<br>Hild. Br. 1 Nrn. 8704 und 8726 |
| 1646–1801 | Schatzregister (für familiengeschichtliche Forschungen wenig ergiebig) | Erhalten in drei lückenhaften Reihen:<br>Hild. Br. 12 Nrn. 516–563,<br>Hild. Br. 2 J Nrn. 814–853,<br>Hild. Br. 1 Nrn. 7649–7771 |
| 1648 | Kopfsteuerlisten | Hild. Br. 1 Nr. 8308 |

| | | |
|---|---|---|
| 1661 | Beschreibung des Dorfes Bierbergen | Hild. Br. 1 Nr. 8738 |
| 1662 | Vermessung der zum Amtshause Peine und dessen Vorwerken gehörigen Länderei | Hild. Br. 1 Nr. 8760 |
| [um 1662] | Verzeichnis der freien und halseigenen Leute | Hann. 74 Peine Nr. 113 |
| 1654 | Einwohnerverzeichnis und Landbeschreibung des Dorfes Münstedt | Hild. Br. 1 Nr. 8735 |
| 1664 | Kopfsteuerbeschreibung | Hild. Br. 1 Nr. 8295 Bde. II, III, siehe Bardehle, S. 98–169 |
| 1664 | Kopfsteuerbeschreibung der Stadt Peine | Hild. Br. 1 Nr. 8295 Bd. III, siehe Bardehle, S. 443–457 |
| 1665 | Gesindesteuerbeschreibung | Hild. Br. 1 Nrn. 8445 Bd. I, 8446, 8447 und 8454 |
| 1665 | Gesindesteuerbeschreibung der Stadt Peine | Hild. Br. 1 Nr. 8446 |
| 1665 | Land- und Zehntbeschreibung des adligen Dorfes Oberg | Hild. Br. 2 E Nr. 1425 |
| 1665 | Rotermund-Heckenbergische Landbeschreibung der adligen Dörfer<br>Gadenstedt<br>Groß Ilsede<br>Klein Ilsede | Hild. Br. 1 Nr. 8734<br>Hild. Br. 1 Nr. 8733<br>Hild. Br. 1 Nr. 8737 |
| 1665 | Rotermund-Heckenbergische Landbeschreibung der Vogtei Dungelbeck<br>Dungelbeck<br>Groß und Klein Lafferde, Münstedt, Schmedenstedt | Hild. Br. 1 Nr. 8728<br>Hild. Br. 1 Nr. 8759 |
| 1665, 1666 | Landschatzbeschreibung | Hild. Br. 1 Nr. 7585 |
| 1666–1672 | Rotermund-Heckenbergische Landbeschreibung der Vogtei Rosenthal von Adenstedt bis Handorf<br>desgl. für Oedelum | Hild. Br. 1 Nrn. 8786 und 8788<br><br>Hild. Br. 1 Nr. 8758 |
| 1666–1672 | Rotermund-Heckenburgische Landbeschreibung der Vogtei Hohenhameln | Hild. Br. 1 Nr. 8791 |
| 1662–1714 | Verzeichnis aller amts-peineschen Freien und Halseigenen | Hild. Br. 1 Nr. 1252 |
| 1662–1747 | Verzeichnisse der freien und halseigenen Leute im Amte Peine | Hild. Br. 1 Nrn. 1534–1536, 1538 |
| 1667, 1668 | Landschatzbeschreibung | Hild. Br. 1 Nr. 7586 |
| 1674 | Kopfsteuerbeschreibung von Schloss und Haus Peine | Hild. Br. 1 Nr. 8297 |

| | | |
|---|---|---|
| 1674, 1675 | Verzeichnis von der Amtsvogtei Ilten pflichtigen halseignen Einwohnern im Amt Peine | Hild. Br. 1 Nr. 1590 |
| 1676 | Gesindesteuerbeschreibung (auch Stadt Peine) | Hild. Br. 12 Nr. 1101 |
| 1683 | Höfe- und Dienstbeschreibung (verglichen mit dem Register von 1589) | Hild. Br. 1 Nr. 8795 |
| 1685 | Kopfsteuer der (Kontributions-)Freien und des Gesindes (auch Stadt Peine) | Hild. Br.1 Nr. 8312 |
| [um 1690] | Entwürfe zu einem Erbregister | Hild. Br. 1 Nr. 8727 |
| 1694, 1695 | Landschatzbeschreibung | Hild. Br. 12 Nr. 1046 |
| 1696 | Landschatzbeschreibung | Hild. Br. 1 Nr. 8687 |
| 1697–1726 | Landschatzbeschreibung | Hild. Br. 12 Nrn. 1047–1062 |
| 1697–1739 | Ländereibeschreibung von Groß Ilsede | Hild. Br. 3, 2 Nr. 28 |
| 1700–1746 | Kornregister (keine vollst. Namensliste) | Hann. 74 Peine Nr. 159 |
| 1701 | Seelenregister (ohne Stadt) | Foto 1 |
| 1726–1768 | Halshühnerverzeichnisse | Hann. 74 Burgdorf-Ilten Nr. 1034 |
| 1728 | Landschatzbeschreibung | Hild. Br. 1 Nr. 8689 |
| 1757, 1758 | Amtsbeschreibung: Tabellen der Dorfschaften | Hild. Br. 1 Nr. 8725 |
| 1758 | Kopfsteuerregister (auch Stadt Peine) | Hild. Br. 1 Nr. 8441 |
| 1765 | Kopfsteuerbeschreibung (auch Stadt Peine) | Hild. Br. 1 Nr. 8442 |
| 2. Hälfte 18. Jh. | Brandkataster (ohne adlige Gerichte) | Hann. 74 Peine Nr. 335 |
| 1769 | Land- und Wiesenbeschreibung | Hild. Br. 1 Nr. 8844 |
| 1773 | Kopfsteuerliste (sog. Fixum) – auch Stadt Peine | Hild. Br. 1 Nr. 8330 Bde. I–III |
| 1776 | Beschreibung der Vogtei Hohenhameln betr. Dienstgeld und Rauchhühner | Hann. 74 Peine Nr. 107 |
| 1780 | Zehntvermessung der Feldmarken von Handorf, Klein und Groß Bülten | Hild. Br. 2 E Nr. 1413 |
| 1789–1800 | Beschreibung und Bonitierung der kontributionsfreien Länderei | Hild. Br. 12 Nrn. 1078–1080 |

## Schriftgut der freiwilligen Gerichtsbarkeit

| | | |
|---|---|---|
| 1554–1602 | Amtshandelbuch des Amts Peine (sog. Rotes Buch) – Abschrift | Hann. 76 Nr. 2050 |

| | | |
|---|---|---|
| 1570–1584 | Protokolle des Freidings Hohenhameln | Hild. Br. 1 Nr. 1253 |
| 1609–1618 | Protokolle der Meierdinge zu Schmedenstedt, Münstedt, Clauen, Lengede, Bierbergen | Dombibliothek Hildesheim Hs 68 |
| 1614–1720 | Kontrakte des Amts Peine | Hild. Br. 1 Nrn. 1228, 1231 |
| 1639–1664 | Gerichtsprotokoll- sowie Kontraktenbuch des Amts Peine | Dombibliothek Hildesheim Hs 217, 219 |
| 1639–1643 | Gerichtsprotokolle des Amts Peine | Dombibliothek Hildesheim Hs 217 |
| 1643–1664 | Gerichtsprotokolle des Amts Peine | Hild. Br. 1 Nrn. 1229, 1230 |
| 1643–1664 | Kontrakte des Amts Peine | Dombibliothek Hildesheim Hs 219 |
| 1720–1808 | Ehestiftungen des Amts Peine | Hann. 72 Peine Nrn. 3–29 |
| 1725–1807 | Meierdings- und Freidingsbücher aus dem Amt Peine (darin auch Freidinge zu Bettmar und Hohenhameln) | Hann. 72 Peine Nrn. 128–135 |
| 1762–1818 | Kontrakte des Amts Peine | Hann. 72 Peine Nrn. 30–40 |
| 1738–1803 | Obligationen und Kontrakte des Gerichts Gadenstedt | Hann. 72 Peine Nrn. 220–224 |
| 1739–1887 | Ehestiftungen des Gerichts Gadenstedt | Hann. 72 Peine Nrn. 225–232 |
| 1756–1794 | Handels- und Kontraktenbücher des Gerichts Groß Ilsede | Hann. 72 Peine Nrn. 239–241 |
| 1763–1852 | Handels- und Kontraktenbücher des Gerichts Klein Ilsede | Hann. 72 Peine Nrn. 242–244/1 |
| 1777–1801 | Protokollbuch des Gerichts Klein Ilsede | Hann. 72 Peine Nr. 245 |
| 1790–1846 | Ehestiftungen des Gerichts Oberg | Hann. 72 Peine Nrn. 251–253 |
| 1791–1846 | Obligationen und Kontrakte des Gerichts Oberg | Hann. 72 Peine Nrn. 254–258/1 |
| 1700–1828 | Testamente des Stadtgerichts Peine | Hann. 72 Peine Nrn. 197–200 |
| 1759–1844 | Kontrakte und Obligationen des Stadtgerichts Peine | Hann. 72 Peine Nrn. 171–192 |

## Amt Polle

*Flecken:* Polle.
*Dörfer:* Brevörde, Heinsen, Meiborssen, Pegestorf, Vahlbruch.
Fürstentum Calenberg, Hamelsches Quartier; 1971: Landkreise Hameln-Pyrmont, Holzminden.

### Registerförmige Quellen

| | | |
|---|---|---|
| 1556 | Kriegsschadenliste | Cal. Br. 16 Nr. 1206 Bd. II |
| 1585 | Huldigungsverzeichnis und Musterungsrolle | Cal. Br. 22 Nr. 728, siehe Burchard, S. 108–114 |
| 1605, 1606 | Geldregister und Auszug aus dem Geldregister | Cal. Br. 2 Nrn. 2130, 2141 |
| 1610 | Verzeichnis der Dienstpflichtigen | Cal. Br. 2 Nr. 2109 |
| um 1610 | Ausschuss-Musterrolle | Foto 1 Nr. 447 |
| 1612–1615 | Auszug aus dem Geld-, Korn- und Viehregister | Foto 1 |
| 1613 | Ausschuss-Musterrolle | Foto 1 Nrn. 431–433 |
| 1614 | Verzeichnis der im Amt Eingesessenen, die zum Ausschuss genommen wurden | Cal. Br. 16 Nr. 1189, Bl. 3 |
| um 1615 | Verzeichnis der im Amt Eingesessenen, Musterrolle | Foto 1 Nr. 448 |
| 1617–1657 | Landbeschreibungen | Hann. 74 Polle Nr. 313 |
| 1617–1650, 1650–1811 | Landsteuer | Dep. 7 C Nrn. 429–443<br>Dep. 7 C Nrn. 205–207<br>Dep. 7 C Nrn. 209–242<br>Dep. 7 C Nrn. 245–280<br>Dep. 7 C Nrn. 282–352<br>(Nrn. 225–228 enthalten außerdem Rittersteuer) |
| 1619 | Vermögens-, Taxt- und Landbeschreibung | Dep. 7 C Nr. 743 |
| 17. Jh. | Register der Tripelhilfe (Landbeschreibung) | Dep. 7 C Nr. 746 |
| 1624, 1625 | Auszüge aus Geld- und Viehregistern | Cal. Br. 2 Nrn. 2131, 2141 |
| 1632 | Mannschaftsbeschreibung | Cal. Br. 2 Nr. 65 |
| 1636 | Mannschaftsrolle (Huldigung) | Cal. Br. 22 Nr. 764 Bd. II |
| 1645 | Mannschaftsrolle (Huldigung) | Foto 1 Nrn. 20–23 |

| | | |
|---|---|---|
| 1649 | Mannschaftsrolle (Huldigung) | Cal. Br. 22 Nr. 773 |
| 1652(–1721) | Erbregister | Hann. 74 Polle Nr. 314 |
| 1654 | Lagerbuch | Hann. 74 Polle Nr. 315 |
| 1662–1674 | Schafschatzbeschreibungen | Cal. Br. 19 Nr. 761 |
| 1664 | Kopfsteuerbeschreibung | Cal. Br. 19 Nr. 1020 |
| 1671 | Mannschaftsrolle (Huldigung) | Cal. Br. 22 Nr. 788 Bd. II |
| 1672 | Kontributionsbeschreibung | Cal. Br. 19 Nr. 866 |
| 1675 | Kopfsteuerbeschreibung | Cal. Br. 19 Nr. 1030 |
| 1676–1680, 1699–1722 | Taxtbeschreibung desgl. und Scheffelschatz | Dep. 7 C Nr. 652 Dep. 7 C Nr. 656 |
| 1678 | Kopfsteuerbeschreibung | Cal. Br. 19 Nr. 1039 Bd. III |
| 1680 | Mannschaftsrolle (Huldigung) | Cal. Br. 22 Nr. 795 Bd. I |
| 1686, 1689 | Kopfsteuerbeschreibung | siehe Mundhenke[233], Teil 6, S. 108– 136 |
| um 1687 | Erbregister | Hann. 74 Polle Nr. 312 |
| 1687, 1688 | Rauchschatzbeschreibungen | Cal. Br. 19 Nr. 1103/4 Bd. I Cal. Br. 19 Nr. 1116 Bd. III |
| 1755 | Zehntbeschreibung | Hann. 74 Polle Nr. 371 |
| 1755 | Namensverzeichnis der dienstbaren Mannschaft | Foto 1 Nr. 426 |
| 1766 | Personenbeschreibung | Dep. 7 C Nr. 732 |
| o. J. (18. Jh.) | Verzeichnis über die bei den Meiern und Kötnern zu Brevörde, Heinsen und Vahlbruch vorhandenen Kornvorräte | Cal. Br. 2 Nr. 2115 |

[233] vgl. Anmerkung 1

## Amt Poppenburg

*Dörfer:* Burgstemmen, Heyersum, Mahlerten, Mehle, Nordstemmen, Poppenburg (Amtshaushalt) – Das in älteren Register aufgeführte Benstorf kam 1635 zum Amt Lauenstein.
*Stadt beim Amt:* Elze[234].
Fürstbistum Hildesheim 1971: Landkreis Alfeld.

*Literatur:* Jürgen Huck, Landbesitzer in den Dörfern des ehemaligen Amtes Poppenburg um 1671, in: Norddeutsche Familienkunde 3, 1954, S. 93–95, 105 (Zs 82);
Ders., Das Amt Poppenburg im Jahre 1593, in: Alt-Hildesheim 30, 1959, S. 36–45 (Zs 136).

### Registerförmige Quellen

| 1553 | Amtsregister | Cal. Br. 10 Nr. 564 |
|---|---|---|
| 1580–1582 | Schatzregister | Cal. Br. 10 Nr. 572 |
| 1582 | Schatzregister der Stadt Elze | Cal. Br. 10 Nr. 296 |
| (1580-)1585 | Zinsregister | Hild. Br. 1 Nr. 2183 |
| 1585 | Huldigungsverzeichnis und Musterungsrolle (auch Stadt Elze) | Cal. Br. 22 Nr. 728, siehe Burchard, S. 274–305 |
| 1593 | Erbregister | Hild. Br. 1 Nr. 8869, desgl. Foto 1 Nr. 71 |
| 1593 | Amtsbeschreibung | Cal. Br. 10 Nr. 578 |
| 1602 | Musterungsregister | Cal. Br. 16 Nr. 1168 |
| um 1609 | Musterungsregister (darin auch Stadt Elze) | Foto 1 Nr. 447 |
| 1617–1626 | Landsteuernregister | Dep. 7 C Nrn. 18–26 |
| 1619, 1620 | Zinsen-, Land- und Wiesensteuer | Dep. 7 C Nr. 614 a |
| 1625 | Schadensregister der Stadt Elze | Hann. 88 A Nr. 1932 |
| 1645 | Land- und Kontributionsbeschreibung | Hild. Br. 1 Nr. 8708 |
| 1646–1651 | Schatzrechnungen | Hild. Br. 1 Nr. 8118 |
| 1648 | Kopfsteuerlisten | Hild. Br. 1 Nr. 8308 |
| 1651–1801 | Schatzregister (für familiengeschichtliche Forschungen wenig ergiebig) | Erhalten in drei lückenhaften Reihen: Hild. Br. 12 Nrn. 566–615, Hild. Br. 1 Nrn. 7828, 7831, 7833, 8119–8151, Hild. Br. 2 J Nrn. 854–885 |
| 1661 | Landbeschreibung | Hild. Br. 1 Nrn. 8709, 8710 |

---

234 Jürgen Huck, Landbesitzer der Stadt Elze vor 1671, in: Norddeutsche Familienkunde 3, 1954, S. 12–14 (Zs 82).

| | | |
|---|---|---|
| 1662 | Vermessung der zum Amtshause gehörigen Ländereien | Hild. Br. 1 Nr. 8712 |
| 1663 | Vermessung der Ländereien von Mehle | Hild. Br. 1 Nr. 8855 |
| 1664 | Kopfsteuerbeschreibung | Hild. Br. 1 Nr. 8295 Bd. II, siehe Bardehle, S. 170–179 |
| 1664 | Kopfsteuerbeschreibung der Stadt Elze | Hild. Br. 1 Nr. 8295 Bd. III, siehe Bardehle, S. 439–443 |
| 1665 | Gesindesteuerbeschreibung | Hild. Br. 1 Nr. 8445 Bd. I |
| 1666 | Dorftaxtbeschreibung | Hild. Br. 1 Nr. 7589 |
| 1671 | Rotermund-Heckenbergische Landbeschreibung | Hild. Br. 1 Nr. 8777, desgl. Hann. 74 Gronau Nr. 348 |
| 1671 | Landbeschreibung (ohne Mehle) | Hild. Br. 1 Nr. 8713 |
| 1671 | Heyersumer Zehntbeschreibung | Hann. 74 Gronau Nr. 349 |
| 1671, 1672 | Rotermund-Heckenbergische Landbeschreibung der Stadt Elze | Hild. Br. 1 Nr. 8767 |
| 1674 | Kopfsteuer der (Kontributions-)Freien und des Gesindes | Hild. Br. 1 Nr. 8287 |
| 1674 | Kopfsteuer der (Kontributions-)Freien und des Gesindes der Stadt Elze | Hild. Br. 1 Nr. 8297 |
| 1685 | Kopfsteuer der (Kontributions-)Freien und des Gesindes der Stadt Elze | Hild. Br. 1 Nr. 8310 |
| 1696 | Dorftaxtbeschreibung | Hild. Br. 1 Nr. 8700 |
| 1701 | Seelenregister (ohne Stadt) | Foto 1 |
| 1757, 1758 | Amtsbeschreibung: Tabellen der Dorfschaften | Dombibliothek Hildesheim Hs 191 b |
| 1758 | Kopfsteuerbeschreibung (auch Stadt Elze) | Hild. Br. 1 Nr. 8444 |
| 1765 | Kopfsteuerbeschreibung (auch Stadt Elze) | Hild. Br. 12 Nr. 936 |
| 1769 | Land- und Wiesenbeschreibung | Hild. Br. 1 Nr. 8831 Hild. Br. 2 J Nr. 348 |
| 1773 | Kopfsteuerlisten (sog. Fixum) – auch Stadt Elze | Hild. Br. 1 Nr. 8327 |
| (1671 und) 1786 | Landbeschreibung von Mahlerten | Hild. Br. 2 E Nr. 1424 |
| 1786, 1787 | Land- und Wiesenbeschreibung | Hild. Br. 1 Nr. 8713 |
| 1798–1800 | Beschreibung und Bonitierung der kontributionsfreien Ländereien | Hild. Br. 12 Nrn. 1078–1080 |

## Schriftgut der freiwilligen Gerichtsbarkeit

| 1738–1824 | Meierdingsprotokolle, Kontrakte und Ehestiftungen | Hann. 72 Elze Nrn. 1–21 |
|---|---|---|
| 1727–1803 | Testamente | Hann. 72 Elze Nr. 42 |

## Grafschaft Pyrmont

*Stadt:* (Bad) Pyrmont.
*Dörfer:* Baarsen, Eichenborn, Großenberg, Hagen, Holzhausen, Kleinenberg, Löwensen, Neersen, Oesdorf, Thal.
Bis 1922 Gebietsteil von Waldeck-Pyrmont.
Weitere Quellen im Staatsarchiv Marburg.
Fürstentum Waldeck-Pyrmont; 1971: Landkreis Hameln-Pyrmont.

### Registerförmige Quellen

| | | |
|---|---|---|
| 1669 | Salbuch von Pyrmont | Stadtarchiv Pyrmont I.1 |
| 1669 | desgl. von Holzhausen und Hagen | I.2 |
| 1669 | desgl. von Löwensen und Thal | I.3 |
| 1669 | desgl. der Dörfer auf dem Berge | I.4[235] |
| um 1698, um 1700, 1711, 1712 | Ständige und unständige Fruchtabgaben | II. a 23 II. a 24 II. a 25 |
| 1720–1722 | Kopfschatzerhebung | Hess. StA Marburg, Bestand 121 Nr. 8104 |
| 1723–1730, 1791 | Spezifikationen der Dienstfuhren | desgl. Nr. 8110 |
| 1758–1768, | Sal- und Lagerbuch von Hagen | Stadtarchiv Pyrmont I.5 |
| 1758 | desgl. von Holzhausen | I.5 a |
| 1759 | desgl. von Oesdorf | I.6 |
| 1759 | desgl. von Baarsen | I.7 |
| 1759 | desgl. von Löwensen | I.8 |
| 1759 | desgl. von Thal | I.9 |
| 1759 | Kopfschatzspezifikationen | Hess. StA Marburg Bestand 121 Nr. 8105 |
| 1789–1792 | Spezifikationen der zu leistenden Dienstpflichtgelder | desgl. Nr. 8152 |

### Schriftgut der freiwilligen Gerichtsbarkeit

| | | |
|---|---|---|
| 18./19. Jh. | Kontrakte | Hann. 72 Pyrmont Nrn. 27–33 |
| 18./19. Jh. | Ehestiftungen | Hann. 72 Pyrmont Nrn. 60–89 |

[235] Veröffentlicht von Heinrich Jonas/Wolfgang Warnecke, Salbuch der Grafschaft Pyrmont 3: die Dörfer auf dem Berge, 1996 (02292).

## Amt Radolfshausen

Ebergötzen, Falkenhagen, Landolfshausen, Potzwenden, Radolfshausen (Domäne).
Fürstentum Grubenhagen; 1971: Landkreis Göttingen.

### Registerförmige Quellen

| 1577 | Grenz- und Salbuch | Cal. Br. 1 Nr. 1721 |
|---|---|---|
| (1577–1669) | Geld- und Kornregister | Original im 2. Weltkrieg verbrannt, Auszüge in: Ms. E.E. 030 |
| 1595 | Erbenzinsregister | Hann. 74 Göttingen Nr. 1409 |
| 1623 | Kriegssteuerregister | Cal. Br. 3 Nr. 30 |
| 1636–1659 | Einwohner- und Ländereiverzeichnisse | Cal. Br. 3 Nr. 119 |
| 1639–2. Hälfte 18. Jh. | Mannschaftsrolle (1639, 1654), Personenbeschreibung (1762), seit 1770 hinzugekommene Feuerstellen | Hann. 74 Göttingen Nr. 697 |
| 1645, 1659, 1680 | Personenbeschreibungen | Hann. 74 Göttingen Nr. 700 |
| 1646–1705 | Landbeschreibungen | Hann. 74 Göttingen Nr. 1226 |
| 1671 | Mannschaftsrolle (Huldigung) | Cal. Br. 22 Nr. 788 Bd. II |
| 1675 | Kopfsteuerbeschreibung | Foto 1 |
| 1680 | Mannschaftsrolle (Huldigung) | Cal. Br. 22 Nr. 796 Bd. III |
| 1678, 1689 | Kopfsteuerbeschreibung | siehe Mundhenke[236], Teil 11, S. 152–162 |
| 1753–1811 | Brandkataster | Hann. 330 Nr. 211 |
| 1756–1775 | Personenbeschreibungen und Feuerstellenzählungen | Hann. 74 Göttingen Nrn. 705–709 |

### Schriftgut der freiwilligen Gerichtsbarkeit

| 1630–1745 | Ehestiftungen, Meierkontrakte, Pfandverschreibungen | Hann. 72 Göttingen Nrn. 465–471 |
|---|---|---|
| 1647–1742 | Gerichtsprotokolle: Kontrakte, Verlassenschaften, Bescheide, Forderungen | Hann. 72 Göttingen Nrn. 459–464 |
| 1648–1860 | Ehestiftungen und Kontrakte | Hann. 72 Göttingen Nrn. 472–566 |
| 1657–1875 | Repertorium des Amtsgerichts | Hann. 72 Göttingen Nrn. 453, 454 |
| 1703–1801 | Obligationen | Hann. 72 Göttingen Nrn. 567–571 |

236 vgl. Anmerkung 1

## Amt Rehburg

*Stadt:* Rehburg.
*Dörfer:* Mardorf, Rehburger Brunnen, Schneeren, Winzlar.
Fürstentum Calenberg, Lauenausches Quartier; 1971: Landkreise Neustadt a. Rbge, Nienburg.

### Registerförmige Quellen

| | | |
|---|---|---|
| 1585 | Huldigungsverzeichnis und Musterungsrolle | Cal. Br. 22 Nr. 728, siehe Burchard, S. 186–189 |
| 1599 | Musterungsregister der Stadt und des Amtes Rehburg | Cal. Br. 16 Nr. 1168 |
| um 1600 | Ausschuss-Musterrolle | Cal. Br. 16 Nr. 1179 |
| 1613 | Mannschaftsrolle (Huldigung) | Cal. Br. 22 Nr. 750 |
| 1617–1621, 1638–1643, 1643–1809 | Landsteuer (Amt und Stadt Rehburg) (1640 mit Fräuleinsteuer) (1645 mit Fräuleinsteuer) | Dep. 7 C Nrn. 7–10 Dep. 7 C Nr. 16 Dep. 7 C Nrn. 27–204 |
| 1619, 1702–1709 | Taxtbeschreibung der Stadt Rehburg | Dep. 7 C Nr. 614 Dep. 7 C Nr. 631 |
| 1627–1629, 1636, 1637 | Schatzregister (Stadt und Amt Rehburg) | Dep. 7 C Nr. 12 Dep. 7 C Nr. 15 |
| 1636 | Mannschaftsrolle (Huldigung) | Cal. Br. 22 Nr. 764 Bd. II |
| 1645 | Mannschaftsrolle (Huldigung) | Foto 1 Nrn. 20–23 |
| 1649 | Mannschaftsrolle (Huldigung) | Cal. Br. 22 Nr. 773 |
| 1652 | Stehende Erbenzinse des Amtes und der Stadt Stolzenau | Hann. 74 Stolzenau Nr. 412 |
| 1652–1708, 1686, 1725 | Taxtbeschreibung des Amtes Reburg | Dep. 7 C Nr. 618 Dep. 7 C Nr. 626 Dep. 7 C Nr. 647 |
| 1659 | Hausbuch des Amtes | Hann. 74 Stolzenau Nr. 2 |
| 1664 | Kopfsteuerbeschreibung | Foto 1 |
| 1667 | Kontributionsbeschreibung | Dep. 7 C Nr. 622 |
| 1671 | Bürgerschaft der Stadt Rehburg (Huldigung) | Cal. Br. 22 Nr. 788 Bd. I |
| 1671 | Mannschaftsrolle (Huldigung) | Cal. Br. 22 Nr. 788 Bd. I |

| | | |
|---|---|---|
| 1674 | Manuale ständiger und veränderlicher Pachtgeldeinnahmen | Hann. 74 Stolzenau Nr. 4 |
| 1675 | Kopfsteuerbeschreibung (Stadt Rehburg) | Cal. Br. 19 Nr. 1031 Bd. III<br>Cal. Br. 19 Nr. 1034 |
| 1675 | Schaf- und Scheffelschatz | Dep. 7 C Nr. 735 |
| 1678 | Kopfsteuerbeschreibung (Stadt Rehburg) | Cal. Br. 19 Nr. 1040 Bd. II<br>Cal. Br. 19 Nr. 1045 |
| 1681 | Mannschaftsrolle (Huldigung) | Cal. Br. 22 Nr. 795 Bd. I |
| 1682 | Erbenzinsregister | Hann. 74 Stolzenau Nr. 412 |
| 1686, 1689 | Kopfsteuerbeschreibung | siehe Mundhenke[237], Teil 4, S. 86–92 |
| 1687, 1688 | Rauchschatzbeschreibungen (einschließlich der Stadt Rehburg) | Cal. Br. 19 Nr. 1103/4 Bd. I<br>Cal. Br. 19 Nr. 1116 Bde. III, IV |
| 1688 | Rauchschatzbeschreibungen der Stadt Rehburg | Dep. 7 C Nr. 622 |
| 1745 | Mannschaftsverzeichnis der Stadt Rehburg | Hann. 76 a Nr. 13 |
| 1750–1812 | Brandkataster | Hann. 330 Nr. 1879 |
| 1755 | Namensverzeichnis der dienstbaren Mannschaft | Foto 1 Nr. 427 |
| 1766 | Personenbeschreibung der Stadt und des Amtes Rehburg | Dep. 7 C Nrn. 729, 732 |

## Schriftgut der freiwilligen Gerichtsbarkeit

| | | |
|---|---|---|
| 1686–1807 | Ehestiftungen | Hann. 72 Stolzenau Nrn. 205–211 |
| 1620–1807 | Obligationen | Hann. 72 Stolzenau Nrn. 199–204 |
| 1666–1891 | Testamente | Hann. 72 Stolzenau Nrn. 174–198 |

---

237 vgl. Anmerkung 1

## Amt Reinhausen

Ischenrode, Lichtenhagen, Reinhausen.
(Siehe auch Amt Niedeck, mit dem das Amt verwaltungstechnisch verbunden war).
Fürstentum Göttingen; 1971: Landkreis Göttingen.

### Registerförmige Quellen

| | | |
|---|---|---|
| 1508–1518 | Einnahme- und Ausgaberegister des Klosters Reinhausen (darin: Verhandlungen des Reinhausenschen Hägegerichts zu Geismar 1441–1480) | Cal. Br. 2 Nr. 2190 |
| 1585 | Huldigungsverzeichnis und Musterungsrolle | Cal. Br. 22 Nr. 728, siehe Burchard, S. 80–82 |
| 1599–1759 | Lagerbücher von Reinhausen und Ischenrode | Hann. 74 Reinhausen Nr. 664 |
| 1605–1613 | Musterungsrolle | Cal. Br. 16 Nr. 1179 Bd. I |
| 1611 | Musterungsrolle | Foto 1 Nr. 448 |
| 1613 | Musterungsrolle | Cal. Br. 16 Nr. 1179 Bd. I |
| 1616, 1617 | Landsteuereinnahmeregister | Dep. 7 C Nr. 444 |
| 1643–1809 | Landsteuereinnahmeregister | Dep. 7 C Nrn. 445–609 |
| 1664 | Kopfsteuerbeschreibung | Cal. Br. 19 Nr. 1020 |
| 1671 | Mannschaftsrolle (Huldigung) | Cal. Br. 22 Nr. 788 Bd. II |
| 1675 | Kopfsteuerbeschreibung | Cal. Br. 19 Nr. 1029 Bd. I |
| 1678 | Kopfsteuerbeschreibung | Cal. Br. 19 Nr. 1039 Bd. III |
| 1680 | Mannschaftsrolle (Huldigung) | Cal. Br. 22 Nr. 796 Bd. II |
| 1686–1688 | Beschreibung des Quartalopfers | Cal. Br. 2 Nr. 2230 |
| 1686, 1689 | Kopfsteuerbeschreibung | siehe Mundhenke[238], Teil 8, S. 62–69 |
| 1687 | Rauchschatzbeschreibung | Cal. Br. 19 Nr. 1103/4 Bd. I |
| 1688 | Rauchschatzbeschreibung | Cal. Br. 2 Nr. 2235 |
| 1694, 1699 | Gänse-, Hühner- und Eierregister, auch des Klosters Reinhausen | Hann. 74 Reinhausen Nr. 653 |
| 1703 | Taxtbeschreibung und Scheffelschatz | Dep. 7 C Nr. 685 |

238 vgl. Anmerkung 1

| 1724 | Taxtbeschreibung und Scheffelschatz | Dep. 7 C Nr. 700 |
| 1732 | Amtsbeschreibung | Hann. 74 Reinhausen Nr. 537 |
| 1755 | Namensverzeichnis der dienstbaren Mannschaft | Foto 1 Nr. 426 |
| 1766–1824 | Feuerstellentabelle | Hann. 74 Reinhausen Nr. 538 |
| 1787–1799 | Landwehrpflichtige | Hann. 74 Reinhausen Nr. 1195 |

## Schriftgut der freiwilligen Gerichtsbarkeit

| 1593–1601 | Urfehdebuch | Cal. Br. 2 Nr. 2207 |
| 1614–1619 | Gerichtsprotokolle des Stifts Reinhausen | Cal. Br. 2 Nr. 2224 |

## Amt Rethem/Aller

*Stadt:* Rethem.
*Hausvogtei:* Donnerhorst, Horst, Hülsen.
*Gericht Boitzen:* Altenboitzen, Blankemühlen, Groß Eilstorf, Hamwiede, Helmsen, Hollige, Kirchboitzen, Klein Eilstorf, Nordkampen, Owe, Sindorf, Südkampen, Vethem.
*Gericht Cordingen:* Ahrsen, Benzen, Borg, Cordingen, Ebbingen, Fahlbeck, Fulde, Gakenhof, Griemen, Hünzingen, Idsingen, Jarlingen, Kettenburg, Nünningen, Sieverdingen.
Das v. Behrsche Niedergericht Stellichte.
Fürstentum Lüneburg, Cellisches Quartier; 1971: Landkreis Fallingbostel.

### Registerförmige Quellen

| 1564 | Viehschatzregister | Foto 1 Nr. 311 |
|---|---|---|
| 1564 | Höfeverzeichnis des Gerichts Boitzen | Foto 1 Nr. 450 |
| 1605, 1606 | Musterrolle der Stadt Rethem | Foto 1 Nr. 435, siehe Bosse, S. 51 |
| 1617 | Musterrolle | Foto 1 Nr. 436, siehe Bosse, S. 51 |
| 1624 | Musterrolle | Celle Br. 46 Nr. 213 Bd. II, Bl. 44 ff. |
| 1628 | Einwohnerverzeichnis | Foto 1 Nr. 451 |
| 1664 | Hausbuch | Hann. 74 Ahlden Nr. 10 |
| um 1664 | Einwohnerverzeichnis des Gerichts Boitzen | Hann. 74 Ahlden Nr. 10 |
| 1665–1800 | Einwohnerverzeichnisse | Hann. 74 Ahlden Nr. 12 |
| 1669 | Erbregister oder Hausbuch (stark beschädigt) | Hann. 74 Ahlden Nr. 11[239] |
| 1680, 1688, 1710, 1739, 1744 | Kontributionskataster | Hann. 74 Ahlden Nr. 600 |
| 1681 | Amtsbeschreibung (ohne Rethem) | Hann. 74 Ahlden Nr. 10 |
| 1713 | Zinskornregister | Hann. 74 Fallingbostel Nr. 2122 |
| 1727–1732 | Salzsteuerbeschreibung (darin auch Stadt Rethem) | Hann. 74 Ahlden Nr. 603 |
| um 1730–1885 | Wirteveränderungen des Gerichts Boitzen desgl. des Gerichts Cordingen | Hann. 74 Fallingbostel Nr. 9 Hann. 74 Fallingbostel Nrn. 3, 4 |
| um 1750 | Einwohnerverzeichnis der Stadt Rethem | Hann. 74 Ahlden Nr. 10 |

[239] Veröffentlicht von Werner Brünecke, Das Erbregister des Amtes Rethem von 1669. Die alten Gerichte Kirchboitzen, Kirchwahlingen und Cordingen; ein Dokument zur Geschichte des alten Amtes Rethem, seiner Dörfer, Höfe und Bauern, 1992 (Ud Ret).

## Amt Rethem/Aller

| | | |
|---|---|---|
| 1754 | Kontributionskataster | Hann. 74 Ahlden Nr. 606 |
| 1755, 1758 | Feuerstellenverzeichnisse der Gerichte Boitzen und Cordingen | Hann. 74 Ahlden Nr. 10 |
| 1755 | Namensverzeichnis der dienstbaren Mannschaft (ohne Rethem) | Foto 1 Nr. 427 |
| 1766 | Einwohnerverzeichnis der Stadt Rethem | Hann. 74 Ahlden Nr. 22 |
| 1793–1795 | Steuerregister (darin auch Stadt Rethem) | Hann. 74 Ahlden Nr. 608 |

## Amt Ricklingen

Berenbostel, Garbsen, Havelse, Horst, Leistlingen, Meyenfeld, Osterwald, (Schloß) Ricklingen, Stelingen.
Fürstentum Calenberg, Hannoversches Quartier; 1971: Landkreis Neustadt a. Rbge.

### Registerförmige Quellen

| 1583 | Amtsbuch | Hann. 74 Neustadt Nr. 349 |
|---|---|---|
| um 1585 | Untertanenverzeichnis von Osterwald und Garbsen | Hann. 74 Neustadt Nr. 683 |
| 1585 | Huldigungsverzeichnis und Musterungsrolle | Cal. Br. 22 Nr. 728, siehe Burchard, S. 195–198 |
| 1585 | Mannschaftsrolle (Huldigung) | Cal. Br. 22 Nr. 723 |
| 1585–1593 | Zählung der Eingesessenen des Amtes Ricklingen, deren Grundbesitz und Gewerbebetrieb | Hann. 74 Neustadt Nr. 691 |
| 1599 | Musterungsregister | Cal. Br. 16 Nr. 1168 |
| 1605 | Ausschuss-Musterrolle | Cal. Br. 16 Nr. 1179 |
| 1616 | Haus- oder Zinsregister | Hann. 74 Neustadt Nr. 350 |
| 1617–1621, 1638–1643, 1643–1809 | Landsteuer (1640 mit Fräuleinsteuer) (1645 mit Fräuleinsteuer) | Dep. 7 C Nrn. 7–10 Dep. 7 C Nr. 16 Dep. 7 C Nrn. 27–204 |
| 1619, 1652–1708, 1703 | Taxtbeschreibung | Dep. 7 C Nr. 614 Dep. 7 C Nr. 618 Dep. 7 C Nr. 633 |
| 1620 | Haus- und Zinsregister von Schloß Ricklingen | Hann. 74 Neustadt Nr. 352 |
| 1609–1615, 1624–1656 | Verzeichnisse der Rauch- und Zinshühner | Hann. 74 Neustadt Nr. 2695 |
| 1625, 1626 | Schafschatzregister | Dep. 7 C Nr. 11 |
| 1625–1629 | Untertanenverzeichnisse (Kriegskontribution) | Hann. 74 Neustadt Nr. 5001 |
| 1627–1629, 1636, 1637 | Schatzregister | Dep. 7 C Nr. 12 Dep. 7 C Nr. 15 |
| 1645 | Mannschaftsrolle (Huldigung) | Foto 1 Nrn. 20–23 |
| 1646 | Kontributionsregister (Spezialeinteilung der Kontribution) | Hann. 74 Neustadt Nr. 5046 |
| 1648–1669 | Amtshandlungsbuch | Hann. 74 Neustadt Nr. 354 |

| | | |
|---|---|---|
| 1652, 1663, 1668, 1682 | Dorftaxtbeschreibungen | Hann. 74 Neustadt Nr. 5068 |
| 1661–1674 | Schafschatzbeschreibungen | Cal. Br. 19 Nrn. 761, 762 |
| 1664 | Kopfsteuerbeschreibung | Foto 1 |
| 1671 | Mannschaftsrolle (Huldigung) | Cal. Br. 22 Nr. 788 Bd. II |
| 1675 | Kopfsteuerbeschreibung | Cal. Br. 19 Nr. 1031 Bd. III |
| 1675 | Schaf- und Scheffelschatz | Dep. 7 C Nr. 735 |
| 1678 | Kopfsteuerbeschreibung | Cal. Br. 19 Nr. 1040 Bd. II |
| 1681 | Mannschaftsrolle (Huldigung) | Cal. Br. 22 Nr. 795 Bd. I |
| 1681, 1749 | Ricklinger Kontributionsbeschreibung | Hann. 74 Neustadt Nr. 5053 |
| 1686, 1689 | Kopfsteuerbeschreibung | siehe Mundhenke[240], Teil 4, S. 93–114 |
| 1687 | Rauchschatzbeschreibung | Cal. Br. 19 Nr. 1103/4 Bd. I |
| 1687 | Rauchschatzbeschreibung | Hann. 74 Neustadt Nr. 5070 |
| 1690, 1691 | Geldregister | Hann. 74 Neustadt Nr. 2761 |
| 1691 | Landschatzbeschreibung | Hann. 74 Neustadt Nr. 5068 |
| 1695 | Viehbeschreibung | Hann. 74 Neustadt Nr. 5068 |
| 1706 | Dienstgeldverzeichnisse (nur Osterwald) | Hann. 74 Neustadt Nr. 2653 |
| 1719, 1720 | Untertanenverzeichnis mit Namen der Vorwirte | Hann. 74 Neustadt Nr. 683 |
| um 1720 | Verzeichnis der Rauch- und Zinshühner in der Ortschaft Osterwald | Hann. 74 Neustadt Nr. 2699 |
| 1748 | Verzeichnis über die im Amt Ricklingen vorhandene junge Mannschaft | Hann. 74 Neustadt Nr. 684 |
| 1749–1754 | Geldregister | Hann. 74 Neustadt Nr. 2766 |
| 1750–1772 | Brandkataster | Foto 1 |
| 1755 | Namensverzeichnis der dienstbaren Mannschaft | Foto 1 Nr. 427 |
| 1757, 1758 | Personen- und Vermögenssteuerbeschreibung | Dep. 7 C Nr. 726 |
| 1766 | Personenbeschreibung | Dep. 7 C Nr. 732 |
| [18. Jh.] | Stammrolle der Landsoldaten | Hann. 74 Neustadt Nr. 4823 |
| 18. Jh. | Nachricht über den Vermögenszustand der Amtsuntertanen | Hann. 74 Neustadt Nr. 683 |

---

240 vgl. Anmerkung 1

## Kloster Ringelheim

Fürstbistum Hildesheim; 1971: Stadt Salzgitter.

### Registerförmige Quellen

| 1584–1596 | Kornregister | Hild. Br. 3, 13 Nr. 114/1 |
|---|---|---|
| 1600–1602 | Kornregister | Hild. Br. 3, 13 Nr. 114/2 |
| 1622, 1623 | Kornregister | Hild. Br. 3, 13 Nr. 114/3 |
| 1651–1822 | Verschiedene Register des Klosters Ringelheim | Hild. Br. 3, 13 Nrn. 116–126 |
| 1658–1794 | Protokolle der Meierdinge zu Ringelheim, Salzliebenhall, Groß Flöthe und Wartjenstedt | Hild. Br. 3, 13 Nrn. 21–26, 122 |

## Gericht Rössing

Rössing (Siehe auch Amt Calenberg).
Fürstentum Calenberg, Hannoversches Quartier; 1971: Landkreis Springe.

### Registerförmige Quellen

| 1585 | Huldigungsverzeichnis und Musterungsrolle | Cal. Br. 22 Nr. 728, siehe Burchard, S. 219–221 |
|---|---|---|
| 1617–1626 | Schatzregister | Dep. 7 C Nrn. 18–22, 25 (Nr. 19 mit Reichsdefensivhilfstaxt 1620, Tripelhilfe und Lizent 1621) |
| 1622–1626, 1643–1809, 1650–1811 | Landsteuer (1645 mit Fräuleinsteuer) Landsteuer | Dep. 7 C Nrn. 23, 24, 26 Dep. 7 C Nrn. 27–204 Dep. 7 C Nrn. 205–207 Dep. 7 C Nrn. 209–242 Dep. 7 C Nrn. 245–280 Dep. 7 C Nrn. 282–352 Dep. 7 C Nrn. 429–443 (Nrn. 225–228 enthalten außer dem Rittersteuer) |
| 1662–1674 | Schafschatzbeschreibungen | Cal. Br. 19 Nrn. 761, 762 |
| 1664 | Kopfsteuerbeschreibung | Foto 1 |
| 1675 | Kopfsteuerbeschreibung | Cal. Br. 19 Nr. 1032 |
| 1675 | Schaf- und Scheffelschatz | Dep. 7 C Nr. 735 |
| 1678 | Kopfsteuerbeschreibung | Cal. Br. 19 Nr. 1041 |
| 1686, 1689 | Kopfsteuerbeschreibung | siehe Mundhenke[241], Teil 1, S. 245–248 |
| 1687, 1688 | Rauchschatzbeschreibungen | Cal. Br. 19 Nr. 1103/4 Bd. I Cal. Br. 19 Nr. 1116 |
| 2. Hälfte 17. Jh. | Beschreibung der Gerichtsleute | Dep. 7 C Nr. 622 |
| 1745 | Mannschaftsverzeichnis | Hann. 76 a Nr. 13 |
| 1750–1812 | Brandkataster | Hann. 330 Nr. 1879 |
| 1766 | Personenbeschreibung | Dep. 7 C Nr. 731 |

241 vgl. Anmerkung 1

## Amt Rotenkirchen

*Leinedörfer:* Buensen, Dörrigsen, Edemissen, Iber, Odagsen, Stöckheim, Strodthagen.
*Bergdörfer:* Andershausen, Avendshausen, Dassensen, Holtensen (nur die halbe Dorfschaft gehört zum Amt, die andere Hälfte zum Amt Hunnesrück), Hullersen, Kohnsen, Kuventhal (Gericht), Rengershausen, Vardeilsen, Wellersen (Gericht).
Amtshaushalt zu Rotenkirchen.
Fürstentum Grubenhagen; 1971: Landkreis Einbeck.

### Registerförmige Quellen

| | | |
|---|---|---|
| 1. Hälfte 16. Jh. | Teileinwohnerverzeichnis | Celle Br. 57 Nr. 221 |
| 1537–1857 | Geld- und Kornregister | Original im 2. Weltkrieg verbrannt, Auszüge in: Ms. E.E. Nr. 034 |
| 1570 | Erbbuch des Amtes Grubenhagen (enthält auch Amt Salzderhelden und Stadt Einbeck) | Hann. 74 Einbeck Nr. 463 |
| um 1580 | Untertanenverzeichnis | Cal. Br. 3 Nr. 1079 |
| 1581 | Verzeichnis der Mastschweine | Cal. Br. 3 Nr. 944 |
| 1585 | Untertanenverzeichnis, nur Vardeilsen, Hullersen und Kohnsen | Cal. Br. 2 Nr. 647 |
| um 1600 | Untertanenverzeichnis | Cal. Br. 3 Nr. 1047 |
| 1602 | Musterungsrolle | Cal. Br. 21 Nr. 2882 |
| 1614 | Geld- und Viehregisterextrakte | Cal. Br. 3 Nr. 1059 |
| 1614, 1615 | Musterungsrolle | Foto 1 Nr. 449 |
| um 1600 | Untertanenverzeichnis | Cal. Br. 3 Nr. 1047 |
| 1602 | Musterungsrolle | Cal. Br. 21 Nr. 2882 |
| 1614 | Geld- und Viehregisterextrakte | Cal. Br. 3 Nr. 1059 |
| 1614, 1615 | Musterungsrolle | Foto 1 Nr. 449 |
| 1623 | Kriegssteuerregister | Cal. Br. 3 Nr. 30 Bd. I |
| 1636 | Einwohnerverzeichnis | Cal. Br. 3 Nr. 976 |
| 1643 | Designation der Meierhöfe, auch wüste Stellen | Cal. Br. 3 Nr. 122 |
| 1646 | Beschreibung sämtlicher Meierhöfe und Kötnereien | Cal. Br. 3 Nr. 987 |

| 1659 | Schafschatzregister | Cal. Br. 3 Nr. 119 |
|---|---|---|
| 1665 | Brau- und Viehregister | Cal. Br. 3 Nr. 1026 |
| 1671 | Mannschaftsrolle (Huldigung) | Cal. Br. 22 Nr. 788 Bd. II |
| 1672 | Verzeichnis der im Kriegsdienst gestandenen Untertanen | Cal. Br. 3 Nr. 148 |
| 1675 | Kopfsteuerbeschreibung | Foto 1 |
| 1680 | Mannschaftsrolle (Huldigung) | Cal. Br. 22 Nr. 796 Bd. III |
| 1678, 1689 | Kopfsteuerbeschreibung | siehe Mundhenke[242], Teil 11, S. 163–192 |
| 1694–1775 | Geldregister u. a. | Original im 2. Weltkrieg verbrannt, Auszüge in: Kl. Erwerbungen A 27 Nrn. 1–3, 5 |
| 1697–1782 | Rottländereiverzeichnisse | Hann. 74 Einbeck Nr. 611 |
| 1700 | Dienstpflichtige Höfe | Hann. 74 Einbeck Nr. 548 |
| 1755 | Namensverzeichnis der dienstbaren Mannschaft (schlecht lesbar) | Foto 1 Nr. 426 |
| 1767–1811 | Brandkataster | Hann. 330 Nr. 211 |
| 1776 | Höfebeschreibung | Hann. 74 Einbeck Nr. 472 |

**Schriftgut der freiwilligen Gerichtsbarkeit**

| 1578–1852 | Amtshandlungen, auch Ehestiftungen | Hann. 72 Einbeck Nrn. 188–300 |
|---|---|---|
| 1722–1867 | Hypothekenbücher | Hann. 72 Einbeck Nrn. 942–971 |
| 1752–1806 | Kontrakte und Ehestiftungen des Gerichts Kuventhal | Hann. 72 Einbeck Nrn. 595–598 |
| 1792–1859 | Testamentenbücher | Hann. 72 Einbeck Nrn. 350–352 |

---

242 vgl. Anmerkung 1

## Gericht Rüdigershagen

Rüdigershagen.
1815 an Preußen/Provinz Sachsen.
Weitere Quellen im Landeshauptarchiv Sachsen-Anhalt, Abt. Magdeburg.
Fürstentum Grubenhagen; 1971: Landkreis Worbis.

### Registerförmige Quellen

| 1671 | Mannschaftsrolle (Huldigung) | Cal.Br. 22 Nr. 788 Bd. II |
|---|---|---|
| 1672 | Verzeichnis der im Kriegsdienst gestandenen Untertanen | Cal. Br. 3 Nr. 148 |
| 1675 | Kopfsteuerbeschreibung | Foto 1 |
| 1681 | Mannschaftsrolle (Huldigung) | Cal. Br. 22 Nr. 796 Bd. III |
| 1678, 1689 | Kopfsteuerbeschreibung | siehe Mundhenke[243], Teil 11, S. 332–336 |
| 1778–1819 | Brandkataster | Hann. 330 Nrn. 211, 212 |

[243] vgl. Anmerkung 1

## Amt Ruthe

*Dörfer:* Bledeln[244], Bolzum[245], Gleidingen, Gödringen, Groß Lobke, Heisede[246], Hotteln, Ingeln, Lühnde, Oesselse, Ruthe (Amtshaushalt), Ummeln, Wätzum, Wehmingen, Wirringen – Da bis 1643 die Ämter Ruthe und Koldingen vereinigt waren, kann bis dahin auch die – hier nicht erwähnte – Überlieferung des Amtes Koldingen herangezogen werden.
*Stadt beim Amt:* Sarstedt.
Weitere Quellen im Landesarchiv Schleswig (s. Findbuch FA 22).
Fürstbistum Hildesheim; 1971: Landkreis Hildesheim-Marienburg.

*Literatur:* Hans Goedeke, Erbregister der Ämter Ruthe und Koldingen von 1593, 1973, im Folgenden zitiert: Goedeke, Erbregister ... (Ud Rut).

### Registerförmige Quellen

| | | |
|---|---|---|
| 1537 | Register über den 16. Pfennig | Cal. Br. 19 Nr. 407 |
| 1585 | Huldigungsverzeichnis und Musterungsrolle | Cal. Br. 22 Nr. 728, siehe Burchard, S. 276–286 |
| 1585 | Huldigungsverzeichnis und Musterungsrolle der Stadt Sarstedt | Cal. Br. 22 Nr. 728, siehe Burchard, S. 170, 171 |
| 1593 | Erbregister des Amtes Lauenburg (Koldingen und Ruthe) | Cal. Br. 2 Nr. 505, siehe Goedeke, Erbregister |
| 1602 | Musterungsregister des Amtes Lauenburg (darin auch Zahlen für Sarstedt) | Cal. Br. 16 Nr. 1168 |
| 1617–1647 | Landsteuern und Schatzregister des Amtes Koldingen-Ruthe (auch Stadt Sarstedt und Gericht Bolzum) | Dep. 7 C Nrn. 7–17, 27, 614 |
| um 1620 | Erbregister des Amtes Lauenburg bei Hannover (Koldingen und Ruthe) | Cal. Br. 2 Nr. 505, siehe Goedeke, Erbregister |
| 1624, 1625 | Kornregister des Amtes Lauenburg bei Hannover (darin Ruthe) | Hild. Br. 2 H Nr. 121 |
| 1630 | Kontributionsverzeichnis und Kriegsschäden der Vogtei Lühnde (Lühnde, Groß Lobke, Ummeln und Wätzum) | Hild. Br. 1 Nr. 7640 |
| 1630 | Landbeschreibung des Amtes Koldingen (darin die Herrendörfer des Amtes Ruthe) | Hild. Br. 1 Nr. 8761 |

---

244 Adlige Gerichtsdörfer: Bledeln und Bolzum; Friedrich Peine, Aus der Geschichte des Dorfes Bledeln (mit Höfebesitzerfolgen) o. J. (T Bledeln 1).
245 Adlige Gerichtsdörfer: Bledeln und Bolzum.
246 Gerhardt Höfer, Heisede und seine Höfe in alten Urkunden, 1984 (T Heisede 1).

| | | |
|---|---|---|
| um 1630 | Dienstgeldverzeichnis von Lühnde, Groß Lobke, Ummeln, Bledeln und Steinwedel | Hild. Br. 1 Nr. 888 |
| 1640 | Kontributionsrechnung der Stadt Sarstedt | Cal. Br. 16 Nr. 1004 |
| 1645 | Ländereiverzeichnis | Hann. 88 C Nr. 631a, Bl. 244 |
| 1645 | Land- und Kontributionsbeschreibung (nur Bolzum und Bledeln) | Hild. Br. 1 Nr. 8745 |
| 1646–1651 | Schatzrechnungen | Hild. Br. 1 Nr. 8118 |
| 1648 | Kopfsteuerlisten | Hild. Br. 1 Nr. 8308 |
| 1651–1801 | Schatzregister | Erhalten in drei lückenhaften Reihen: Hild. Br. 12 Nrn. 566–615, Hild. Br. 1 Nrn. 7828, 7831, 7833, 8119–8151, Hild. Br. 2 J Nrn. 854–885 |
| 1661 (1671) | Landbeschreibung | Hild. Br. 1 Nr. 8701 |
| 1663 | Vermessung der zum Amtshause Ruthe gehörigen Länderei | Hild. Br. 1 Nr. 8759 |
| 1664 | Kopfsteuerbeschreibung | Hild. Br. 1 Nr. 8295 Bd. II, siehe Bardehle, S. 180–206 |
| 1664 | Kopfsteuerbeschreibung der Stadt Sarstedt | Hild. Br. 1 Nr. 8295 Bd. III, siehe Bardehle, S. 457–460 |
| 1665 | Gesindeschatzbeschreibung | Hild. Br. 1 Nr. 8445 Bd. I |
| 1665 | Gesindeschatzbeschreibung der Stadt Sarstedt | Hild. Br. 1 Nr. 8446 |
| 1666 | Dorftaxtbeschreibung | Hild. Br. 1 Nr. 7589 |
| 1671 | Rotermund-Heckenbergische Landbeschreibung | (Entwürfe in Hild. Br. 1 Nr. 8701) |
| | T. 1 (Lühnde, Oesselse, Ummeln, Wätzum, Wirringen) | Hild. Br. 1 Nr. 8778 |
| | T. 2 (Bledeln, + Bockum, Bolzum, + Delmen, Gleidingen, Gödringen) | Hild. Br. 1 Nr. 8779 |
| | T. 3 (Heisede, Hotteln, Ingeln, Groß Lobke, Loppenstedt) | Hild. Br. 1 Nr. 8785 |
| 1660, 1671 | Rotermund-Heckenbergische Beschreibung der Länderei von Sarstedt | Hild. Br. 1 Nr. 8699 |
| 1674 | Kopfsteuer der (Kontributions-)Freien und des Gesindes | Hild. Br. 1 Nrn. 8287, 8307 |
| 1674 | Kopfsteuer der (Kontributions-)Freien und des Gesindes der Stadt Sarstedt | Hild. Br. 1 Nr. 8287 |
| 1685 | Kopfsteuer der (Kontributions-)Freien und des Gesindes (auch Stadt Sarstedt) | Hild. Br. 1 Nr. 8310 |

| 1691 | Erbregister | Hann. 88 C Nr. 631 a |
| 1696 | Dorftaxtbeschreibung | Hild. Br. 1 Nr. 8700 |
| 1758 | Amtsbeschreibung: Tabellen der Dorfschaften | Hild. Br. 1 Nr. 8323 |
| 1758 | Kopfsteuerregister (auch Stadt Sarstedt) | Hild. Br. 1 Nr. 8444 |
| 1765 | Kopfsteuerbeschreibung (auch Stadt Sarstedt) | Hild. Br. 12 Nr. 936 |
| 1769 | Land- und Wiesenbeschreibung | Hild. Br. 1 Nr. 8827 |
| 1773 | Kopfsteuerlisten (sog. Fixum) – auch Stadt Sarstedt | Hild. Br. 1 Nr. 8324 |
| 1798–1800 | Beschreibung und Bonitierung der kontributionsfreien Länderei | Hild. Br. 12 Nrn. 1078–1080 |

### Schriftgut der freiwilligen Gerichtsbarkeit

| 1647–1859 | Kontrakte, Ehestiftungen und Obligationen des Amts Ruthe | Hann. 72 Hildesheim Nrn. 10–82 |
| 1670–1858 | Testamente des Amts Ruthe | Hann. 72 Hildesheim Nrn. 87–104 |
| 1774–1858 | Depositenbücher und -scheine des Amts Ruthe | Hann. 72 Hildesheim Nrn. 83–86 |
| 1585–1809 | Kontrakte, Ehestiftungen und Obligationen des Gerichts Abbensen-Bledeln | Hann. 72 Hildesheim Nr. 142 |
| 1674–1850 | Kontrakte, Meierdingsprotokolle und Ehestiftungen des Stadtgerichts Elze | Hann. 72 Elze Nrn. 232–238 |

## Amt Salzderhelden

*Flecken:* Salzderhelden[247].
*Dörfer:* Drüber, Hollenstedt, Immensen, Negenborn, Sülbeck, Volksen.
Fürstentum Grubenhagen; 1971: Landkreis Einbeck.

### Registerförmige Quellen

| | | |
|---|---|---|
| 1. Hälfte 16. Jh. | Teileinwohnerverzeichnis | Celle Br. 57 Nr. 221 |
| 1537–1857 | Geld- und Kornregister | Original im 2. Weltkrieg verbrannt, Auszüge in: Ms. E.E.Nr. 034 |
| 1570 | Erbbuch des Amtes Grubenhagen, enthält Amt Salzderhelden und Stadt Einbeck | Hann. 74 Einbeck Nr. 463 |
| 1602 | Musterungsrolle | Cal. Br. 21 Nr. 2882 |
| 1636, 1659 | Ländereiverzeichnis (z. T. mit Schafregister) | Cal. Br. 3 Nr. 118 |
| 1646 | Verzeichnis der wüsten Meierhöfe, Halbspänner- und Kothöfe | Cal. Br. 3 Nr. 123 |
| 1664, 1675 | Erbregister | Hann. 74 Einbeck Nr. 466 |
| 1671 | Mannschaftsrolle (Huldigung) | Cal. Br. 22 Nr. 788 Bd. II |
| 1672 | Verzeichnis der im Kriegsdienst gestandenen Untertanen | Cal. Br. 3 Nr. 148 |
| 1675 | Kopfsteuerbeschreibung | Foto 1 |
| 1678, 1689 | Kopfsteuerbeschreibung | siehe Mundhenke[248], Teil 11, S. 193–208 |
| 1680 | Mannschaftsrolle (Huldigung) | Cal. Br. 22 Nr. 796 Bd. III |
| 1689–1831 | Herbstbede, auch Bergzins; enthält z. T. Stadt Einbeck | Hann. 74 Einbeck Nr. 505 |
| 1755 | Namensverzeichnis der dienstbaren Mannschaft | Foto 1 Nrn. 424–425 |
| 1770–1819 | Brandkataster (ohne Hollenstedt) | Hann. 330 Nrn. 210, 211 |

247 Familienkundliches aus Salzderheldener Rats- und Pfännerschaftsakten um 1700, Foto 3 P1/160.
248 vgl. Anmerkung 1

## Schriftgut der freiwilligen Gerichtsbarkeit

| 1497–1820 | Kontrakte, Vergleiche, Obligationen | Hann. 72 Einbeck Nrn. 353–365 |
|---|---|---|
| 1631–1824 | Ehestiftungen | Hann. 72 Einbeck Nrn. 401–414 |
| 1722–1866 | Hypothekenbücher | Hann. 72 Einbeck Nrn. 947, 949, 953, 957, 959, 960, 963, 965 |
| 1763–1852 | Kontrakte und Hypotheken, Amtshandlungen | Hann. 72 Einbeck Nrn. 366–400 |

## Amt Scharnebeck

Bullendorf, Echem, Nutzfelde, Rullstorf, Scharnebeck.
*Aus dem Amt Lüne:* Adendorf, Boltersen, Erbstorf, Holzen, Neetze, Radenbeck, Süttorf, Thomasburg, Wendhausen.
*Aus dem Amt Bleckede:* Barskamp, Brackede[249], Katemin, Köstorf, Oldendorf, Wendewisch[250].
*Aus dem Amt Lauenburg/Elbe:* Barförde[251], Hittbergen[252], Sassendorf[253].
*Aus dem Amt Winsen/Luhe:* Dehnsen, Dreckharburg[254] (Horburg), Hörpel, Pattensen, Südergellersen.
Fürstentum Lüneburg, Lüneburgisches Quartier; 1971: Landkreise Lüneburg und Soltau.

### Registerförmige Quellen

| 1639 | Kontributionsregister | Celle Br. 58 Nr. 280 Bd. II |
|---|---|---|
| 1666 | Erbregister | Hann 74 Lüne Nr. 8 |
| 1671 | Huldigungsverzeichnis | Celle Br. 45 Nr. 99 |
| 1755 | Namensverzeichnis der dienstbaren Mannschaft | Foto 1 Nr. 426<br>Foto 1 Nr. 427 |

### Schriftgut der freiwilligen Gerichtsbarkeit

| 1753–1852 | Ehestiftungen, Kontrakte | Hann. 72 Bleckede Nrn. 206–214 |
|---|---|---|

---

249 Hofbesitzer 1525–1815 in: Ernst Reinstorf, Elbmarschkultur zwischen Bleckede und Winsen a.d. Luhe, 1929 (Sb 87).
250 vgl. Anmerkung 249
251 vgl. Anmerkung 249
252 vgl. Anmerkung 249
253 vgl. Anmerkung 249
254 vgl. Anmerkung 249

## Amt Scharzfels

*Flecken:* (Bad) Lauterberg
*Dörfer:* Barbis, Bartolfelde, Osterhagen, Steina.
Fürstentum Grubenhagen; 1971: Landkreis Osterode am Harz.

### Registerförmige Quellen

| um 1580 | Erbregister von Lohra-Klettenberg, enthält auch Amt Scharzfels | StA Wolfenbüttel, 19 A Nr. 130 II |
|---|---|---|
| 1597, 1598 | Geldregister | Cal. Br. 3 Nr. 1220 |
| 1601 | Erbenzinsregister | Hann. 74 Herzberg Nr. 466 |
| 1602 | Musterungsrolle | Cal. Br. 21 Nr. 2882 |
| 1622–1627, 1670 | Erbenzinsregister (auch von Scharzfeld, Amt Herzberg), für Barbis bis 1694 | Hann. 74 Herzberg Nr. 467 |
| 1623 | Kriegssteuerregister | Cal. Br. 3 Nr. 30 Bd. I |
| 1625–1627, 1672–1695 | Erbenzinsregister von Lauterberg | Hann. 74 Herzberg Nr. 468 |
| 1636 | Einwohnerverzeichnis mit Ländereiangaben | Cal. Br. 3 Nr. 119 |
| 1637, 1707–1793 | Lehngeldregister | Hann. 74 Herzberg Nr. 460 |
| 1666–1694 | Erbenzinsbeschreibungen (auch von Scharzfeld, Amt Herzberg) | Hann. 74 Herzberg Nr. 469 |
| 1670–1687 | Verzeichnisse von wüsten Hofstellen | Hann. 74 Herzberg Nr. 379 |
| 1671 | Mannschaftsrolle (Huldigung) | Cal. Br. 22 Nr. 788 Bd. II |
| 1672 | Verzeichnis der im Kriegsdienst gestandenen Untertanen (mit Altersangaben) | Cal. Br. 3 Nr. 148 |
| 1675 | Kopfsteuerbeschreibung | Foto 1 |
| 1680 | Mannschaftsrolle (Huldigung) | Cal. Br. 22 Nr. 796 Bd. III |
| 1683, 1703–1705 | Verzeichnis der dienstfreien Höfe | Hann. 74 Herzberg Nr. 420 |
| 1678, 1689 | Kopfsteuerbeschreibung | siehe Mundhenke[255], Teil 11, S. 209–231 |
| 1686–1689 | Fuhrdienstverzeichnisse | Hann. 74 Herzberg Nr. 421 |

255 vgl. Anmerkung 1

| | | |
|---|---|---|
| 1693–1695 | Verzeichnisse von gelieferten Rauchhühnern | Hann. 74 Herzberg Nr. 407 |
| 1695, 1707 | Erbenzinsbeschreibung von Steina; darin desgl. von Scharzfeld, Amt Herzberg, 1625–1695 | Hann. 74 Herzberg Nr. 388 |
| 1699 | Zehntbeschreibung | Hann. 74 Herzberg Nr. 164 |
| 1706, 1758 | Landfolgedienste | Hann. 74 Herzberg Nr. 69 |
| 1707–1816 | Register über aufgekommene Gartengänse, Rauchhühner und Zinseier | Hann. 74 Herzberg Nr. 408 |
| 1719 | Landfolge- und Spanndienste | Hann. 74 Herzberg Nr. 67 |
| 1725 | Hand- und Spanndienste | Hann. 74 Herzberg Nr. 424 |
| 1733–1735 | Landfolgedienste | Hann. 74 Herzberg Nr. 68 |
| 1737, 1748 | Spezifikation der Pferde | Hann. 74 Herzberg Nr. 417 |
| 1752–1756 | Jagdfolgedienste | Hann. 74 Herzberg Nr. 76 |
| 1753 | Dienstbeschreibung | Hann. 74 Herzberg Nr. 438 |
| 1755 | Namensverzeichnis der dienstbaren Mannschaft | Foto 1 Nrn. 424–425 |
| 1755–1811 | Brandkataster | Hann. 330 Nr. 211 |
| 1756, 1765, 1766 | Beschreibung der Zehntländerei | Hann. 74 Herzberg Nr. 171 |
| 1776–1784 | Verzeichnis des taxierten Kohl-, Kartoffel-, Möhren- etc. Zehnten | Hann. 74 Herzberg Nr. 544 |
| 1777 | Landfolgedienste, insbesondere von Lauterberg | Hann. 74 Herzberg Nr. 70 |
| 1779 | Höfebeschreibung | Hann. 74 Herzberg Nr. 175 |
| 1779, 1783 | Höfebeschreibung, Dienstregister, darin: Feldvermessungsregister von Barbis, 1765 | Hann. 74 Herzberg Nr. 439 |
| 1782 | Fruchterbenzinsregister | Hann. 74 Herzberg Nr. 477 |

## Amt Schladen

Burgdorf (seit 1958 Werlaburgdorf), Gielde, Neuenkirchen, Ohlendorf, Ohrum, Schladen. Fürstbistum Hildesheim; 1971: Landkreis Goslar, Stadt Salzgitter (Ohlendorf).

### Registerförmige Quellen

| 1566, 1567 | Geldregister | StA Wolfenbüttel 22 Alt Nr. 759 |
|---|---|---|
| 1567 | Erbregister | StA Wolfenbüttel 19 Alt Nr. 163 |
| 1570 | Schatzregister | Hild. Br. 1 Nr. 7573 |
| 1579 [?] | Erbregister | Hild. Br. 5 Nrn. 49, 50 |
| 1582 | Erbregister | Hild. Br. 1 Nr. 8881 |
| 1585 | Einwohnerlisten von Gielde und Schladen | StA Wolfenbüttel 26 Alt 1011 |
| 1613 | Huldigungsverzeichnis | Cal. Br. 22 Nr. 754 |
| 1621 | Erbregister | Hild. Br. 1 Nr. 8883, desgl. Hann. 74 Wölteringerode Nr. 1227 |
| 1621 | Schatzregister | Hild. Br. 1 Nr. 7574 |
| 1622, 1623 | Schatzregister | Cal. Br. 10 Nr. 604 |
| 1645 | Kontributionsbeschreibung und Visitation | Hild. Br. 1 Nrn. 8750, 8578 |
| 1648 | Kopfsteuerlisten | Hild. Br. 1 Nr. 8308 |
| 1650–1654 | Schatzregister | Hild. Br. 12 Nrn. 800–803 |
| 1654–1656 | Schatzregister | Hild. Br. 1 Nrn. 7785, 7786 |
| 1657, 1658 | Schatzregister | Hild. Br. 1 Nr. 7787 |
| 1658, 1659 | Schatzregister | Hild. Br. 12 Nr. 617 |
| 1660, 1661 | Schatzregister | Hild. Br. 1 Nr. 7788 |
| 1662–1665 | Schatzregister | Hild. Br. 12 Nr. 618 |
| 1664 | Kopfsteuerbeschreibung (ohne Neuenkirchen und Ohlendorf) | Hild. Br. 1 Nr. 8319, siehe Bardehle, S. 207–214 |
| 1665 | Gesindesteuerbeschreibung (ohne Neuenkirchen, siehe dazu Nr. 8446) | Hild. Br. 1 Nr. 8445 Bd. II |
| 1668–1801 | Schatzregister | Hild. Br. 12 Nrn. 619–665 Lücken lassen sich weitgehend ergänzen mit Hilfe von zwei weiteren Reihen: 1689–1799, Hild. Br. 2 J Nrn. 768–812 sowie 1685, 1699–1801 Hild. Br. 1 Nrn. 7791–7813 |

| | | |
|---|---|---|
| 1674 | Kopfsteuer der (Kontributions-)Freien und des Gesindes | Hild. Br. 1 Nr. 8307 |
| 1685 | Kopfsteuer der (Kontributions-)Freien und des Gesindes | Hild. Br. 1 Nr. 7791 |
| 1701 | Seelenregister | Foto 1 |
| 1711–1787 | Erbregisterauszüge | StA Wolfenbüttel 4 Alt 2 Achim 443–444 |
| 1718 | Beschreibung der zum Amtshause Schladen gehörigen Länderei | Hild. Br. 1 Nr. 8856 |
| 1765 | Kopfsteuerbeschreibung | Hild. Br. 1 Nr. 8443 |
| 1768, 1769 | Dienstabrechnung | Hann. 74 Wöltingerode Nr. 1260 |
| 1769 | Land- und Wiesenbeschreibung | Hild. Br. 1 Nr. 8853, desgl. Hann. 74 Wöltingerode Nr. 1228, Hild. Br. 2 J Nr. 349 |
| 1773 | Kopfsteuerlisten (sog. Fixum) | Hild. Br. 1 Nr. 8337 |
| 1779, 1780, 1783, 1783, 1784 | Dienstmanuale | Hann. 74 Wöltingerode Nrn. 1262, 1265, 1266 |
| 1792, 1793 | Amtsregister | Hild. Br. 1 Nr. 6038 |
| 1798–1800 | Beschreibung und Bonitierung der kontributionsfreien Länderei | Hild. Br. 12 Nrn. 1078–1080 |

## Schriftgut der freiwilligen Gerichtsbarkeit

| | | |
|---|---|---|
| 1640–1796 | Ehestiftungen und Kontrakte | Hann. 72 Goslar Nrn. 123–135 |
| 1745–1834 | Protokolle in Streitsachen, Obligationen, Ehestiftungen und Kontrakte | Hann. 72 Goslar Nrn. 136–153 |
| 1771–1823 | Depositen und Testamente | Hann. 72 Goslar Nr. 161 |

## Amt Schnackenburg

Das Amt besteht nur aus dem Flecken Schnackenburg.
Fürstentum Lüneburg, Lüchowsches Quartier; 1971: Landkreis Lüchow-Dannenberg.

### Registerförmige Quellen

| 1605, 1606 | Musterrolle | Foto 1 Nr. 435 |
| 1615 | Musterrolle | Celle Br. 10 Nr. 65 |
| 1620 | Ausschussregister | Celle Br. 46 Nr. 213 Bd. I, Bl. 189 |
| 1628 | Einwohnerverzeichnis | Foto 1 Nr. 451 |
| 1666 | Huldigungsverzeichnis | Foto 1 Nr. 434 |
| 1746, 1813, 1814 | Feuerstellen- und Einwohnerverzeichnis | Hann. 74 Gartow Nr. 1 |
| 1755 | Namensverzeichnis der dienstbaren Mannschaft | Foto 1 Nr. 426 |
| 1774 | Amtsbeschreibung | Foto 3 F 5/138 |

## Amtsvogtei Schneverdingen

*Dörfer:* Benninghöfen, Fintel, Freyersen, Gröps, Großenwede, Hansahlen, Heber, Hemsen, Hillern, Insel, Langeloh, Lieste, Lüntzen, Osterwede, Reimerdingen, Scharrl, Schneverdingen, Schülern, Schülernbrockhof, Schultenwede, Sprengel, Surbostel, Vahlzen, Voigten, Wesseloh, Wieckhorst, Zahrensen.
*Einstellige Häuser:* Barl, Bockheber, Brockhof, Eggersmühle, Galhorn, Hasselhof, Hopen, Königshof, Langwedel, Meyerhof, Mohr, Pietz, Reinbeck, Reinsehen, Riepe, Tütsberg, Vorwerk.
Bis 1859 zum Landdrosteibezirk Stade gehörig; Fintel 1885 zum Regierungsbezirk Stade.
Weitere Quellen im Staatsarchiv Stade
Herzogtum Verden; 1971: Landkreis Soltau.

### Registerförmige Quellen

| 1692 | Jordebuch der Vogtei Schneverdingen | Hann. 74 Soltau Nr. 1587 |

## Gericht Schwöbber

Gut Schwöbber, Grupenhagen.
Fürstentum Calenberg, Hamelsches Quartier; 1971: Landkreis Hameln-Pyrmont.

### Registerförmige Quellen

| 1562 | Schaf- und Scheffelschatzregister | Cal. Br. 19 Nr. 474 |
|---|---|---|
| 1585 | Huldigungsverzeichnis und Musterungsrolle | Cal. Br. 22 Nr. 728, siehe Burchard, S. 106–108 |
| um 1610 | Ausschuss-Musterrolle des Dorfes Grupenhagen | Foto 1 Nr. 447 |
| 1650–1811 | Landsteuer | Dep. 7 C Nrn. 205–207<br>Dep. 7 C Nrn. 209–242<br>Dep. 7 C Nrn. 245–280<br>Dep. 7 C Nrn. 282–352<br>(Nrn. 225–228 enthalten außerdem Rittersteuer |
| 1662–1674 | Schafschatzbeschreibungen | Cal. Br. 19 Nrn. 761, 762 |
| 1686, 1689 | Kopfsteuerbeschreibung | siehe Mundhenke[256], Teil 6, S. 1–2 (Schwöbber), 46–58 (Grupenhagen) |

---

256 vgl. Anmerkung 1

## Amt Siedenburg

*Flecken:* Siedenburg.
*Dörfer:* Brake mit Fellhorst und Nordhope, Maasen mit Berkel, Huckstedt, Mesloh und Mirrenburg, Mellinghausen, Ohlendorf.
Grafschaft Hoya, 2. Quartier in der Obergrafschaft; 1971: Landkreis Grafschaft Diepholz.

### Registerförmige Quellen

| 1521 | Bedeschatzregister | Foto 1 Nr. 73 |
|---|---|---|
| 1525 | Pflugschatzregister | Foto 1 Nr. 73 |
| 1530 | Der Herrschaft Leute | Hoyer Urkundenbuch, 1. Abt. Heft V, Rolle 6 |
| 1530 | Landschatzregister | Celle Br. 72 Nr. 271 |
| 1566 | Register | Celle Br. 72 Nr. 275 |
| 1581 | Verzeichnisse ständiger Gefälle | Hann. 74 Sulingen Nr. 570 |
| 1583 | Amtsbeschreibung Siedenburg | Celle Br. 72 Nr. 1010 |
| 1588 | Verzeichnis der eigen- und zugehörigen Leute des Hauses Siedenburg | Celle Br. 72 Nr. 1011 |
| 1613 | Huldigungsregister | Cal. Br. 22 Nr. 750 |
| 1632 | Verzeichnis der Mannschaft des Amtes | Celle Br. 72 Nr. 371 |
| 1663 | Untertanenverzeichnis | Hann. 88 B Nr. 4620 |
| 1667 | Mannschaftsrolle (Huldigung) | Celle Br. 45 Nr. 96 |
| 1667 | Amtsbeschreibung (keine Namen) | Foto 1 Nr. 444 |
| 1668–1677 | Erbregister und Lagerbücher | Hann. 74 Sulingen Nr. 19 |
| 1699–1700 | Dienstregister | Hann. 74 Sulingen Nr. 569 |
| 1709, 1710, 1712–1725 | Scheffelschatzrechnung | Dep. 106 Nr. 2097<br>Dep. 106 Nr. 2943 |

| | | |
|---|---|---|
| 1708, 1709, 1709, 1710, 1712, 1713, 1713, 1714, 1715, 1719, 1720, 1720, 1721, 1721, 1722, 1723, 1724, 1725, 1726, 1726, 1727, 1730, 1731, 1732, 1774, 1775, 1776 | Bier, Wein- und Branntweinakzise | Dep. 106 Nr. 2096 Dep. 106 Nr. 2097 Dep. 106 Nr. 2100 Dep. 106 Nr. 2102 Bd. II Dep. 106 Nr. 2103 Bd. II Dep. 106 Nr. 2107 Bd. II Dep. 106 Nr. 2108 Bd. II Dep. 106 Nr. 2109 Bd. II Dep. 106 Nr. 2111 Bd. II Dep. 106 Nr. 2113 Bd. II Dep. 106 Nr. 2114 Bd. II Dep. 106 Nr. 2118 Bd. II Dep. 106 Nr. 2119 Bd. II Dep. 106 Nr. 2162 Bd. III Dep. 106 Nr. 2163 Bd. III Dep. 106 Nr. 2164 Bd. III |
| 1774, 1775, 1776 | Blasenzinsregister | Dep. 106 Nr. 2162 Bd. III Dep. 106 Nr. 2163 Bd. III Dep. 106 Nr. 2164 Bd. III |
| 1701, 1702, 1702, 1703, 1703, 1704, 1704, 1705, 1715, 1716, 1717, 1718, 1721, 1722, 1722, 1723, 1724, 1725, 1727, 1728, 1732, 1733, 1733, 1734, 1734, 1735 | Schatzregister | Dep. 106 Nr. 2089 Dep. 106 Nr. 2090 Dep. 106 Nr. 2091 Dep. 106 Nr. 2092 Dep. 106 Nr. 2103 Bd. II Dep. 106 Nr. 2104 Bd. II Dep. 106 Nr. 2105 Bd. II Dep. 106 Nr. 2106 Bd. II Dep. 106 Nr. 2109 Bd. II Dep. 106 Nr. 2110 Bd. II Dep. 106 Nr. 2112 Bd. II Dep. 106 Nr. 2115 Bd. II Dep. 106 Nr. 2120 Bd. II Dep. 106 Nr. 2121 Bd. III Dep. 106 Nr. 2122 Bd. III |
| 1716–1810 | Akzisepachtkontrakte | Dep. 106 Nr. 2873 |
| 1727 | Bier- und Branntweinakzise | Dep. 106 Nr. 2308 |
| 2. Hälfte 18. Jh. | Matrikularanschläge der geistlichen Güter | Dep. 106 Nr. 604 |
| 2. Hälfte 18. Jh. | Matrikularanschläge der kontributionsfreien Grundstücke | Dep. 106 Nr. 630 |
| 2. Hälfte 18. Jh. | Matrikularertrag der gutsherrnfreien Meier | Dep. 106 Nr. 630 |

| | | |
|---|---|---|
| 1753–1787 | Brandkataster | Dep. 106 Nr. 1189<br>Dep. 106 Nr. 1190 |
| 1753–1776 | Brandversicherungsveränderungen | Dep. 106 Nr. 1203 |
| 1755 | Namensverzeichnis der dienstbaren Mannschaft | Foto 1 Nr. 426 |
| 1757, 1758 | Personenschatzung | Dep. 106 Nr. 3236 |
| 1760–1793 | Tabaksimpostregister | Dep. 106 Nrn. 2420/2–2454/2 |
| 1764 | Untertanenverzeichnisse | Dep. 106 Nr. 630 |
| 2. Hälfte 18. Jh. | Verschiedene Amtshandlungen | Dep. 106 Nr. 630 |
| 1774<br>1776 | Akziserechnungen | Dep. 106 Nr. 2355<br>Dep. 106 Nr. 2357 |
| 1779 | Zehntpflichtige von Brake | Dep. 106 Nr. 630 |
| 1787 | Brandkataster | Dep. 106 Nr. 1271 |
| 1794–1799<br><br><br><br><br><br>1814 | Tabaksgeldregister des Fleckens und Amts Siedenburg | Dep. 106 Nr. 2454/2<br>Dep. 106 Nr. 2455/2<br>Dep. 106 Nr. 2456/2<br>Dep. 106 Nr. 2457/2<br>Dep. 106 Nr. 2458/2<br>Dep. 106 Nr. 2459/2<br>Dep. 106 Nr. 2940 Bd. I |

## Amtsvogtei Soltau

*Flecken:* Soltau[257] mit Vorsoltau.
*Bauerschaften:* Ahlften mit (Ein-)Frielingen; Bohmheide, Brock mit Bassel, Hebenbrock und Penzhorn; Deimern mit Harmelingen und Timmerloh; Dittmern mit Hambostel, Heidenhof und Höpenhof; Harber mit Abelbeck und Tiegen; Hötzingen mit Emmingen und Stübeckshorn; Leitzingen; Marbostel mit Meßhausen und Neuhaus; Meinern mit Großeholz, Barmbruch, Albern, Willingen und Lütjeholz; Mittelstendorf mit Nottorf und Wüsthof; Moide mit Brümmerhof und Willenbockel; Oeningen; Tetendorf mit Loh und Weiher; Wiedingen mit Ellingen und Falshorn.
Fürstentum Lüneburg, Lüneburgisches Quartier; 1971: Landkreis Soltau.

### Registerförmige Quellen

| 1438 | Schatzregister | Celle Br. 61 Nr. 857, siehe Grieser I, S. 8–38 |
|---|---|---|
| 1511 | Schatzregister | Foto 1 Nr. 302 |
| 1553 | Musterrolle (ohne Ortsangaben) | Celle Br. 46 Nr. 211 Bd. II, Bl. 17, 31, 45 |
| 1563 | Untertanenverzeichnis | Foto 1 Nr. 450 |
| 1589 | Viehschatzregister | Foto 1 Nr. 309 |
| 1605, 1606 | Musterrolle | Foto 1 Nr. 435 |
| 1618 | Einwohnerverzeichnis | Foto 1 Nr. 445 |
| 1628 | Kontributionsregister | Celle Br. 10 Nr. 120 Bde. I–III |
| 1628 | Einwohnerverzeichnis | Foto 1 Nr. 451 |
| 1667–1679 | Dienstregister | Hann. 74 Soltau Nr. 1816 |
| 1686–1804 | Schatzregister des Fleckens Soltau | Hann. 74 Soltau Nrn. 57, 58 |
| 1727–1805 | Kriegskontribution des Fleckens Soltau | Hann. 74 Soltau Nr. 63 |
| 1738–1784 | Einnahmeregister der Vogtei Neuenkirchen | Hann. 74 Soltau Nrn. 1821, 1822, 1826, 1827 |
| 1755 | Namensverzeichnis der dienstbaren Mannschaft | Foto 1 Nr. 426 |
| 1770 | Tabellarische Beschreibung | Foto 1 Nrn. 352, 356 |
| 1779–1805 | Häuslings-, Schutz- und Dienstgeld | Hann. 74 Soltau Nr. 1805 |

257 Wilhelm Ehlers, Die Geschichte der 96 Höfe der Landgemeinde des Kirchspiels Soltau, Soltau 1914 (T Soltau 7).

| 1783–1816 | Kontributionskataster der nahrungtreibenden Hauswirte | Hann. 74 Fallingbostel Nr. 171 |
|---|---|---|
| 1785 | Kontributionskataster | Hann. 74 Soltau Nrn. 67, 68 |

## Amt Spiegelberg bzw. Coppenbrügge

*Flecken:* Coppenbrügge.
*Dörfer:* Brünninghausen, Brullsen, Herkensen, Hohnsen, Neustadt.
Weitere Quellen aus der Zeit vor 1625 im Staatsarchiv Marburg.
Fürstentum Calenberg, Hannoversches Quartier; 1631 bis 1819 zu Nassau-Oranien; 1971: Landkreise Hameln-Pyrmont, Springe.

### Registerförmige Quellen

| | | |
|---|---|---|
| 1550–1635 | Beschreibung derjenigen liegenden Güter, welche die Untertanen der Grafschaft Spiegelberg besitzen | Hann. 74 Lauenstein-Coppenbrügge Nr. 791 |
| 1585 | Huldigungsverzeichnis und Musterungsrolle | Cal. Br. 22 Nr. 728, siehe Burchard, S. 320–323 |
| um 1610 | Beschreibung der Untertanen (Ausschuss-Musterrolle) | Foto 1 Nr. 447 |
| 1634, 1635 (z. T. o. J.) | Dienst- und Rossdienstregister | Hann. 88 A Nr. 1890 |
| 1643–1712 | Lehnprotokolle und Vasallenverzeichnisse | Hann. 19 d I f Nr. 132 |
| 1650 | Untertanenverzeichnis | Hann. 88 A Nr. 1932 |
| [17. Jh.] | Untertanenverzeichnisse der Grafschaft Spiegelberg mit Dienstleistungen, Kontribution und Schatz; Mannschaftsrolle | Hann. 88 A Nr. 1932 |
| 1660(–18. Jh.) | Hausbuch und Erbregister der Grafschaft Spiegelberg | Hann. 19 d I m Nr. 310 |
| 1671 | Mannschaftsrolle (Huldigung) | Cal. Br. 22 Nr. 788 Bd. II |
| 1673 | Anschlag der Güter zu Hasperde und Flegessen (mit Verzeichnis aller dienst- und zinspflichtigen Höfe zu Hasperde, Flegessen, Brullsen, Hohnsen, Herkensen, Hilligsfeld und Linden vor Hannover) | Dep. 52 II b Nr. 14 a |
| 1680 | Mannschaftsrolle (Huldigung) | Cal. Br. 22 Nr. 795 Bd. I |
| 1712, 1733 | Nassauische Akten betreffend die Huldigung der Einwohner der Grafschaft Spiegelberg | Hann. 19 d I f Nr. 131 |
| 1715 | Kopfgeldbeschreibung des Fleckens Coppenbrügge und der Dorfschaften des Amtes | Hann. 19 d I m Nr. 311 |

| 1721 | Bericht über die Städte, Flecken, Dörfer und Untertanen der Grafschaft Spiegelberg | Hann. 19 d I m Nr. 312 |
|---|---|---|
| 1733 (?) | Namensverzeichnis in: Huldigung der Einwohner der Grafschaft Spiegelberg | Hann. 19 d I f Nr. 131 |
| 1755 | Namensverzeichnis der dienstbaren Mannschaft | Foto 1 Nr. 426 |

**Schriftgut der freiwilligen Gerichtsbarkeit**

| 1593–1869 | Ehestiftungen | Hann. 72 Coppenbrügge Nrn. 135–160 |
|---|---|---|
| 1640–1865 | Obligationen, Schuld- und Pfandverschreibungen, auch Kontrakte, Kautionen, Zessionen | Hann. 72 Coppenbrügge Nrn. 173–204 |
| 1680–1859 | Tausch- und Pachtkontrakte, Verkäufe, auch Bürgschaften | Hann. 72 Coppenbrügge Nrn. 205–207 |
| 1714–1868 | Testamente | Hann. 72 Coppenbrügge Nrn. 208–210 |
| 1748–1846 | Kontrakte | Hann. 72 Coppenbrügge Nrn. 161–166 |

## Amt Springe

*Städte:* Münder mit Salz vor Münder, Springe.
*(Hausvogtei:)* Altenhagen, Alvesrode, Völksen.
*Hamelsche Gohe:* Afferde, Bäntorf, Behrensen, Diedersen, Flegessen[258], Groß Hilligsfeld, Hachmühlen, Hasperde, Holtensen, Klein Hilligsfeld, Rohrsen, Unsen, Wehrbergen, Welliehausen.
Fürstentum Calenberg, Hamelsches Quartier; 1971: Landkreise Springe, Hameln-Pyrmont.

### Registerförmige Quellen

| | | |
|---|---|---|
| 1518–1527 | Einwohnerlisten der Städte Münder und Springe | Cal. Br. 10 Nr. 9 |
| 1561, 1622 (?), 1662 | Einnahmeregister | Hann. 74 Springe Nr. 475 |
| 1562 | Schaf- und Scheffelschatzregister | Cal. Br. 19 Nr. 474 |
| 1570–1578 | Akziseregister der Stadt Springe | Cal. Br. 8 Nr. 1632 |
| 1576 (1631) | Schossbuch der Stadt Springe, Abschrift | Original Stadtarchiv Springe, Abschrift in: Ms. E.E. 046 |
| 1585 | Huldigungsverzeichnis und Musterungsrolle | Cal. Br. 22 Nr. 728, siehe Burchard, S. 114–140 |
| 1585 | Bürgerschaft der Stadt Springe (Huldigung) | Cal. Br. 22 Nr. 723 |
| 1585 | Mannschaftsrolle (Huldigung) | Cal. Br. 22 Nr. 723 |
| 1587 | Amtslagerbuch | Foto 1 Nr. 415 |
| um 1591, 1602 | Musterungsregister des Amtes und der Städte Springe und Münder | Cal. Br. 16 Nr. 1168 |
| 1605 | Ausschuss-Musterrolle | Cal. Br. 16 Nr. 1179 |
| um 1610 | Beschreibung der Untertanen des Amtes und der Bürger der Stadt Münder (Ausschuss-Musterrolle) | Foto 1 Nr. 447 |
| 1613 | Musterrollen des sog. „Roten Regiments zu Pferde" im Amt Springe | StA Wolfenbüttel: L Alt Abt. 38 B Nr. 99 |

---

258 Niclas Heinrich, Chronik von Flegessen, 1958 (T Flegessen 1).

| | | |
|---|---|---|
| 1617–1650, 1650–1811 | Landsteuer (Amt und Städte Springe und Münder) | Dep. 7 C Nrn. 429–443<br>Dep. 7 C Nrn. 205–207<br>Dep. 7 C Nrn. 209–242<br>Dep. 7 C Nrn. 245–280<br>Dep. 7 C Nrn. 282–352<br>(Nrn. 225–228 enthalten außerdem Rittersteuer |
| 1621 | Register der Tripelhilfe (Landbeschreibung) des Amtes und der Städte Springe und Münder | Dep. 7 C Nr. 746 |
| 1636 | Mannschaftsrolle (Huldigung) | Cal. Br. 22 Nr. 764 Bd. I |
| 1636 | Bürgerschaft der Stadt Münder (Huldigung) | Cal. Br. 22 Nr. 764 Bd. I |
| 1640 | Kornregister der Stadt Springe | Cal. Br. 2 Nr. 70 |
| 1645 | Mannschaftsrolle (Huldigung) | Foto 1 Nrn. 20–23 |
| 1649 | Mannschaftsrolle (Huldigung) | Cal. Br. 22 Nr. 773 |
| 1659 | Amtsbeschreibung | Hann. 74 Springe Nr. 9 |
| 1662–1674 | Schafschatzbeschreibungen | Cal. Br. 19 Nr. 761 |
| 1664 | Kopfsteuerbeschreibung (Städte Münder und Springe) | Foto 1<br>Cal. Br. 19 Nr. 1022 |
| 1671 | Bürgerschaft der Städte Springe und Münder (Huldigung) | Cal. Br. 22 Nr. 788 Bd. I |
| 1671 | Mannschaftsrolle (Huldigung) | Cal. Br. 22 Nr. 788 Bd. II |
| 1673 | Anschlag der Güter zu Hasperde und Flegessen (mit Verzeichnis aller dienst- und zinspflichtigen Höfe zu Hasperde, Flegessen, Brullsen, Hohnsen, Herkensen, Hilligsfeld und Linden vor Hannover) | Dep. 52 II b Nr. 14 a |
| 1675 | Kopfsteuerbeschreibung (Städte Münder und Springe) | Cal. Br. 19 Nr. 1030<br>Cal. Br. 19 Nr. 1034 |
| 1677–1680, 2. Hälfte 17. Jh. | Taxtbeschreibung der Salzer vor Münder | Dep. 7 C Nr. 623<br>Dep. 7 C Nr. 622 |
| 1677–1686 | Taxtbeschreibung des Amtes Springe | Dep. 7 C Nr. 654 |
| 1695, 1696 | Taxtbeschreibung des Dorfes Völksen | Dep. 7 C Nrn. 677, 653 |
| 1678 | Kopfsteuerbeschreibung (Städte Springe und Münder) | Cal. Br. 19 Nr. 1039 Bd. III<br>Cal. Br. 19 Nr. 1045 |
| 1680 | Bürgerschaft der Städte Münder und Springe (Huldigung) | Cal. Br. 22 Nr. 795 Bd. I |

| 1680 | Mannschaftsrolle (Huldigung) | Cal. Br. 22 Nr. 795 Bd. I |
|---|---|---|
| 1686, 1689 | Kopfsteuerbeschreibung | siehe Mundhenke[259], Teil 5, S. 130–171 |
| 1687 | Beschreibung der Häuser und Ländereien zu Münder nach dem alten Kontributionsfuß | Cal. Br. 19 Nr. 879 |
| 1687, 1688 | Rauchschatzbeschreibungen des Amtes und der Städte Münder und Springe | Cal. Br. 19 Nr. 1103/4 Bd. I (Münder), Nr. 1103/4 Bd II<br>Cal. Br. 19 Nr. 1116 Bd. III (Münder),<br>Cal. Br. 19 Nr. 1116 Bd. IV (Amt Springe, Stadt Springe) |
| 1700–1745 | Taxtbeschreibung des Amtes Springe | Dep. 7 C Nr. 658 |
| 1702–1709 | Taxtbeschreibung der Stadt Münder | Dep. 7 C Nr. 631 |
| 1715–1814 | Kirchenbücher in Diedersen | StA Wolfenbüttel 1 Kb 142–145 |
| 1722–1724 | Verschiedene Register betr. die Stadt Münder | Cal. Br. 8 Nrn. 1384, 1385 |
| 1745 | Mannschaftsverzeichnis der Stadt Springe | Hann. 76 a Nr. 13 |
| 1755 | Namensverzeichnis der dienstbaren Mannschaft | Foto 1 Nrn. 424–425 |
| 1757 | Personen- und Vermögenssteuerbeschreibung der Stadt Münder | Dep. 7 C Nr. 724 |
| 1766 | Personenbeschreibung<br>(Stadt Springe)<br>(Stadt Münder) | Dep. 7 C Nr. 732<br>Dep. 7 C Nr. 729<br>Dep. 7 C Nr. 728 |

**Schriftgut der freiwilligen Gerichtsbarkeit**

| 1712–1857 | Kontrakte, Ehepakte und Ablobungen | Hann. 72 Springe Nr. 180 |
|---|---|---|

---

[259] vgl. Anmerkung 1

## Amt Steinbrück

Bettrum, Feldbergen, Garmissen (mit Garbolzum), Groß Himstedt, Hoheneggelsen, Klein Himstedt, Mölme, Söhlde, Steinbrück (Amtshaushalt).
Fürstbistum Hildesheim; 1971: Landkreis Hildesheim-Marienburg.

### Registerförmige Quellen

| 1548 | Erbregister | Hann. 74 Marienburg Nr. 520 |
|---|---|---|
| 1549 | Scheffelschatzregister | Hild. Br. 2 J Nr. 459 |
| 1557, 1558 | Amtsrechnung | Hild. Br. 2 F Nr. 105 |
| 1570 | Amtsregister | Hild. Br. 1 Nr. 6556 |
| 1578 | Erbregister | Hild. Br. 1 Nr. 8878 |
| 1582 | Scheffelschatzregister | Hild. Br. 2 J Nr. 459 |
| 1587 | Scheffelschatzregister | Hild. Br. 2 J Nr. 459 |
| 1613 | Huldigungsverzeichnis | Cal. Br. 22 Nr. 748 |
| 1613, 1614, 1618, 1619, 1625, 1626 | Einzelne Amtsrechnungen | Hild. Br. 2 F Nr. 105 |
| 1619 | Scheffelschatzregister | Hild. Br. 2 J Nr. 459 |
| 1624 | Schatzregister | Hild. Br. 1 Nr. 8762 |
| 1635–1805 | Amtsrechnungen | Hild. Br. 2 F Nrn. 105–148 |
| 1645 | Land- und Kontributionsbeschreibung | Hild. Br. 1 Nr. 8730 |
| 1648 | Kopfsteuerlisten | Hild. Br. 1 Nr. 8308 |
| 1650–1654 | Schatzregister | Hild. Br. 12 Nrn. 800–803 |
| 1654–1656 | Schatzregister | Hild. Br. 1 Nrn. 7785, 7786 |
| 1657, 1658 | Schatzregister | Hild. Br. 1 Nr. 7787 |
| 1658, 1659 | Schatzregister | Hild. Br. 12 Nr. 617 |
| 1660, 1661 | Schatzregister | Hild. Br. 1 Nr. 7788 |
| 1662–1665 | Schatzregister | Hild. Br. 12 Nr. 618 |
| 1664 | Kopfsteuerbeschreibung | Hild. Br. 2 J Nr. 327, siehe Bardehle, S. 215–232 |

Amt Steinbrück

| 1668–1801 | Schatzregister | Hild. Br. 12 Nrn. 619–665; Lücken lassen sich weitgehend ergänzen mit Hilfe von zwei weiteren Reihen: 1689–1799 Hild. Br. 2 J Nrn. 768–812 sowie 1685, 1699–1801 Hild. Br. 1 Nrn. 7791–7813 |
|---|---|---|
| 1674 | Kopfsteuer der (Kontributions-)Freien und des Gesindes | Hild. Br. 1 Nr. 8307 |
| 1685 | Kopfsteuer der (Kontributions-)Freien und des Gesindes | Hild. Br. 1 Nr. 7791 |
| 1687 | Landbeschreibung der vor das Meierding Hoheneggelsen gehörigen Länderei | Hann. 72 Hildesheim Nrn. 513, 514 |
| 1701 | Seelenregister | Foto 1 |
| 1750 | Verzeichnis der zum Meierding Söhlde gehörigen Erb- und Meierdingsländerei | Hann. 72 Hildesheim Nr. 695 |
| [1757, 1758] | Amtsbeschreibung: Tabellen der Dorfschaften | Hild. Br. 1 Nr. 8724 |
| 1765 | Kopfsteuerbeschreibung | Hild. Br. 12 Nr. 949 |
| 1769 | Land- und Wiesenbeschreibung | Hild. Br. 1 Nr. 8840, desgl. Hann. 74 Marienburg Nr. 522 |
| 1769 | Land- und Wiesensteuerbeschreibung | Hild. Br. 2 J Nr. 350 |
| 1773 | Kopfsteuerlisten (sog. Fixum) | Hild. Br. 1 Nr. 8335 |
| 1790 | Die Dienstpflichtigen des Amts Steinbrück | Hild. Br. 2 E Nr. 366 |
| 1793 | Landbeschreibung von Hoheneggelsen | Hild. Br. 1 Nr. 8814 |
| 1793 | Beschreibung der Erbländerei vor Hoheneggelsen | Hild. Br. 2 E Nr. 1418 |
| 1798–1800 | Beschreibung und Bonitierung der kontributionsfreien Länderei | Hild. Br. 12 Nrn. 1078–1080 |

### Schriftgut der freiwilligen Gerichtsbarkeit

| 1656, 1657, 1724–1850 | Ehestiftungen des Amts Steinbrück | Hann. 72 Hildesheim Nrn. 227–278 |
|---|---|---|
| 1664–1778 | Protokolle des Meierdings Hoheneggelsen | Hann. 72 Hildesheim Nrn. 622–634/6 |
| 1666–1805 | Protokolle des Meierdings Söhlde | Hann. 72 Hildesheim Nrn. 748–765 |
| 1722–1858 | Kontrakte und Obligationen des Amts Steinbrück | Hann. 72 Hildesheim Nrn. 159–225 |

| 1730–1859 | Testamente des Amts Steinbrück | Hann. 72 Hildesheim Nrn. 299–315 |
|---|---|---|
| 1785–1806 | Meierdings- und Höltingssachen des Amts Steinbrück | Hann. 72 Hildesheim Nr. 355 |
| 1790–1853 | Ehestiftungen des Amts Steinbrück | Hann. 72 Hildesheim Nrn. 279–298 |

# Amt Steuerwald

*Dörfer: Güldener Winkel:* Barnten, Emmerke, Giften, Groß Escherde, Groß Giesen, Himmelsthür, Klein Escherde, Klein Giesen, Sorsum.
*Hofmeisterei:* Ahrbergen, Ahstedt, Bavenstedt, Bettmar, Dinklar, Drispenstedt, Einum, Groß Förste, Kemme, Klein Förste, Wendhausen[260].
*Vorholz:* Dingelbe (vor 1800 auch: Elbe), Farmsen, Nettlingen[261], Ottbergen, Schellerten, Wöhle.
*Einzelne Dörfer:* Achtum-Uppen[262], Harsum[263], Klein Algermissen[264], Rautenberg[265] – auch als Teile der Dompropstei zu finden.
Steuerwald (Amtshaushalt).
Von diesen Vogteien bildete nur der Güldene Winkel eine unveränderte Gruppe.
*Flecken im Amt:* Moritzberg.
Fürstbistum Hildesheim; 1971: Landkreis Hildesheim-Marienburg, Stadt Hildesheim.

*Literatur:* Johannes Heinrich Gebauer, Aus den Papieren eines steuerwaldischen Amtmanns in: Ausgewählte Aufsätze zur Hildesheimer Geschichte, 1938, S. 265–281.

## Registerförmige Quellen

| 1539 | Schatzregister | Hild. Br. 1 Nr. 7636 |
|---|---|---|
| 1545–1585 | Verschiedene Rechnungs- und Verwaltungssachen des Amtes Steuerwald | Stadtarchiv Hildesheim AA IV Nrn. 144, 147–149, 158 |
| 1560 | Verzeichnis aller Ackerleute | Gebauer, Ausgewählte Aufsätze, S. 274–281 |
| 1565, 1570 | Schafschatzregister | Hann. 77 b Nr. 4069 |
| 1567 | Schatzregister | Hann. 77 b Nr. 4069 |
| 1567, 1569 | Schafschatzregister | Hild. Br. 1 Nr. 7535 |
| 1568, 1669 | Schatzregister betr. Güter Hildesheimer Bürger | Hild. Br. 1 Nr. 7636 |
| 1570–1572 | Schatzregister | Hild. Br. 1 Nr. 7604 |
| 1570 | Schatzregister betr. Güter Hildesheimer Bürger | Hann. 77 b Nr. 4069 |

260 Adlige Gerichte (Haus, Gut oder Dorf): Achtum-Uppen, Harsum, Klein Algermissen, Nettlingen, Rautenberg, Wendhausen.
261 vgl. Anmerkung 260
262 vgl. Anmerkung 260
263 vgl. Anmerkung 260
264 vgl. Anmerkung 260
265 vgl. Anmerkung 260

| | | |
|---|---|---|
| 1571 | Schafschatzregister | Hann. 77 b Nr. 4070 |
| 1575–1580 | Korn- und Viehregister sowie Rechnungen des Amtes Steuerwald | Stadtarchiv Hildesheim AA IV Nrn. 166, 167 |
| 1581 | Hufenschatzregister | Hild. Br. 1 Nr. 7548 |
| 1581, 1582 | Schafschatzregister | Hild. Br. 1 Nr. 7535 |
| 1582 | Schatzregister | Hild. Br. 1 Nr. 7636 |
| 1606 | Schatzregister und Zehntbeschreibung | Hild. Br. 1 Nr. 7548 |
| 1606 | Schafschatzregister | Hild. Br. 1 Nr. 7533 |
| 1613 | Schatzregister (für familiengeschichtliche Forschungen wenig ergiebig) | Hann. 77 b Nr. 4071 |
| 1615 | Schatzregister | Hild. Br. 2 J Nr. 813 |
| 1616–1622 | Hufenschatzregister | Hild. Br. 2 J Nr. 464 |
| 1628–1631, 1654, 1655 | Register des Hauses Nettlingen | Hild. Br. 1 Nrn. 6558, 6559 |
| 1645 | Land- und Kontributionsbeschreibung der Vogteien Güldener Winkel, Hofmeisterei und Vorholz<br>der einzelnen Dörfer<br>für Achtum-Uppen<br>sowie für Klein Algermissen und Rautenberg | Hild. Br. 1 Nr. 8575<br><br>Hild. Br. 1 Nr. 8649<br>Hild. Br. 1 Nr. 8743<br>Hild. Br. 1 Nr. 8745 |
| 1646–1801 | Schatzregister (für familiengeschichtliche Forschungen wenig ergiebig) | Erhalten in drei lückenhaften Reihen:<br>Hild. Br. 12 Nrn. 516–563,<br>Hild. Br. 2 J Nrn. 814–853,<br>Hild. Br. 1 Nrn. 7649–7771 |
| 1648 | Kopfsteuerlisten | Hild. Br. 1 Nr. 8308 |
| 1661 | Landbeschreibung | Hann. 74 Hildesheim Nr. 472 |
| 1661 | Land- und Personenbeschreibung | Hann. 74 Hildesheim Nr. 472, desgl. im Erbregister von 1688 (s. unten) |
| 1662 | Vermessung der zum Amtshause gehörigen Länderei | Hild. Br. 1 Nr. 8758 |
| 1664 | Beschreibung des Dorfes Nettlingen | Hild. Br. 1 Nr. 8318 |
| 1664 | Kopfsteuerbeschreibung | siehe Bardehle, S. 233–281 |
| 1665 | Gesindesteuerbeschreibung | Hild. Br. 1 Nr. 8445 Bd. II und Nr. 8449 |

| 1665, 1666 | Landschatzbeschreibung | Hild. Br. 1 Nr. 7585, noch eingehender in Hild. Br. 1 Nr. 7557 |
|---|---|---|
| 1665, 1666 | Kornregister | Hann. 74 Hildesheim Nr. 550 |
| 1667, 1668 | Landschatzbeschreibung | Hild. Br. 1 Nr. 7586 |
| (1663–) 1671, 1672 | Rotermund-Heckenbergische Landbeschreibung der Vogtei zum Güldnen Winkel, T. 1 und 2 | Hild. Br. 1 Nrn. 8772 und 8774 |
| 1673 (?) | Rotermund-Heckenbergische Landbeschreibung von Farmsen | Hild. Br. 1 Nr. 8706 |
| 1674 | Kopfsteuer der (Kontributions-)Freien und des Gesindes | Hild. Br. 1 Nr. 8307 |
| 1676 | Gesindesteuerbeschreibung | Hild. Br. 12 Nr. 1101 |
| 1685 | Kopfsteuer der (Kontributions-)Freien und des Gesindes | Hild. Br. 1 Nr. 8312 |
| 1688 | Erbregister | Dombibliothek Hildesheim Hs 221 |
| 1691 | Heckenbergische Landbeschreibung von Dinklar | Hild. Br. 1 Nr. 8775 |
| 1694, 1695 | Landschatzbeschreibung | Hild. Br. 12 Nr. 1046 |
| 1696 | Landschatzbeschreibung | Hild. Br. 1 Nr. 8687 |
| 1697–1726 | Landschatzbeschreibung | Hild. Br. 12 Nrn. 1047–1062 |
| 1707–1729 | Einnahmen an Erbenzins, Hofzins, Gänsen, Hühnern und Eiern | Hild. Br. 2 F Nr. 473a |
| 1728 | Landschatzbeschreibung | Hild. Br. 1 Nr. 8689 |
| 1742 | Landschatzbeschreibung von Emmerke, Groß Escherde, Klein Escherde und Sorsum | Hild. Br. 2 J Nr. 320 |
| 1757, 1758 | Amtsbeschreibung: Tabellen der Dorfschaften | Dombibliothek Hildesheim Hs 191 a |
| 1758 | Kopfsteuerregister | Hild. Br. 1 Nr. 8441 |
| 1761, 1762 | Geldregister | Dombibliothek Hildesheim Hs 225 a |
| 1765 | Kopfsteuerbeschreibung | Hild. Br. 1 Nr. 8442 |
| 1767 | Beschreibung und Vermessung der Dorfschaft Emmerke | Hild. Br. 1 Nr. 8822 |
| 1768 | Beschreibung der Freidingsgüter des Amts Steuerwald | Hann. 74 Hildesheim Nr. 638 |
| 1769 | Land- und Wiesenbeschreibung | Hild. Br. 1 Nr. 8863 |

| | | |
|---|---|---|
| 1773 | Kopfsteuer (sog. Fixum) | Hild. Br. 1 Nr. 8324 |
| 1783, 1784 | Lagerbuch von Dingelbe | Hann. 74 Marienburg Nr. 523 |
| 1793 | Land- und Zehntbeschreibung von Einum | Hild. Br. 2 E Nr. 1411 |
| [18. Jh.] | Landbeschreibung von Klein Förste | Hild. Br. 4 Nr. 313 |
| 1798–1800 | Beschreibung und Bonitierung der kontributionsfreien Länderei | Hild. Br. 12 Nrn. 1078–1080 |

**Schriftgut der freiwilligen Gerichtsbarkeit**

| | | |
|---|---|---|
| 1560–1584 | Protokolle, Gerichts- und Amtsbücher | Stadtarchiv Hildesheim AA IV Nrn. 151, 156, 157, 164, 173 |
| 1653–1808 | Ehestiftungen von Barnten, Groß Escherde, Giften, Hüddessum und Rautenberg | Hann. 72 Hildesheim Nrn. 1427–1431 |
| 1664–1842 | Vollmachten, Quittungen, Vergleiche und Verpachtungen | Hann. 72 Hildesheim Nrn. 916–919 |
| 1672–1808 | Ehestiftungen (nach Orten, einschließlich Dompropstei) | Hann. 72 Hildesheim Nrn. 885–915 |
| 1753–1823 | Kontrakte und Ehestiftungen (chronologische Reihe) | Hann. 72 Hildesheim Nrn. 837–875 |
| 1762–1805 | Testamente | Hann. 72 Hildesheim Nrn. 924, 925 |
| 1763–1799 | Freidings- und Meierdingssachen | Hann. 72 Hildesheim Nrn. 920, 921 |
| 1770–1823 | Obligationen | Hann. 72 Hildesheim Nrn. 876–884 |

## Amt Steyerberg

*Flecken:* Steyerberg.
Vogtei Deblinghausen mit Deblinghausen, Dunk, Friesland, Hasselbusch, Heide, Hesterberg, Mainsche, Mainschhorn, Oldenburg, Reese, Rießen, Siedenberg, Staken.
*Vogtei Sarninghausen:* Sudholz, Wehrenberg mit Düdinghausen, Bruchhagen mit Bockhorst, Börenwinkel, Bösenhausen, Grimmelhausen, Hägeringen, Heemsche, Horst, Lüerey, Sarninghausen, Stamme und Ziegenhocken.
Grafschaft Hoya, 2. Quartier in der Obergrafschaft; 1971: Landkreis Nienburg.

### Registerförmige Quellen

| 1519, 1520, 1525 | Pflugschatzregister | Foto 1 Nr. 73 |
|---|---|---|
| 1521 | Bedeschatzregister | Foto 1 Nr. 73 |
| 1530 | Landschatzregister | Celle Br. 72 Nr. 271 |
| 1530 | Der Herrschaft Leute | Hoyer Urkundenbuch, 1. Abt., Heft V, Rolle 6 |
| 1576–1582 | Einnahme- und Ausgaberegister (Erbregister) | Cal. Br. 17 Nr. 189 |
| um 1580 | Erbregister des Hauses Steyerberg | Cal. Br. 17 Nr. 189 |
| 1583 | Amtsbeschreibung (mit Namen der Bürger des Fleckens Steyerberg und der Amtseingesessenen) | Celle Br. 72 Nrn. 1035, 1036 |
| [Ende 16. Jh.] | Erbregister mit Untertanenverzeichnis | Celle Br. 72 Nrn. 1037, 1038 |
| 1632 | Verzeichnis der Mannschaft des Amtes | Celle Br. 72 Nr. 371 |
| 1637, 1638 | Hand- und Spanndienstverzeichnis (in: Verpfändung von Haus und Amt Steyerberg) | Celle Br. 72 Nr. 1024 |
| 1639–1710 | Zinsviehregister | Hann. 74 Stolzenau Nr. 427 |
| 1644, 2. Hälfte 17. Jh. | Abgabenregister | Hann. 88 B Nr. 4790 |
| 1651–1655 | Kontributionsrechnung | Cal. Br. 17 Nr. 198 |
| 1663 | Specificatio aller im Amt vorhandenen Meier (etc.), wüsten und bewohnten Höfe, Dienste und Dienstgelder | Hann. 88 B Nr. 4790 |
| 1667 | Erbregister | Hann. 74 Stolzenau Nr. 3 |

| | | |
|---|---|---|
| 1667 | Untertanenverzeichnis (Huldigung) | Foto 1 Nr. 434 |
| 1667 | Amtsbeschreibung (keine Namen) | Celle Br. 72 Nr. 372 |
| 1683 | Amtsbeschreibung | Hann. 88 B Nr. 4747 |
| 1701–1705, 1708, 1709, 1709, 1710, 1712–1735, 1774–1782 | Malz-, Bier-, Wein- und Branntweinakzise | Dep. 106 Nrn. 2089–2092 Dep. 106 Nr. 2096 Dep. 106 Nr. 2097 Dep. 106 Nr. 2100 Dep. 106 Nrn. 2162–2170 |
| 1774–1782 | Blasenzinsregister | Dep. 106 Nrn. 2162–2170 |
| 1716–1809 | Akzisepachtkontrakte | Dep. 106 Nr. 2874 |
| 1719 | Tabaksimpostregister | Dep. 106 Nr. 2107 Bd. II |
| 1727 | Vermessungsregister vom Flecken Steyerberg | Hann. 74 Stolzenau Nr. 3 |
| 1728 | Tabaksbrüche | Dep. 106 Nr. 2389 |
| 1753–1787 | Brandkataster | Dep. 106 Nr. 1189 Dep. 106 Nr. 1190 |
| 1754–1777 | Brandversicherungsveränderungen | Dep. 106 Nr. 1204 |
| 1755 | Namensverzeichnis der dienstbaren Mannschaft | Foto 1 Nr. 427 |
| 1756 | Personenbeschreibung der Kirchspiele Liebenau und Steyerberg | Hann. 74 Stolzenau Nr. 6 |
| 1760–1793 | Tabaksimpostregister | Dep. 106 Nrn. 2420/2–2453/2 |
| 1774–1782 | Akziserechnungen | Dep. 106 Nrn. 2355–2363 |
| 1787 | Brandkataster | Dep. 106 Nr. 1271 |
| 1794–1799, 1814, 1815 | Tabaksgeldregister des Amts und Fleckens | Dep. 106 Nrn. 2454/2–2459/2 Dep. 106 Nr. 2940 Bde. I, IV |

## Amt Stolzenau

*Flecken:* Stolzenau.
Vogtei Bohnhorst mit Bohnhorst, Brüninghorstedt, Groß Hoyersvörde, Hauskämpen, Klein Hoyersvörde, Sapelloh, Warmsen.
Vogtei Landesbergen mit Anemolter, Estorf, Landesbergen, Leese, Schinna, Sehnsen, Struckhausen, Wellie.
Vogtei Nendorf mit Alterkamp, Böthel, Dierstorf, Diethe, Ensen, Frestorf, Glissen, Gräsebilde, Hävern, Harrienstedt, Hibben, Holzhausen, Huddestorf, Jenhorst, Kohlenweihe, Langern, Kleinenheerse, Müsleringen, Nendorf, Ovenstedt, Raddestorf, Sögeberg, Westenfeld, Wöstinge.
Grafschaft Hoya, 2. Quartier in der Obergrafschaft; 1971: Landkreis Nienburg.

### Registerförmige Quellen

| | | |
|---|---|---|
| 1521 | Bedeschatzregister | Celle Br. 72 Nr. 269<br>Or. Gesperrt.<br>Kopie: Foto 1 Nr. 73 |
| 1530 | Landschatzregister | Celle Br. 72 Nr. 271 |
| 1530 | Der Herrschaft Leute | Hoyer Urkundenbuch, 1. Abt., Heft V, Rolle 6 |
| 1581, o. D. [Ende 16. Jh.] | Erbregister mit Dienstregistern | Celle Br. 72 Nrn. 892, 897, 898 |
| 1583, 1638 | Amtsbeschreibungen | Celle Br. 72 Nrn. 893, 894, 900 (Nr. 894 mit Dienstregister und Verzeichnis aller eingesessenen Leute und Feuerstätten; Nr. 900 mit Mannzahlregistern) |
| 1585 | Musterzettel des Hauses und Amtes | Cal. Br. 17 Nr. 207 |
| 1594 | Verzeichnis der abgebrannten Leute des Fleckens Stolzenau | Celle Br. 72 Nr. 838 |
| 1600–1610, 1674, 1675 | Schatzberechnungen des Amtes | Dep. 106 Nr. 2748<br>Dep. 106 Nr. 2750 |
| 1602 | Musterungsregister | Cal. Br. 16 Nr. 1168 |
| 1606, 1607 | Kontributionsverzeichnis der Untertanen, die zum Militärdienst nicht aufgenommen wurden | Cal. Br. 17 Nr. 231 |

| | | |
|---|---|---|
| 1613 | Lagerbuch des Amtes Stolzenau | Original und Kopie im Museum in Nienburg |
| 1632 | Verzeichnis der Mannschaft | Celle Br. 72 Nr. 371 |
| 1638 | Inventarium des Amtes und Mannzahlregister | Hann. 88 B Nr. 4854 |
| [1639] | Erbregister mit Dienstregister | Hann. 88 B Nr. 4854 |
| 1641 | Lagerbuch der Vogtei Bohnhorst | Foto 1 Nr. 454 |
| um 1650 | Lagerbuch des Fleckens Stolzenau | Gemeindearchiv Stolzenau VIII, 1 |
| 1667 | Bürgerrolle des Fleckens Stolzenau (Huldigung) | Celle Br. 45 Nr. 96 |
| 1667 | Mannschaftsverzeichnisse (Huldigung) | Celle Br. 45 Nr. 96 |
| 1674 (Nachträge bis 1763) | Verzeichnis der Eigenbehörigen in der Vogtei Bohnhorst | Foto 1 Nr. 453 |
| 1702–1704 | Vermessung der Grenze des Amtes Stolzenau gegen das mindensche Amt Petershagen; Kataster der Dörfer Hävern, Ovenstedt, Glissen, Westenfeld, Halle (1704) | Cal. Br. 17 Nr. 249 |
| 1712–1725 | Scheffelschatzrechnung | Dep. 106 Nr. 2943 |
| 1719, 1720 | Viehregister | Hann. 74 Stolzenau Nr. 435 |
| 1721–1729 | Kontributionskataster der nahrungtreibenden Hauswirte und Hirten | Dep. 106 Nr. 891 |
| 1701–1800 | Scheffelschatzregister | Dep. 106 Nrn. 2089–2187 |
| 1701–1743 | Bier-, Wein- und Branntweinakzise | Dep. 106 Nrn. 2089–2131 |
| 1716–1812 | Akzisepachtkontrakte | Dep. 106 Nr. 2875 |
| 1725, 1726 | Akziseregister | Dep. 106 Nr. 2810 |
| 1728 | Tabaksbrüche | Dep. 106 Nr. 2389 |
| 1730 | Auszug aus dem Kontributionskataster der Dorfschaften Estorf und Landesbergen | Dep. 106 Nr. 644 |
| 1738–1743 | Akziseregister | Dep. 106 Nrn. 2319–2324 |
| 1738–1744 | Blasenzinsregister | Dep. 106 Nrn. 2126–2131 |
| Mitte 18. Jh. | Verzeichnisse von Dienst- und Burgfestgeldern, Zinsschweinen | Hann. 74 Stolzenau Nr. 414 |
| Mitte 18. Jh. | Verzeichnis der aus der Vogtei Bohnhorst zu erhebenden ständigen Gefälle | Hann. 74 Stolzenau Nr. 414 |
| zweite Hälfte 18. Jh. | Verzeichnis der abgabepflichtigen Nutzer von Kirchenbesitzungen | Dep. 106 Nr. 613 |

| | | |
|---|---|---|
| 1753–1777 | Brandversicherungsveränderungen | Dep. 106 Nr. 1205 |
| 1753–1787 | Brandkataster | Dep. 106 Nr. 1189<br>Dep. 106 Nr. 1190 |
| | desgl. Veränderungen mit Hausbeschreibungen (insbesondere Stolzenau) | Dep. 106 Nr. 1205 |
| 1755 | Namensverzeichnis der dienstbaren Mannschaft | Foto 1 Nrn. 424–425 |
| 1757, 1758 | Personenschatzung | Dep. 106 Nr. 3236 |
| 1759 | Verzeichnis des beim Amt zu erhebenden ordinären Dienst- und Burgfestgeldes | Hann. 88 B Nr. 5004 |
| 1761–1815 | Tabaksimpostregister | Dep. 106 Nrn. 2421/2–2459/2<br>2940 Bde. I, III |
| 1763 (Nachträge bis 1828) | Verzeichnis der Eigenbehörigen in der Vogtei Bohnhorst | Foto 1 Nr. 453 |
| 1769 | Verzeichnis der Feuerstellen, die die Mannschaft zu den Landregimentern zu stellen haben | Hann. 74 Stolzenau Nr. 8 |
| 1764, 1765 | Matrikularanschläge | Dep. 106 Nr. 632 Bd. I |
| 1765, 1773, 1174 | Zehntregister | Dep. 106 Nr. 632 Bd. II |
| 1778 | Verzeichnis vom ordinären und aufgenommenen Dienstgeld | Hann. 88 B Nr. 5005 |
| 1779, 1780 | Personenbeschreibungen | Hann. 74 Stolzenau Nr. 6 |
| 1780 | Verzeichnisse des Ackerlandes und der Wiesen | Hann. 74 Stolzenau Nr. 6 |
| 1787 | Brandkataster | Dep. 106 Nr. 1271 |
| 1795 | Rekruten aus Stolzenau | Hann. 9 f Nr. 154 |
| 1796 | Häuslingsverzeichnisse | Hann. 74 Stolzenau Nr. 8 |

## Amt Syke

*Flecken:* Syke.

Kirchspiel Barrien mit Barrien; Fahrenhorst mit Feine, Heiligenrode, Mackenstedt, Neukrug, Warwe; Gessel mit Leerßen; Okel, Osterholz mit Pennigbeck, Leuchtenburg und Schnepke; Ristedt mit Sörhausen; Steimke.

Kirchspiel Heiligenfelde mit Gödestorf (mit Falldorf), Heiligenfelde mit Hillersen, Clues, Rehrßen; Jardinghausen mit Halbetzen, Henstedt, Nienstedt, Retzen, Wickbranzen; Wachendorf mit Legenhausen.

Kirchspiel Nordwohlde mit Bramstedt (mit Bünte), Klein Bramstedt, Rollinghausen und Windhorst; Nordwohlde mit Fesenfeld, Gräfinghausen, Högenhausen, Kätingen, Kastendieck, Pestinghausen, Steinforth, Stütelberg.

Kirchspiel Brinkum mit Brinkum, Hallenhausen, Seckenhausen, Wulfhoop.

Kirchspiel Leeste mit Angelse, Hagen, Hörden, Leeste, Melchiorshausen.

Kirchspiel Riede mit Ketsche, Schlieme; Felde.

Kirchspiel Weyhe: Kirchweyhe mit Dreye, Jeebel und Lahausen; Sudweyhe mit Ahausen.

*Kloster beim Amt:* Heiligenrode.

Grafschaft Hoya, 1. Quartier in der Obergrafschaft; 1971: Landkreis Grafschaft Hoya.

*Literatur:* Oscar Beermann, Aus dem Amtsbuch von Syke (um 1585), in: Quellen zur Genealogie, 1. Bd. Niedersachsen, 1965, S. 125–156, im Folgenden zitiert: Beermann, Auszüge ...(Dc 54)

### Registerförmige Quellen

| 1521 | Bedeschatzregister | Foto 1 Nr. 73 |
|---|---|---|
| 1525 | Pflugschatzregister | Foto 1 Nr. 73 |
| 1530 | Der Herrschaft Leute | Hoyer Urkundenbuch, 1. Abt. Heft V, Rolle 6 |
| 1579, 1580 | Erbregister mit Zins- und Kornregister | Celle Br. 72 Nr. 982 |
| 1580 | Erbregister | Hann. 74 Syke Nr. 33 |
| 1585 | Erbregister | Hann. 74 Syke Nr. 34, |
| um 1585 | Auszüge aus dem Amtsbuch von Syke | StA Bremen (ad Tt.12.b), siehe Beermann, Auszüge ... |
| 1587 | Amtsregister aller gewissen und ungewissen Geldeinnahmen | Cal. Br. 17 Nr. 272 |
| 1588 | Erbregister | Celle Br. 72 Nr. 983 |
| 1588 | Landsteuer- und Zinsschatzregister | Celle Br. 72 Nr. 984 |

| | | |
|---|---|---|
| 1589 | Verzeichnis der Diener des fürstlichen Amtes Syke und der beiden Vorwerke Erichshof und Riede | Cal. Br. 17 Nr. 259 |
| Ende 16. Jh. (?) | Güterverzeichnis der Burgmannen Sykes und anderer vom Adel mit Namen der Zinspflichtigen | Celle Br. 72 Nr. 981 |
| 1632 | Verzeichnis der Mannschaft des Amtes (keine Namen) | Celle Br. 72 Nr. 371 |
| 1639 | Extrakt des Erbregisters | Celle Br. 72 Nr. 977 |
| 1642–1670, 1690–1726 | Zinsviehregister | Hann. 74 Syke Nrn. 816–819 |
| 1659 | Verzeichnis aller Amtsuntertanen, Wohnstätten und Dienste | Hann. 88 B Nr. 5496 |
| 1659–1778 | Dienstregisterauszüge | Hann. 74 Syke Nr. 836 |
| 1659–1776, 1789–1822 | Einwohnerverzeichnisse | Hann. 74 Syke Nrn. 49, 50 |
| 1661–1689 | Lagerbuch von den Gütern Heiligenbruch, Riede und Pennigbeck | Hann. 74 Syke Nr. 41 |
| 1667 | Mannschaftsrolle (Huldigung) | Celle Br. 45 Nr. 96 |
| 1667 | Amtsbeschreibung (keine Namen) | Foto 1 Nr. 444 |
| 1671 | Kopfsteuerliste | Dep. 106 Nr. 974 |
| 1676–1829 | Schmalzehntverzeichnisse des Klosters Heiligenrode | Hann. 74 Syke Nr. 923 |
| 1678–1784 | Lagerbuch der Kirchspiele Syke, Barrien und Heiligenrode | Hann. 74 Syke Nr. 37[266] |
| 1678–1787 | Erbregister der Kirchspiele Brinkum und Weyhe | Hann. 74 Syke Nrn. 35, 36 |
| 1680 | Verzeichnis gutsherrnpflichtiger Bauernhöfe | Hann. 74 Syke Nr. 419 |
| 1680 | Teile älterer Lagerbücher | Hann. 74 Syke Nr. 42 |
| 1680–1683 | Kontributionsbeschreibung, Rollen, Kataster | Hann. 74 Syke Nr. 725 |
| 1680–1799 | Lagerbuch von den Vogteien Heiligenfelde und Nordwohlde | Hann. 74 Syke Nr. 39 |
| 1684–1825 | Weinkauf-Register (Erbteilungen, Freilassungen) | Hann. 74 Syke Nrn. 849–854 |
| 1688, 1689 | Geldregister | Hann. 74 Syke Nr. 40 |

[266] Auszüge der Familiennamen durch Meyerholz in: Kl. Erw. A Nr. 36.

| | | |
|---|---|---|
| 1705–1806 | Untersuchung und Bestrafung der Akzise- und Tabaksimpostbrüche | Dep. 106 Nr. 2894 |
| 1710, 1715 | Akziseregister (rückständige) | Dep. 106 Nr. 2103 Bd. II |
| 1724, 1725, 1736, 1738, 1739 | Scheffelschatzrechnung | Dep. 106 Nr. 2942<br>Dep. 106 Nr. 2945 Bd. I |
| 1712 | Tabaksimpostrechnungen | Dep. 106 Nr. 2100 |
| 1701–1704, 1706, 1707 | Akziseregister (nur Kirchspiel Brinkum) | Dep. 106 Nr. 2089–2091<br>Dep. 106 Nr. 2094 |
| 1702–1713, 1721–1760, 1766, 1771–1800 | Akziseregister | Dep. 106 Nrn. 2290–2301<br>Dep. 106 Nrn. 2302–2341<br>Dep. 106 Nr. 2351<br>Dep. 106 Nrn. 2352–2380 |
| 1702–1710 | Bierakzise von Dreye | Dep. 106 Nrn. 2090–2097 |
| 1701, 1702, 1705, 1706, 1708, 1709, 1709, 1710, 1719, 1720, 1720, 1723–1739 | Akziseregister<br>(nur Brinkum – Bremer Bier)<br>dto.<br><br>(außerordentliche Akzise)<br>dto. | Dep. 106 Nr. 2089<br>Dep. 106 Nr. 2093<br>Dep. 106 Nr. 2096<br>Dep. 106 Nr. 2097<br>Dep. 106 Nr. 2107 Bd. II<br>Dep. 106 Nr. 2108 Bd. II<br>Dep. 106 Nrn. 2111–2127 |
| 1712–1797 | Scheffelschatzregister | Dep. 106 Nrn. 2100–2185 |
| 1702–1707, 1709, 1710, 1712–1714, 1721 | Bier- und Branntweinakzise | Dep. 106 Nrn. 2090–2094<br>Dep. 106 Nr. 2097<br>Dep. 106 Nr. 2102 Bd. II<br>Dep. 106 Nr. 2302 |
| 1716 | (Akzisebrüche, zur Strafe ausgesetzt) | Dep. 106 Nr. 2103 Bd. II |
| 1705–1710, 1721–1755 | Blasenzinsregister | Dep. 106 Nrn. 2093–2097<br>Dep. 106 Nrn. 2109–2143 |
| 1715–1809 | Akzisepachtkontrakte | Dep. 106 Nr. 2876<br>Dep. 106 Nr. 2877<br>Dep. 106 Nr. 2878<br>Dep. 106 Nr. 2879 |
| 1729–1731, 1745 | Tabaksbrüche | Dep. 106 Nrn. 2389–2392<br>Dep. 106 Nr. 2406 |
| 1760–1794 | Tabaksimpostregister | Dep. 106 Nrn. 2420/2–2453/2 |
| 1732 | Malz- und Schrotakzise | Dep. 106 Nr. 2777 Bd. II |
| 2. Hälfte 18. Jh. | Einwohnerliste Vogtei Barrien | Dep. 106 Nr. 634 II |

| | | |
|---|---|---|
| 2. Hälfte 18. Jh. | Matrikularanschlag der geistlichen Güter des Kirchspiels Weyhe | Dep. 106 Nr. 604 |
| 1750–1759 | Kontributionsbeschreibung, Rollen, Kataster | Hann. 74 Syke Nr. 720 |
| 1753–1777 | Brandversicherungsveränderungen | Dep. 106 Nr. 1206 |
| 1753, 1754 | Brandkataster | Dep. 106 Nr. 1188 |
| 1755 | Namensverzeichnis der dienstbaren Mannschaft | Foto 1 Nr. 427 |
| 1760–1818 | Kontributionskataster der Häuslinge, Hirten und nahrungstreibenden Hauswirte | Hann. 74 Syke Nrn. 722, 723 |
| 1761 | Jährlicher Ertrag der von Schwicheldtschen Streuparzellen in den Ämtern Hoya und Syke | Dep. 106 Nr. 635 |
| 1764 | Verzeichnisse der abgabepflichtigen Nutzer von Kirchenbesitzungen in Barrien, Heiligenfelde, Kirchweye, Syke | Dep. 106 Nr. 614 |
| 1764, 1767, 1775 | Matrikularertragslisten, Gutsleuteverzeichnisse | Dep. 106 Nr. 634 Bd. I |
| 1764 | Ertrag der Schwicheldtschen Streuparzellen | Dep. 106 Nr. 635 |
| 1767 | Lagerbuchextrakte, Fleischzehntregister | Dep. 106 Nr. 635 |
| 1776 | Dienstregister | Hann. 88 B Nr. 5633 |
| 1777 | Einwohnerverzeichnis von Kirch- u. Sudweyhe | Original im Pfarrarchiv Kirchweyhe, Abschrift in: Ms. G. 021 |
| 1780–1784 | Kontributionsbeschreibung, Rollen, Kataster | Hann. 74 Syke Nr. 721 |
| 1787 | Brandkataster | Dep. 106 Nr. 1270 |
| 1794–1800 1814, 1815 | Tabaksimpostregister | Dep. 106 Nrn. 2454/2–2459/2 Dep. 106 Nr. 2940 Bde. III, IV |
| 1805 | Matrikularanschläge | Dep. 106 Nr. 634 Bd. II |
| 1815, 1816 | Tabaksimpostregister | Dep. 106 Nr. 2940 Bd. I |

## Amt Uchte

*Hausvogtei:*
*Flecken:* Uchte.
*Dörfer:* Hamme, Höfen, Hoysinghausen mit Mensinghausen und Mörsen, Lohe, Woltringhausen mit Buchholz und Ohlensehlen.
*Vogtei Kirchdorf:* Bahrenbostel, Holzhausen, Kirchdorf, Kuppendorf mit Heerde, Scharringhausen.
Grafschaft Hoya, 1582–1806 hessisch; 1971: Landkreise Grafschaft Diepholz, Nienburg.

### Registerförmige Quellen

| 1519, 1520, 1525 | Pflugschatzregister | Foto 1 Nr. 73 |
|---|---|---|
| 1521 | Bedeschatzregister | Celle Br. 72 Nr. 269 |
| 1530 | Der Herrschaft Leute | Hoyer Urkundenbuch, 1. Abtl., Heft V, Rolle 6 |
| um 1575 | Schatzregister des Gerichts Uchte z. Zt. des Freudenberger Amtmanns Christoph Raet | Celle Br. 72 Nr. 226/1 |
| 1654–1711 | Lagerbuch mit Abschriften von 1582, 1649 und 1653, fortgeführt bis 1711 | Foto 1 Nr. 455 |
| 1654–1700 | Lagerbuch mit Dienstgeldregister, Michaelisschatz und Musterrollen | Hann. 88 B Nr. 6070 |
| 1698–1808 | Geld- und Kornregister | Han. 74 Uchte Nrn. 351–414 |
| (um 1700), 1701–1704 | Spezifikation der Wochen- und Soldatengelder in Amt und Flecken Uchte | Hann. 74 Freudenberg Nr. 668 |
| um 1724 | Populationsliste des Amtes und Fleckens Uchte | Celle Br. 72 a Nr. 119 |
| 1735, 1760 | Feuerstättentabelle | Hann. 74 Uchte Nr. 11 |

## Stadt Uelzen

Fürstentum Lüneburg, Lüneburgisches Quartier; 1971: Landkreis Uelzen.

### Registerförmige Quellen

| 1542 | Türkenhilfe | Celle Br. 61 Nr. 900 |
| 1553 | Musterrolle | Celle Br. 46 Nr. 211 Bd. II, Bl. 30 |
| 1554–1568 | Akziserechnungen | Celle Br. 61 Nr. 902 |
| 1605, 1606 | Musterrolle | Foto 1 Nr. 435 |

### Schriftgut der freiwilligen Gerichtsbarkeit

| 1755–1887 | Ehestiftungen, Kontrakte, Hypotheken, Obligationen, Amtshandlungen | Hann. 72 Uelzen Nrn. 220–322 |

## Gericht Üssinghausen

Üssinghausen.
Fürstentum Göttingen; 1971: Landkreis Northeim.

### Registerförmige Quellen

| | | |
|---|---|---|
| 1585 | Huldigungsverzeichnis und Musterungsrolle | Cal. Br. 22 Nr. 728, siehe Burchard, S. 22 |
| 1617–1650 | Landsteuereinnahmeregister | Dep. 7 C Nrn. 429–443 |
| 1664 | Kopfsteuerbeschreibung | Foto 1 |
| 1671 | Mannschaftsrolle (Huldigung) | Cal. Br. 22 Nr. 788 Bd. II |
| 1675 | Kopfsteuerbeschreibung | Cal. Br. 19 Nr. 1032 |
| 1678 | Kopfsteuerbeschreibung | Cal. Br. 19 Nr. 1041 |
| 1680 | Mannschaftsrolle (Huldigung) | Cal. Br. 22 Nr. 796 Bd. II |
| 1686, 1689 | Kopfsteuerbeschreibung | siehe Mundhenke[267], Teil 10, S. 161–162 |
| 1687, 1688 | Rauchschatzbeschreibungen | Cal. Br. 19 Nr. 1103/4 Bd. II Cal. Br. 19 Nr. 1116 Bd. IV |
| 1701 | Lizentregister | Cal. Br. 19 Nr. 1016 |
| 1725 | Taxtbeschreibung und Scheffelschatz | Dep. 7 C Nr. 701 |
| 1755 | Verzeichnis der dienstbaren Mannschaft | Foto 1 Nr. 426 |
| 1766 | Personenbeschreibung | Dep. 7 C Nr. 731 |

---

267 vgl. Anmerkung 1

## Amt Uslar

*Stadt:* Uslar.
*Dörfer:* Ahlbershausen, Allershausen, Bollensen, Delliehausen, Dinkelhausen, Eschershausen, Espol, Gierswalde, Neuhaus, Offensen, Schoningen, Silberborn, Sohlingen, Vahle, Verliehausen, Volpriehausen, Wiensen.
Fürstentum Göttingen; 1971: Landkreis Northeim.

### Registerförmige Quellen

| | | |
|---|---|---|
| 1581, 1587 | Mastschweinregister | Cal. Br. 2 Nr. 2348 |
| 1585 | Huldigungsverzeichnis und Musterungsrolle, auch Stadt Uslar | Cal. Br. 22 Nr. 728, siehe Burchard, S. 70–80 |
| 1598 | Mastschweinregister | Cal. Br. 2 Nr. 2357 |
| 1599 | Beschreibung der dienstpflichtigen Untertanen sowie deren Ländereien | Cal. Br. 2 Nrn. 2334, 2335 |
| 1604, 1608 | Verzeichnis der Ackerleute, Halbspänner, Groß- und Kleinkötner | Cal. Br. 2 Nrn. 2334, 2335 |
| 1609 | Musterungsrolle | Foto 1 Nr. 447 |
| 1611 | Mastschweinregister | Cal. Br. 2 Nr. 44 |
| 1611 | Musterungsrolle, auch Stadt Uslar | Foto 1 Nr. 448 |
| 1613 | Musterungsrolle, auch Stadt Uslar | Foto 1 Nrn. 431–433 |
| 1614 | Musterungsrolle | Foto 1 Nr. 449 |
| 1616, 1617 | Landsteuereinnahmeregister, auch Stadt Uslar | Dep. 7 C Nr. 444 |
| 1643–1809 | Landsteuereinnahmeregister, auch Stadt Uslar | Dep. 7 C Nrn. 445–609 |
| 1664 | Kopfsteuerbeschreibung | Foto 1 |
| 1664 | desgl. der Stadt Uslar | Foto 1 |
| 1671 | Mannschaftsrolle (Huldigung), auch Stadt Uslar | Cal. Br. 22 Nr. 788 Bde. I, II |
| 1675 | Kopfsteuerbeschreibung | Cal. Br. 19 Nr. 1029 Bd. II |
| 1675 | desgl. der Stadt Uslar | Cal. Br. 19 Nr. 1034 |
| 1678 | Kopfsteuerbeschreibung | Cal. Br. 19 Nr. 1039 Bd. III |
| 1678 | desgl. der Stadt Uslar | Cal. Br. 19 Nr. 1045 |
| 1680 | Mannschaftsrolle (Huldigung), auch Stadt Uslar | Cal. Br. 22 Nr. 796 Bd. II |

| 1686, 1689 | Kopfsteuerbeschreibung, auch Stadt Uslar | siehe Mundhenke[268], Teil 10, S. 83–126 |
|---|---|---|
| 1687 | Rauchschatzbeschreibung | Cal. Br. 19 Nr. 1103/4 Bd. II |
| 1688 | Rauchschatzbeschreibung | Cal. Br. 19 Nr. 1116 Bd. IV |
| 1696 | Erbenzinsregister | Hann. 74 Uslar Nr. 618 |
| 1697–1720 | Zehntbeschreibung des Amtes | Hann. 74 Uslar Nr. 719 |
| 1707 | Taxtbeschreibung und Scheffelschatz | Dep. 7 C Nr. 691 |
| 1720 | Zehntregister | Hann. 74 Uslar Nr. 722 |
| 1745 | Mannschaftsverzeichnis der Stadt | Hann. 76 a Nr. 13 |
| 1746 | Vermessungsregister der Ländereien und Zehnten | Hann. 74 Uslar Nr. 559 |
| 1755 | Namensverzeichnis der dienstbaren Mannschaft | Foto 1 Nrn. 424–425 |
| 1756 | Erbenzinsregister der Stadt Uslar | Hann. 74 Uslar Nr. 622 |
| 1766 | Personenbeschreibung der Stadt Uslar | Dep. 7 C Nr. 729 |

### Schriftgut der freiwilligen Gerichtsbarkeit

| 1695–1880 | Repertorium der Zivilprozesse | Hann. 72 Uslar Nr. 140 |
|---|---|---|
| 1725–1888 | Hypothekenbücher | Hann. 72 Uslar Nrn. 141–156 |
| 1749–1801 | Auszug aus Stadthandlungs- und Hypothekenbüchern der Stadt Uslar | Cal. Br. 2 Nr. 2376 Bde. I, II |
| 1763–1886 | Hypothekenbücher nach Ortschaften | Hann. 72 Uslar Nrn. 120–137 |
| 1780–1886 | Hypothekenbücher des Stadtgerichts | Hann. 72 Uslar Nrn. 1–11 |

268 vgl. Anmerkung 1

## Amt Vienenburg

Lochtum und Vienenburg.
Fürstbistum Hildesheim; 1971: Landkreis Goslar.

### Registerförmige Quellen

| 1564 | Schatzregister | Hild. Br. 1 Nr. 7572 |
|---|---|---|
| 1585 | Einwohnerliste | StA Wolfenbüttel 26 Alt 1011 |
| 1613 | Huldigungsverzeichnis | Cal. Br. 22 Nr. 754 |
| 1614 | Erbregister | Hild. Br. 1 Nr. 8885, desgl. Hann. 74 Wöltingerode Nr. 1218 |
| 1619 | Schatzregister | Hild. Br. 1 Nr. 7572 |
| 1620, 1621 | Schatzregister | Hild. Br. 1 Nr. 7572 |
| 1645 | Land- und Kontributionsbeschreibung | Hild. Br. 1 Nr. 8649, desgl. in Hild. Br. 1 Nrn. 8578, 8885 |
| 1648 | Kopfsteuerlisten | Hild. Br. 1 Nr. 8308 |
| 1650–1654 | Schatzregister | Hild. Br. 12 Nrn. 800–803 |
| 1654–1656 | Schatzregister | Hild. Br. 1 Nrn. 7785, 7786 |
| 1636–1658 | Schatzregister | Hild. Br. 1 Nrn. 7815, 7816 |
| 1657–1801 | Schatzregister | Hild. Br. 12 Nrn. 666–732, Lücken lassen sich ergänzen mit Hilfe einer weiteren Reihe von 1690–1796: Hild. Br. 2 J Nrn. 721–767 |
| 1662 | Abgabenverzeichnis (hauptsächlich solche an Klöster) | Hild. Br. 1 Nr. 8885 |
| 1663 | Beschreibung des Lochtumer Zehnten | Hann. 74 Wöltingerode Nr. 1504 |
| 1664 | Kopfsteuerbeschreibung | Hild. Br. 1 Nr. 8295 Bd. II, siehe Bardehle, S. 282–289 |
| 1665 | Gesindesteuerbeschreibung | Hild. Br. 1 Nr. 8446 Bd. II |
| 1674 | Kopfsteuer der (Kontributions-)Freien und des Gesindes | Hild. Br. 1 Nr. 8307 |
| 1701 | Seelenregister | Foto 1 |
| 1704 [?] | Personenbeschreibung | Hann. 74 Wöltingerode Nr. 129 |
| 1758 | Kopfsteuerregister | Hild. Br. 1 Nr. 7819 |

| | | |
|---|---|---|
| [Mitte 18. Jh.] | Dienstbeschreibung | Hann. 74 Wöltingerode Nr. 1258 |
| [1758] | Tabellen der bebauten und wüsten Stellen | Hild. Br. 1 Nr. 8885 |
| 1769 | Land- und Wiesenbeschreibung | Hild. Br. 1 Nr. 8752, desgl. Hann. 74 Wöltingerode Nr. 1221, Hild. Br. 2 J Nr. 351 |
| 1772 | Beschreibung des Amts Vienenburg (nach Anleitung der Erbregister von 1614 und 1746) | Hann. 74 Wöltingerode Nr. 1225 |
| 1773 | Kopfsteuerlisten (sog. Fixum) | Hild. Br. 1 Nr. 8339 |
| 1787–1807 | Einnahmemanuale | Hann. 74 Wöltingerode Nrn. 1766–1778 |
| 1788, 1789 | Berechnung der Herrendienste | Hann. 74 Wöltingerode Nr. 1269 |
| 1798 | Beschreibung und Bonitierung der kontributionsfreien Länderei | Hild. Br. 12 Nrn. 1078–1080 |

**Schriftgut der freiwilligen Gerichtsbarkeit**

| | | |
|---|---|---|
| 1607–1834 | Ehestiftungen, Kontrakte und Obligationen | Hann. 72 Goslar Nrn. 165–190 |
| 1721–1881 | Testamente des Amts Wöltingerode | Hann. 72 Goslar Nrn. 292–294/2 |

## Gericht Waake

Waake.
Fürstentum Göttingen; 1971: Landkreis Göttingen.
(Siehe auch Gericht Altengleichen).

### Registerförmige Quellen

| 1550 | Schatzungspflichtige des Landes Göttingen | Original im 2. Weltkrieg verbrannt[269] |
|---|---|---|
| 1585 | Huldigungsverzeichnis und Musterungsrolle | Cal. Br. 22 Nr. 728, siehe Burchard, S. 34–36 |
| 1664 | Kopfsteuerbeschreibung | Foto 1 |
| 1675 | Kopfsteuerbeschreibung | Cal. Br. 19 Nr. 1032 |
| 1678 | Kopfsteuerbeschreibung | Cal. Br. 19 Nr. 1041 |
| 1686, 1689 | Kopfsteuerbeschreibung | siehe Mundhenke[270], Teil 8, S. 175–179 |
| 1728 | Taxtbeschreibung und Scheffelschatz | Dep. 7 C Nr. 708 |
| 1755 | Namensverzeichnis der dienstbaren Mannschaft | Foto 1 Nr. 426 |
| 1766 | Personenbeschreibung | Dep. 7 C Nr. 731 |

### Schriftgut der freiwilligen Gerichtsbarkeit

| 1692–1770 | Protokolle, Bescheide, Obligationen, Kontrakte, Ehestiftungen | Hann. 72 Göttingen Nrn. 605–616 |
|---|---|---|
| 1723–1850 | Obligationen, Kontrakte, Kaufbriefe, Ehestiftungen | Hann. 72 Göttingen Nrn. 617–632 |

---

269 Abschrift in: Heinrich Lücke, Schatzungspflichtige des Landes Göttingen im Jahre 1550, in: Norddeutsche Familienkunde 2, Heft 5, 1953, S. 232–237 (Zs 82).
270 vgl. Anmerkung 1

## Gericht Wahlingen

Altenteich, Altenwahlingen, Böhme, Groß Häuslingen, Hedern, Kirchwahlingen, Klein Häuslingen, Stöcken, Wohlendorf.
Fürstentum Lüneburg, Cellisches Quartier; 1971: Landkreis Fallingbostel

### Registerförmige Quellen

| 1624 | Musterrolle | Celle Br. 46 Nr. 213 Bd. II, Bl. 46 |
| --- | --- | --- |
| 1631–1841 | Feuerstellenverzeichnisse | Hann. 74 Ahlden Nr. 9 |
| 1669 | Erbregister | Hann. 74 Ahlden Nr. 11 |
| 1681 | Einwohnerverzeichnis | Hann. 74 Ahlden Nr. 10 |
| 1727–1732 | Salzsteuerbeschreibung | Hann. 74 Ahlden Nr. 10 |
| 1755 | Namensverzeichnis der dienstbaren Mannschaft | Foto 1 Nr. 426 |

## Amt Walsrode

Die Propsteigüter (vor Walsrode).
Fürstentum Lüneburg, Cellisches Quartier; 1971: Landkreis Fallingbostel.

*Literatur:* Otto Jürgens, Ein Amtsbuch des Klosters Walsrode, 1899 (T Walsrode 1).

### Registerförmige Quellen

| 1564 | Viehschatzregister | Foto 1 Nr. 311 |
|---|---|---|
| 1553 | Musterrolle | Celle Br. 46 Nr. 211 Bd. II, Bl. 31 |
| 1571 | Geldregister | Celle Br. 49 Nr. 341 |
| 1644–1676, 1712–1800 | Wirtsveränderungen und Weinkaufverzeichnisse | Hann. 74 Fallingbostel Nr. 1963 Hann. 74 Fallingbostel Nr. 1964 |
| 1715 | Zinskornregister | Hann. 74 Fallingbostel Nr. 2122 |
| um 1730–1880 | Wirteveränderungen | Hann. 74 Fallingbostel Nrn. 8, 8/1 |
| 1755 | Namensverzeichnis der dienstbaren Mannschaft | Foto 1 Nrn. 424–425 |

### Schriftgut der freiwilligen Gerichtsbarkeit

| 1712–1829 | Kontrakte, Ehestiftungen, Obligationen | Hann. 72 Bergen Nr. 183 |
|---|---|---|

## Stadt Walsrode

Fürstentum Lüneburg, Cellisches Quartier; 1971: Landkreis Fallingbostel.

*Literatur:* Hans Stuhlmacher, Geschichte der Stadt Walsrode, 1964 (T Walsrode 5).

### Schriftgut der freiwilligen Gerichtsbarkeit

| | | |
|---|---|---|
| 1605, 1606 | Musterrolle | Foto 1 Nr. 435 |
| 1766 | Feuerstellenverzeichnis | Hann. 74 Ahlden Nr. 22 |

### Schriftgut der freiwilligen Gerichtsbarkeit

| | | |
|---|---|---|
| 1542–1558 | Protokolle des Klostergerichts (für Bürger von Walsrode) | Celle Br. 49 Nr. 339 |

## Amt Warpke

*Flecken:* Bergen (Dumme), Clenze.
*Dörfer:* Banzau, Belau, Billerbeck, Gielau, Harpe, Jiggel, Kassau, Külitz, Leisten, Malsleben, Mützingen, Niendorf (Nienbergen), Schäpingen, Starrel, Thune, Wöhningen.
Fürstentum Lüneburg, Lüchowsches Quarter; 1971: Landkreis Lüchow-Dannenberg.

### Registerförmige Quellen

| 1450 | Landbede | Stadtarchiv Lüneburg AB 74 a 1, siehe Grieser II, S. 43–45 |
|---|---|---|
| 1548–1574 | Amtsregister | Celle Br. 61 Nr. 579, Bl. 105[271] |
| 1564 | Höfeverzeichnis | Foto 1 Nr. 450 |
| 1641 | Kontributionsregister | Celle Br. 58 Nr. 280 Bd. II |
| 1671 | Untertanenverzeichnis | Celle Br. 45 Nr. 99, Bl. 72 |

---

271 Ältere Fassung im StA Wolfenbüttel unter 19 Alt Nr. 138; veröffentlicht von Klaus Nippert, Die Register der Ämter Lüchow und Warpke, 1996 (Ud Luc).

## Gericht Wathlingen

Kirchdorf: Wathlingen.
Fürstentum Lüneburg, Gifhornsches Quartier, 1971: Landkreis Celle.

### Registerförmige Quellen

| 1788 | Kontributionskataster des Gerichts Wathlingen | Hann. 74 Celle Nrn. 275, 279 |
|---|---|---|
| 1703–1791 | Eheberedungen und Ablobungen im Gericht Wathlingen | Hann. 74 Celle Nrn. 208–210 |

## Kloster Weende

(Siehe Amt Harste).

## Kloster Wennigsen

Kloster und Dorf Wennigsen.
Fürstentum Calenberg, Hannoversches Quartier; 1971: Landkreis Hannover.

*Literatur:* Wilhelm Völksen, Aus einem Rechnungsbuch des Kirchspiels Wennigsen (1584–1685), in: Norddeutsche Familienkunde 3, 1954, Heft 2, S. 33–36 (Zs 82).

### Registerförmige Quellen

| | | |
|---|---|---|
| 1542–1597 | Einnahme- und Ausgaberegister | Cal. Br. 7 Nr. 1782 Bd. I (1542–1581), Bd. II (1581–1597) |
| 1551 | Hausbuch | Cal. Br. 7 Nr. 1785 |
| 1581–1678 | Einnahme- und Ausgaberegister | Cal. Br. 7 Nr. 1799 |
| 1582–1618 | Kornregister | Cal. Br. 7 Nr. 1802 |
| 1582, 1583, 1592–1829 | Geldregister | Hann. 75 Nrn. 2108–2245 |
| 1585 | Huldigungsverzeichnis und Musterungsrolle | Cal. Br. 22 Nr. 728, siehe Burchard, S. 168, 169 |
| 1585 | Klosteruntertanen (Huldigung) | Cal. Br. 22 Nr. 723 |
| 1599 | Personen- und Landbeschreibung | Dep. 7 C Nr. 742 |
| um 1600 | Erbregister | Cal. Br. 7 Nr. 1785 |
| 1609(?) | Einnahmeregister | Cal. Br. 7 Nr. 1785 |
| 1617–1626, 1627–1629, 1636, 1637 | Schatzregister | Dep. 7 C Nrn. 18–22, 25 (Nr. 19 mit Reichsdefensivhilfstaxt 1620, Tripelhilfe und Lizent 1621) Dep. 7 C Nr. 12 Dep. 7 C Nr. 15 |
| 1617–1650, 1622–1626, 1638–1643, 1643–1809, 1650–1811 | Landsteuer (1640 mit Fräuleinsteuer) (1645 mit Fräuleinsteuer) | Dep. 7 C Nrn. 429–443 Dep. 7 C Nrn. 23, 24, 26 Dep. 7 C Nr. 16 Dep. 7 C Nrn. 27–204 Dep. 7 C Nrn. 205–207 Dep. 7 C Nrn. 209–242 Dep. 7 C Nrn. 245–280 Dep. 7 C Nrn. 282–352 (Nrn. 225–228 enthalten außerdem Rittersteuer |
| 1619–1625 | Geldregister | Cal. Br. 7 Nr. 1822 |

| | | |
|---|---|---|
| 1639 | Dienstgeldverzeichnis von Degersen, Bennigsen, Argestorf und Evestorf | Cal. Br. 7 Nr. 1816 |
| 1644 | Einnahme- und Zinsregister (in guten Jahren und Kriegsjahren, Vergleich) | Cal. Br. 7 Nr. 1785 |
| 1646 | Hand- und Spanndienstregister | Hann. 94 Nr. 8036 |
| 1655 (?) | Scheffelzinsregister | Hann. 94 Nr. 8158 |
| 1661–1674 | Schafschatzbeschreibungen | Cal. Br. 19 Nrn. 761, 762 |
| 1664 | Kopfsteuerbeschreibung | Cal. Br. 19 Nr. 1018 |
| 1675 | Kopfsteuerbeschreibung | Cal. Br. 19 Nr. 1028 |
| 1675 | Schaf- und Scheffelschatz | Dep. 7 C Nr. 735 |
| 1678 | Kopfsteuerbeschreibung | Cal. Br. 19 Nr. 1038 |
| 1681 | Klosteruntertanen (Huldigung) | Cal. Br. 22 Nr. 795 Bd. II |
| 1686, 1689 | Kopfsteuerbeschreibung | siehe Mundhenke[272], Teil 1, S. 259–260 |
| 1717, 1718 | Holtenser Zehntbeschreibung; Wennigser Wiesen- und Gartenbeschreibung; Beschreibung der Ländereien des Dorfes Lemmie | Hann. 94 Nr. 7929 |
| 1734, 1735 | Verzeichnis der Fleischzehntpflichtigen | Hann. 94 Nr. 8397 |
| 1751–1762 | Beschreibung des Klosters Wennigsen mit allen zugehörigen Grundstücken und der Grundstücke der Einwohner des Dorfes Wennigsen | Hann. 94 Nr. 7931[273] |
| 1752–1812 | Brandkataster | Hann. 330 Nr. 880 |
| 1766 | Personenbeschreibung | Dep. 7 C Nr. 731 |

---

[272] vgl. Anmerkung 1
[273] Vgl. auch FA 165.

## Amt Westen und Thedinghausen

*Kirchspiel Blender:* Blender, Einste, Gahlstorf, Hiddestorf, Holtum, Seestedt, Varste.
*Vogtei Dörverden:* Kirchspiel Dörverden, die Dörfer Barme, Drüber, Geestefeld, Hiddinghausen, Hülsen, Stedorf.
*Kirchspiel Intschede:* Amedorf, Intschede, Neddernhude, Reher, Ritzenbergen, Winkel.
*Marschvogtei:* Ahnebergen, Barnstedt, Döhlbergen, Groß und Klein Hutbergen, Rieda, Stedebergen, Wahnebergen, Westen.
*Kirchspiel Morsum:* Beppen, Knickende, Morsum, Nottorf, Wulmstorf.
*Kirchspiel Schwarme:* Borstel, Schwarme, Spracken, Wackershausen.
*Einstellige Höfe:* Borstel, Nocke.
1859 großenteils an den Landdrosteibezirk Stade (s. Ringklib 1859, Ma 4).
Weitere Quellen im Staatsarchiv Stade.
Grafschaft Hoya, 4. Quartier in der Obergrafschaft; 1971: Landkreise Verden und Grafschaft Hoya.

### Registerförmige Quellen

| 1563 | Kornregister des Hauses Thedinghausen mit namentlicher Verzeichnung der Zinsbauern | Celle Br. 72 Nr. 1042 |
|---|---|---|
| 1567 | namentliches Verzeichnis einer Schatzerhebung im Amt Thedinghausen | Celle Br. 72 Nr. 1043 |
| 1672, 1673 | Geistliches und Erbhofregister des Amtes Thedinghausen | Hann. 88 B Nr. 5498 |
| 1689 | Bierakzise des Amts Westen | Dep. 106 Nr. 2065 |
| ca. 1690– ca. 1800 | Zehntregister und Pachtkontrakte von Schwarme, Rottzinsregister von Beppen (1799) | Hann. 74 Bruchhausen Nr. 364 |
| ca. 1690– ca. 1770 | Namensverzeichnisse der Heergewette und Frauengerade (Todfallabgabe) im Amt Thedinghausen | Hann. 74 Bruchhausen Nr. 276 |
| 1692, 1704 | Schatzrechnung | Dep. 106 Nr. 2068 Dep. 106 Nr. 839 |
| 1694–1828 | Weinkaufverzeichnisse, Hauswirteverzeichnisse | Hann. 74 Bruchhausen Nrn. 326–328 |
| 1695–1873 | Höfesachen der Bauerschaft Schwarme mit Namen der Hauswirte | Hann. 74 Bruchhausen Nrn. 1087–1117 |
| 1701–1809 | Akzisepachtkontrakte im Amt Westen | Dep. 106 Nr. 2880 |
| Anf. 18. Jh. | Schatzrechnung | Dep. 106 Nr. 2082 |

## Amt Westen und Thedinghausen

| | | |
|---|---|---|
| 1703 | Kontributionsverzeichnis | Dep. 106 Nr. 791 |
| 1703 | Verzeichnisse der bebauten Stätten im Amt Thedinghausen | Dep. 106 Nr. 904 |
| 1706 | Viehschatzregister | Dep. 106 Nr. 2786 |
| 1707 | Verzeichnis der abgeholten Mühlenzettel aus dem Amt Thedinghausen, cellischen Teils | Dep. 106 Nr. 2776 |
| 1710 | Verzeichnis der Zehntfreien in Dörverden und Stedorf (nur wenige Namen) | Dep. 106 Nr. 638 |
| 1714 | Einquartierungsentschädigungen im Amt Westen | Dep. 106 Nr. 2102 Bd. III |
| 1729, 1733, 1736–1738, 1738–1743 | Tabaksbrüche | Dep. 106 Nr. 2390<br>Dep. 106 Nr. 2393<br>Dep. 106 Nr. 2398<br>Dep. 106 Nr. 2403 |
| 1733–1794 | Untersuchung und Bestrafung der Akzise- und Tabaksimpostbrüche in den Ämtern Westen und Thedinghausen | Dep. 106 Nr. 2895 Bde. I, II |
| 1736 | Akzisebrüche | Dep. 106 Nr. 2224 |
| 1751–1771 | Brandversicherungsveränderungen | Dep. 106 Nr. 1207 |
| 1752 | Verzeichnis der von Stafforst'schen Gutsleute im Amt Westen (nur wenige Namen) | Hann. 74 Bruchhausen Nr. 165 |
| 1753 | Brandkataster des Amtes Westen | Dep. 106 Nr. 1207 |
| 1755, 2. Hälfte 18. Jh. | Verzeichnis sämtliche im königlichem Amte Westen liegenden freien verdenschen Güter | Dep. 106 Nr. 637 Bd. I |
| 2. Hälfte 18. Jh. | Matrikularanschläge der geistlichen Güter zu Dörverden und Intschede | Dep. 106 Nr. 604 |
| 1755, 2. Hälfte 18. Jh. | Brandkataster des Amtes Thedinghausen | Dep. 106 Nr. 1207 |
| 1760–1793 | Tabaksgeldregister | Dep. 106 Nrn. 2420/2–2453/2 |
| 1760, 1768 | Änderungen zum Brandkataster des Amtes Westen | Dep. 106 Nr. 1207 |
| 1760, 1768 | Änderungen zum Brandkataster des Amtes Thedinghausen | Dep. 106 Nr. 1207 |
| 1760–1766, 1765 | Änderungen zum Brandkataster | Dep. 106 Nr. 1207 |
| 1764 | Verzeichnis der abgabepflichtigen Nutzer von Kirchenbesitzungen (nur Wulmstorf) | Dep. 106 Nr. 615 |

| | | |
|---|---|---|
| 1764 | Verzeichnisse der abgabepflichtigen Nutzer von Kirchenbesitzungen (nur Schwarme) | Dep. 106 Nr. 615 |
| 1764 | Kontributionsbeschreibung des Amtes Westen | Dep. 106 Nr. 638 |
| 1764 | Verzeichnis der gutsherrnfreien Untertanen des Amtes Westen (nur wenige Namen) | Dep. 106 Nr. 638 |
| 1764 | Verzeichnis der Gutsleute, welche der Ritterschaft, den Freien und der Geistlichkeit gehören im Amt Westen | Dep. 106 Nr. 638 |
| 1764 | Verzeichnis der Gutsleute, welche der Ritterschaft, den Freien und der Geistlichkeit gehören im Amt Thedinghausen | Dep. 106 Nr. 636 |
| 1764 | Matrikularanschläge der kontributionsfreien Grundstücke im Amt Westen | Dep. 106 Nr. 638 |
| 2. Hälfte 18. Jh., 1805 | Matrikularanschläge der kontributionsfreien Grundstücke im Amt Thedinghausen | Dep. 106 Nr. 636 |
| 2. Hälfte 18. Jh. | Verzeichnis der Zehntfreien im Amt Thedinghausen | Dep. 106 Nr. 636 |
| 1764 | Verzeichnis der kontributionsfreien Grundstücksbesitzer und Meiergefälle im Amt Thedinghausen | Dep. 106 Nr. 636 |
| 1764 | Verzeichnisse der gutsherrnfreien Meier im Amt Westen | Dep. 106 Nr. 638 |
| 1767 | Verzeichnisse abgabefreier Gutsbesitzer im Amt Westen | Dep. 106 Nr. 638 |
| 1767 | Verzeichnis der zehntfreien Grundstücksbesitzer im Amt Thedinghausen | Dep. 106 Nr. 636 |
| 1767 | Verzeichnis der gutsherrnfreien Meier im Amt Thedinghausen | Dep. 106 Nr. 636 |
| 1767 | Verzeichnis der kontributionsfreien Grundstücke im Amt Thedinghausen | Dep. 106 Nr. 636 |
| 1767 | Verzeichnis der Gutsherrschaft über Thedinghausensche Meierleute (Wulmstorf) | Dep. 106 Nr. 636 |
| 1769 | Brandkataster des Amtes Thedinghausen | Dep. 106 Nr. 1207 |
| 1772–1774 | Brandkataster | Dep. 106 Nr. 1207 |
| 1772 | Brandkataster des Amtes Westen (nur Westen und Dörverden) | Dep. 106 Nr. 1207 |
| 1776, 1777 | Verzeichnisse der Deichlasten, der kontributionsfreien Grundstücke | Dep. 106 Nr. 642 |
| 1788 | Weinkaufregister (nur wenige Namen) | Hann. 74 Bruchhausen Nr. 334 |

| | | |
|---|---|---|
| 1794–1800 1814, 1815 | Tabaksgeldregister der Ämter Westen und Thedinghausen | Dep. 106 Nrn. 2454/2–2459/2 Dep. 106 Nr. 2940 Bde. III, V |
| 1796 | Kontributionskataster des Amts Thedinghausen (nur Wulmstorf) | Dep. 106 Nr. 937 |
| 1804, 1805, 1808 | Listen der kriegssteuerpflichtigen freien Gutsbesitzer | Dep. 106 Nr. 638 |
| Ende 18./Anf. 19. Jh., 1805 | Matrikularextrakte der einzelnen Gutsherren im Amt Thedinghausen | Dep. 106 Nrn. 636, 638 |
| 1805 | Matrikularextrakte im Amte Thedinghausen der gutsherrnfreien Meier, der einzelnen Zehntfreiheit, der kontributionsfreien Grundstücke | Dep. 106 Nr. 636 |
| 1805 | Kriegssteuerregister | Dep. 106 Nr. 636 |
| 1806 | Verzeichnisse der im Amt Westen-Thedinghausen befindlichen v. Staffhorstschen Meier | Hann. 74 Bruchhausen Nr. 176 |
| 1805 | Matrukularextrakte Amt Westen | Dep. 106 Nr. 639 |
| 1804, 1805, 1806, 1807, 1808 | Kriegssteuerregister (Vogteien Intschede und Schwarme) | Dep. 106 Nr. 636 |

## Amt Westerhof

Dögerode, Eboldshausen, Harriehausen, Kalefeld, Marke, Sebexen (Ortsteile zum Amt Gandersheim gehörig), Westerhof, Wiershausen, Willershausen.
Einige Quellen enthalten auch Orte des Gerichts Oldershausen.
Fürstentum Göttingen; 1971: Landkreis Osterode.

### Registerförmige Quellen

| | | |
|---|---|---|
| 1549 | Register aller Güter von Meierhöfen, Zehnten, Renten und Zinsen | Cal. Br. 2 Nr. 2377 |
| 1572–1606 | Verzeichnis der Abgaben von der Rodeländerei im Gericht, Auszüge aus Geld- und Kornregistern | Cal. Br. 2 Nr. 2381 |
| 1572 | Fotokopien von Kirchenbuchaufzeichnungen von Harriehausen und Wiershausen | StA Wolfenbüttel 6 Kb ¼ |
| 1584, 1602, 1683–1700 | Schatzregister | Cal. Br. 2 Nr. 2463 |
| 1595 | Lagerbuch | Hann. 74 Osterode Nr. 28 |
| 1629 | Verzeichnis der Kriegskosten und -schäden | Cal. Br. 2 Nr. 2446 |
| 1645 | Untertanenverzeichnis | Foto 1 Nrn. 20–23 |
| 1651 | Lagerbuch | Hann. 74 Osterode Nr. 33 |
| 1661–1786 | Dienstsachen | Hann. 74 Osterode Nr. 107 |
| 1663–1844 | Kirchenbücher von Harriehausen und Wiershausen (1699–1823) | StA Wolfenbüttel 1 Kb 60–61a, 510–513 |
| 1664 | Kopfsteuerbeschreibung | Foto 1 |
| 1667 | Kontributionsregister | Cal. Br. 2 Nr. 2448 |
| 1669–1683 | Schatzregister | Cal. Br. 2 Nr. 2464 |
| 1671 | Mannschaftsrolle (Huldigung) | Cal. Br. 22 Nr. 788 Bd. I |
| 1675 | Kopfsteuerbeschreibung | Cal.Br. 19 Nr. 1029 Bd. II |
| 1678 | Kopfsteuerbeschreibung | Cal. Br. 19 Nr. 1039 Bd. III |
| 1680 | Mannschaftsrolle (Huldigung) | Cal. Br. 22 Nr. 796 Bd. IV |
| 1686, 1689 | Kopfsteuerbeschreibung | siehe Mundhenke[274], Teil 7, S. 56–105 |

[274] vgl. Anmerkung 1

| | | |
|---|---|---|
| 1687 | Rauchschatzbeschreibung | Cal. Br. 19 Nr. 1103/4 Bd. II |
| 1688 | Rauchschatzbeschreibung | Cal. Br. 19 Nr. 1116 Bd. IV |
| Ende des 17. Jh. | Lagerbuch | Hann. 74 Osterode Nr. 34 |
| 1701–1704 | Taxtbeschreibung und Scheffelschatz | Dep. 7 C Nr. 682 |
| 1701–1708 | Erbenzinsregister | Hann. 74 Osterode Nr. 207 |
| 1707, 1807 | Verzeichnis der erhobenen Baulebung | Hann. 74 Osterode Nr. 145 |
| 1707–1717 | Erbregisterauszüge | StA Wolfenbüttel 8 Alt Gand 26 |
| 1727, 1776, 1777 | Verzeichnis der Hauswirte, Rauchhühner etc. | Hann. 74 Osterode Nr. 93 |
| 1729 | Burgfestdienstregister (Herrendienstsachen 1615–1729) | Hann. 74 Osterode Nr. 99 Bd. I |
| 1755 | Namensverzeichnis der dienstbaren Mannschaft | Foto 1 Nr. 426 |
| 1763–1795 | Verzeichnisse der in herrschaftlichen Angelegenheiten verbrachten Dienste | Hann. 74 Osterode Nr. 121 |
| 1764–1773 | Verzeichnis der herrschaftlichen Meier- und Kotstellen | Hann. 74 Osterode Nr. 81 |
| 1789–1803 | Dienstpflichtenverzeichnisse (Abstellung der Naturaldienste) | Hann. 74 Osterode Nr. 127 |
| 1796 | Verzeichnis der bebauten Reihestellen und Häuslinge | Hann. 74 Osterode Nr. 83 |

## Amt Wiedelah

Beuchte, Immenrode, Lengde, Weddingen, Wehre, Wiedelah (Amtshaushalt).
Fürstbistum Hildesheim; 1971: Landkreis Goslar.

### Registerförmige Quellen

| 1548 | Erbregister | Hann. 74 Wöltingerode Nr. 1207 |
|---|---|---|
| 1597 | Scheffelschatzregister | Hild. Br. 1 Nr. 7602 |
| 1613 | Huldigungsverzeichnis | Cal. Br. 22 Nr. 748 |
| [1644 oder 1645] | Land- und Kontributionsbeschreibung | Hild. Br. 1 Nr. 8732 |
| 1645 | Land- und Kontributionsbeschreibung | Hild. Br. 1 Nr. 8649, desgl. in Hild. Br. 1 Nrn. 8579, 8852 |
| 1648 | Kopfsteuerlisten | Hild. Br. 1 Nr. 8308 |
| 1648–1811 | Amtsrechnungen | Hild. Br. 2 F Nrn. 149–199 |
| 1635–1654 | Schatzregister | Hild. Br. 12 Nrn. 800–803 |
| 1654–1656 | Schatzregister | Hild. Br. 1 Nrn. 7785, 7786 |
| 1656–1658 | Schatzregister | Hild. Br. 1 Nrn. 7815, 7816 |
| 1657–1801 | Schatzregister | Hild. Br. 12 Nrn. 666–732, Lücken lassen sich ergänzen mit Hilfe einer weiteren Reihe von 1690–1796: Hild. Br. 2 J Nrn. 721–767 |
| 1659 | Amtsbeschreibung | Hann. 74 Wöltingerode Nr. 1209 |
| 1661 | Land- und Viehbeschreibung | Hild. Br. 2 E Nr. 636 |
| 1661, 1662 | Einnahme- und Ausgaberegister | Hann. 74 Wöltingerode Nr. 1210 |
| 1664 | Kopfsteuerbeschreibung | Hild. Br. 2 J Nr. 327, siehe Bardehle, S. 290–301 |
| 1665–1762 | Kirchenbuchauszüge der kath. Pfarre Wiedelah | Hild. Br. 1 Nr. 12155 |
| 1675 | Vermessung der zum Amtshause Wiedelah gehörigen Länderei | Hild. Br. 2 E Nr. 637 |
| 1675, 1676 | Einnahme- und Ausgaberegister | Hann. 74 Wöltingerode Nr. 1211 |
| 1685 ff. | Walkenriedische Erbzinsländereien im Amte Wiedelah | Hann. 74 Wöltingerode Nr. 1441 |

| | | |
|---|---|---|
| 1701 | Seelenregister | Foto 1 |
| 1758 | Kopfsteuerregister | Hild. Br. 1 Nr. 7819 |
| 1769 | Land- und Wiesenbeschreibung | Hild. Br. 1 Nr. 8849 |
| 1769 | Land- und Wiesensteuerbeschreibung | Hild. Br. 2 J Nr. 352 |
| 1769 ff. | Brandkataster der Dorfschaft Lengde | Hann. 74 Wöltingerode Nr. 335 |
| 1769 ff. | Brandkataster der Dorfschaft Wehre | Hann. 74 Wöltingerode Nr. 364 |
| 1773 | Kopfsteuerlisten (sog. Fixum) | Hild. Br. 1 Nr. 8338 |
| 1798–1800 | Beschreibung und Bonitierung der kontributionsfreien Länderei | Hild. Br. 12 Nrn. 1078–1080 |

**Schriftgut der freiwilligen Gerichtsbarkeit**

| | | |
|---|---|---|
| 1656–1659 | Protokolle der Dorfschaft Lengde betr. zivilrechtliche Angelegenheiten | Hann. 74 Wöltingerode Nr. 334 |
| 1656–1660 | Protokolle der Dorfschaft Wehre betr. zivilrechtliche Angelegenheiten | Hann. 74 Wöltingerode Nr. 362 |
| 1666–1807 | Ehestiftungen und Kontrakte | Hann. 72 Goslar Nrn. 220–227 |
| 1721–1881 | Testamtente des Amts Wöltingerode | Hann. 72 Goslar Nrn. 292–294/2 |
| 1733–1807 | Obligationen | Hann. 72 Goslar Nrn. 228–234 |
| 1742–1744 | Protokolle des Amts Wiedelah in Zivilprozesssachen | Hann. 74 Wöltingerode Nr. 1718 |

## Amt Wilhelmsburg

*Vogtei Stillhorn:* Auf dem Alten Deiche, Auf dem Neuen Deiche, Auf dem Neuen Felde, Auf den Höveln, Finkenriek, Grünendeich, Jenerseite, Kornweide, Schönefeld, Stillhorn, Wilhelmsburg.
*Vogtei Reiherstieg:* Reiherstieg, Rotehaus.
Vogtei Georgswerder.
Fürstentum Lüneburg, Lüneburgisches Quartier; 1971: Stadt Hamburg.

### Registerförmige Quellen

| | | |
|---|---|---|
| 1608 | Viehverzeichnis von Stillhorn | Celle Br. 61 Nr. 824 |
| 1615 | Musterrolle Vogtei Stillhorn | Foto 1 Nr. 436 |
| 1755 | Namensverzeichnis der dienstbaren Mannschaft | Foto 1 Nrn. 424–425 |
| 1788, 1800 | Deichrolle der Vogtei Stillhorn | Hann. 74 Harburg Nr. 2701 |

## Amtsvogtei Winsen/Aller

Bannetze, Hambühren, Hartmannshausen, Hassel, Hornbostel, Jeversen, Meißendorf, Oldau, Stedden, Steinförde, Südwinsen, Thören, Walle, Wieckenberg, Wietze, Winsen/Aller[275], Wittbeck, Wolthausen.
Fürstentum Lüneburg, Cellisches Quartier; 1971: Landkreis Celle.

### Registerförmige Quellen

| 1438 | Schatzregister | Celle Br. 61 Nr. 857, siehe Grieser I, S. 8–38 |
|---|---|---|
| 16. Jh.–1940 | Familienbögen von Hambühren (A–K) | StA Wolfenbüttel 160 N 86 |
| 1511 | Schatzregister | Foto 1 Nr. 302 |
| 1553 | Musterrolle (keine Ortsangaben) | Celle Br. 46 Nr. 211 Bd. II, Bl. 8, 25 |
| 1589 | Viehschatzregister | Foto 1 Nr. 308 |
| 1605, 1606 | Musterrolle | Foto 1 Nr. 435 |
| 1628 | Einwohnerverzeichnis | Foto 1 Nr. 451 |
| 1628 | Kontributionsregister | Celle Br. 10 Nr. 120 Bde. I, II |
| 1667–1679 | Lagerbuch | Hann. 74 Celle Nr. 55[276] |
| 1679 | Mannschaftsbeschreibung | Hann. 74 Celle Nr. 258 |
| 1690, 1726, 1794 | Kontributionskataster | Hann. 74 Celle Nrn. 288, 289 |
| 1752–1851 | Brandversicherungskataster | Hann. 74 Celle Nr. 1231 |
| 1755 | Namensverzeichnis der dienstbaren Mannschaft | Foto 1 Nr. 426 |
| 1770 | Tabellarische Beschreibung | Hann. 76 c G Nrn. 21, 22 |

### Schriftgut der freiwilligen Gerichtsbarkeit

| 1645–1810 | Ehestiftungen | Hann. 72 Celle Nrn. 604–615 |
|---|---|---|
| 1780–1849 | Amtshandlungen | Hann. 72 Celle Nrn. 616–632 |

---

275 Paul Borstelmann, Beiträge zur Geschichte der Gemeinde Winsen/Aller, 1982 (T Winsen 5).
276 vgl. Anmerkung 275.

## Amt Winsen/Luhe

*Stadt:* Winsen/Luhe.
*Amtsvogtei Amelinghausen:* Amelinghausen[277], Behringen, Betzendorf, Bispingen, Borstel, Dehnsen, Diersbüttel, Ehlbeck, Ehrhorn, Einem, Etzen, Evendorf, Grevenhof, Hillersbüttel, Hörpel, Hützel, Kohlenbissen, Marxen am Berge, Munster, Niederhaverbeck, Niendorf, Oberhaverbeck, Oldendorf, Poitzen, Rehlingen, Rehrhof, Rolfsen, Schmarbeck, Schwindebeck, Sellhorn, Soderstorf, Sottorf, Steinbeck, Südergellersen, Trauen, Volkwardingen, Wetzen, Wilsede, Wohlenbüttel.
*Amtsvogtei Bardowick:*
*Flecken:* Bardowick.
*Dörfer:* Clues, Dreckharburg (Horburg)[278], Handorf, Mechtersen, Ochtmissen, Sankt Dionys, Vögelsen, Wittorf, Wrestedt.
*Amtsvogtei Bienenbüttel:* Allenbostel, Arendorf, Barnstedt, Betzendorf, Beverbeck, Bienenbüttel, Borstel, Breloh, Buendorf, Bünstorf, Deutsch Evern, Emsen, Eppensen, Gienau, Glüsingen, Golste, Grünewald, Häcklingen, Hanstedt, Heinsen, Holtorf, Holxen, Ilster, Kolkhagen, Natendorf, Neetze, Niendorf, Oerzen, Oldendorf (auf der Klei), Radenbeck, Ricklingen, Rieste, Schmarbeck, Siecke, Steddorf, Tätendorf, Thondorf, Vastorf, Walmstorf, Wriedel.
*Amtsvogtei Garlstorf:* Asendorf, Brackel, Döhle, Egestorf, Einemhof, Eyendorf, Garlstorf, Garstedt, Gödenstorf, Hanstedt, Heimbuch, Kirchgellersen, Lobke, Lübberstedt, Luhmühlen, Marxen, Nindorf, Oelstorf, Oerzen, Ollsen, Putensen, Quarrendorf, Raven, Röndahl, Rolfsen, Sahrendorf, Salzhausen, Schätzendorf, Schmalenfelde, Südergellersen, Thonhof, Toppenstedt, Undeloh, Vierhöfen, Weddermöde, Westergellersen, Wilsede.
*Marschvogtei*[279]: Drage, Drennhausen, Eichholz, Elbstorf, Fahrenholz, Haue, Hunden[280], Krümse, Laßrönne, Mover, Niedermarschacht, Oldershausen, Rönne, Schwinde, Stove, Tönnhausen.
*Vogtei Neuland:* Fliegenberg, Hoopte, Stöckte, Wuhlenburg.
*Amtsvogtei Pattensen:* Asendorf, Ashausen, Bahlburg, Borstel, Brackel, Dierkshausen, Fachenfelde, Freschenhausen, Garstedt, Hanstedt[281], Holm, Holtorf, Horst, Inzmühlen, Jesteburg, Luhdorf, Marxen, Maschen, Meningen, Nindorf, Ohlendorf, Pattensen[282], Quarrendorf, Ramelsloh[283], Rottorf, Roydorf, Sangenstedt, Scharmbeck, Schierhorn, Stelle, Tangendorf, Wehlen, Weihe, Wiedenhof, Wulfsen.
Fürstentum Lüneburg, Lüneburgisches Quartier; 1971: Landkreise Celle, Harburg, Lüneburg, Soltau und Uelzen.
*Literatur:* Ernst Rüther, Das Lagerbuch des Amtes Winsen von 1681, [1936], (Ud Win).

277 Brigitte Hense, Chronik Amelinghausen: 1293–1993, 1992 (T Amelinghausen 2).
278 vgl. Anmerkung 277
279 Hofbesitzer ab 1450, vgl. Reinstorf, Elbmarschkultur ...
280 vgl. Anmerkung 277
281 Gerhard Rieckmann, Die Personennamen der Kirchspiele Hanstedt, Pattensen und Ramelsloh im Landkreis Harburg, 1954 (01387).
282 vgl. Anmerkung 281
283 vgl. Anmerkung 281

Amt Winsen/Luhe 333

## Registerförmige Quellen

| 1450 | Schatzregister | Stadtarchiv Lüneburg AB 74 a 1, siehe Grieser II, S. 8–66 |
|---|---|---|
| 1553 | Musterrolle (ohne Ortsangaben) | Celle Br. 46 Nr. 211 Bd. II, Bl. 30, 38 |
| 1562 | Schatzregister | Celle Or. 1 Nrn. 105 a, 105 b |
| 1564, 1586 | Höfeverzeichnis | Foto 1 Nr. 450 |
| 1618, 1619 | Dienstgeld- und Höfeverzeichnis der Marschvogtei | Celle Br. 61 Nr. 777 |
| 1620 | Ausschussregister | Celle Br. 46 Nr. 213 Bd. I, Bl. 190 |
| 1628 | Kontributionsverzeichnisse | Celle Br. 10 Nr. 123 |
| 1629 | Einwohnerverzeichnis | Foto 1 Nr. 451 |
| 1640 | Armenverzeichnis | Celle Br. 61 a Nr. 6548 |
| 1644 | Schatzregister | Foto 1 Nr. 456 |
| 1645 | Einquartierungsentschädigungen | Celle Br. 11 Nr. 319 |
| 1648 | Dienstverzeichnis | Hann. 74 Winsen/L. Nr. 2327 |
| 1649, 1659, 1660, 1661, 1669, 1670, 1689, 1690, 1699, 1700, 1769, 1770 | Geldregister | Original im 2. Weltkrieg verbrannt. Abschrift in: Ms. E.E. Nr. 038 |
| 1649 | Huldigungsverzeichnis der Marschvogtei | Celle Br. 45 Nr. 92 |
| 1651–1721 | Amtsbeschreibung | Hann. 74 Winsen/L. Nr. 10 |
| 1665 | Untertanenverzeichnis (ohne Marschvogtei) | Hann. 74 Winsen/L. Nr. 12 |
| 1670 | Landbeschreibung der Marschvogtei | Hann. 74 Winsen/L. Nr. 13 |
| 1681 | Kontributionskataster | Hann. 74 Winsen/L. Nr. 432 |
| 1681 | Lagerbuch | Signatur siehe Rüther, Lagerbuch … |
| 1681–1799 | Hebungsmanuale (nur Vogtei Neuland) | Hann. 74 Winsen/L. Nr. 433 |
| 1688 | Hauswirteverzeichnis der Marschvogtei, Amtsvogtei Pattensen, Amtsvogtei Bardowick (mit Vorwirten) | Hann. 74 Winsen/L. Nr. 14 |
| 1693, 1694 | Dienstregister | Hann. 74 Winsen/L. Nr. 2326 |
| 1713 | Verzeichnis der Gutsherrnleute | Hann. 74 Winsen/L. Nr. 10 |

| 1735 | Einwohnerverzeichnis | Hann. 74 Winsen/L. Nr. 16[284] |
|---|---|---|
| 1743, 1744 | Revidiertes Kontributionskataster | Hann. 74 Winsen/L. Nrn. 435[285], 436[286] |
| 1755 | Namensverzeichnis der dienstbaren Mannschaft | Foto 1 Nr. 427 |
| 1755–1851 | Dienstregister | Hann. 74 Winsen/L. Nr. 2328 |
| 1760–1763, 1776, 1777 | Hebungsmanuale der Amtsvogtei Garlstorf | Hann. 74 Winsen/L. Nr. 440 |
| um 1770 | Tabellarische Beschreibung (keine Namen) | Foto 1 Nr. 355 |
| 1793, 1794 | Hebungsmanuale der Marschvogtei | Hann. 74 Winsen/L. Nr. 434 |
| 1797 | Ländereiverzeichnis und Mannzahlrolle der Marschvogtei | Hann. 74 Winsen/L. Nr. 23 |
| 1801–1803 | Lagerbuch | Hann. 74 Winsen/L. Nrn. 27–30[287] |
| 1804 | Kriegssteuerbeschreibung | Hann. 74 Winsen/L. Nr. 444 |

**Schriftgut der freiwilligen Gerichtsbarkeit**

| 17./18. Jh. | Ehestiftungen u. a. | Abschriften aus: Hann. 72 Winsen in: Ms. E.E. 036. Originale im 2. Weltkrieg verbrannt |
|---|---|---|
| 1658–um 1750 | Ehekontrakte | Kartei im Stadtarchiv Lüneburg |

---

284 Amtsvogtei Garlstorf nur summarisch.
285 In 435: Amtsvogteien Amelinghausen, Bardowick, Bienenbüttel, Garlstorf.
286 In 436: Vogtei Neuland, Marschvogtei, Amtsvogtei Pattensen.
287 Ca. 1720, Abschrift von 1801/03.

# Amt Winzenburg

*Dörfer:*
*Hasekenhäuser Gohe oder Börde:* Everode, Eyershausen, Groß Freden, Klein Freden, Ohlenrode, Wetteborn, Winzenburg (Amtshaushalt, urspr. Hasekenhusen genannt) mit Vorwerken Hornsen und Haus Freden; – Esbeck, Meimershausen, adliges Gericht Wispenstein mit Föhrste, Gerzen, Imsen und Warzen.
*Gehlenberger Gohe oder Börde:* Adenstedt, Breinum (teilweise), Evensen, Grafelde, Graste, Netze (teilweise), Neuhof, Segeste, Sehlem, Sibbesse, Westfeld, Wöllersheim, Woltershausen; – Almstedt, Breinum (teilweise), Harbarnsen, Wehrstedt, Wrisbergholzen; – *Flecken:* (Bodenburg), Lamspringe, Salzdetfurth.
*Niedere Börde oder Gohe:* siehe unter Amt Gronau.
*Alfeldische Gohe:* Eimsen, Hörsum, Langenholzen, Röllinghausen, Sack, Wettensen.
Die Gohe-Zugehörigkeit verliert im 17. Jahrhundert ihren Sinn. Als erste verschwindet die Alfelder Gohe (Gohe im Alten Dorf) aus den Registern, später werden unter den Gohen nur die Herrendörfer aufgeführt und die Junkerdörfer anschließend zusammengefasst. Ältere Verzeichnisse enthalten auch Bodenburg, Brunkensen und Östrum, die 1643 an Braunschweig kamen.
*Adlige Gerichte (Haus, Gut oder Dorf):* Almstedt, Breinum, (Brüggen), Brunkensen, (Dötzum), Eimsen, Eitzum, Esbeck, Föhrste, Gerzen, Harbarnsen, (Heinum), (Hönze), Hörsum, Imsen, Irmenseul, Langenholzen, Meimershausen, (Möllensen), Netze, Petze, (Rheden), Röllinghausen, Sack, Salzdetfurth, Sellenstedt, Warzen, Wehrstedt, Wettensen, Wispenstein und Wrisbergholzen. Außerdem besaß das Kloster Lamspringe Gerichtsbarkeit in Lamspringe, Wöllersheim, Neuhof und Wohlenhausen (Amt Bilderlahe). In Klammern: Dörfer der Niederen Börde.
*Kloster im Amt:* Lamspringe[288].
*Stadt beim Amt:* Alfeld[289].
Fürstbistum Hildesheim; 1971: Landkreis Alfeld (außer Brunkensen: Landkreis Holzminden und Wehrstedt: Landkreis Hildesheim-Marienburg).

## Registerförmige Quellen

| 1524–1681 | Güter vor Alfeld, Langenholzen und in Dankelsen | Foto 1 Nr. 446 |
|---|---|---|
| 1537 | Kornzins der Dörfer im Amt Winzenburg für einige hildesheimische Stifte und Klöster | Cal. Br. 10 Nr. 653 |
| 1559 | Scheffelschatzregister | Hild. Br. 1 Nrn. 7639 und 7641 |

---

288 Friedrich Gatzemeyer, [Lamspringer] Einwohnerverzeichnis vom Jahre 1578. In: Lamspringer Heimatblätter 1, 1924; Ernst Schütz, Lamspringes Einwohner nach dem Bürgerrestantenbuch von 1639–1666, in: Norddeutsche Familienkunde 14, 1965, S. 43–45, (Zs 82).
289 Paul Graff, Geschichte des Kreises Alfeld, 1928 (Sh 13).

| | | |
|---|---|---|
| 1561–1617 | Schafschatzregister | Cal. Br. 10 Nr. 664 |
| 1563 | Erbregister-Auszug | Cal. Br. 10 Nr. 666 |
| 1571 | Scheffelschatzregister | Cal. Br. 10 Nr. 676 |
| 1578 | Erbregister | Hann. 74 Alfeld Nrn. 475, 476 (Abschrift), desgl. Hann. 74 Gronau Nr. 344 |
| 1583 | Erbregister | Cal. Br. 1 Nr. 859 |
| 1594, 1595 | Dienstgeldregister | Cal. Br. 10 Nr. 738 |
| 1594, 1599, 1600, 1602, 1605 | Musterzettel (Untertanenverzeichnisse) | Cal. Br. 10 Nr. 739 |
| 1597 | Scheffelschatzregister | Hild. Br. 1 Nr. 7639 |
| 1600 | Schafschatzregister | Hild. Br. 1 Nr. 7533 |
| 1605 | Ausschuss-Musterrolle und Beschreibung der Bürger der Stadt Alfeld | Foto 1 Nrn. 431–433 |
| 1613 | Huldigungsverzeichnis (auch Stadt Alfeld) | Cal. Br. 22 Nr. 748 Foto 1 Nr. 447 |
| 1617 | Scheffelschatzregister | Hild. Br. 1 Nr. 7605 |
| 1617 | Hufen- und Zehntschatzregister | Hild. Br. 1 Nr. 7641 |
| 1617 | Hufenschatzregister der von Steinbergschen Leute zu Bodenburg, Bornhausen, Breinum, Hönze, Möllensen, Östrum, Sack, Salzdetfurth und Sehlem | Hild. Br. 1 Nr. 7643 |
| 1643 | Designation der Ackerleute des Amtes | Hild. Br. 1 Nr. 8874 |
| 1645 | Land- und Kontributionsbeschreibung | Hild. Br. 1 Nr. 8715 |
| 1645 | Land- und Kontributionsbeschreibung (adlige Dörfer) | Hild. Br. 1 Nr. 8704 |
| 1645 | Visitation des Amtes (für familiengeschichtliche Forschungen nicht ergiebig) | Hild. Br. 1 Nr. 8750 |
| 1648 | Kopfsteuerlisten | Hild. Br. 1 Nr. 8308 |
| 1650–1654 | Schatzregister | Hild. Br. 12 Nrn. 800–803 |
| 1654–1821 | Kirchenbücher | StA Wolfenbüttel 1 Kb 162–164a |
| 1654–1656 | Schatzregister | Hild. Br. 1 Nrn. 7785, 7786 |
| 1657, 1658 | Schatzregister | Hild. Br. 1 Nr. 7787 |
| 1658, 1659 | Schatzregister | Hild. Br. 12 Nr. 617 |

| | | |
|---|---|---|
| 1660, 1661 | Schatzregister | Hild. Br. 1 Nr. 7788 |
| (1578), 1661–1775 | Land- und Personenbeschreibungen von Langenholzen | Hild. Br. 2 E Nr. 1531 |
| 1662–1665 | Schatzregister | Hild. Br. 12 Nr. 618 |
| 1663 | Vermessung der zum Amtshause Winzenburg und dessen Vorwerken gehörigen Ländereien | Hild. Br. 1 Nr. 8714 |
| 1664 | Kopfsteuerbeschreibung | Hild. Br. 1 Nrn. 8319 und 8295 Bd. III, siehe Bardehle, S. 302–377 |
| 1664 | Kopfsteuerbeschreibung der Stadt | Hild. Br. 1 Nr. 8295 Bd. III, siehe Bardehle, S. 420–426 |
| 1664 | Vermessung von Eitzum | Hild. Br. 1 Nr. 8759 |
| 1665 | Gesindesteuerbeschreibung | Hild. Br. 1 Nr. 8445 Bd. II |
| 1668–1801 | Schatzregister (auch Niedere Börde) | Hild. Br. 12 Nrn. 619–665, Lücken lassen sich weitgehend ergänzen mit Hilfe von weiteren Reihen, 1689–1799: Hild. Br. 2 J Nrn. 768–812 sowie 1685, 1699–1801: Hild. Br. 1 Nrn. 7791–7813 |
| 1674 | Kopfsteuer der (Kontributions-)Freien und des Gesindes (auch Stadt Alfeld) | Hild. Br. 1 Nr. 8307 |
| 1685 | Kopfsteuer der (Kontributions-)Freien und des Gesindes (auch Stadt Alfeld) | Hild. Br. 1 Nrn. 7791 und 8310; Hild. Br. 12 Nr. 948 a |
| 1689 | Okular-Landbeschreibung von Dötzum | Hild. Br. 1 Nr. 8801 |
| 1692 | Okular-Landbeschreibung der Dorfschaften: Sibbesse und Westfeld<br>Netze, Graste und Evensen<br>Neuhof<br>Segeste, Grafelde und Hönze<br>Sehlem | Hild. Br. 1 Nr. 8798<br>Hild. Br. 1 Nr. 8803<br>Hild. Br. 1 Nr. 8801<br>Hild. Br. 1 Nr. 8804<br>Hild. Br. 1 Nr. 8799 |
| 1692 | Okular-Landbeschreibung der Ländereien vor Alfeld | Hild. Br. 1 Nr. 8763 |
| 1701 | Seelenregister (ohne Stadt) | Foto 1 |
| 1720 | Vermessung und Beschreibung von Ohlenrode | Hild. Br. 1 Nr. 8806 |
| 1757, 1758 | Amtsbeschreibung: Tabellen der Dorfschaften | Dombibliothek Hildesheim Hs 191b |

| 1765 | Kopfsteuerbeschreibung (auch Stadt Alfeld u. Niedere Börde) | Hild. Br. 1 Nr. 8443 |
|---|---|---|
| 1769 | Land- und Wiesenbeschreibung | Hild. Br. 1 Nr. 8833<br>Hild. Br 2 J Nr. 353 |
| 1769 | Land- und Wiesenbeschreibung der Gronauschen Niederen Börde | Hild. Br. 1 Nr. 8832 |
| 1773 | Kopfsteuerlisten (sog. Fixum) | Hild. Br. 1 Nr. 8334 |
| 1778 | Neue Land- und Wiesenbeschreibung von Salzdetfurth | Hild. Br. 1 Nr. 8854 |
| 1784 | Landbeschreibung und Vermessung von Groß Freden | Hild. Br. 1 Nr. 8796 |
| 1798–1800 | Beschreibung und Bonitierung der kontributionsfreien Ländereien | Hild. Br. 12 Nrn. 1078–1080 |

## Schriftgut der freiwilligen Gerichtsbarkeit

| 1564–1800 | Obligationen des Amtes Alfeld | Hann. 72 Alfeld Nrn. 361–369 |
|---|---|---|
| (1566), 1618–1807 | Kontrakte des Gerichts Almstedt | Hann. 72 Alfeld Nrn. 191–194 |
| 1600–1777 | Ehestiftungen des Gerichts Wrisbergholzen | Hann. 72 Alfeld Nrn. 274–276 |
| 1631–1808 | Laten-, Meier- und Freidingsbücher (Amt Winzenburg, Meierding betr. Woltershausen und Westfeld, Freiding Adenstedt) | Hann. 72 Alfeld Nrn. 145–154 |
| 1635–1822 | Kontrakte des Amtes Winzenburg | Hann. 72 Alfeld Nrn. 132–141 |
| 1636–1807 | Protokolle des Freigerichts Adenstedt | Hann. 72 Alfeld Nrn. 189, 190 |
| 1644–1684 | Protokolle des Meierdings zu Sibbesse | Dombibliothek Hildesheim Hs 69 |
| 1665–1852 | Testamente des Gerichts Salzdetfurth | Hann. 72 Hildesheim Nrn. 441–445 |
| 1666–1822 | Ehestiftungen des Amtes Winzenburg | Hann. 72 Alfeld Nrn. 120–131 |
| 1680–1836 | Handlungsbücher der Stadt Alfeld | Hann. 72 Alfeld Nrn. 178–188 |
| 1681–1808 | Protokolle, Ehestiftungen und Kontrakte des Gerichts Harbarnsen (einschließlich Netze) | Hann. 72 Alfeld Nrn. 254–260 |
| 1682–1840 | Protokolle und Amtshandlungen des Gerichts Almstedt | Hann. 72 Alfeld Nrn. 195–204 |
| 1682–19. Jh. | Testamente des Amtes | Hann. 72 Alfeld Nrn. 407–428 |

| | | |
|---|---|---|
| 1700–1852 | Ehestiftungen, Kontrakte und Obligationen des Gerichts Salzdetfurth | Hann. 72 Hildesheim Nrn. 397–417 |
| 1708–1820 | Kontrakte des Gerichts Eitzum | Hann. 72 Elze Nrn. 312–314 |
| 1738–1813 | Kontrakte und Ehestiftungen des Gerichts Wehrstedt | Hann. 72 Hildesheim Nr. 829 |
| 1749–1808 | Ehestiftungen und Obligationen des Gerichts Wispenstein | Hann. 72 Alfeld Nrn. 268–273 |
| 1764–1836 | Obligationen, Kontrakte und Ehestiftungen des Gerichts Wrisbergholzen | Hann. 72 Alfeld Nrn. 277–283 |
| 1771–1847 | Ehestiftungen des Amtes Alfeld | Hann. 72 Alfeld Nrn. 307–351 |
| 1772–1802 | Hypotheken- und Kontraktenbuch des Gerichts Langenholzen | Hann. 72 Alfeld Nr. 239 |
| 1780–1836 | Kontrakte und Ehestiftungen des Gerichts Salzdetfurth (einschließlich Breinum) | Hann. 72 Alfeld Nrn. 261–267 |

## Amt Wittenburg

Säkularisiertes Kloster im Dorf Wittenburg, Amt Calenberg.
Fürstentum Calenberg, Hannoversches Quartier; 1971: Landkreis Springe.

### Registerförmige Quellen

| 1579–1585 | Hühner- und Eierregister | Cal. Br. 7 Nr. 1934 |
|---|---|---|
| 1666 | Erbregister | Hann. 88 A Nr. 7286 |
| 1669 | Erbregister | Hann. 74 Calenberg Nr. 105 |
| 1671 | Mannschaftsrolle (Huldigung) | Cal. Br. 22 Nr. 788 Bd. II |
| 1686, 1689 | Kopfsteuerbeschreibung | siehe Mundhenke[290], Teil 1, S. 149 |

---

[290] vgl. Anmerkung 1

## Amt Wölpe

*Flecken:* Erichshagen.
*Dörfer:* Baumühle, Bolsehle, Borstel, Brokeloh, Brunnenborstel, Eilvese, Eilveserdamm, Führser Mühle, Gadesbünden, Glashof, Groß Varlingen, Hagen, Heemsen, Holtorf, Husum, Klein Varlingen, Laderholz, Langendamm, Linsburg, Lohe, Nöpke[291], Rohrsen, Schessinghausen, Sonnenborstel, Steimbke, Stöckse, Wenden, Wendenborstel.
Fürstentum Calenberg, Lauenausches Quartier; 1971: Landkreise Neustadt a. Rbge., Nienburg.

### Registerförmige Quellen

| 1585 | Huldigungsverzeichnis und Musterungsrolle | Cal. Br. 22 Nr. 728, siehe Burchard, S. 189–195 |
|---|---|---|
| 1585 | Mannschaftsrolle (Huldigung) | Cal. Br. 22 Nr. 723 |
| 1587 | Verzeichnis der im Steimbker und Grinder Wald gehaltenen Schweine (Namen der Schweinehalter) | Cal. Br. 2 Nr. 2516 |
| 1587 | Geldregister | Hann. 74 Nienburg Nrn. 740, 741 |
| 1599 | Musterungsregister | Cal. Br. 16 Nr. 1168 |
| 1601–1625 | Geldregister | Hann. 74 Nienburg Nr. 742 |
| um 1600 | Ausschuss-Musterrolle | Cal. Br. 16 Nr. 1179 |
| 1617–1621, 1638–1643, 1643–1809 | Landsteuer (1640 mit Fräuleinsteuer) (1645 mit Fräuleinsteuer) | Dep. 7 C Nrn. 7–10 Dep. 7 C Nr. 16 Dep Nr. 7 C Nrn. 27–204 |
| 1619 | Taxtbeschreibung | Dep. 7 C Nr. 614 |
| 1622–1625 | Kornregister | Hann. 74 Nienburg Nr. 768 |
| 1625, 1626 | Schafschatzregister | Dep. 7 C Nr. 11 |
| 1628 | Untertanenverzeichnis | Cal. Br. 2 Nr. 2623 |
| 1627–1629, 1636, 1637 | Schatzregister | Dep. 7 C Nr. 12 Dep. 7 C Nr. 15 |
| 1632 | Untertanenverzeichnis | Cal. Br. 2 Nr. 65 |
| 1636 | Mannschaftsrolle (Huldigung) | Cal. Br. 22 Nr. 764 Bd. II |
| 1641–1729 | Schafschatzbeschreibungen | Hann. 74 Nienburg Nr. 640 |

---

291 Hans Ehlich, Nöpke: Aus der Geschichte eines Dorfes, 1994 (00556).

| | | |
|---|---|---|
| 1645 | Mannschaftsrolle (Huldigung) | Foto 1 Nrn. 20–23 |
| 1649 | Mannschaftsrolle (Huldigung) | Cal. Br. 22 Nr. 773 |
| 1650–1690 | Kornregister | Hann. 74 Nienburg Nrn. 769, 770 |
| 1655–1680 | Kontributionsbeschreibungen | Hann. 74 Nienburg Nr. 636 |
| 1660–1667 | Geldregister | Hann. 74 Nienburg Nr. 743 |
| 1661–1674 | Schafschatzbeschreibungen | Cal. Br. 19 Nrn. 761, 762 |
| 1662–1726 | Taxtbeschreibungen | Hann. 74 Nienburg Nr. 637 |
| 1664 | Kopfsteuerbeschreibung | Foto 1 |
| 1669 | Scheffelschatzregister | Hann. 74 Nienburg Nr. 639 |
| 1671 | Mannschaftsrolle (Huldigung) | Cal. Br. 22 Nr. 788 Bd. I |
| 1672 | Revidierte Kontributionsbeschreibung | Cal. Br. 19 Nr. 866 |
| 1675 | Kopfsteuerbeschreibung | Cal. Br. 19 Nr. 1031 Bd. II |
| 1675 | Schaf- und Scheffelschatz | Dep. 7 C Nr. 735 |
| 1675, 1676 | Geldregister | Cal. Br. 2 Nr. 2625 |
| 1678 | Kopfsteuerbeschreibung | Cal. Br. 19 Nr. 1040 Bd. II |
| 1681 | Mannschaftsrolle (Huldigung) | Cal. Br. 22 Nr. 795 Bd. I |
| 1685–1728 | Geld- und Konregister der Kirchen zu Steimbke | Hann. 74 Nienburg Nrn. 1574–1577 |
| 1686 | Taxtbeschreibung | Dep. 7 C Nr. 626 |
| 1686, 1689 | Kopfsteuerbeschreibung | siehe Mundhenke[292], Teil 3, S. 116–161 |
| 1686–1822 | Erbfälle, Weinkäufe, Freilassungen | Hann. 74 Nienburg Nr. 887 |
| 1687, 1688 | Rauchschatzbeschreibungen | Cal. Br. 19 Nr. 1103/4 Bd. II Cal. Br. 19 Nr. 1116 Bd. IV |
| o. J. (17. Jh.?) | Amtslagerbuch der Parochie Hagen | Hann. 74 Neustadt Nr. 357 |
| 1702 | Dienstregister | Hann. 74 Nienburg Nr. 774 |
| 1702–1848 | Geldregister | Hann. 74 Nienburg Nrn. 744–767 |
| 1724–1750 | Kornregister | Hann. 74 Nienburg Nr. 771 |
| 1728–1827 | Dienstregister | Hann. 74 Nienburg Nrn. 775–787 |
| 1731–1733 | Dienstregister | Hann. 74 Nienburg Nr. 841 |
| 1750–1812 | Brandkataster | Foto 1 |

292 vgl. Anmerkung 1

| | | |
|---|---|---|
| 1755 | Namensverzeichnis der dienstbaren Mannschaft | Foto 1 Nrn. 424–425 |
| 1766 | Personenbeschreibung | Dep. 7 C Nr. 732 |
| 1769–1790 | Kornregister | Hann. 74 Nienburg Nr. 772 |
| 1773–1789 | Geld- und Kornregister der Kirchen zu Steimbke | Hann. 74 Nienburg Nrn. 1578–1580 |
| 1794–1808 | Rekrutenaushebungen zum Landwehrdienst | Hann. 74 Nienburg Nr. 669 |

## Amt Wohldenberg

*Dörfer:*
*Ammergohe:* Bönnien, Bültum, Groß Ilde, Hary, Nette, Söder, Störy, Upstedt, Werder.
*Niedere Gohe:* Binder, Grasdorf, Hackenstedt, Heersum, Heinde, Henneckenrode, Holle, Lechstedt, Listringen, Luttrum, Rhene, Sillium, Sottrum, Wartjenstedt.
*Obere Gohe:* Alt Wallmoden, Baddeckenstedt, Groß Elbe, Groß Heere, Gustedt[293], Klein Elbe, Klein Heere, Sehlde, Neuwallmoden (teilweise).
*Adlige Gerichte (Haus, Gut oder Dorf):* Alt Wallmoden, Binder, Heinde, Henneckenrode, Lechstedt, Listringen, Söder, Werder.
Die Gohe-Zugehörigkeit der adligen Güter und Dörfer wird ab dem 17. Jh. oft nicht mehr erwähnt.
*Kloster im Amt:* Derneburg.
*Stadt beim Amt:* Bockenem[294].
Fürstbistum Hildesheim; 1971: Landkreise Hildesheim-Marienburg, Wolfenbüttel; Alt Wallmoden beim Landkreis Goslar.

### Registerförmige Quellen

| | | |
|---|---|---|
| 1547 | Erbregister | Cal. Br. 10 Nr. 816 |
| 1560, 1561 | Schatzregister | Hild. Br. 1 Nr. 7606 |
| 1567 | Erbregister | StA Wolfenbüttel 19 Alt Nr. 220 |
| 1578 (–1656) | Erbregister | Hild. Br. 1 Nr. 8879 |
| 1600–1683 | Erbenzinsregister von Bockenem | StA Wolfenbüttel 24 Alt 15 |
| 1609 | Scheffelschatzregister | Hild. Br. 1 Nr. 7606 |
| 1622 | Schatzregister | Hild. Br. 1 Nr. 7642 |
| 1623 | Schafschatzregister | Hild. Br. 1 Nr. 7533 |
| 1641–1673 | Kirchenbücher von Luttrum | StA Wolfenbüttel 1 Kb 243–245a |
| 1644 | Land- und Kontributionsbeschreibung | Hild. Br. 1 Nr. 8740 |
| 1645 | Land- und Kontributionsbeschreibung (ohne adlige Gerichtsdörfer) | Hild. Br. 1 Nr. 8741 |
| 1645 | Land- und Kontributionsbeschreibung (ohne adlige Gerichtsdörfer) | Hild. Br. 1 Nrn. 8704, 8746 |

---

293 Friedrich Karl Krentel, Höfe- und Ortssippenbuch Gustedt (1642–1875), 1989 (T Gustedt 1).
294 Wilhelm Müller, Von den großen Stadtbränden Bockenems, seinen Archivquellen und dem Bürgerverzeichnis von 1531–69, in: Alt-Hildesheim 28, 1957, S. 43–47 (Zs 136).

| 1645 | Landbeschreibung und Visitation | Hild. Br. 1 Nr. 8748 |
| --- | --- | --- |
| 1648 | Landbeschreibung | Hild. Br. 1 Nrn. 8719, 8739 |
| 1648 | Kopfsteuerlisten | Hild. Br. 1 Nr. 8308 |
| 1650–1654 | Schatzregister | Hild. Br. 12 Nrn. 800–803 |
| 1651, 1652 | Geld- und Kornregister | Hann. 74 Bockenem Nrn. 113, 114 |
| 1654–1656 | Schatzregister | Hild. Br. 1 Nrn. 7785, 7786 |
| 1656–1658 | Schatzregister | Hild. Br. 1 Nrn. 7815, 7816 |
| 1657–1801 | Schatzregister | Hild. Br. 12 Nrn. 665–732, Lücken lassen sich ergänzen mit Hilfe einer weiteren Reihe von 1690–1796: Hild. Br. 2 J Nrn. 721–767 |
| 1663 | Vermessung der zum Amtshause Wohldenberg gehörigen Länderei | Hild. Br. 1 Nr. 8759 |
| 1664 | Landbeschreibung | Hild. Br. 1 Nr. 8741 |
| 1664 | Kopfsteuerbeschreibung | Hild. Br. 1 Nr. 8295 Bde. II u. III, siehe Bardehle, S. 378–420 |
| 1664 | Kopfsteuerbeschreibung der Stadt Bockenem | Hild. Br. 1 Nr. 8295 Bd. III, siehe Bardehle, S. 426–435 |
| 1665 | Gesindesteuerbeschreibung | Hild. Br. 1 Nrn. 8445 Bd. II, 8446 |
| 1666 | Rotermund-Heckenbergische Landbeschreibung von Bültrum, Luttrum und Upstedt | Hild. Br. 1 Nr. 8758 |
| 1666 | Landschatzbeschreibung der adligen Dörfer | Hild. Br. 2 J Nr. 472 |
| 1674 | Kopfsteuer der (Kontributions-)Freien und des Gesindes (auch Stadt Bockenem) | Hild. Br. 1 Nr. 8307 |
| 1681–1814 | Kirchenbücher von Henneckenrode | StA Wolfenbüttel 1 Kb 1017–1019 |
| 1690 | Landbeschreibung von Hary, Störy und Bönnien | Hann. 74 Bockenem Nr. 115 |
| 1692 | Okular-Landbeschreibung der Stadt Bockenem (enthält auch ein Einwohnerverzeichnis) | Hild. Br. 1 Nr. 8765 |
| 1701 | Seelenregister (ohne Stadt Bockenem) | Foto 1 |
| 1708, 1709 | Geldregister | Hann. 74 Bockenem Nr. 118 |
| 1716, 1717 | Geldregister | Hann. 74 Bockenem Nr. 116 |
| 1757, 1758 | Amtsbeschreibung: Tabellen der Dorfschaften (auch Stadt Bockenem) | Hild. Br. 1 Nr. 8724 |
| 1758 | Kopfsteuerregister (auch Stadt Bockenem) | Hild. Br. 1 Nr. 7819 |

| 1769 | Land- und Wiesenbeschreibung | Hild. Br. 1 Nr. 8842 |
|---|---|---|
| 1769 | Landsteuerbeschreibung | Hild. Br. 2 J Nr. 354 |
| 1773 | Kopfsteuerlisten (sog. Fixum) – auch Stadt Bockenem | Hild. Br. 1 Nr. 8332 |
| 1798–1800 | Beschreibung und Bonitierung der kontributionsfreien Ländereien | Hild. Br. 12 Nrn. 1078–1080 |

### Schriftgut der freiwilligen Gerichtsbarkeit

| 1555–1760 | Protokolle des Meierdings zu Binder | Hann. 77 b Nr. 3936 |
|---|---|---|
| 1614–1815 | Ehestiftungen und Kontrakte des Amtes Wohldenberg | Hann. 72 Bockenem Nrn. 65–82 |
| 1614–1809 | Ehestiftungen, Kontrakte und Obligationen des Amtes Wohldenberg | Hann. 72 Bockenem Nrn. 54–64 |
| 1667–1710 | Inventarien und Abschätzungen des Amtes Wohldenberg | Hann. 72 Bockenem Nrn. 54–64 |
| 1682–1744 | Ehestiftungen des Amtes Wohldenberg | Hann. 72 Bockenem Nrn. 83–97 |
| 1693–1798 | Protokollbücher in Zivilstreitigkeiten des Amtes Wohldenberg | Hann. 72 Bockenem Nrn. 405–407 |
| 1716–1804 | Ehestiftungen des Amtes Wohldenberg | Hann. 72 Bockenem Nrn. 98–125 |
| 1755–1856 | Testamtente des Amtes Wohldenberg | Hann. 72 Bockenem Nrn. 199–215 |
| 1759–1803 | Kontrakte des Amtes Wohldenberg | Hann. 72 Bockenem Nrn. 168–177/1 |
| 1725–1808 | Verhandlungen des Freiengerichts zu Groß Rhüden, Mechtshausen und Dahlum | Hann. 72 Bockenem Nr. 455 |
| 1762–1809 | Kontrakte des Gerichts Binder | Hann. 72 Bockenem Nr. 414 |
| 1630–1742 | Meierdingszettel und Meierdingsbuch für Heinde-Listringen | Hann. 72 Hildesheim Nrn. 820, 821 |
| 1768–1806 | Kontrakte des Gerichts Henneckenrode | Hann. 72 Bockenem Nr. 415 |
| 1793–1808 | Ehestiftungen, Obligationen und Kontrakte des Gerichts Werder | Hann. 72 Bockenem Nr. 418 |

## Kloster Wülfinghausen

Klostergut.
Fürstentum Calenberg, Hamelsches Quartier; 1971: Landkreis Springe.

### Registerförmige Quellen

| 1546 | Hausregister | Cal. Br. 7 Nr. 1948 |
|---|---|---|
| 1561–1859 | Geldregister | Hann. 75 Nrn. 2294–2479 |
| 1602–1708 | Beschreibung der Einkünfte (mit Änderungseintragungen bis 1708) | Cal. Br. 7 Nr. 1948 |
| 1617–1626 | Schatzregister | Dep. 7 C Nrn. 18–22, 25 (Nr. 19 mit Reichsdefensivhilfstaxt 1620, Tripelhilfe und Lizent 1621) |
| 1617–1650, 1622–1626, 1643–1648, 1650–1811 | Landsteuer (1645 mit Fräuleinsteuer) | Dep. 7 C Nrn. 429–443 Dep. 7 C Nrn. 23, 24, 26 Dep. 7 C Nr. 27 Dep. 7 C Nrn. 205–207 Dep. 7 C Nrn. 209–242 Dep. 7 C Nrn. 245–280 Dep. 7 C Nrn. 282–352 (Nrn. 225–228 enthalten außerdem Rittersteuer) |
| 1631 | Lagerbuch | Cal. Br. 7 Nr. 1948 |
| 1661, 1662 | Einnahme und Ausgabe von Hof- und Zehnthühnern und -gänsen, Hofeiern | Cal. Br. 7 Nr. 233 |
| 1662–1674 | Schafschatzbeschreibungen | Cal. Br. 19 Nrn. 761, 762 |
| 1664 | Kopfsteuerbeschreibung | Foto 1 |
| 1670–1676 | Hand- und Spanndienstregister | Hann. 94 Nr. 8786 |
| 1671 | Klosteruntertanen und -bediente (Huldigung) | Cal. Br. 22 Nr. 788 Bd. II |
| 1675 | Kopfsteuerbeschreibung | Cal. Br. 19 Nr. 1028 |
| 1678 | Kopfsteuerbeschreibung | Cal. Br. 19 Nr. 1038 |
| 1686, 1689 | Kopfsteuerbeschreibung | siehe Mundhenke[295], Teil 1, S. 261–262 |
| 1713 | Zehntregister | Hann. 94 Nr. 9029 |
| 1750–1812 | Brandkataster | Hann. 330 Nr. 880 |
| 1766 | Personenbeschreibung | Dep. 7 C Nr. 731 |

---

295 vgl. Anmerkung 1

## Stift Wunstorf

(Stadt Wunstorf unter Ämter Blumenau und Neustadt).
Fürstentum Calenberg, Lauenausches Quartier; 1971: Landkreis Neustadt a. Rbge.

### Registerförmige Quellen

| 1536–1550 | Einnahme- und Ausgaberegister | Cal. Br. 7 Nrn. 2086 (1536–1543), 2087 (1543–1550) |
|---|---|---|
| 1541, 1554–1557, 1571 | Einnahmeregister | Cal. Br. 7 Nr. 2091 |
| 1558–1569 | Register von Abtei-Einkünften | Hann. 94 Nr. 9265 |
| 1594 | Geld- und Kornregister | Cal. Br. 7 Nr. 2091 |
| 1617–1626, | Schatzregister | Dep. 7 C Nrn. 18–22, 25 (Nr. 19 mit Reichsdefensivhilfstaxt 1620, Tripelhilfe und Lizent 1621) |
| 1627–1629, 1636, 1637 | | Dep. 7 C Nr. 12 Dep. 78 C Nr. 15 |
| 1617–1621, 1622–1626, | Landsteuer | Dep. 7 C Nrn. 7–10 Dep. 7 C Nrn. 23, 24, 26 |
| 1638–1643, 1643–1648 | (1640 mit Fräuleinsteuer) (1645 mit Fräuleinsteuer) | Dep. 7 C Nr. 16 Dep. 7 C Nr. 27 |
| 1619, 1706, 1707, 1720 | Taxtbeschreibung | Dep. 7 C Nr. 614 Dep. 7 C Nr. 636 Dep. 7 C Nr. 672 |
| 1625, 1626 | Schafschatzregister | Dep. 7 C Nr. 11 |
| 1664 | Kopfsteuerbeschreibung | Foto 1 |
| 1675 | Kopfsteuerbeschreibung | Cal. Br. 19 Nr. 1028 |
| 1678 | Kopfsteuerbeschreibung | Cal. Br. 19 Nr. 1038 |
| 1688 | Rauchschatzbeschreibungen | Cal. Br. 19 Nr. 1116 Bd. IV |
| 1686, 1689 | Kopfsteuerbeschreibung | siehe Mundhenke[296], Teil 4, S. 125– 139 |
| 1718 | Stiftszehntregister | Hann. 94 Nr. 9283 |
| 1752–1812 | Brandkataster | Hann. 330 Nr. 880 |

296 vgl. Anmerkung 1

## Amt Wustrow

*Hausvogtei:* Flecken Wustrow.
*Dörfer:* Beesem, Blütlingen, Dolgow, Gistenbeck, Güstritz, Klennow, Neritz, Schwiepke, Teplingen.
*Kommuniondörfer mit dem Amt Lüchow:* Dangenstorf, Kremlin, Kussebode, Lensian, Lichtenberg, Lübbow, Rebenstorf, Reddebeitz, Schreyahn, Seerau im Drawehn, Woltersdorf.
*Vogtei Kiefen:* Kiefen, Kloster, Kröte, Kukate, Marlin, Prepow, Zebelin.
*Kommuniondörfer mit dem Amt Lüchow:* Dickfeitzen, Göttien, Gohlau, Gohlefanz, Klein Wittfeitzen, Mützingen, Prießeck, Seelwig, Vaddensen, Waddeweitz.
Fürstentum Lüneburg, Lüchowsches Quartier; 1971; Landkreis Lüchow-Dannenberg.

### Registerförmige Quellen

| | | |
|---|---|---|
| 1450 | Schatzregister | Stadtarchiv Lüneburg AB 74 a 1, siehe Grieser II, S. 8–66 |
| 1476[297], 1512 | Register | Celle Br. 61 Nr. 838 |
| 1669, 1671 | Huldigungsverzeichnis | Celle Br. 45 Nrn. 97, 99 |
| Ende 17. Jh. | Untertanenverzeichnis | Hann. 74 Lüchow Nr. 38 |
| 1682 | Verzeichnis der Untertanen, welche anderen Ämtern abgabepflichtig sind | Hann. 74 Lüchow Nr. 246 |
| 1713–1724, 1746–1750, 1755–1772, 1801–1907 | Dienstmanuale | Hann. 74 Lüchow Nrn. 300–304 |
| 1755 | Namensverzeichnis der dienstbaren Mannschaft | Foto 1 Nr. 427 |
| 1800–1810 | Dienstbeschreibung | Hann. 128 Celle Nrn. 241, 242 |

---

[297] Hausbuch, Original sowie Abschrift in: Hann. 74 Lüchow Nr. 246.

# Index

**A**
Abbeile 206
Abbendorf 31
Abbenhausen 72
Abbensen
– Amt Meinersen, Dorf 206
– Amt Meinersen, Gericht 207
– Amtsvogtei Bissendorf 25
Abbensen-Bledeln
– Gericht 269
Abbentheren 72
Abbesbüttel 96
Abelbeck 283
Achtum-Uppen
– Dorf 132, 293, 294
– Gericht 293
Addenstorf 204
Adelebsen
– Flecken 1
– Gericht 1
Adelhorn 65
Adenbüttel 96
Adendorf 192, 272
Adensen
– Dorf 50
– Go 52
Adenstedt
– Amt Peine 242, 244
– Amt Winzenburg 335, 338
Adlum 132, 134
Aerzen
– Amt 1, 2
– Flecken 1, 2
Affendorf 142
Afferde 287
Affinghausen 5
Ahausen 302
Ahlbershausen 309
Ahlden
– Amt 4
– Flecken 4
Ahlem
– Dorf 28
– Vogtei 29
Ahlemissen 206

Ahlften 283
Ahlten 150
Ahmstorf 83
Ahndorf 26, 93
Ahnebergen 322
Ahnsbeck 16
Ahnsen 206
Ahrbeck 46
Ahrbergen 293
Ahrenfeld 174
Ahrsen
– Amt Rethem/Aller 258
– Amtsvogtei Fallingbostel 85
Ahstedt 136, 293
Albern 283
Albrechtshausen
– Vorwerk 156
Albringhausen 88
Aldorf 65
Alfeld
– Amt 338
– Stadt 335
Alferde 50
Algermissen Siehe Groß und Klein Algermissen 132
Alhusen 142
Aligse 46
Aljarn 204
Allenbostel 70, 332
Allerbüttel 96
Allersehl 96
Allershausen 309
Almhorst 28
Almke 83
Almstedt
– Dorf 335
– Gericht 335, 338
Almstorf 204
Alt Wallmoden
– Dorf 344
– Gericht 344
Altbruchhausen
– Amt 5, 214
– Flecken 5, 7
Altenau

– Stadt 124, 125
Altenboitzen 258
Altenbrücke
– Gericht 192
Altenbücken 142
Altencelle 55
Altendorf 41
Altenebstorf 70
Altenfelde 142
Altengleichen
– Gericht 8, 216, 313
Altenhagen
– Amt Lauenau 171
– Amt Springe 287
– Burgvogtei Celle 55
Altenhof 14, 50, 52, 53
Altenmarhorst 72
Altenmedingen 204
Altenteich 314
Altenwahlingen 314
Altenwerder 111
Alterkamp 299
Altmerdingsen 206
Altwarmbüchen
– Dorf 46
– Patrimonialgericht 48
Alvern
– Amt Ebstorf 70
– Amtsvogtei Beedenbostel 16
Alvesen
– Amt Harburg 111
– Amt Hoya 142
Alvesrode 287
Alvesse 206
Ambergen 65
Ambostel 206
Amedorf 219, 322
Amelgatzen 1, 2
Amelinghausen 332
Amelsen 147
Amelungsborn
– Kloster 209
Amtsfelde 85
Andershausen 264
Anderten

- Amt Hoya 142, 145
- Amtsvogtei Ilten 150
- Gerichtsdorf 145
Andreasberg
- Stadt 124, 125
Anemolter 299
Angelse 302
Angerstein 37
Annen 118
Anstedt 72
Apelstedt 88
Appel 208
Appelbüttel 111
Appenrode
- Amt Neustadt/Grafschaft Hohnstein 224
- Gericht Altengleichen 8
Apwisch 65
Arbste 142
Ardestorf 208
Arendorf 70, 332
Argestorf 50, 52, 320
Arkenberg 180
Arnum 20, 50, 52
Arnum 20, 50, 52 *Siehe* auch Bennigsen
Arpke 206
Asche 115
Aschen 65
Asel 132, 134
Asendorf
- Amt Hoya, Dorf 145
- Amt Hoya, Kirchspiel 143, 144, 145
- Amt Winsen/Luhe 332
Ashausen 93, 332
Atzenhausen 39
Auburg
- Amt 9
- Landgut 9
Ausbüttel 96
Austen 65
Avendshausen 264
Avensen 111
Averhoy 219

**B**

Baarsen 252
Bad *Siehe* unter dem Ortsnamen ohne Bad
Baddeckenstedt 344
Badenstedt 50
Bahlburg 332
Bahnsen 31
Bahrenbostel 306
Bahrendorf 139
Bährenhof 127
Bakede 171
Balge 226
Ballenhausen 89
Banke 139
Bankewitz 31
Bannensiek 165
Bannetze 331
Banratz *Siehe* Groß und Klein Banratz 217
Banteln
- Dorf 10
- Gericht 10
Bantorf 50
Bäntorf 287
Banzau 317
Barbis 273
Bardowick
- Flecken 332
Barenburg
- Amt 11, 72
- Flecken 11
Barendorf 192
Barfelde 104
Barförde 272
Bargdorf 204
Bargfeld
- Amt Bodenteich 31
- Amtsvogtei Beedenbostel 16
Bargmoor 26
Barienrode 195
Barke 142
Barlissen 155
Barmbostel 127
Barmbruch 283
Barme 322
Barnitz 58
Barnsen 31
Barnstedt 204, 322, 332
Barnstorf
- Amt Diepholz, Flecken 65
- Amt Fallersleben 83
- Vogtei 65
Barnten 293

Barrien
- Amt Ehrenburg 72
- Amt Syke, Dorf 302
- Amt Syke, Kirchspiel 303
Barrigsen 28
Barsinghausen
- Dorf 50
- Kloster 13
Barskamp 26, 272
Barterode 1
Bartolfelde 273
Barum
- Amt Bütlingen 45
- Amt Medingen 204
Barver 65
Barwedel 35
Basse 219
- Go 222
- Vogtei 221, 222
Bassel 283
Basselthof 46
Bassum
- Flecken 88
- Stift 15
Batensen 31
Baumühle 341
Bausen 189
Baven 127
Bavendorf 192
Bavenstedt 293
Beber 171
Bechtsbüttel 96
Beck 85
Beckedorf
- Amt Harburg 111
- Amtsvogtei Hermannsburg 127
Beckeln 118
Becklingen
- Amt Garze 93
- Amtsvogtei Bergen 21
Beckstedt 65
Beedenbostel
- Amtsvogtei 16
- Dorf 16
Beesem 349
Behlingen 226
- Vogtei 229
Behlingermühle 226
Behren 96
Behrensen

- Amt Moringen 209
- Amt Springe 287
Behringen 332
Beienrode
- Amt Fallersleben 83
- Gericht Garte 91
Beinhorn 46
Beinum 182
Bekum 242
Belau 317
Bellahn 139
Belsen 21
Bemerode
- Dorf 18
- Gericht 18
Bendestorf 111
Benefeld 85
Benhorn 85
Benitz 41
Bennebostel 55
Bennemühlen 25
Benniehausen 8, 216
Bennigsen
- Dorf 20, 50
Bennigsen und Arnum
- Gericht 20
Benninghöfen 278
Benrode 206
Bensen 5, 214
Benstorf 174, 249
Benterode 211
Benthe 50
Benzen 258
Beppen 322
Berenbostel 260
Bergen
- Amtsvogtei 21
- Dorf 21
Bergen (Dumme)
- Flecken 317
Berka 156, 157
Berkel 280
Berkhof 25
Berkum 242
Berlepsch
- Gericht 39
Bernshausen 95
Berwartshausen 209
Berxen 5, 6
Beseland 189

Bessinghausen 102
Bestenbostel 25
Betheln 104
Bettmar 293
Bettrum 290
Betzendorf 332
Betzhorn 96
Beuchte 328
Bevensen
- Amt Medingen, Flecken 204
- Amt Neustadt a. Rbge. 219
Beverbeck 204, 332
Bevermühle 96
Bienenbüttel 332
Bierbergen 242, 244, 246
Bierde 4
Bilderlahe
- Amt 23, 335
Billerbeck 317
Bilm 150
Bilshausen 186
Binder
- Dorf 344, 346
- Gericht 344, 346
Binghausen 72
Binnen 226
Bischhausen 91
Bischof 189
Bishausen 117
Bispingen 332
Bissendorf
- Amtsvogtei 25
- Dorf 25
Bissenhausen 72
Bitter 139
Blankemühlen 258
Blankenhagen 209
Bleckede
- Amt 26, 93, 272
- Flecken 26
Bleckmar 21
Bledeln
- Dorf 267, 268
- Gericht 267, 269
Blender 322
Blenhorst 226
Blickwedel 96
Blockwinkel 72
Blume (Vorstadt von Münden) 211
Blumenau

- Amt 28, 219, 348
Blumenhagen 206
Blumlage 55
Blütlingen 349
Böbber 171
Bockel
- Amt Auburg 9
- Amtsvogtei Fallingbostel 85
Böckelse 75
Bockelskamp
- Amt Ehrenburg 72
- Amtsvogtei Eicklingen 75
Bockenem
- Stadt 344
Bockholt 31
Bockhop
- Amt Diepholz 65
- Amt Liebenau 180
- Amt Nienburg 226
Bockhorn
- Amt Ehrenburg 72
- Amtsvogtei Fallingbostel 85
Bockhorst 297
Bockleben 189
Bocksted 65
Böddenstedt 31
Bodenburg
- Flecken 335, 336
Bodenfelde
- Flecken 231
Bodensee 186
Bodenteich
- Amt 31, 238
- Flecken 31
Bodenwerder
- Stadt 33
Boecke 31
Bohldamm 217
Bohlsen 31
Böhme 314
Bohmheide 283
Bohndorf 192
Bohnenburg 217
Bohnhorst
- Dorf 299
- Vogtei 300
Boitze 26
Boitzen
- Gericht 258
Boitzenhagen 159

Boitzum 50
Bokel 96
Bokelberge 96
Bokeloh
– Amt 34
– Dorf 34
Bokensdorf 35
Boldecker Land
– Gericht 35
Boldenkoven 165
Bollensen
– Amt Uslar 309
Bollensen Amt Bodenteich *Siehe* Groß und Klein Bollensen 31
Bollersen 21
Bolsehle 341
Boltersen 192, 272
Bolzum
– Dorf 267
– Gericht 267
Bomke 31
Bommelsen 85
Bonaforth 211
Bönnien 344
Bönnigsen
– Dorf 50
– Vogtei 52
Bonstorf 127
Bördel 211
Bordenau 219
Börenwinkel 297
Borg
– Amt Bodenteich 31
– Amt Rethem/Aller 258
Bornbusch 142
Borne 31
Bornsen 70
Bornum 50
Börry 102
Borstel
– Amt Nienburg, Dorf 226
– Amt Nienburg, Vogtei 226, 228
– Amt Westen und Thedinghausen 322
– Amt Winsen/Luhe 93, 332
– Amt Wölpe 341
Borsum 132
Borwede 72
Bösel 189
Bösen 189

Bösenhausen 297
Bösinghausen 121
Bosse 4
Bostel 55
Bostelwiebeck 204
Böstlingen 85
Bötenberg 226
Böthel 299
Bothfeld 168
Bothmer 82
Bottendorf 96
Bovenden
– Amt 37
– Flecken 37
Boye 55
Braasche 58, 139
Brackede 26, 272
Brackel 332
Brackenberg
– Amt 39
Brake 280
Brambostel 31
Bramkamp 63
Bramstedt 302
Brandleben 58
Brase 219
Brauel 70
Braunschweig
– Stadt 335
Brebber 142
Bredelem 182
Bredenbeck
– Dorf 40
– Gericht 40
Bredenbock 139
Breese
– Amt Dannenberg, Dorf 58
– Amt Dannenberg, Gericht 59
– Amt Hitzacker 139
Breese am Seiselberg 58
Breese in der Marsch 58
Breetze 192
Breinum
– Dorf 335
– Gericht 335
Breitenberg 68
Breitenfeld 158
Brelingen 25
Brelloh 72
Breloh 70, 332

Bremke 8, 216
Breselenz
– Dorf 58
– Gericht 59
Breustian 58
Brevörde 247
Brietlingen 45
Brink 168
Brinkum
– Dorf 302
– Kirchspiel 303, 304
Brochthausen 68
Brock 283
Bröckel 75
Brockensen 102
Brockhimbergen 204
Brockhöfe 70
Brockhoff 226
Brockstreck 65
Brockum 178
Brokeloh 341
Brome
– Flecken 41
– Gericht 41
Bruch 1, 2
Bruchdorf 26
Bruchhagen 297
Bruchhausen *Siehe* Altbruchhausen und Neubruchhausen 5, 214
Bruchmühle 79
Bruchtorf 204
Bruchwedel 31
Brüggen
– Dorf 104
– Gericht 104, 335
Brullsen 285
Brümmerhof 283
Brümmerloh 72
Bründeln 242
Brüne 142
Brünhausen 72
Brüninghorstedt 299
Brünkendorf 92
Brunkensen
– Dorf 335
– Gericht 335
Brunnenborstel 341
Brünninghausen 285
Brunsbüttel 96
Brunstein

– Amt 43
– Domäne 43
Buchholz
– Amt Harburg 111
– Amt Langenhagen 168
– Amt Neustadt/Grafschaft Hohnstein 224
– Amt Nienburg 226
– Amt Uchte 306
– Amtsvogtei Essel 82
Buchhorst
– Amt Ehrenburg 72
– Amt Nienburg 226
Büchten 4
Bückau 58
Bücken
– Flecken 142, 144
– Kirchspiel 142, 145
Buendorf 26, 332
Buensen
– Amt Harburg 111
– Amt Rotenkirchen 264
Bühle 117
Bühren
– Amt Münden 211
– Amt Nienburg 226
Bülitz 189
Bullendorf 272
Bullenhausen 111
Bültum 344
Bünkemühle 142
Bunkenburg 16
Bünstorf 332
Bünte 302
Buntenbock
– Flecken 124
Burdorf 142
Büren 219
Burgdorf
– Amt 46
– Amt Schladen 275
– Stadt 46
Burgstemmen 249
Burgwedel
– Amtsvogtei 47
Burlage 178
Bursfelde
– Kloster 49
Bussau 189
Bütlingen

– Amt 45
– Dorf 45

**C**
Calberlah 96
Calenberg
– Amt 20, 50, 161, 263, 340
Calle 142
Campen 226
Cantrup 72
Capellenhagen 174
Celle
– Burgvogtei 55
– Stadt 55, 56
Clauen 242
Clausthal
– Stadt 124
Clenze
– Flecken 317
Clues
– Amt Syke 302
– Amt Winsen/Luhe 332
Coldewey 72
Colnrade 65
Coppenbrügge
– Amt 57, 285
– Flecken 285
Cordingen
– Dorf 258
– Gericht 258
Cornau
– Flecken 65
Cronsbostel 28
Croya 41

**D**
Dachtmissen
– Amt Burgdorf 46
– Amt Lüne 192
Daensen 208
Daerstorf 208
Dageförde 21
Dahlem 26
Dahlenburg
– Flecken 26
Dahlenrode 89
Dahlhausen 142
Dahlheim 211
Dahlskamp 72
Dahlum 23, 346

Dahrenhorst 206
Dalitz 189
Dallahn 31
Dalldorf
– Amt Bodenteich 31
– Amt Gifhorn 96
Dalle 16
Dambeck 58
Damm bei Lauenstein
– Flecken 174
Damnatz 58
Dangenstorf 189, 349
Dangersen 111
Dankelsen 335
Dankelshausen
– Dorf 152
– Gericht 152
Dannenberg
– Amt 58
– Stadt 60
Dannenbüttel 96
Darchau 217
Darrigsdorf 154, 159, 160
Dassel
– Stadt 79, 147
Dassensen 264
Davenstedt 28
Deblinghausen 297
Deckau 65
Dedelstorf 96
Dedendorf 142
Dedenhausen
– Dorf 206
– Gericht 207
Dedensen 28
Degersen 50, 52, 320
Dehmkerbrock 165
Dehnbostel 85
Dehnsen
– Amt Winsen/Luhe 272, 332
– Dorf 61
– Gericht 61
Dehrenberg 1, 2
Deiderode 89
Deilmissen 174
Deimern 283
Deinsen 174
Deitersen 147
Deitlevsen 1, 2
Delliehausen 309

Dellien 217
Delmen (Wüstung) 268
Denkershausen 43
Derneburg
– Kloster 62, 104, 344
Desingerode 68
Detfurth 195
Dethlingen 70, 127
Deutsch Evern 192, 332
Devese 162
Diahren 189
Dibbersen 111
Dickel 65
Dickfeitzen 189, 349
Didderse 96, 98
Diedersen 287, 289
Diekholzen 195
Diemarden
– Außenhof des Klosters Hilwartshausen 138
– Gericht 90
– Klosteramt 89
Dienstborstel 142
Diensthop 142
Diepenau
– Amt 63
– Flecken 63, 64
Diepholz
– Amt 65
– Flecken 65
– Grafschaft 66
Dierkshausen 332
Diersbüttel 332
Dierstorf
– Amt Moisburg 208
– Amt Stolzenau 299
Diesten 21
Diethe 299
Dingelbe 293, 295
Dinkelhausen 309
Dinklar 293, 295
Dinstorf 219
Ditterke 50, 52
Dittmern 283
Doenhausen 142
Dögerode 326
Döhlbergen 322
Döhle 332
Dohnsen 21
Döhrel 72

Döhren 111
– Amt Freudenberg 88
– Amtsvogtei Ilten 150, 151, 161, 163
– Go 163
Dolgen 150
Dolgow 349
Dollbergen 206
Dolldorf 226
Dompropstei 293, 296
Donnerhorst 258
Dönsel 65
Donstorf 65
Dorfmark
– Dorf 85
– Vogtei 86
Dörmte 31
Dörnten 182
Dörpe 174
Dörpel 65
Dörrieloh 72
Dörrigsen 264
Dorstadt
– Dorf 182
– Kloster 182
Dorste 128
Dörverden
– Kirchspiel 322, 323, 324
Döteberg 28
Dötzum 104
– Dorf 337
– Gericht 104, 335
Drage 332
Drakenburg
– Flecken 226, 227, 228, 229
Dramfeld 89
Dransfeld
– Gericht 211
– Stadt 67, 211
Drebber
– Dorf 65
– Vogtei 65
Dreckharburg 272, 332
Dreeke 65
Dreilingen 31
Drennhausen 332
Drentwede 65
Drestedt 208
Drethem 139
Dreye 302, 304

Drispenstedt 293
Drögennottorf 204
Drüber 270, 322
Dübbekold 26, 58
Duddenhausen 142
Dudenbostel 25
Dudensen 219
Düderode 239
Duderstadt
– Amt 68
– Stadt 68
Düdinghausen 297
Düendorf 30
Duensen 1, 2
Duhm 156
Duingen
– Flecken 174
Dumstorf 26
Dünau 30
Dungelbeck
– Dorf 242, 244
– Vogtei 244
Dunk 297
Dünsche 189
Dünsen 118
Dunsen 174
Düshop 85
Düshorn 85
Düste 65
Duveneck 72

E
Ebbingen 258
Ebergötzen 253
Eberhausen 1
Eberholtensen 28
Eberholzen 104, 105
Eboldshausen 326
Ebstorf
– Amt 70
– Flecken 70
– Kloster 70
Echem 272
Echte 239
Eckel 111
Eckerde 50
Eddelstorf 204
Eddesse 206
Eddigehausen 37
Eddinghausen 50

# Index

Edemissen
- Amt Meinersen 206
- Amt Rotenkirchen 264
Edendorf 192, 204
Edesbüttel 96
Edesheim 43
Egenhausen 72
Egenstedt 195
Egestorf
- Amt Calenberg 13, 50
- Amt Lauenau 171
- Amt Winsen/Luhe 93, 332
Egge 165
Eggersen
- Vorwerk 174
Ehestorf 111
Ehlbeck 332
Ehmen 83
Ehra 41
Ehrenburg
- Amt 11, 72
- Flecken 72, 74
Ehrhorn 93, 332
Ehrling 65
Eichdorf 26
Eichenborn 252
Eichenkrug 8
Eichholz 332
Eickbusch 65
Eickeloh 4
Eickenrode 206
Eickhöpen 178
Eickhorst 96
Eicklingen
- Amtsvogtei 75
Eilensen 79, 147
Eilersbüttel 96
Eilte 4
Eilvese 341
Eilveserdamm 341
Eimbeckhausen 171
Eime
- Flecken 174
Eimke 31
Eimsen
- Dorf 335
- Gericht 335
Eimstorf 26
Einbeck
- St.Alexander 77

- St.Marien 77
- Stadt 77, 264, 270
Einem 332
Einemhof 332
Einen 65
Einfrielingen 283
Einste 322
Einum 293, 295
Einzingen 85
Eisdorf
- Dorf 240
- Gericht 128, 240
Eiße 142
Eißendorf 111
Eisenhütte auf dem Elend bei Elbingerode 124
Eisenhütte bei Andreasberg 124
Eitzen
- Amt Ebstorf 70
- Amt Medingen 204
Eitzendorf 142
- Kirchspiel 145
Eitzum
- Dorf 104, 337
- Gericht 104, 106, 335, 339
Eixe 206
Elbe 293
Elbickerode 8
Elbingerode
- Amt 78
- Amt Elbingerode, Flecken 78
- Amt Herzberg, Dorf 128
Elbstorf 332
Eldagsen
- Stadt 50
Eldingen 16
Elend
- Vorwerk 78
Elferdingen 85
Elkershausen 89
Ellenberg *Siehe* Groß und Klein Ellenberg 31
Ellensen 79, 147
Ellerchenhausen 72
Ellern 26, 192
Ellerndorf 70
Ellershausen
- Gericht Leineberg 177
Ellershausen (vor dem Walde)
- Amt Münden 211

Elliehausen 121
Ellierode 115
Ellingen 283
Ellinghausen
- Amt Ehrenburg 72
- Amtsvogtei Fallingbostel 85
Ellringen 26, 192
Elstorf
- Dorf 208
- Vogtei 208
Eltze 206, 207
Elvershausen 43
Elvese 117
Elze
- Adelsgericht 48
- Amtsvogtei Bissendorf 25
- Stadt 249, 269
Embsen 192
Emern 31
Emmelndorf 111
Emmen
- Amt Gifhorn 96
- Amt Moisburg 208
Emmendorf 204
Emmenhausen 121
Emmerke 293, 295
Emmern 236
Emmingen 283
Empede 219, 222
Empelde 50
Emsen 111, 332
Endeholz 16
Engehausen 82
Engelbostel 168, 169
Engeln 5, 7
Engensen 47
Ensen 299
Eppensen 204, 332
Equord
- Gericht 242
Erbsen 1
Erbstorf 192, 272
Erichsburg
- Amt 79
Erichshagen
- Flecken 341
Erichshof
- Vorwerk 303
Erpensen 159
Ertinghausen 115

Esbeck
- Dorf 174
- Gericht 335
- Gut 335
Eschede 16
Eschenhausen 88
Escherde
- Kloster 81, 104
Escherode 211
Eschershausen 309
Esebeck 121
Esperde 102
Esperke 219
Esplingerode 68
Espol 309
Essel
- Amtsvogtei 82
- Dorf 82
Essen 142
Essenrode 96
Essern 63
Esterholz 31
Estorf 299, 300
Ettenbostel 85
Ettenbüttel 96
Etzen 332
Etzenborn 216
Eutzen 159
Evendorf 332
Evensen
- Amt Neustadt a. Rbge. 219
- Amt Winzenburg 335, 337
Everloh 50
Evern
- Amtsvogtei Ilten 150
- Dompropstei Hildesheim 132
Everode 335
Eversen
- Amt Moisburg 208
- Amtsvogtei Bergen 21
Evershorst 168
Everstorf 111
Evestorf 50, 320
Eydelstedt 65
Eyendorf
- Amt Moisburg 208
- Amt Winsen/Luhe 332
Eyershausen 335
Eystrup 145
- Kirchspiel 145

F
Fachenfelde 332
Fahlbeck 258
Fahrenholz
- Amt Winsen/Luhe 332
- Amtsvogtei Fallingbostel 85
Fahrenhorst
- Amt Syke 302
Falkenhagen 253
Falldorf 302
Fallersleben
- Amt 83
- Flecken 83
Fallingbostel
- Amtsvogtei 85
- Dorf 85
- Hausvogtei 86
- Kirchspiel 85
Falshorn 283
Farmsen 293, 295
Feggendorf 171
Fehrlingsen 1
Feine 302
Feldbergen 290
Felde 302
Feldhaus 65
Feldhausen 72
Fellhorst 280
Fernhavekost 75
Fesenfeld 302
Finkenwerder 111, 112
Fintel 278
Fischbeck 208
Fischendorf 85
Flachstöckheim
- Dorf 182, 183
- Gericht 182
Flackenhorst 75
Fleestedt 111
Flegessen 285, 287, 288
Flettmar 75
Fliegenberg 332
Fließau 139
Flinten 31
Flottwedel 85
Föhrste
- Dorf 335
- Gericht 335
Fölziehausen 174
Förlingen 9

Förste 128, 240
Frankenfeld 4
Fredelake 142
Fredelsloh
- Dorf 209
- Kloster 87, 209
Freiheit vor Osterode 240
Frenke 102
Freschenhausen 332
Frestorf 299
Freudenberg
- Amt 88
- Flecken 88
Freyersen 278
Friedland
- Amt 39, 89, 138, 197
- Dorf 89
Friedrichshausen
- Gericht 147
- Gut 147
Frielingen
- Amt Neustadt a. Rbge. 219
- Amtsvogtei Fallingbostel 85
- Amtsvogtei Soltau 283
Friesenwerder 111
Friesland 297
Fuhrbach 68
Fuhrberg 47
Fuhrhop 85
Führser Mühle 341
Fulde 258
Fürstenhagen 211

G
Gadenstedt
- Dorf 244
- Gericht 242, 246
Gadesbünden 341
Gahlstorf 322
Gailhof 25
Gakenhof 258
Gamehlen 58
Gamsen 96
Gandesbergen 142
Gannerwinkel 159
Gansau 31
Ganse 189
Garbolzum 290
Garbsen 260
Garge 26

Garlstorf
– Amt Bleckede 26
– Amt Winsen/Luhe, Dorf 332
– Amtsvogtei 332, 334
Garmissen 290
Garßen 55
Garstedt 332
Garte
– Gericht 91
Gartow
– Flecken 92
– Gericht 92
Garze
– Amt 93
– Dorf 93
Gaue 72
Gauel 189
Gedelitz 92
Geestefeld 322
Gehlbergen 142
Gehrden
– Amt Calenberg, Flecken 50
– Amt Calenberg, Flecken 52, 53
– Amt Harburg 111
– Go 51, 52
– Vogtei 53
Geismar
– Dorf 94
– Gericht 94, 117, 256
Gellersen 1, 2
Gelliehausen 8, 216
Georgswerder
– Vogtei 218, 330
Gerblingerode 68
Gerdau 31
Gerdehaus 127
Germershausen 95
Gerstenbüttel
– Gut 206
Gerzen
– Dorf 335
– Gericht 335
Gessel 302
Gestorf
– Dorf 50
– Go 51, 52, 54
Gieboldehausen
– Amt 95
– Flecken 95, 129
Gielau 317

Gielde 275
Gienau 93, 332
Gierswalde 309
Gifhorn
– Amt 96, 154
– Stadt 96, 97
Gifkendorf 93
Giften 293, 296
Gilde 96
Gillersheim 95, 129, 156
Gilten 4
Gimte 211
Gistenbeck 349
Gitter 182
Gladebeck
– Dorf 121
– Gericht 121
Glashof 341
Gledeberg 31
Gleidingen 267, 268
Glienitz 58, 139
Glissen
– Amt Liebenau 180
– Amt Nienburg 226, 229
– Amt Stolzenau 299, 300
Glüsingen
– Amt Harburg 111
– Amt Knesebeck 154, 159, 160
– Amt Medingen 204
– Amt Winsen/Luhe 332
Gockenholz 16
Göddenstedt 31
Göddern 72
Göddingen 26
Gödenstorf 332
Gödestorf 302
Gödringen 267, 268
Godshorn 168
Gohlau 189, 349
Gohlefanz 189, 349
Göhrde 31
Goldenstedt 65
Gollern 204
Golste 204, 332
Goltern
– Vogtei 52
Gorleben 92
Görsdorf 224
Gosewerder 139, 217
Gothel 65

Göttien 189, 349
Göttingen
– Land 225, 313
– Stadt 100, 121
Govelin 139
Göxe 50
Grabau
– Amt Bodenteich 31
– Amt Hitzacker 139
Grafelde 335, 337
Gräfinghausen 302
Granstedt 189
Grasdorf
– Amt Koldingen, Dorf 161
– Amt Koldingen, Dorf 162
– Amt Koldingen, Vogtei 163
– Amt Wohldenberg 344
Gräsebilde 299
Grassel 96
Graste 335, 337
Graue 142
Grauen 208
Grauhof
– Stift 101, 182
Graulingen 31
Gravenhorst 96
Grebshorn 96
Gretenberg 150
Grethem 4
Grevenhof 332
Griemen 258
Grießem 1, 2
Grimmelhausen 297
Grindau 82
Grippel 58
Grohnde
– Amt 102, 236
– Flecken 102
Gronau
– Amt 81, 104, 335
– Stadt 104
Grone 177
Gröps 278
Groß Algermissen 132
Groß Banratz 217
Groß Berkel 1, 2, 3
Groß Bollensen 31
Groß Breese 92
Groß Bülten 242, 245
Groß Döhren 182, 183, 184

Groß Düngen 195
Groß Eicklingen 75
Groß Eilstorf 258
Groß Elbe 344
Groß Ellenberg 31
Groß Escherde 81, 293, 295, 296
Groß Flöthe 182, 184, 262
Groß Förste 293
Groß Freden 335, 338
Groß Gaddau 189
Groß Giesen 293
Groß Gusborn 58
Groß Häuslingen 314
Groß Heere 344
Groß Hehlen 55
Groß Heide 58
Groß Henstedt 118
Groß Hesebeck 204
Groß Hilligsfeld 287
Groß Himstedt 290
Groß Horst 46
Groß Hoyersvörde 299
Groß Hutbergen 322
Groß Ilde 344
Groß Ilsede
– Dorf 244, 245
– Gericht 242, 246
Groß Ippener 118
Groß Klecken 111
Groß Köhren 118
Groß Kühren 139
Groß Lafferde 137, 242, 244
Groß Lengden 91, 225
Groß Lessen 72
Groß Liedern 31
Groß Liepe 189
Groß Lobke 267, 268
Groß Mahner 182
Groß Malchau 31
Groß Moor 111
Groß Munzel
– Dorf 28
– Vogtei 29
Groß Oesingen 96
Groß Pretzier 31
Groß Rhüden 23, 346
Groß Ringmar 88
Groß Sachau 189
Groß Schneen 89
Groß Schwülper 96

Groß Solschen 242
Groß Süstedt 70
Groß Thondorf 204
Groß Todtshorn 111
Groß Trebel 92
Groß Varlingen 341
Groß Wittfeitzen 189
Großburgwedel 47
Großeholz 283
Großenberg 252
Großenrode 117
Großenwede 278
Großgoltern 50
Grubenhagen
– Amt 264, 270
Grund
– Stadt 124, 125
Grünewald 332
Grünhagen 85
Grupenhagen 279
Grußendorf 35, 96, 98
Gühlitz 189
Guhreitzen 189
Gülden 139
Güldener Winkel
– Vogtei 294, 295
Gülstorf 217
Gümmer 28, 30
Gummern 92
Gümse
– Amt 58
– Dorf 58
Güntersen 1
Güstau 31
Gustedt 344
Güstritz 349
Gutitz 217

**H**
Haar 217
Haarstorf 70
Haaßel
– Amt Ehrenburg 72
– Amt Medingen 204
Habighorst 16
Hachland 219
– Vorwerk 219
Hachmühlen 287
Hackenstedt 344
Hackfeld 118

Häcklingen
– Amt Bodenteich 31
– Amt Lüne 192
– Amt Winsen/Luhe 332
Hademstorf 4
Haendorf 142
Haft 88
Hagen
– Amt Bodenteich 31
– Amt Gifhorn 96
– Amt Knesebeck 159
– Amt Lüne 192
– Amt Syke 302
– Amt Wölpe, Dorf 341
– Amt Wölpe, Kirchspiel 342
– Amtsvogtei Bergen 21
– Grafschaft Pyrmont 252
Hagenohsen 236
Hägeringen 297
Hagewede 178
Hagolt 111
Hahndorf 182
Hahnenklee 124
Haimar 150
Hainhaus 168
Hainholz 168
Hajen 102
Halbetzen 302
Halle 300
Hallenhausen 302
Hallerburg 50
Halligdorf 31
Hallstedt 88
Halmern 21
Halvesbostel 208
Halvestorf 165
Hamborg 31
Hambostel 283
Hambrock 31
Hambruch 85
Hambühren 331
Hämelhausen 142
Hameln
– Stadt 2, 3, 108
Hämelschenburg
– Dorf 107
– Gericht 107
Hämelsee 142
Hamelspringe 171
Hamerstorf 31

Hamme 306
Hammenstedt 233
Hamwiede 258
Handorf
– Amt Harburg 111
– Amt Peine 242, 244, 245
– Amt Winsen/Luhe 332
Hänigsen 46, 206
Hankensbüttel 96, 98
– Gografschaft 99
Hannover
– Gartengemeinde vor dem Aegidientor 161
– Gartenhäuser vor dem Steintor 168
– Stadt 109, 199, 285, 288
Hansahlen 278
Hansen 31
Hanstedt 31
– Amt Bodenteich 31
– Amt Ebstorf 70
– Amt Winsen/Luhe 332
Harbarnsen
– Dorf 335
– Gericht 335, 338
Harber
– Amtsvogtei Ilten 150
– Amtsvogtei Soltau 283
Harburg
– Amt 111
– Stadt 114
Hardegsen
– Amt 115
– Stadt 115
Hardenberg
– Gericht 94, 117
Hardesse 206
Harenberg 28
Harkenbleck 161, 162
Harlingen 139
Harmelingen 283
Harmhausen 72
Harmstorf
– Amt Bleckede 26
– Amt Harburg 111
Harpe 317
Harpstedt
– Amt 118
– Flecken 118, 119, 120
Harriehausen 326

Harrienstedt 299
Harste
– Amt 100, 121, 202, 319
– Dorf 121
Harsum
– Dorf 132, 293
– Gericht 293
Hartem 85
Hartmannshausen 331
Harxbüttel 96
Hary 344, 345
Harzungen 224
Haßbergen 142
Hasede 132, 134
Hasekenhusen Siehe Winzenburg, Dorf 335
Haßlingen 9
Hasperde 285, 287, 288
Hassel
– Amt Ehrenburg 72
– Amt Freudenberg 88
– Amt Hoya, Dorf 142
– Amt Hoya, Kirchspiel 145
– Amtsvogtei Winsen/Aller 331
Hasselbusch 297
Hastenbeck
– Dorf 126
– Gericht 126
Hattorf
– Amt Fallersleben 83
– Amt Herzberg 128, 129
Haue 332
Haus Freden Siehe Freden
– Haus 335
Hausbruch 111
Hauskämpen 299
Havekost 204
Havelse 260
Haverbeck 165
Haverlah 182
Hävern 299, 300
Hebenbrock 283
Heber 278
Hedemünden
– Stadt 211
Hedern 314
Heede 65
Heemsche 297
Heemsen 341
Heerde 306

Heere Siehe Groß und Klein Heere 344
Heersum 344
Heese 16
Heeßel 46
Heesen 142
Heidböhl 142
Heide 297
Heidenhof 283
Heiligenberg
– Vorwerk 5, 6, 7
Heiligenbruch
– Vorwerk 303
Heiligendorf 83
Heiligenfelde
– Dorf 302
– Vogtei 303, 305
Heiligenloh 72
– Kirchspiel 74
Heiligenrode
– Dorf 302
– Kirchspiel 303
– Kloster 302, 303
Heiligenthal 192
Heimbruch 208
Heimbuch 332
Heinde
– Dorf 344
– Gericht 344
Heinde-Listringen
– Meierding 346
Heiningen
– Dorf 182
– Kloster 182
Heinsen
– Amt Polle 247, 248
– Amt Winsen/Luhe 332
Heinum
– Dorf 104
– Gericht 104, 335
Heisede 267, 268
Heissum 182
Heitbrack 204
Heithüsen 142
Heitlingen 168
Hellberg 4
Helldiek 88
Hellendorf 25
Helmerkamp 16
Helmsen 258

Helmsmühle 65
Helmstorf 111
Helstorf 219, 222
Helzendorf 142
Hemeln 211
Hemeringen 165
Hemeringhausen 180
Hemmendorf
– Flecken 174
Hemmingen 161, 162, 163
Hemsen 278
Hemsloh 65
Henneckenrode
– Dorf 344
– Gericht 344, 346
Henstedt 302
Herberhausen 100, 121
Herbigshagen
– Vorwerk 68
Herelse 72
Herkendorf 165
Herkensen 285, 288
Hermannsburg
– Amtsvogtei 127
– Dorf 127
Herrenhausen 168
Herriehausen 171
Herzberg
– Amt 128, 240, 273
– Flecken 128, 129
Hesterberg 297
Hetendorf 127
Hetjershausen 121
Hettensen 115
Heuerstorf 31
Hevensen 115
Hevern
– Vorwerk 23
Heyersum 249
Hibben 299
Hiddestorf
– Amt Koldingen, Dorf 161
– Amt Koldingen, Dorf 164
– Amt Koldingen, Go 162
– Amt Koldingen, Vogtei 161
– Amt Westen und Thedinghausen 322
Hiddinghausen 322
Hildesheim
– Domkapitel 131

– Dompropstei 132
– Kreuzstift 136
– Moritzstift 137
– St. Godehard 135
– St. Andreas-Stift 135
– St. Bartholomäus zur Sülte 135
– St. Johannes 136
– St. Maria Magdalena 136
– St. Michael 136
– Stadt 293
Hilgermissen 142
Hilkenbreden 1, 2
Hilkerode 68, 95, 129
Hillern 278
Hillersbüttel 332
Hillerse
– Amt Gifhorn 96
– Gericht Hardenberg 117
Hillersen 302
Hilligsfeld 285, 288
Hilwartshausen
– Amt Erichsburg/Amt Hunnesrück, Dorf 79, 147, 148
– Kloster 138
Himbergen 204
Himmelgarten
– Vorwerk 224
Himmelsthür 293
Hingste 142
Hittbergen 272
Hittfeld
– Dorf 111
– Vogtei 111
Hitzacker
– Amt 139
– Stadt 141
Höckel 111
Hockeln 195
Höfen
– Amt Meinersen 206
– Amt Uchte 306
Höfer 16
Hofmeisterei
– Vogtei 294
Högenhausen 302
Hohenbostel 50
Hohenbünstorf 204
Hoheneggelsen 137, 290
Hohenhameln
– Dorf 242, 246

– Vogtei 242, 243, 244, 245
Hohenholz 142
Hohenkamp 142
Hohenmoor 5, 7
Hohenrode
– Dorf 182
– Gericht 182
Hohenweddrien 189
Hohenzethen 31
Hohne
– Amtsvogtei Beedenbostel 16
– Amtsvogtei Bergen 21
Hohnebostel 75
Hohnhorst
– Amt Hoya 142
– Amtsvogtei Beedenbostel 16
Hohnsen 285, 288
Hohnstedt 43
Hohnstorf 192, 204
Hoinkenbostel 111
Holdenstedt
– Adelsgericht 31
Hölingen 118
Holle 344
Hollen 142
Hollenstedt
– Amt Moisburg 208
– Amt Salzderhelden 270
Hollige 258
Hollinde 111
Hollwedel 88
Holm 332
Holsten 142
Holte
– Amt Diepholz 65
– Amt Nienburg 226
Holtensen
– Amt Blumenau 28
– Amt Brunstein 43
– Amt Calenberg 50
– Amt Hunnesrück 147
– Amt Rotenkirchen 264
– Amt Springe 287
– Gericht Leineberg 177
Holthusen
– Amt Ebstorf 70
Holthusen bei Gerdau 31
Holtorf
– Amt Moisburg 208
– Amt Winsen/Luhe 332

– Amt Wölpe 341
– Gericht Gartow 92
Holtrup
– Amt Diepholz 65
– Amt Hoya 142
Holtum 142, 322
Holvede 208
Holxen 31, 332
Holzbalge 226
Holzen 192, 272
Holzerode 37
Holzhausen
– Amt Harpstedt 118
– Amt Stolzenau 299
– Amt Uchte 306
– Grafschaft Pyrmont 252
Holzkamp
– Gut 178
Homfeld 5, 7
Honerdingen 85
Hönnersum 132
Hönze
– Dorf 104, 336, 337
– Gericht 104, 106, 335
Hoope 21
Hoopte 332
Hope
– Amt Hoya 142
– Amt Lachem 165
– Amtsvogtei Essel 82
Höpenhof 283
Hoppensen
– Dorf 79, 147
– Gericht 147
Horburg 272, 332
Hörden
– Amt Herzberg 128, 129
– Amt Syke 302
Hörem 4
Hornbostel 331
Horndorf 192
Hornsen 335
Hornshof 55
Hörpel 272, 332
Horst
– Adelsgericht 48
– Amt Ehrenburg 72
– Amt Meinersen 206
– Amt Rethem/Aller 258
– Amt Ricklingen 260

– Amt Steyerberg 297
– Amt Winsen/Luhe 332
Horstedt 118
Hörsten
– Amt Harburg 111
– Amtsvogtei Bergen 21
Hörsum
– Dorf 335
– Gericht 335
Hösseringen 31
Hotteln 267, 268
Hotzfelde
– Vorwerk 72
Hötzingen 283
Höver
– Amt Bodenteich 31
– Amtsvogtei Ilten 150
Hoya
– Amt 142
– Flecken 142, 143, 144, 145
– Grafschaft 120
– Stadt 144
Hoyerhagen 142
– Kirchspiel 145
Hoyershausen 174
Hoyersvörde Siehe Groß und Klein Hoyersvörde 299
Hoysinghausen 306
Huckstedt 280
Hüddessum 132, 134, 296
Huddestorf 299
Hüde 178
Hudemühlen
– Flecken 4
Hullersen 264
Hülptingsen 46
Hülsede 171
Hülsen 258, 322
Hunden 332
Hunnesrück
– Amt 147, 264
Hunte
– Vogtei 119
Hünzingen 258
Hüpede 50
Hustedt
– Amt Ehrenburg 72
– Amt Hoya 142
– Burgvogtei Celle 55
Husum 341

Hützel 332
Huxahl 21

I
Iber 264
Ibsingen 25
Ickhorst 25
Iddensen 111
Idensen 34
Idingen 85
Idsingen 258
Ihlbrock 65
Ihme
– Dorf 161
– Vogtei 161
Ilfeld
– Flecken 149
– Stift 149
Ilster 70, 332
Ilten
– Amt 150, 163, 243
– Amtsvogtei 150, 161, 245
– Dorf 150
Imbsen
– Dorf 152
– Gericht 152
Imbshausen
– Dorf 153
– Gericht 153
Immenbeck 208
Immenrode 328
Immensen
– Amt Burgdorf 46
– Amt Salzderhelden 270
Immingerode 68
Imsen
– Dorf 335
– Gericht 335
Ingeln 267, 268
Insel 278
Intschede
– Dorf 322, 323
– Vogtei 325
Inzmühlen 332
Irmenseul
– Gericht 335
Ischenrode 256
Isenbüttel 96
Isenhagen
– Amt 98

– Dorf 96
– Kloster 96, 154
Isernhagen 47
Itzenbüttel 111
Itzum 132, 133, 134

**J**
Jabel 189
Jacobidrebber 65
Jameln 58
Jardinghausen 302
Jarlingen 258
Jarlitz 31
Jarnsen 16
Jastorf 204
Jeebel 302
Jeetzel 189
Jeggau 158
Jeinsen 50
Jelmstorf 204
Jelpke 96
Jembke 35
Jenhorst 299
Jerstedt
– Dorf 182, 183
– Gericht 182
Jesteburg
– Amt Harburg 111
– Amt Winsen/Luhe 332
Jettebruch 85
Jeversen 331
Jiggel 317
Jübber 142
Jühnde
– Dorf 155
– Gericht 155, 177

**K**
Kaarßen 217
Kacherien 58
Kahlstorf 31
Kähmen 139
Kakau 31
Kakenstorf 208
Kakerbeck
– Amt Klötze 158
– Amt Knesebeck 159
Kalefeld 326
Kallenbrock 31
Kallmoor 111

Kaltenweide 168
Kammerborn 231
Kampen 111
Kampsheide 142
Kapern 92
Karmitz 189
Karrenzien 217
Karwitz 58
Karze 93
Kassau 317
Kastendieck 302
Kästorf 96
Katemin 26, 272
Katensen
– Amt Meinersen 206
– Amtsvogtei Bergen 21
Kätingen 302
Katlenburg
– Amt 129, 156
– Gerichtsort 156
– Stift 156
Kattien 31
Katzenstein 240
Keddien 139
Kellenberg 65
Kellerhof 165
Kellinghausen 118
Kemme 293
Kerstlingerode 91
Kessiehausen 171
Ketsche 302
Kettelstorf 204
Kettenburg 258
Ketzendorf 208
Kiefen 349
Kirchboitzen 258
Kirchdorf
– Amt Calenberg 13, 50
– Amt Uchte 306
Kirchengel 149
Kircher Bauerschaft 168
Kirchgellersen 332
Kirchhorst 46
Kirchrode
– Dorf 161, 162
– Go 163
Kirchseelte 118
Kirchwahlingen 314
Kirchwehren 28
Kirchweyhe

– Amt Bodenteich 31
– Amt Syke 302, 305
Klautze 92
Klein Algermissen
– Dorf 132, 293, 294
– Gericht 293
Klein Banratz 217
Klein Berkel 1, 2
Klein Bollensen 31
Klein Bramstedt 302
Klein Breese 189
Klein Bülten 242, 245
Klein Döhren 182, 183, 184
Klein Düngen 195
Klein Eicklingen 75
Klein Eilstorf 258
Klein Elbe 344
Klein Ellenberg 31
Klein Escherde 293, 295
Klein Flöthe 182
Klein Förste 293, 296
Klein Freden 335
Klein Gaddau 189
Klein Giesen 293
Klein Grindau 219
Klein Gusborn 58
Klein Häuslingen 314
Klein Heere 344
Klein Hehlen 55
Klein Heide 58
Klein Heidorn 34
Klein Henstedt 118
Klein Hesebeck 204
Klein Hilligsfeld 287
Klein Himstedt 290
Klein Hoyersvörde 299
Klein Hutbergen 322
Klein Ilde 23
Klein Ilsede
– Dorf 244
– Gericht 242, 246
Klein Ippener 118
Klein Klecken 111
Klein Köhren 118
Klein Kühren 139
Klein Lafferde 167, 242, 244
Klein Lengden 91, 225
Klein Lessen 72
Klein Liedern 31
Klein Liepe 189

Klein Lobke 150
Klein Mahner 182
Klein Malchau 31
Klein Moor 111
Klein Oesingen 96
Klein Pretzier 31
Klein Ringmar 88
Klein Sachau 189
Klein Schneen 89
Klein Schwülper 96
Klein Solschen 242
Klein Steinwedel 46
Klein Stüstedt 31
Klein Thondorf 204
Klein Todtshorn 111
Klein Trebel 189
Klein Varlingen 341
Klein Volkfien 189
Klein Wiershausen 155
Klein Wittfeitzen 189, 349
Kleinalmerode 211
Kleinburgwedel 47
Kleinenberg 252
Kleinenborstel 142
Kleinenheerse 299
Kleinharl 85
Klenkenborstel 88
Klennow 349
Klint 85
Klintmühle 31
Kloster 349
Klosterseelte 118
Klötze
– Amt 158
– Flecken 158
Knesebeck
– Amt 159
– Dorf 159
– Haus 159
Knickende 322
Kniestedt 182
Knutbühren 121
Köbbinghausen 72
Köhlbrand 218
Kohlenbissen 332
Kohlenweihe 299
Köhlingen 26
Kohnsen 264
Kölau 31
Koldingen

– Amt 132, 150, 161, 267
Koldingen-Ruthe
– Amt 62
Kolenfeld
– Dorf 28
– Vogtei 29
Kolepant 139
Kolkhagen 192, 332
Kollase 139
Kollendorf 204
Kolshorn 46
Könau 31, 217
Königsdahlum 23
Königsförde 1, 2
Königshof 78
Königshütte 124
Köstorf 26, 272
Kovahl 26
Kragen 16
Krähenwinkel 168
Krätze 206
Krautze 92
Krebeck 95
Krelingen 85
Kremlin 189, 349
Kreutzen 70
Krimmensen 79, 147
Kriwitz 189
Kroetze 31
Kroge
– Amt Nienburg 226
– Amtsvogtei Fallingbostel 85
Kröte 349
Krummasel 189
Krümse 332
Krusendorf 26, 217
Krusenhausen 85
Kuckstorf 31
Küddelse 85
Kuhlenkamp 142
Kühren Siehe Groß und Klein Kühren 139
Kukate 349
Külitz 317
Künsche 189
Kupferhütte bei Lauterberg 124
Kuppendorf 306
Kusey 158
Kussebode 189, 349
Küsten 189

Küstorf 159
Kuventhal
– Dorf 264
– Gericht 264, 265

**L**
Laake 217
Laasche 92
Laase 58
Laatzen
– Amt Aerzen 1, 2, 3
– Amtsvogtei Ilten 150, 151, 161, 162, 163
– Go 163
Laave 217
Labbus 72
Lachem
– Amt 165
– Dorf 165
– Vogtei 165
Lachendorf 16
Lachtehausen 55
Laderholz 341
Lagershausen 153
Lagesbüttel 96
Lahausen 302
Lahe 168
Lahr 65
Lamspringe
– Flecken 335
– Kloster 23, 167, 335
Landesbergen 299, 300
Landolfshausen 253
Landringhausen 50, 51
Landsatz 58
Landwehr
– Amt Ehrenburg 72
– Amt Meinersen 206
Landwehrhagen 211
Langeln 180
Langeloh 278
Langenbeck 111
Langenbrügge 31
Langendamm 341
Langendorf 58
Langenforth 168
Langenhagen
– Amt 168
– Amt Duderstadt 68
– Vogtei 168

Langenholtensen 43
Langenholzen
– Dorf 335
– Gericht 335, 339
Langenhorst 58
Langenrehm 111
Langern 299
Langlingen
– Dorf 70, 75
– Gericht 71, 76
Langreder 13, 50
Langwedel 96
Lanze 189
Lasfelde
– Flecken 240
Laßrönne 332
Latferde 102
Lathweren 28
Lauben 58
Laubhütte 124
Lauenau
– Amt 171
– Flecken 171
Lauenberg 79
Lauenburg
– Herzogtum 172
Lauenburg bei Hannover
– Amt 161, 162, 267
Lauenburg/Elbe
– Amt 272
Lauenförde
– Amt 173, 231
– Flecken 173
Lauenstadt 50
Lauenstein
– Amt 174, 249
– Flecken 174, 175
Lautenthal
– Stadt 124
Lauterberg
– Flecken 273
Lavelsloh 63
Lebbien 58
Lechstedt
– Dorf 344
– Gericht 344
Leerßen 302
Leese 299
Leeseringen 226
Leestahl 26

Leeste 302
Lefitz 189
Legenhausen 302
Lehmberg 85
Lehmke 31
Lehrte 150
Leiferde 96
Leimbach 224
Leineberg
– Gericht 155, 177, 211
Leisten 317
Leistlingen 260
Leitzingen 283
Lembruch 178
Lemförde
– Amt 178
– Flecken 178
Lemgrabe 26, 58
Lemke 226
Lemmie 50, 321
Lemshausen 89
Lengde 328, 329
Lengede 242, 246
Lengeloh 111
Lenglern 121
Lensian 189, 349
Lenthe
– Dorf 50
– Gericht 54
Lenzen 58
Lerbach
– Flecken 124
Lerchenfeld 226
Lerchenhausen 72
Lessien 41
Letter 28
Leuchtenburg 302
Levedagsen 174
Leversen 111
Leveste 50
Lewe 182
Lichtenberg 349
– Amt Hoya 142
– Amt Lüchow 189
Lichtenborn 115
Lichtenhagen 256
Liebenau
– Amt 180
– Flecken 180, 181
– Kirchspiel 181, 298

Liebenburg
– Amt 182
– Dorf 182
Liepe 58
Liepe *Siehe* auch Groß und Klein
  Liepe 58
Lieste 278
Limmer
– Amt Blumenau, Dorf 28
– Amt Blumenau, Vogtei 29
– Gericht 185
Lindau
– Amt 186
– Flecken 186
Linden
– Amt 53
– Amt Calenberg, Dorf 50, 52, 285, 288
– Amt Calenberg, Gericht 53, 54
– Amt Ebstorf 70
Lindern 72
Linderte 161, 162
Lindhorst 111
Lindwedel 82
Lingwedel 96
Linsburg 341
Lintzel 70
Lippoldshausen 39
Lipprechterode
– Außenhof des Klosters Bursfelde 49
List 168
Listringen
– Dorf 344
– Gericht 344
Lobke 332
Lochtum 311
Lockstedt 158
Lödingsen 1
Loge
– Amt Freudenberg 88
– Amt Hoya 142
– Amt Lüchow 189
Loh 283
Lohaus 65
Lohe 72
– Amt Nienburg, Dorf 226

– Amt Nienburg, Dorf 229
– Amt Nienburg, Vogtei 229
– Amt Uchte 306
– Amt Wölpe 341
– Amtsvogtei Beedenbostel 16
– Vogtei 229
Lohnde 28
Lohra
– Herrschaft 49
Lohra-Clettenberg 273
Loitze 31
Lomitz 92
Lonau 124
Lopau 70
Loppenstedt (Wüstung) 268
Löwenhagen 152
Löwensen 252
Lübbersen 171
Lübberstedt 332
Lübbow 189, 349
Lübbrechtsen 174
Lüben
– Amt Garze 93
– Amt Knesebeck 159
Lucashof 78
Lüchow
– Amt 189, 349
– Burg 189
– Stadt 191
Lucht 72
Lüder 31
Lüdersburg
– Gericht 27
Lüdersen 50
Lüdershausen 45
Lüdershof 78
Ludolfshausen 89
Lüerey 297
Lüggau 58
Luhdorf 332
Luhmühlen 332
Lühnde
– Dorf 267, 268
– Vogtei 267
Lüllau 111
Lüne
– Amt 93, 192, 272
– Domäne 192
Lüneburg
– Stadt 194

Lüntorf 102
Lüntzen 278
Lürade 111
Lüsche 96
Lütenthien 31
Lütgenhausen 128, 129
Lütgenrode 117
Luthe
– Dorf 28
– Vogtei 29
Lüthorst 79
Lütjeholz 283
Lutter 219
Lutterbeck 209
Lutterberg 211
Lutterhausen 115
Lutterloh 127
Luttern 16
Luttmersen 219
Luttmissen 70
Luttringhausen 171
Luttrum 344, 345

**M**
Maasen 280
Machtsum 132, 134
Mackenrode 216
Mackensen 79, 147, 148
Mackenstedt
– Amt Diepholz 65
– Amt Syke 302
Maddau 58, 189
Magelsen 142
– Kirchspiel 145
Mahlen 142
Mahlenstorf 142
Mahlerten 249, 250
Mahlstedt 118
Mahnburg 159
Mainsche 297
Mainschhorn 297
Mäkel 65
Mallen 142
Mallinghausen 5
Malsleben 317
Mammoißel 189
Mandelbeck
– Außenhof des Klosters Wiebrechtshausen 43
Mandelholz

– Vorwerk 78
Mandelsloh
– Go 219
– Vogtei 221, 222, 223
Mandelsloh in der Wiek 219
Mandelsloh über dem See 219
Marbostel
– Amtsvogtei Bergen 21
– Amtsvogtei Soltau 283
Mardorf 254
Marienau 174
Marienburg
– Amt 131, 195
Mariendrebber 65
Mariengarten
– Kloster 197
Marienhagen 174
Marienrode
– Kloster 198
Mariensee
– Dorf 201, 219, 221, 222
– Kloster 200
Marienstein
– Dorf 121
– Kloster 121, 122, 202
Marienwerder
– Kloster 28, 203
Marke 326
Marklendorf 82
Marklohe *Siehe* Lohe 226
Markoldendorf 79, 147
Marl 178
Marleben 92
Marlin 349
Marmstorf 111
Marschvogtei
– Amt Winsen/Luhe 333, 334
Martfeld
– Kirchspiel 145
Marwede 16
Marwedel 139
Marxen
– Amtsvogtei Garlstorf 332
– Amtsvogtei Pattensen 332
Marxen am Berge 332
Masbrock 204
Maschen 332
Masel 96
Masendorf 31
Maspe 168

Mechtersen 332
Mechtshausen 23, 346
Meckelfeld 111
Mecklenhorst
– Vorwerk 219
Medingen
– Amt 93, 204, 238
– Dorf 204
– Kloster 205
Meensen 39
Meetschow 92
Mehlbergen 226
Mehle 249, 250
Mehlfien 58
Mehre 31
Mehringen 142
Mehrum 242
Meiborssen 247
Meilsen 111
Meimershausen
– Dorf 335
– Gericht 335
Meinbrexen 173
Meine 96
Meinerdingen 85
Meinern 283
Meinersen
– Amt 206
– Dorf 206
– Vogtei 206
Meinholz 21
Meinsen 171
Meißendorf 331
Meitze 25
Melbeck 192
Melchiorshausen 302
Mellendorf 25
Mellinghausen 280
Melloh 72
Melzingen 70
Memsen 142, 145
Mengenbostel 85
Mengershausen 155, 177
Meningen 332
Menninghausen 5, 214
Mensinghausen 306
Meßhausen 283
Mesloh 280
Mesmerode 34
Messenkamp 171

Metel 219
Metzendorf 111
Metzingen
– Amt Hitzacker 139
– Amtsvogtei Beedenbostel 16
Meuchefitz 189
Meußließen 31
Meyenfeld 260
Middefeitz 139
Mielenhausen 211
Mienenbüttel 208
Milliehausen 171
Mingerode 68
Mirrenburg 280
Misburg
– Dorf 161, 162
– Go 163
Mittelrode 50
Mittelstendorf 283
Mödesse 206
Möhlenhalenbeck 226
Moide 283
Moisburg
– Amt 208
– Dorf 208
Moislingen 26
Molbath 31
Molden 31
Mollenfelde 39
Möllensen
– Dorf 104, 336
– Gericht 104, 335
Mölme 290
Molzen 31
Moor
– Flecken 5, 7
Moorkathe 85
Moringen
– Amt 87, 115, 209
– Stadt 209
Moritzberg
– Flecken 293
Mörse 83
Mörsen
– Amt Ehrenburg 72
– Amt Uchte 306
Morsum 322
Mover 332
Mücklingen 26
Müden/Aller 75

Müden/Oertze 127
Müggenburg 189
Müllingen 161, 162
Multhöpen 1, 2
Münchehagen 187
Münden
– Amt 67, 155, 211
– Gericht 211
– Stadt 211
Münder
– Stadt 287
Münstedt 242
Munster 70, 332
Müsleringen 299
Mützingen
– Amt Gümse 58
– Amt Warpke 317
– Amt Wustrow 349

N
Nahrendorf 26
Nassennottorf 204
Nateln 31
Natendorf 70, 332
Natenstedt 72
Naulitz 189
Nausen 58
Nebenstedt 58
Nechtelsen 72
Neddernhude 322
Neersen 252
Neestahl 26
Neetze 192, 272, 332
Neetzendorf 26
Negenborn
– Amt Salzderhelden 270
– Amtsvogtei Bissendorf 25
Neindorf 83
Nemitz 92
Nendorf 299
Nenndorf 111
Neritz 349
Nesselröden 68
Nette 344
Nettelkamp 31
Nettelrede 171
Nettlingen
– Dorf 137, 293, 294
– Gericht 293
– Haus 294

Netze
– Dorf 335, 337, 338
– Gericht 335
Neu Wiedenthal 111
Neubruchhausen 214
– Amt 5, 214
– Flecken 5
Neue Hütte 78
Neuengleichen
– Amt 216
Neuenkirchen
– Amt Ehrenburg 72
– Amt Schladen 275
– Kirchspiel 74
– Vogtei 283
Neuenmarhorst 72
Neugraben
– Amt Harburg 111
– Amt Moisburg 208
Neuhaus
– Amt Bodenteich 31
– Amt Uslar 309
– Amtsvogtei Soltau 283
Neuhaus/Elbe
– Amt 217
– Flecken 217
Neuhof
– Amt Winzenburg 335, 337
– Dorf 218
– Gericht 218
– Kloster Marienrode 198
Neukrug 302
Neuland
– Vogtei 333
Neustadt
– Amt Auburg 9
– Amt Neustadt/Grafschaft Hohnstein, Flecken 224
– Amt Spiegelberg bzw. Coppenbrügge 285
– Grafschaft Hohnstein, Amt 224
Neustadt a. Rbge.
– Amt 28, 219, 348
– Stadt 187, 219, 220, 221, 222
Neuwallmoden 344
Neuwarmbüchen 47
Niedeck
– Amt 8, 91, 225, 256
– Domäne 225
Niederboyen 142

Niedergandern 89
Niederhaverbeck 332
Niedermarschacht 332
Niedernjesa 89
Niedersachswerfen 224
Niederscheden 211
Niehus 31
Niemannsbruch 142
Nienbergen 317
Nienburg
– Amt 226
– Stadt 229, 230
Niendorf 31
– Amt Bleckede 26
– Amt Hitzacker 139
– Amt Medingen 204
– Amt Warpke 317
– Amt Winsen/Luhe 332
– Gericht Gartow 92
Niendorf am Wasser 31
Niendorf bei Rosche 31
Niendorf II 31
Nienhagen
– Amt Moringen 209
– Amt Münden 211
– Amt Neustadt a. Rbge. 219
– Amtsvogtei Eicklingen 75
Nienhaus 88
Nienhof
– Amt Calenberg 50
– Amtsvogtei Eicklingen 75
Nienover
– Amt 173, 231
Nienstedt
– Amt Calenberg 50, 53
– Amt Freudenberg 88
– Amt Gronau, Dorf 104
– Amt Gronau, Gericht 104
– Amt Herzberg 128
– Amt Osterode 240
– Amt Syke 302
Nienwohlde 31
Nieperfitz 26, 58, 93
Nieste 211
Nievelitz 31
Nikolausberg 121
Nindorf
– Amt Winsen/Luhe 332
– Amtsvogtei Bergen 21
Nöpke 341

Nordbostel 85
Nordburg 75
Norddrebber 219
Nordel 63
Nordfelde 72
Nordgoltern 50
Nordhausen 63
Nordholz
– Amt Ehrenburg 72
– Amt Hoya 142
Nordhope 280
Nordkampen 258
Nordmannshausen 142
Nordstemmen 249
Nordsulingen 72
Nordwohlde
– Dorf 302
– Vogtei 303
Nörten
– Flecken 117
Northeim
– Klosteramt 117
– Stadt 233
– Stift St. Blasius 234
Northen 50
Nottorf 283, 322
Növenthien 31
Nüdlitz 26
Nünningen 258
Nutteln 72
Nutzfelde 272

O

Oberbillingshausen 37
Oberboyen 142
Oberbrake 72
Oberdorf (Moringen) 209
Oberg
– Dorf 244
– Gericht 242, 246
Oberhaverbeck 332
Oberndehmke 1, 2
Oberndorfmark 85
Obernfeld 68
Obernhausen 85
Obernhude 142
Obernjesa 177
Oberode 211
Oberscheden 211
Obershagen

– Dorf 46
– Hagengericht 46
Ochsendorf 83
Ochtersum 195
Ochtmannien 5, 7
Ochtmannsbruch 111
Ochtmissen 332
Ockensen 174
Odagsen 264
Oechtringen 70
Oedelum
– Dorf 242, 244
– Gericht 242
Oedesse 206
Oeftinghausen 72
Oegenbostel 25
Oelerse 206
Oelstorf 332
Oeningen 283
Oerdinghausen 5, 7
Oerie 50
Oerrel
– Amt Ebstorf 70
– Amt Gifhorn 96
Oerzen 93, 332
Oesdorf 252
Oesselse 267, 268
Oetzen 31
Oetzendorf 31
Offen 21
Offensen
– Amt Uslar 309
– Amtsvogtei Eicklingen 75
Ohe 16
Öhlen 65
Ohlenbostel 25
Ohlenbüttel 208
Ohlendorf
– Amt Koldingen 161
– Amt Schladen 275
– Amt Siedenburg 280
– Amt Winsen/Luhe 332
Ohlenrode 335, 337
Ohlensehlen 306
Ohlum 242
Ohnhorst 96
Ohof 206
Ohöfe 70
Ohr
– Dorf 235

– Gericht 235
Ohrbeck 85
Ohrdorf 159
Ohrum 275
Ohsen
– Amt 102, 103, 236
– Domäne 236
Oiste
– Dorf 145
– Kirchspiel 145
Okel 302
Oldau 331
Oldemühle 189
Oldenburg
– Amt Steyerberg 297
Oldendorf 31
– Amt Bleckede 26, 272
– Amt Dannenberg 58
– Amt Ebstorf 70
– Amt Hunnesrück 79, 147
– Amt Lauenstein 174
– Amt Moisburg 208
– Amt Winsen/Luhe 332
– Amtsvogtei Herrmannsburg 127
Oldendorf (auf der Klei) 332
Oldendorf bei Schnega 31
Oldendorf bei Suderburg 31
Oldenhorst 168
Oldenrode 209
Oldenstadt
– Amt 31, 204, 238
– Dorf 238
Oldershausen
– Amt Winsen/Luhe 332
– Gericht 239, 326
– Gericht Oldershausen, Dorf 239
Oldhorst 47
Olenhusen 177
Ollsen 332
Oppershausen 75
Örenburg 92
Osloß 35
Ossenbeck 55
Ossenfeld 211
Ostedt
– Amt Bodenteich, Dorf 31
– Kloster Isenhagen, Gericht 154
Ostenholz 85
Osterbinde 88
Osterhagen 273

Osterholz 302
Osterhorn 65
Osterloh
– Amt Diepenau 63
– Burgvogtei Celle 55
Ostermunzel 28
Osterode
– Amt 128, 240
– Amt Neustadt/Grafschaft Hohnstein, Dorf 224
– Stadt 240
Osterseht 65
Osterwald
– Amt Lauenstein 174, 175
– Amt Ricklingen 260, 261
Osterwede 278
Ostlutter
– Dorf 182
– Gericht 182
Östrum 335, 336
Othfresen 182
Ottbergen 293
Otter 111
Otternhagen 219
Otze 46
Ötzerbruch 46
Ovelgönne 208
Ovenstedt 299, 300
Överlingen 65
Overstedt 31
Owe 258
Oyle
– Dorf 226
– Vogtei 229

P
Pannecke 189
Pannstedt 88
Papenteich 98, 99
Päpsen 180, 226
Parensen 121
Päse 206
Pattensen
– Amt Calenberg, Stadt 50
– Amt Winsen/Luhe 272, 332
– Amtsvogtei 333
– Go 51, 54
Paulmannshavekost 75
Pegestorf 247
Peine

– Amt 132, 242, 244
– Halbgericht 242
– Haus 242, 244
– Stadt 242, 244, 245
Penkefitz 139
Pennigbeck 302
– Vorwerk 303
Pennigsehle 180, 181
– Vogtei 181
Penzhorn 283
Pestinghausen 302
Petersdorf 224
Petershagen
– Amt 300
Petershütte 240
Petze
– Gericht 335
Pevestorf 92
Pieperhöfen 31
Pinkenburg 168
Pinnau 217
Pippensen 208
Pisselberg 58
Plastau 159
Platenlaase 58
Plesse
– Herrschaft 37
Plockhorst 206
Plumbohm 139
Plumhof 25
Podendorf 208
Pöhlde 128
Pohle 171
Poitzen 70, 127, 332
Polau 31
Polle
– Amt 247
– Flecken 247
Pollhöfen 16
Pommau 139, 217
Pommoisel 26, 93
Popelau 217
Poppenburg
– Amt 104, 249
Portenhagen 79
Posteholz 165
Potzwenden 253
Prabstorf 58
Predöhl
– Amt Dannenberg 58

– Amt Lüchow 189
Prepow 349
Pretzetze 58
Prezelle 92
Prezier 92
Prielip
– Amt Bodenteich 31
– Amt Hitzacker 139
Prießeck 189, 349
Prinzhöfte 118
Prisser 58
Privelack 217
Probien 31
Pröbsten 85
Proitze 31
Pudripp 139
Püggen 189
Pussade 139
Putensen 332
Puttball 189
Pyrmont
– Grafschaft 252
– Stadt 252

**Q**
Quanthof 174
Quarrendorf 332
Quarstedt 58
Quartzau 189
Quickborn
– Amt Bleckede 26
– Amt Dannenberg 58

**R**
Räber 31
Raddestorf 299
Rade
– Amt Knesebeck 159
– Amt Moisburg 208
Radegast 26
Radenbeck
– Amt Knesebeck 159, 192
– Amt Lüne 159, 192
– Amt Scharnebeck 272, 332
– Amt Winsen/Luhe 272, 332
Räderloh 96
Radolfshausen
– Amt 253
– Domäne 253
Raffatz 139, 217

Rahden
– Amt 63
Rahmstorf 208
Ramelsloh 332
Ramlingen 46
Ranzau 189
Rassau
– Amt Bodenteich 31
– Amt Hitzacker/Amt Neuhaus/Elbe 217
Rathlosen 72, 74
Rätzlingen 31
Raussau 139
Rautenberg
– Dorf 132, 293, 294, 296
– Gericht 293
Raven 332
Rebberlah 16
Rebenstorf 189, 349
Rechtern 65
Reckershausen 89
Reckum 118
Reddebeitz 189, 349
Reddereitz 189
Redderse 50
Reddien 58
Reddingen 21
Redemoißel 139
Reden 161
Reese 297
Reeßeln 26
Reetze 189
Regesbostel 208
Rehbeck 189
Rehburg
– Amt 254
– Stadt 254
Rehburger Brunnen 254
Rehden 65
Reher
– Amt Aerzen 1, 2
– Amt Westen und Thedinghausen 322
Rehlingen 332
Rehrhof 332
Rehrßen 302
Reiffenhausen 89
Reiherstieg
– Gericht Neuhof, Dorf 218
– Gericht Neuhof, Vogtei 218

- Vogtei 330
Reimerdingen 278
Reindorf 111
Reine 1, 2
Reinerbeck 1, 2
Reinhausen
- Amt 225, 256
- Dorf 256
- Kloster 256, 257
Reiningen 21
Reinstorf
- Amt Bodenteich 31
- Amt Lüne 192
Relliehausen
- Vorwerk 79
Rengershausen 264
Rennau 83
Renshausen 186
Renzel 72
Renzelfelde 142
Repke 96
Reppenstedt 192
Resse 25
Restorf 92
Rethem/Aller
- Amt 258
- Stadt 258
Rethen
- Amt Gifhorn 96
- Amt Koldingen 161, 162
Rethmar 150, 151
Rethwisch 65
Rettmer 192
Retzen 302
Retzien 139, 189
Reyershausen 37
Rheden
- Dorf 104
- Gericht 104, 106, 335
Rhene 344
Rhode 83
Rhumspringe 95, 129
Ribbesbüttel 96
Ricklingen
- Amt 260
- Amt Bleckede 26
- Amt Calenberg 50
- Amt Ricklingen 260
- Amt Winsen/Luhe 332
Ridderade 72

Riebrau 139
Riechenberg
- Stift 182
Rieda 322
Riede
- Kirchspiel 305
- Vorwerk 303
Riepe 85
Riepshof 111
Rießen 297
Rieste 93, 204, 332
Riestedt 31
Riethagen 4
Riethausen 142
Rietze 206
Ringelheim
- Dorf 182, 184, 262
- Kloster 182, 262
Ringmar Siehe Groß und Klein
    Ringmar 88
Ripdorf 31
Riskau 139
Ristedt 302
Rittmarshausen 91
Ritzenbergen 322
Röbbel
- Dorf 204
- Vogtei 204
Röddensen 46
Rodeberg
- Vorwerk 224
Rodemühlen 65
Rödenbeck 65
Rodenbostel 25
Rödershöfen 85
Rodewald
- Vogtei 221
Rohlfen 142
Röhrse 206
Röhrsen 31
- Amt Lauenau 171
- Amt Springe 287
- Amt Wölpe 341
Rohrstorf
- Amt Bodenteich 31
- Amt Medingen 204
Rohstorf 192
Rolfsbüttel 96, 98
Rolfsen 93, 332
Rollinghausen

- Dorf 302, 335
- Gericht 335
Rollshausen 95
Roloven 161
Römstedt 204
Röndahl 332
Rönne 332
Rönneburg 111
Ronnenberg
- Dorf 50
- Vogtei 52, 53
Roringen 100, 121
Rosche 31
Rosdorf 177
Rosenthal
- Amt Garze 93
- Amt Peine, Dorf 242
- Amt Peine, Gericht 242
- Amt Peine, Vogtei 243, 244
Rosien 217
Rössing
- Dorf 50, 263
- Gericht 263
Rote Hütte bei Elbingerode 124
Rotenkirchen
- Amt 79, 264
Rötgesbüttel 96
Rothemühle 96
Rott 174
Rottorf
- Amt Fallersleben 83
- Amt Winsen/Luhe 332
Rötzum 242
Röwitz 158
Roydorf 332
Rucksmoor 92
Rüdershausen 95
Rüdigershagen
- Dorf 266
- Gericht 266
Rüdigsdorf 224
Rullstorf 272
Rumstorf 159
Rüper 242
Rüssen 65
Ruthe
- Amt 132, 162, 267, 269

**S**
Saasche 92

# Index

Saaße 189
Sachau *Siehe* Groß und Klein Sachau 189
Sack
– Dorf 335, 336
– Gericht 335
Saggrian 189
Sahrendorf 332
Salderatzen 189
Sallahn 189
Salz vor Münder 287, 288
Salzderhelden
– Amt 264, 270
– Flecken 270
Salzdetfurth
– Flecken 335, 336, 338
– Gericht 335, 338, 339
Salzgitter *Siehe* Salzliebenhall
Salzhausen 332
Salzhemmendorf
– Flecken 174
Salzliebenhall
– Flecken 182, 183, 262
Sammatz 58
Sandbrink 178
Sandkamp 35, 83
Sandlingen 75
Sangenstedt 332
Sankt Dionys 45, 332
Sankt Hülfe 65
Sapelloh 299, 301
Sarchem 139
Sareitz 58
Sarenseck 58, 139
Sarninghausen 297
– Vogtei 298
Sarstedt
– Stadt 267
Sasendorf 204
Sassendorf 272
Satemin 58, 189
Satkau 31
Sattenhausen 216
Schaafhausen 58, 139
Schadehop 25
Schafwedel 31
Schäkeln 72
Schamwege 226
Schäpingen 317
Scharmbeck 93, 332

Scharnebeck
– Amt 272
– Dorf 272
Scharnhorst
– Amt Neustadt a. Rbge. 219
– Amtsvogtei Beedenbostel 16
Scharrel
– Amt Diepholz 65
– Amt Neustadt a. Rbge. 219
Scharrendorf 72
Scharringhausen 306
Scharrl 278
Scharzfeld 128, 273
Scharzfels
– Amt 128, 273
– Domäne 129
Schatensen 70
Schätzendorf 332
Schellerten 293
Schepelse 75
Scherenbostel 25
Schessinghausen 341
Scheuen 55
Schevelstein 165
Schierenhop 142
Schierholz 142
Schierhorn 332
Schillerslage 46
Schillingsbostel 111
Schinna 299
Schladen
– Amt 275
– Dorf 275
Schlagte 31
Schlahe 72
Schlankau 31
Schlannau 189
Schlanze 189
Schlarpe 115
Schletau 189
Schlieckau 31
Schliekum 50
Schlieme 302
Schloß Ricklingen 260
Schlüpke 127
Schmalenfelde 332
Schmalförden 72
– Kirchspiel 74
Schmarbeck 70, 332
Schmardau 58

Schmarrie 171
Schmarsau
– Amt Dannenberg 58
– Amt Lüchow 92, 189
– Gericht Gartow 92, 189
Schmedenstedt
– Dorf 242, 244, 246
– Halbgericht 243
– Vogtei 243
Schmessau 58
Schmölau 58
Schmolte 65
Schnackenburg
– Amt 277
– Flecken 277
Schnedinghausen 209
Schneeren 254
Schneflingen 159
Schnega 31
Schnepke 302
Schneverdingen
– Amtsvogtei 278
– Dorf 278
Scholen
– Amt Altbruchhausen 5, 7
– Amt Ehrenburg, Dorf 72
– Amt Ehrenburg, Kirchspiel 74
Schönewörde 159
Schönhagen 231
Schoningen 309
Schorlingborstel 88
Schostorf 31
Schreyahn 189, 349
Schulenberg
– Amt Harpstedt 118
– Harz 124
Schulenburg
– Amt Calenberg 50
– Amt Langenhagen 168
Schülern 278
Schülernbrockhof 278
Schultenwede 278
Schutschur 139
Schwachhausen 75
Schwaförden
– Dorf 72
– Kirchspiel 74
Schwarme
– Dorf 322, 324
– Vogtei 325

Schwarmstedt 82
Schwarzenhausen 63
Schweimke 96
Schwemlitz 31
Schweringen
– Vogtei 145
Schweringhausen 72
Schweskau 189
Schwicheldt
– Dorf 242
– Gericht 242
Schwiederstorf 208
Schwiegershausen 128, 240
Schwiepke 349
Schwinde 332
Schwindebeck 332
Schwöbber
– Gericht 1, 2, 279
– Gut 279
Schwüblingsen 206
Sebbenhausen
– Dorf 226
– Vogtei 229
Sebexen 326
Seckenhausen 302
Secklendorf 204
Seeburg 95
Seedorf
– Amt Bleckede 26
– Amt Dannenberg 58
Seelwig 189, 349
Seelze 28
Seelzerthurm 79
Seerau
– Amt Hitzacker 139
Seerau im Drawehn 189, 349
Seerau in der Lucie 189
Seershausen 206
Seestedt 322
Segeste 335, 337
Sehlde
– Amt Lauenstein 174
– Amt Wohldenberg 344
Sehlem 335, 336, 337
Sehnde 150
Sehnsen 299
Sellenstedt 335
Sellhorn 332
Sellien 139
Selxen 1, 2

Sennickerode 8
Seppensen 111
Settmarshausen 177
Seulingen 68
Sibbesse 335, 337, 338
Sichelnstein
– Dorf 211
– Gericht 211
Siddernhausen 21
Sieber 124
Sieboldshausen 89
Siecke 93, 332
Sieden 226
Siedenberg 297
Siedenburg
– Amt 280, 282
– Flecken 280, 282
Siemen 58
Sieverdingen 258
Sieversen 111
Sievershausen
– Amt Hunnesrück 79, 147, 148
– Amt Meinersen 206
Silberborn 309
Silkerode 95, 129
Sillium 344
Simander 189
Simmerhausen 118
Sindorf 258
Sinstorf 111
Sipnitz 58
Söder
– Gericht 344
– Gut 344
Soderstorf 332
Sögeberg 299
Söhlde 290
Sohlingen 309
Söhre 195
Solkau 31
Solschen *Siehe* Groß und Klein Solschen 242
Soltau
– Amtsvogtei 283
– Flecken 283
Soltendieck 31
Sommerbeck 26
Sonnenborstel 341
Sorgensen 46
Sörhausen 302

Sorsum
– Amt Calenberg 50, 52
– Amt Steuerwald 293, 295
Soßmar 242
Sottorf
– Amt Harburg 111
– Amt Winsen/Luhe 332
Sottrum 344
Soven 58
Spanbeck 37
Spechtshorn 16
Speele 211
Spiegelberg
– Amt 57, 285
– Grafschaft 285
Spiekershausen 211
Spithal 31
Splietau 58
Spracken 322
Sprakensehl 96
Spranz 139
Spreckel 65
Sprengel 278
Springe
– Amt 287
– Stadt 287
Sprockhof 25
Sprötze 208
Stadensen 31
Stadorf 70
Stadt 72
Staffhorst
– Dorf 180, 226, 229
– Vogtei 181
Staken 297
Stamme 297
Stapel 217
Stapelshorn 142
Starkshorn 16
Starrel 317
Stedden 331
Steddorf 332
Stedebergen 322
Stederdorf
– Amt Bodenteich 31
– Amt Meinersen, Dorf 206
– Amt Meinersen, Gericht 207
Stedorf 322
Stedum 242
Stehlen 72

Steigerthal 224
Steimbke 341, 342, 343
Steimke
– Amt Fallersleben 83
– Amt Gifhorn 96
– Amt Syke 302
Steina
– Dorf 273, 274
Steina *Siehe auch* Marienstein, Kloster 121
Steinbeck
– Amt Harburg 111
– Amt Winsen/Luhe 332
Steinborn 142
Steinbrink 63
Steinbrück
– Amt 131, 290
Steinförde 331
Steinforth 302
Steinhorst
– Dorf 96
– Vogtei 97, 98
Steinlah 182
Steinwedel 46, 268
Stelingen 260
Stelle
– Amt Burgdorf 46
– Amt Ehrenburg 72
– Amt Harpstedt 118
– Amt Winsen/Luhe 332
Stellichte
– Gericht 258
Stemmen
– Dorf 13, 28, 50
– Vogtei 29
Stemshorn 178
Stendern 142
Steuerwald
– Amt 132, 134, 293
Steyerberg
– Amt 297
– Flecken 297, 298
– Haus 297
– Kirchspiel 181, 298
Stiepelse 26
Stiftenhöfte 118
Stillenhöfen 82
Stillhorn
– Dorf 330
– Vogtei 111, 330

Stixe 217
Stöcken
– Amt Bodenteich 31
– Amt Knesebeck 159
– Amt Langenhagen 168
– Amt Neustadt a. Rbge., Dorf 219
– Amt Neustadt a. Rbge., Go 219
– Amt Neustadt a. Rbge., Vogtei 221, 222
– Gericht Wahlingen 314
Stöckendrebber 219
Stockhausen 89
Stöckheim 264
Stocksdorf 72
Stöckse 341
Stöckte 332
Stoetze 31
Stolzenau
– Amt 63, 254
– Flecken 299, 300, 301
– Stadt 254
Stophel 72
Störtenbüttel 31
Störy 344, 345
Stöttinghausen 72
Stove 332
Strachau 139
Strange 72
Streetz 58
Strodthagen 264
Ströhen 72
Strothe 204
Struckhausen 299
Stübeckshorn 283
Stüde 96, 98
Stühren 88
Stütelberg 302
Stütensen 31
Sückau 217
Südbostel 85
Sudbruch 72
Suderbruch 219
Suderburg 31
Südergellersen 272, 332
Sudershausen 117
Suderwittingen 159
Südgellersen 192
Sudhalenbeck 226
Sudheim 117

Sudholz 297
Südkampen 258
Sudwalde 5
– Kirchspiel 7
Sudweyhe 302, 305
Südwinsen 331
Suhlendorf 31
Sülbeck
– Amt Lüne 192
– Amt Salzderhelden 270
Sülfeld 83
Sulingen
– Flecken 72, 74
– Kirchspiel 74
Sülze 21
Sumte 26, 217
Surbostel 278
Suroide 21
Süschendorf
– Dorf 26
– Gericht 27
Süstedt 5, 7
Suterode 156
Süthen 189
Suttorf 219, 222
Süttorf
– Amt Bodenteich 31
– Amt Lüne 192, 272
Syke
– Amt 302
– Flecken 302, 305
– Kirchspiel. 303

**T**
Tangendorf 332
Tangsehl 26
Tappenbeck 35
Tarmitz 189
Tatendorf 70
Tätendorf 204, 332
Tätendorf-Eppensen 70
Tatern 31
Teendorf 70
Teichlosen 58
Telgte
– Vorwerk 242
Tellmer 70
Teplingen 349
Teschendorf 159
Testorf 31

Tetendorf 283
Teyendorf 31
Thal 252
Thedinghausen
– Amt 322
Thelstorf 111
Thielitz 31
Thiermann 72
Thomasburg 192, 272
Thondorf 332
Thonhof 332
Thönse 47
Thören 331
Thüdinghausen 209
Thune 317
Thunpadel 58
Thurau 58
Thüste 174
Tiegen 283
Tießau 139
Tiesmesland 58, 139
Tietlingen 85
Tiftlingerode 68
Timmeitz 58
Timmerloh 283
Tobringen 92
Tollendorf 139
Tolstefanz 189
Tönnhausen 332
Tönnieshof
– Vorwerk des Klosters Fredelsloh 87
Töpingen 70
Toppenstedt 93, 332
Törwe 31
Tostedt
– Dorf 111
– Vogtei 112
Tosterglope 26
Tötensen 111
Trabuhn 92
Tramm 58, 139
Trauen 70, 332
Trebel *Siehe* Groß und Klein Trebel 92
Trelde 208
Tripkau
– Amt Hitzacker 139
– Amt Neuhaus/Elbe 217
Trippigleben 158

Trögen 209
Tündern 236
Tüschau 189
Tuschendorf 142
Twenge 168
Twistringen 72

**U**
Ubbendorf 142
Uchte
– Amt 306
– Flecken 306
– Gericht 306
Uelzen
– Stadt 307
Uenzen 5, 7
Uetze
– Dorf 206
– Gericht 207
– Vogtei 206
Uetzingen 85
Ührde 240
Uhry 83
Ummeln 267, 268
Ummern 16
Undeloh 332
Unsen 287
Unterbillingshausen 117
Upen 182, 184
Uppen *Siehe* Achtum-Uppen 132
Üpsen 180
Upstedt 344, 345
Urbach 224
Uschlag 211
Uslar
– Amt 309
– Stadt 309
Üssinghausen
– Amt Ehrenburg 72
– Gericht 308
Uthüserdrebber 65

**V**
Vaddensen 189, 349
Vaensen 111
Vaerloh 111
Vahlbruch 247, 248
Vahle 309
Vahlzen 278
Vahrendorf 111

Vahrenwald 168
Varbitz 31
Vardegötzen 50
Vardeilsen 264
Varendorf 70
Varenesch 65
Varlosen 211
Varmissen 211
Varrel
– Dorf 72, 73
– Kirchspiel 74
Varste 142, 322
Vasenthien 92
Vastorf 332
Veerßen 31
Velber 28
Velgen 70
Velligsen 127
Ventschau 26
Verliehausen 309
Vesbeck 219, 222
Vethem 258
Viehle 26
Vienenburg
– Amt 311
– Dorf 311
Vierde 85
Vierhöfen 332
Vietze 92
Vilsen
– Flecken 5, 7
Vindorf 26
Vinnhorst 168
Vinstedt 204
Vockfey 217
Vogelbeck 43
Vogelsang
– Amt Diepholz 65
– Amt Garze 93
– Amt Hoya 142
– Gericht Altengleichen 8
Vögelsen 332
Vohrde 72
Vöhrum 242
Voigten 278
Voigtholz 206
Voitze 41
Völkerhausen 236
Volkerode
– Amt Münden 211

– Gericht Jühnde 155, 177
Volkmarshausen 211
Volkse 96
Volksen 270
Völksen 287, 288
Volkstorf 192
Volkwardingen 93, 332
Vollbüttel 96
Volpriehausen 309
Volzendorf 92
Vorberg 142
Vorbleckede 26
Vorbrück 85
Vordorf 96
Voremberg 102
Vorholz
– Vogtei 294
Vorhop 159
Vörie 161
Vorsoltau 283
Vorwerk
– Amt Medingen 204
– Burgvogtei Celle 55
Vorwohlde 72

**W**
Waake
– Dorf 313
– Gericht 8, 313
Waalsen 1, 2, 3
Wachendorf 302
Wachenhausen 156
Wackershausen 322
Wackerwinkel 206
Waddeweitz 189, 349
Wagenfeld
– Flecken 9
Wagenzelle 168
Wähaus 65
Wahlingen
– Gericht 314
Wahmbeck 231
Wahnebergen 322
Wahnhausen 211
Wahrendahl 165
Wahrenholz 96
Walle
– Amt Gifhorn 96
– Amt Winsen/Aller 331
Wallensen

– Flecken 174
Wallenstedt 104
Walmsburg 26
Walmstorf 204, 332
Walsen 65
Walsrode
– Amt 315
– Stadt 316
Waltershagen 171
Wappeus 31
Wardböhmen 21
Wardinghausen 72
Warmeloh 219
Warmse 206
Warmsen 299, 301
Warpe 142
Warpke
– Amt 317
Wartjenstedt 262, 344
Warwe 302
Warzen
– Dorf 335
– Gericht 335
Wassel 161, 162
Wathlingen
– Gericht 318
– Kirchdorf 318
Wätzum 267, 268
Wechold 142
– Kirchspiel 145
Wedderien 139
Weddermöde 332
Weddersehl 96
Weddingen 328
Wedehorn 72, 88
Wedelheine 96
Wedesbüttel 96
Weende
– Dorf 121
– Kloster 121, 122, 319
Weenzen 174
Weesen 127
Weetzen 50
Weferlingsen 46
Wehe 63
Wehlen 332
Wehmingen 267
Wehnsen 206
Wehrbergen 287
Wehrbleck 72

Wehre 328, 329
Wehrenberg
– Amt Ehrenburg 72
– Amt Hoya 142
– Amt Steyerberg 297
Wehrkamp 65
Wehrstedt
– Dorf 335
– Gericht 335, 339
Weidehohl 165
Weihe 332
Weiher 283
Weißenborn 91
Weitsche 189
Welle 111
Wellendorf 31
Wellersen
– Amt Rotenkirchen, Dorf 264
– Amt Rotenkirchen, Gericht 264
– Gericht Imbsen 152
Wellie 299, 301
Welliehausen 287
Welsede 1, 2
Welze 219
Wenden 341
Wendenborstel 341
Wendesse 206
Wendewisch 26, 272
Wendhausen
– Amt Lüne 192, 272
– Amt Scharnebeck 192, 272
– Amt Steuerwald, Dorf 293
– Amt Steuerwald, Gericht 293
Wendisch Bleckede 26
Wendisch Evern 192
Wendischthun 26
Wennebostel 25
Wennekath 192
Wennerstorf 208
Wennigsen
– Amt 53
– Dorf 50, 320
– Kloster 320
Wense 242
Wentorf 96
Wenzendorf 208
Wenzingen 85
Werder
– Dorf 344
– Gericht 344, 346

# Index

Werlaburgdorf 275
Werxhausen 68
Weseloh 5, 7
Wesendorf 96
Wesenstedt 72
Wesseln 195
Wesseloh 278
Wessenstedt 70
Weste 31
Westen
– Amt 322
– Dorf 322, 324
Westendorf 85
Westenfeld 299, 300
Westenholz 85
Westerbeck 96
Westercelle 55
Westerceller Tor 55
Westergellersen 332
Westerharl 85
Westerhof
– Amt 239, 326
– Amt Harburg 111
– Amt Westerhof, Dorf 326
Westerholz 96
Westerode 68
Westerwarpe 142
Westerweyhe 31
Westfeld 137, 335, 337, 338
Wetschen 65
Wettbergen 50, 53
Wetteborn 335
Wettenbostel 70
Wettendorf 96
Wettensen
– Dorf 335
– Gericht 335
Wettmar 47
Wetzen 332
Weyhausen
– Amtsvogtei Beedenbostel 16
– Gericht Boldeckerland 35
Weyhe
– Amt Ehrenburg 72
– Amt Syke, Kirchspiel 303, 304
Wibbecke 1
Wibbese 58
Wichenhausen 88
Wichmannsburg 204
Wichtenbeck 31

Wichtringhausen 50, 51
Wickbranzen 302
Wickershausen
– Außenhof des Klosters
 Wiebrechtshausen 43
Widdernhausen 21
Wiebrechtshausen
– Kloster 43
Wiecheln 192
Wiechendorf 25
Wieckenberg 331
Wieckhorst 278
Wiedelah
– Amt 131, 328, 329
Wiedenhof 111, 332
Wiedenrode 75
Wiedensahl
– Flecken 34, 166, 171, 187
Wiedingen 283
Wiegerstorf 224
Wienbergen 142
Wienhausen 75, 76
Wiensen 309
Wieren 31
Wiershausen
– Amt Münden 155, 211
– Amt Westerhof 326
Wiershausen *Siehe auch* Klein
 Wiershausen 155
Wierstorf 96
Wietze 331
Wietzen 226, 229
Wietzendorf 21
Wietzetze 58, 139
Wildemann
– Stadt 124
Wilhelmsburg
– Amt 111, 330
– Dorf 330
Wilkenburg 161, 162
Wilkenstorf 217
Willenberg 65
Willenbockel 283
Willensen 239
Willershausen 326
Willighausen 127
Willingen 283
Wilsche 96
Wilsede 332
Windhorst

– Amt Hoya 142
– Amt Syke 302
Winkel 322
Winkelhausen 85
Winkelsett 118
Winninghausen 50, 51
Winsen/Aller
– Amtsvogtei 331
– Dorf 331
Winsen/Luhe
– Amt 93, 272, 332
– Stadt 93, 332
Winterweyhe 31
Winzenburg
– Amt 104, 335, 337
Winzlar 187, 188, 254
Wipshausen 206
Wirl 92
Wirringen 267, 268
Wispenstein
– Gericht 335, 339
Wistedt 111
Wiswedel 41
Wittbeck 331
Wittenberg 111
Wittenburg
– Amt 340
– Dorf 340
Wittenwater 70
Wittfeitzen *Siehe* Groß und Klein
 Wittfeitzen 189
Wittingen
– Flecken 159
Wittmarshof 8, 216
Wittorf 332
Witzeetze im Drawehn 189
Wohlde 118
Wohldenberg
– Amt 344, 345
Wöhle 293
Wohlenbüttel 332
Wohlendorf 314
Wohlenhausen
– Amt Bilderlahe 23, 24, 335
– Amt Nienburg 226
Wohlenrode 16
Wohlesbostel 208
Wohlstreck 65
Wöhningen 317
Wolbrechtshausen 115

Wolfenbüttel
– Residenzamt 242
Wolfsburg
– Gericht 35, 41
Wollbrandshausen 95
Wollershausen 128
Wöllersheim 335
Wollerstorf 159
Wöllmarshausen 8, 216
Wölpe
– Amt 341
Woltem 85
Woltersburg 31
Woltersdorf 189, 349
Woltershausen 137, 335, 338
Wolthausen 331
Wöltingerode
– Amt 312, 329
– Kloster 182
Woltorf 242
Woltringhausen 306
Wöpse 142
Wörme 111
Wöstinge 299
Woxdorf 111
Wrestedt 31, 332
Wriedel 70, 332
Wrisbergholzen
– Dorf 335

– Gericht 335, 338, 339
Wuhlenburg 332
Wührden 142, 145
Wülfel
– Dorf 150, 151, 161, 163
– Go 163
Wulfelade 219
Wulferding 72
Wülferode 161, 162
Wulfhoop 302
Wülfingen
– Dorf 50, 53
– Gericht 53
Wülfinghausen
– Kloster 347
Wulfsahl 58
Wulfsen 332
Wulfsode 70
Wulfstorf 93
Wulften 128, 156, 157
Wulmstorf
– Amt Moisburg 208
– Amt Thedinghausen 322, 323, 324, 325
Wulzen 142
Wunderburg 118
Wunderbüttel 159
Wunstorf
– Stadt 28, 219, 220, 221, 222, 348

– Stift 348
Würrigsen 173
Wussegel 139
Wüstenei 142
Wüstenhöfen 111
Wüsthof 283
Wustrow
– Amt 190, 349
– Flecken 349

**Z**
Zadrau 58
Zahrenholz 96
Zahrensen 278
Zarenthien 58
Zargleben 189
Zasenbeck 159
Zebelin 349
Zeetze
– Amt Lüchow 189
– Amt Neuhaus/Elbe 217
Zellerfeld
– Stadt 124, 125
Zernien 58
Zicherie 41
Ziegenhocken 297
Zieritz 31
Zwinge 95, 129